„Perspektive Jura 2024" kostenlos als E-Book herunterladen:
www.e-fellows.net/perspektivejura

Das E-Book steht kostenlos auf unserer Webseite zum Download bereit – auch für deine Freunde. Gib ihnen gerne den Link weiter, damit auch sie von unseren Informationen zu Studium und Berufseinstieg profitieren können.

Auf welchen Geräten kann man das E-Book lesen?
- iPad/iPhone: EPUB-Datei mit iBooks öffnen und lesen
- Laptop/Notebook/PC/Tablet: EPUB z. B. mit Adobe Digital Editions lesen, kostenloser Download unter: www.adobe.com/products/digital-editions/download.html
- E-Reader: EPUB-Datei öffnen und lesen

Perspektive Jura 2024

Berufsbilder, Bewerbung, Karrierewege und Expertentipps zum Einstieg

Stand: August 2023

Verlag: e-fellows.net GmbH & Co. KG

Reihenherausgeber: Dr. Michael Hies

Bandherausgeber: Bernhard Güntner
bernhard.guentner@e-fellows.net

Layout: Punkt 8 | Braunwald + Walter GbR,
www.punkt8-berlin.de

Satz und Illustration: Lesotre®/Conceptual Brand Creation, www.lesotre.de

Druck und Bindung: Neografia, 03655 Martin, Slowakei

Printed in Slovakia
August 2023

Bildnachweis: Titelbild: LALAKA – Adobe Stock; S. 19: Brian Jackson – Adobe Stock; S. 133: Markus Schieder – Fotolia.com; S. 142: e-fellows.net; S. 143: juris, Verlag C.H.BECK (oben), e-fellows.net (unten); S. 164: e-fellows.net; S. 165: Helder Ameida – Fotolia.com; S. 209: Gina Sanders – Fotolia.com; S. 233: pressmaster – Fotolia.com. Die Fotos auf S. 11–17 und auf S. 210–228 stammen von den jeweiligen Autor:innen außer S. 212: Alex Habermehl – KfW. Fotos und Anzeigen ab S. 234 stammen von den entsprechenden Kanzleien; sämtliche Grafiken und Illustrationen wurden umgesetzt von Yvonne Hagenbach (Lesotre®/Conceptual Brand Creation).

Dieses Werk, einschließlich aller seiner Teile, ist urheberrechtlich geschützt. Jede Verwertung außerhalb der engen Grenzen des Urheberrechtsgesetzes ist ohne Zustimmung des Herausgebers unzulässig und strafbar. Das gilt insbesondere für Vervielfältigungen, Übersetzungen, Mikroverfilmungen sowie die Einspeicherung und Verarbeitung in elektronischen Systemen.

Die Inhalte dieses Buches wurden mit Sorgfalt recherchiert. Gleichwohl übernimmt der Herausgeber keine Gewähr für die Richtigkeit und Vollständigkeit der in diesem Buch befindlichen Informationen.

ISBN-13: 978-3-946706-96-0

© 2023 e-fellows.net GmbH & Co. KG
Franziskanerstraße 14, 81669 München
Telefon: +49 89 23232-300, Fax: +49 89 23232-222
www.e-fellows.net, presse@e-fellows.net

Inhalt

9	Vorwort
11	Die Autor:innen
19	**1. Branchenüberblick – Perspektiven für Jurist:innen**
20	Entscheidungsfindung – welcher Berufsweg passt zu mir?
23	Aktuelle Entwicklungen auf dem Arbeitsmarkt für Jurist:innen
27	Juristische Berufe im Öffentlichen Dienst
27	Berufsbilder in der Justiz
28	Richter:in
32	Notar:in
35	Staatsanwältin/Staatsanwalt
39	Berufsbilder in Politik, Behörden und internationalen Organisationen
40	Bundesministerium der Justiz
43	Bundeskartellamt
45	Bundesnachrichtendienst
47	Internationale Tätigkeitsfelder für Jurist:innen
48	Supranationale Institutionen
52	Auswärtiger Dienst
56	Nichtregierungsorganisationen
59	Berufsbilder in Lehre und Forschung
60	Hochschulprofessur
62	Jurist:in in einer Forschungseinrichtung
64	Rechtsanwalt/-anwältin in einer Wirtschaftskanzlei
65	Großkanzlei, Mittelstand oder Selbstständigkeit – welcher Kanzleityp passt zu mir?
69	Rechtsgebiete in Wirtschaftskanzleien
69	Arbeitsrecht
71	Bank- und Finanzrecht
75	Datenschutzrecht
77	Energierecht
80	Gesellschaftsrecht
85	Gewerblicher Rechtsschutz und Urheberrecht
87	Immobilien- und Baurecht
89	Kartellrecht
91	Legal Tech
94	IT- und Datenschutz- und Medienrecht
96	Öffentliches Wirtschaftsrecht
98	Prozessführung und Schiedsgerichtsbarkeit
100	Steuerrecht
103	Juristische Berufsbilder in Wirtschaft und Verbänden
104	Unternehmensjurist:in
105	Rechtsabteilung
109	Vertragsmanagement
111	Personalabteilung
113	Compliance
116	Jurist:in in Steuerberatung und Wirtschaftsprüfung

120	Mit juristischem Hintergrund in die Unternehmensberatung
122	Bankjurist:in
124	Verbandsjurist:in
126	Jurist:in in einem Versicherungskonzern
128	Jurist:in im Verlagswesen
130	Mediation – clevere Konfliktlösung mit Perspektive

133	**2. Studium und fachspezifische Ausbildung**
134	Die Weichen stellen – Studienplanung für die spätere Karriere
134	Schwerpunktsetzung im Studium
135	Die Bedeutung der Studienleistungen
137	Praktische Arbeitserfahrung
138	Fremdsprachen
139	Wirtschaftswissenschaftliches Zusatzwissen
140	Schlüsselqualifikationen
141	Stipendien
142	e-fellows.net – das Karrierenetzwerk
143	e-fellows.net – das Online-Stipendium
144	Das juristische Referendariat
151	Weiterbildung und zusätzliche Abschlüsse
151	Promotion
153	LL.M., MBA und Co. – Aufbaustudiengänge für Jurist:innen
155	Internationale Rechtsanwaltszulassung
157	Fachanwalt/Fachanwältin
159	Wirtschaftsprüfer:in
161	Steuerberater:in
162	Mediator:in

165	**3. Einstieg und Karriere**
166	Karrierewege für Jurist:innen
166	Karrierewege in der Justiz
170	Einstieg und Aufstieg in Wirtschaftskanzleien
174	Wechsel zwischen Wirtschaft und Staatsdienst
177	Von der Wirtschaftskanzlei in die Wirtschaft
180	Vorbereitung auf die Bewerbung
180	Tipps für die Bewerbung
182	Die Bewerbungsunterlagen
187	Vorbereitung auf das Bewerbungsgespräch
191	Musterdokumente
202	Bewerbung bei internationalen Organisationen

209	**4. Erfahrungsberichte und Fallstudien**
210	Von der Journalistin zur Rechtsanwältin
212	Von einem, der loszog, um zu suchen – und fündig wurde!
214	Klein, aber fein – Karrierestart in einer Anwaltsboutique
216	Schnittstelle von Recht und Politik: Working „beyond the law"
218	Die Rolle meines Lebens: Anwalt in der öffentlich-rechtlichen Boutique
220	Be Yourself, No Matter What They Say
222	Von Tijuana bis Feuerland…
224	Cyber, Privacy and Data Innovation?
226	Hauptsache Frankreich!
228	Fallstudie: Verkauf von Verlustbringern
233	**5. Unternehmensporträts**
234	Baker McKenzie
238	CMS Deutschland
242	DLA Piper
246	Gibson, Dunn & Crutcher LLP
250	Gleiss Lutz
254	Hengeler Mueller
258	Heuking Kühn Lüer Wojtek
262	Kirkland & Ellis International LLP
266	Linklaters LLP
270	Milbank LLP
274	Morgan, Lewis & Bockius LLP
278	Noerr Part GmbB
282	Sidley Austin (CE) LLP
286	White & Case LLP
290	YPOG
294	Weitere Titel der Reihe e-fellows.net wissen

e-fellows.net
Das Online-Stipendium und Karrierenetzwerk

Seit über 20 Jahren unterstützt e-fellows.net Studierende und Doktorand:innen mit einem Stipendium und bringt sie ihrem Traumjob näher. Mentoringprogramme, Karriereveranstaltungen sowie Angebote für Praktika und Einstiegsjobs bieten einen direkten Draht in die Wirtschaft und garantieren den mühelosen Karrierestart. Zudem sind e-fellows.net-Stipendiat:innen dank kostenfreier Abos von Zeitungen und Zeitschriften, Zugriff auf fachspezifische Datenbanken und Fachbücher frei Haus immer einen Schritt voraus. In der exklusiven Online-Community und bei regelmäßigen Treffen in zahlreichen Unistädten tauschen sich Studierende untereinander aus. Jetzt informieren: www.e-fellows.net/Stipendiat-werden

e-fellows.net wissen
Die Buchreihe von e-fellows.net

Mit dieser Buchreihe informiert e-fellows.net über attraktive Berufsbilder und interessante Weiterbildungen, darunter das LL.M.-Studium, Berufsperspektiven für Jurist:innen, MINT-Frauen und Informatiker:innen sowie die Tätigkeit in einer Unternehmensberatung, im Investment Banking oder im Asset Management. Die Bücher bieten wertvolle Expertentipps und einen fundierten Überblick über die jeweilige Branche. Persönliche Erfahrungsberichte und ausführliche Unternehmensporträts potenzieller Arbeitgeber helfen bei der eigenen Entscheidungsfindung. Weitere Informationen zu den einzelnen Titeln der Reihe **e-fellows.net wissen** findest du auf den Seiten 294–295.

Vorwort

Das Jurastudium ist nicht gerade einfach – viele verschiedene Rechtsgebiete und jede Menge an rechtlichen Fragestellungen wollen betrachtet werden. Wer schließlich beide Examina erfolgreich abgeschlossen hat, kann stolz auf sich sein. Danach steht man vor der wichtigen Frage: Wohin soll der Karriereweg führen? Die Auswahl an Möglichkeiten ist groß: von der Karriere in der Wirtschaftskanzlei über die Beamtenlaufbahn oder eine Tätigkeit in Lehre und Forschung bis hin zur Selbstständigkeit.

Um den richtigen Weg für sich zu finden, sollte man bereits während des Studiums über die eigenen Wünsche und Fähigkeiten nachdenken: In welchen Fachgebieten liegen meine Stärken und Interessen? Will ich später eher beratend oder selbst entscheidend tätig sein? Wie viel will ich verdienen? Sind mir Prestige und Ansehen wichtig? Und wie sieht es mit der Work-Life-Balance aus?

Perspektive Jura gibt Studierenden der Rechtswissenschaften einen umfassenden Branchenüberblick und stellt Berufsbilder im Öffentlichen Dienst, in Wirtschaftskanzleien, Verbänden und Unternehmen vor. Dazu geben wir wertvolle Hinweise zu Studienplanung, Referendariat und Weiterbildungsmöglichkeiten sowie zur Bewerbung und zum Karriereverlauf.

Einen Einblick in den beruflichen Werdegang und Arbeitsalltag erfolgreicher Juristinnen und Juristen geben zahlreiche Erfahrungsberichte und Fallstudien. Abschließend stellen Kanzleien und Unternehmen ihre Einstiegsmöglichkeiten vor.

Wer zusätzlich persönliche Kontakte zu renommierten Sozietäten knüpfen möchte, kann das bei der Veranstaltung e-fellows.net Perspektive Wirtschaftskanzlei tun. Weitere Informationen erhältst du online unter www.e-fellows.net/law.

Sehr gute Studierende, Referendar:innen und Doktorand:innen der Rechtswissenschaften können sich zudem für das e-fellows.net-Stipendium bewerben, das zahlreiche Extras für Jurist:innen bereithält. Mehr Informationen findest du auf Seite 143 sowie online unter www.e-fellows.net/Stipendiat-werden.

Viel Spaß beim Lesen wünscht

Bernhard Güntner
e-fellows.net

Die Autor:innen

Nicole Beyersdorfer, LL.M., Jahrgang 1981, ist Legal Counsel bei Allianz Automotive in München. Nach dem Studium in München und Würzburg arbeitete sie als wissenschaftliche Mitarbeiterin bei Freshfields Bruckhaus Deringer und absolvierte einen LL.M. am King's College. Insgesamt sieben Jahre war sie als Rechtsanwältin im Bereich Banking/Finance bei Latham & Watkins LLP und Gütt Olk Feldhaus tätig.

Matthias Miguel Braun, LL.M., ist stellvertretender Referatsleiter im Referat für Allgemeine Personalangelegenheiten im Auswärtigen Amt. Zuvor war er in der Politischen Abteilung, der Zentralabteilung, an der Botschaft Bogotá und der NATO-Vertretung in Brüssel. Er studierte Jura, Politikwissenschaft, Osteuropastudien und Baltistik in Greifswald, Riga und Berlin. Referendariat u. a. in Luxemburg und Taschkent.

Melanie Budassis, Jahrgang 1975, ist Rechtsanwältin und Steuerberaterin bei der Vierhaus Rechtsanwaltsgesellschaft mbH. Sie absolvierte eine Ausbildung zur Steuerfachangestellten sowie ein Studium der Rechtswissenschaften an der Freien Universität Berlin. Von 2006 bis Juni 2016 war sie im Bereich Tax der KPMG AG Wirtschaftsprüfungsgesellschaft tätig.

Melanie Buhtz, Licence en Droit, Jahrgang 1976, ist Juristin bei der Allianz Lebensversicherungs-AG. Nach dem Studium in Potsdam, Paris, Freiburg und Montreal folgte im März 2003 der Eintritt in die Allianz Versicherungs-AG im Bereich Vertrieb mit anschließendem Wechsel zur Allianz Lebensversicherungs-AG in den Bereich Lebensversicherungen.

Clara Burkard ist seit 2021 für das Bundesministerium der Justiz in Referat ZA1 (Personal höherer Dienst) tätig. Nach dem Jura- und dem LL.M.-Studium in Potsdam und Leiden und dem Referendariat in Berlin mit Stationen im Bundesministerium für Umwelt und dem Auswärtigen Amt war sie Anwältin in einer international tätigen Rechtsanwaltskanzlei in Berlin.

Philipp Dawirs, Dr. iur., LL.M., Jahrgang 1984, ist Rechtsanwalt bei GSK Stockmann in München im Immobilienwirtschaftsrecht mit dem Schwerpunkt Hospitality. Nach dem Studium in Münster, Bielefeld und Rom promovierte er und erwarb einen LL.M. im Real Estate Law in Münster. Seine Referendariatsstationen führten ihn nach Düsseldorf, Guangzhou und New York City.

Marc Engelhart, Dr. iur., Jahrgang 1976, ist Forschungsgruppenleiter und Leiter des Bereichs Wirtschaftsstrafrecht am Max-Planck-Institut für ausländisches und internationales Strafrecht in Freiburg. Zuvor war er bis Ende 2011 als Rechtsanwalt bei Gleiss Lutz in Stuttgart tätig. Das Studium der Rechtswissenschaften absolvierte er in Freiburg und Edinburgh.

Jana Fischer, LL.M., Rechtsanwältin und Steuerberaterin, ist als Partnerin bei Baker McKenzie Rechtsanwaltsgesellschaft mbH von Rechtsanwälten und Steuerberatern tätig. Ihre Tätigkeitsschwerpunkte sind Steuerstreitverfahren und Steuergestaltungsberatung, auch grenzüberschreitend.

Klaus Foitzick, Jahrgang 1965, ist Rechtsanwalt, Prüfstellenleiter des Unabhängigen Landeszentrums für Datenschutz Schleswig-Holstein (ULD), zertifizierter Datenschutzauditor (DSZ) und Gründer der Consultingfirma activeMind AG sowie der Kanzlei activeMind.legal. Seit 1999 berät, schult und prüft er Unternehmen und Behörden aus aller Welt zum Datenschutzrecht und zur Informationssicherheit.

Christiane Freytag, Dr. iur., Maître en Droit, Counsel der Sozietät Gleiss Lutz, ist im Bereich des öffentlichen Wirtschaftsrechts im Stuttgarter Büro tätig. Ihre Beratungsschwerpunkte liegen im Vergaberecht, einschließlich der Beratung zu Public Private Partnerships und zur Privatisierung öffentlicher Unternehmen, sowie im Umwelt- und Gesundheitsrecht.

Robert Germund, Dr. iur., war Partner einer auf Wirtschafts- und Baumediation sowie Nachfolgeberatung ausgerichteten Gesellschaft in Düsseldorf und ist nun Managing Partner der Konfliktmanagementkanzlei DR. GERMUND sowie Geschäftsführer einer Kammer. Seine Tätigkeitsschwerpunkte sind außergerichtliche Konfliktlösung, Wirtschafts- und Baumediation, Coaching und Unternehmensberatung.

Veris-Pascal Heintz, LL.M., Jahrgang 1987, ist selbstständiger Rechtsanwalt und als wissenschaftlicher Mitarbeiter am Lehrstuhl für Bürgerliches Recht, Immaterialgüterrecht, Deutsche und Europäische Rechtsgeschichte der Universität des Saarlandes beschäftigt. Nach dem Referendariat mit Wahlstation beim Bundesverfassungsgericht absolvierte er einen LL.M. am Europa-Institut der Universität des Saarlandes.

Thomas Hollenhorst, Jahrgang 1969, ist Rechtsanwalt und Gründungspartner von Watson Farley & Williams LLP, Hamburg. Er leitet seit über zehn Jahren die Project & Structured Finance Group in Deutschland und berät Banken und Investoren bei Finanztransaktionen und allen sonstigen Fragen des Bank- und Kapitalmarktrechts.

Oliver Michael Hübner, Dr. iur., LL.M. (Edinburgh), ist Rechtsanwalt und Gründungspartner bei Disput Hübner Partnerschaft von Rechtsanwälten mbB. Er ist Lehrbeauftragter an der Freien Universität Berlin und der Hochschule Fresenius und der ADI Akademie der Immobilienwirtschaft. Zudem veröffentlicht er in Fachzeitschriften Beiträge zum Immobilienwirtschaftsrecht und des öffentlichen Baurecht.

Ulrich Hüttenbach, Jahrgang 1954, Volljurist, ist Geschäftsführer der Bundesvereinigung der Deutschen Arbeitgeberverbände und Leiter der Abteilung Verwaltung und Verbandsorganisation. Der Berufseinstieg in die Verbandswelt erfolgte 1983 über das Geschäftsführungsnachwuchs-Programm der BDA.

Markus Kaulartz, Dr. iur., Jahrgang 1985, ist Rechtsanwalt im Münchener Büro der Sozietät CMS Hasche Sigle. Er berät deutsche und internationale Unternehmen bei der Umsetzung innovativer Geschäftsmodelle sowie in Fragen des IT-, Datenschutz- und Medienrechts. Daneben ist er Herausgeber der Handbücher *Smart Contracts* und *Artificial Intelligence* im Beck-Verlag.

Marcel Klein, LL.B., Jahrgang 1993, arbeitet als Syndikusrechtsanwalt für den Roche-Konzern. In einer globalen Position berät er Mandanten im internationalen Wirtschaftsrecht. Er studierte an der Universität Mannheim Rechtswissenschaften und Wirtschaftswissenschaften. Seine ersten beruflichen Erfahrungen sammelte er in internationalen Großkanzleien und führenden Unternehmen im In- und Ausland.

Lutz Kniprath, Dr. iur., M.A., Jahrgang 1967, ist Gründungspartner von Kniprath Lopez Attorneys for Complex Disputes, Berlin und Barcelona. Nach dem Jura- und Sinologiestudium war er von 2000 bis 2006 Rechtsanwalt bei Freshfields Bruckhaus Deringer LLP. Von 2006 bis 2010 arbeitete er in der Zentralabteilung Recht der Robert Bosch GmbH und seither wieder als Anwalt.

Ditmar Königsfeld, Jahrgang 1956, leitet das Büro Führungskräfte zu Internationalen Organisationen (BFIO).

Ina M. Küchler, Jahrgang 1975, Diplom-Kauffrau, Steuerberaterin, Wirtschaftsprüferin und Certified Public Accountant, ist Geschäftsführerin der Dr. Hilmar Noack GmbH Wirtschaftsprüfungsgesellschaft.

Nico Kuhlmann ist Senior Associate bei Hogan Lovells in Hamburg in der IPMT-Praxisgruppe und berät vor allem führende Unternehmen aus dem Technologiebereich.

Philipe Kutschke, Dr. iur., ist Rechtsanwalt und Partner bei Bardehle Pagenberg. Beratung, Prozessführung, Vertragsgestaltung in Marken-, Urheber- sowie Design- und Wettbewerbssachen. Er ist Fachanwalt für gewerblichen Rechtsschutz, Wirtschaftsmediator (MuCDR), Lehrbeauftragter an der TU München und Autor von Fachbeiträgen.

Marius Mann, Dr. iur., MBA, M.Jur. (Oxford), ist Rechtsanwalt und Partner bei LUTZ | ABEL. Er leitet die Praxisgruppe Commercial und vertritt Mandanten aus dem In- und Ausland vor staatlichen Gerichten und Schiedsgerichten. Seine Schwerpunkte liegen im Vertrags-, Vertriebs-, Handels-, Logistik- und Transport sowie Produkthaftungsrecht.

Simon C. Manner, Dr. iur., Jahrgang 1976, ist ein auf Konfliktlösung und Prozessführung vor staatlichen Gerichten und Schiedsgerichten spezialisierter Rechtsanwalt und Gründungspartner von MANNER SPANGENBERG. Er berät und vertritt Mandanten in wirtschaftsrechtlichen Streitigkeiten sowie in komplexen Vertragsverhandlungen. Zudem ist er regelmäßig als Schiedsrichter tätig.

Arnd Meier, Jahrgang 1965, Rechtsanwalt, ist nach Stationen in der Rechtsabteilung und in der Unternehmensstrategie Compliance-Officer des Einkaufsressorts bei BMW. Vor seinem Wechsel in die Wirtschaft hat Arnd Meier in einer großen Anwaltskanzlei gearbeitet.

Julian Michalitsch, Mag., ist Consultant bei Roland Berger. Er studierte Rechtswissenschaften in Wien und Stockholm und startete seine Karriere nach erfolgreich absolviertem Gerichtsjahr bei der Strategieberatung. Dort ist er Mitglied des Expert Teams „Infrastructure".

Lars Mohnke, Dr. iur., Jahrgang 1976, Rechtsanwalt und Fachanwalt für Arbeitsrecht, ist Partner bei Hogan Lovells in München. Er begleitet Akquisitionen und Restrukturierungen von Unternehmen, berät und vertritt seine Mandanten in arbeitsgerichtlichen Streitigkeiten und unterstützt sie bei der Gestaltung von Individual- und Kollektivvereinbarungen.

Gundula Müller-Frank, Jahrgang 1978, ist Leiterin des Programmbereichs Gesellschaftsrecht beim Verlag Dr. Otto Schmidt in Köln. Sie studierte Rechtswissenschaften in Augsburg und arbeitete zunächst als Rechtsanwältin. Seit 2009 ist sie im Verlagswesen tätig.

Tilman Müller-Stoy, Prof., Dr. iur., ist Rechtsanwalt und Partner bei Bardehle Pagenberg. Beratung, Prozessführung, Vertragsgestaltung in Patent- und Wettbewerbssachen mit technischem Bezug. Er ist Fachanwalt für gewerblichen Rechtsschutz, Wirtschaftsmediator (MuCDR), Dozent für die Referendarausbildung am OLG München sowie Lehrbeauftragter an der TU München.

Damian Wolfgang Najdecki, Dr. iur., Jahrgang 1978, ist Notar in München. Er studierte und promovierte an der juristischen Fakultät der Universität Regensburg. Neben dem Notaramt ist er als Dozent im Fachanwaltslehrgang Handels- und Gesellschaftsrecht sowie als Autor im Bereich Gesellschafts- und Erbrecht tätig.

Julius Neuberger, Dr., LL.M., Jahrgang 1977, ist Managing Director bei einem Single Family Office. Nach dem Studium folgten eine Promotion am MPI und ein LL.M. am Institute for Law and Finance. Nach dem Referendariat mit Auslandsstation in New York war er drei Jahre als Rechtsanwalt bei Latham & Watkins LLP in den Bereichen Finance und Private Equity tätig.

Sabine Otte, Prof. Dr. iur., LL.M. (Bristol), Jahrgang 1979, ist seit 2015 Professorin für Zivil-, Handels- und Gesellschaftsrecht an der Hochschule Düsseldorf. Zuvor war sie über sieben Jahre Rechtsanwältin in international tätigen großen Wirtschaftskanzleien. Seit 2020 ist sie Of Counsel in der Sozietät Berner Fleck Wettich, Düsseldorf.

Christoph Poweleit, Jahrgang 1978, ist Rechtsanwalt und Syndikus bei der Commerzbank AG, Group Legal in Frankfurt am Main. Nach einer Ausbildung zum Bankkaufmann studierte er Rechtswissenschaften und Europäisches Recht an der Universität Würzburg. Das Referendariat absolvierte er in Limburg, Darmstadt, Frankfurt am Main und New York.

Christian Reichel, Dr. iur., Jahrgang 1965, Fachanwalt für Arbeitsrecht, ist als Partner bei Baker McKenzie Rechtsanwaltsgesellschaft mbH von Rechtsanwälten und Steuerberatern, Wirtschaftsprüfern und Steuerberatern mbB tätig. Daneben ist er Lehrbeauftragter an der Georg-August-Universität Göttingen sowie der Bucerius Law School Hamburg.

Jörg Risse, Dr. iur., LL.M. (Berkeley), Jahrgang 1967, ist Partner bei Baker McKenzie, wo er Streitigkeiten aus großen Infrastrukturprojekten und Unternehmenskäufen betreut. Daneben ist er oft als Schiedsrichter und Mediator tätig. Er ist Professor an der Universität Mannheim, Lehrbeauftragter an der Humboldt-Universität zu Berlin und schriftleitender Herausgeber der *SchiedsVZ – German Arbitration Journal*.

Florian Ruhs, Dr. iur., Jahrgang 1988, ist Staatsanwalt an der Staatsanwaltschaft Nürnberg-Fürth. Er studierte Jura an der Ludwig-Maximilians-Universität in München und an der Vrijen Universiteit Amsterdam. Vor dem Referendariat im OLG-Bezirk München promovierte er zu einem strafprozessualen Thema an der LMU München.

Matthias Scheifele, Dr. iur., Jahrgang 1974, ist Partner im Bereich Steuerrecht bei Hengeler Mueller in München. Er berät vor allem in M&A-Transaktionen, Umstrukturierungen von Unternehmen sowie Finanzierungstransaktionen.

Jan Erik Spangenberg ist ein auf Konfliktlösung und Prozessführung vor staatlichen Gerichten und Schiedsgerichten spezialisierter Rechtsanwalt und Gründungspartner von MANNER SPANGENBERG. Er berät und vertritt Unternehmen, Personen und Staaten bei Streitigkeiten sowie bei Auslandsinvestitionen und völkerrechtlichen Fragen. Er ist als Parteivertreter sowie Schiedsrichter in internationalen Verfahren tätig.

Florian Stork, Dr. iur., LL.M. oec., Syndikusrechtsanwalt, Group General Counsel/Chief Compliance Officer bei der TÜV SÜD AG. Bis 2020 leitete er die Linde-Rechtsabteilung für Deutschland, die Schweiz, Frankreich, Benelux, Spanien und Portugal und war zuvor Group Compliance Counsel EMEA bei der Linde AG. Bis 2011 arbeitete er bei Linklaters LLP als Rechtsanwalt im Fachbereich Competition/Antitrust.

Britta Süßmann, Jahrgang 1982, war Rechtsanwältin bei Hengeler Mueller in Frankfurt am Main im Bereich Steuerrecht. Ihre Tätigkeitsschwerpunkte umfassen die steuerrechtliche Begleitung von Kapitalmarkttransaktionen sowie die Beratung im Unternehmens- und Investmentsteuerrecht. Seit Juni 2021 ist sie Family Officer bei der FERI Gruppe.

Stefan Tüngler, Dr. iur., Jahrgang 1972, ist Rechtsanwalt bei Freshfields Bruckhaus Deringer LLP. Er gehört der Sozietät seit 2001 an (seit 2007 als Counsel) und arbeitet vom Standort Düsseldorf aus in den Bereichen Konfliktlösung und Kartellrecht. Sein Praxisfokus liegt im Energierecht und hier vor allem im Vertrags- und Regulierungsrecht.

Vivien Vacha, Jahrgang 1985, ist Rechtsanwältin im Bereich des Energierechts. Nach beruflichen Stationen bei Linklaters und bei Watson Farley & Williams arbeitet sie bei Baker McKenzie im Bereich Energy & Infrastructure. Sie ist Mit-Autorin eines Buches zur Einführung in das Energierecht.

Christian Vogel, Dr. iur., LL.M., Jahrgang 1977, ist Partner bei Clifford Chance in Düsseldorf. Er berät deutsche und ausländische Mandanten im Übernahmerecht, bei Unternehmenskäufen, Joint Ventures und Umstrukturierungen. Daneben ist er Lehrbeauftragter an der LMU München sowie der Universität Münster zum Thema Joint Ventures und Hauptversammlungen.

Daniel Voigt, Dr. iur., MBA (Durham), Jahrgang 1977, ist Rechtsanwalt und Partner bei CMS Hasche Sigle in Frankfurt am Main. Er studierte in Berlin, Düsseldorf und Durham. Er war Stipendiat des Evangelischen Studienwerks Villigst und ist Autor verschiedener Fachbeiträge.

Olaf Weber, Dr. iur., LL.M. (Edinburgh), ist Vorsitzender Richter am Landgericht Saarbrücken. Zuvor war er Mitarbeiter an den Universitäten Heidelberg und Edinburgh, Anwalt bei Gleiss Lutz und nationaler Experte im juristischen Dienst der EU-Kommission.

Kay Weidner, Jahrgang 1971, Volljurist, ist Pressesprecher im Bundeskartellamt. Er absolvierte sein Studium in Freiburg und Toulouse und ist nach einigen Jahren Anwaltstätigkeit in Frankfurt am Main und Athen seit 2003 im Bundeskartellamt tätig.

Christoph Wittekindt, Dr. iur., Jahrgang 1966, ist Rechtsanwalt in München und war langjähriger Leiter von Legal People, einer juristischen Unternehmensberatung mit Büros im In- und Ausland. Nach seinem Studium in Augsburg, Genf, München und Berlin war er u. a. beim Verlag C. H. Beck mit dem Auf- und Ausbau des Online-Dienstes beck-online und Legal Tech betraut.

Joachim Ziegler, Dr. iur., LL.M., Licence en Droit, Jahrgang 1974, ist im Bereich Marktmanagement der AZ Deutschland tätig. Nach Studium und Promotion begann er 2005 als Assistent des Holding-Vorstands für Growth Markets und bekleidete von 2007 bis 2016 verschiedene Führungs- und Managementfunktionen im operativen Vertrieb der Allianz Beratungs- und Vertriebs-AG sowie in der Allianz SE.

1. Branchenüberblick – Perspektiven für Jurist:innen

20	Entscheidungsfindung – welcher Berufsweg passt zu mir?
23	Aktuelle Entwicklungen auf dem Arbeitsmarkt für Jurist:innen
27	Juristische Berufe im Öffentlichen Dienst
27	Berufsbilder in der Justiz
39	Berufsbilder in Politik, Behörden und internationalen Organisationen
59	Berufsbilder in Lehre und Forschung
64	Rechtsanwalt/-anwältin in einer Wirtschaftskanzlei
65	Großkanzlei, Mittelstand oder Selbstständigkeit – welcher Kanzleityp passt zu mir?
69	Rechtsgebiete in Wirtschaftskanzleien
103	Juristische Berufsbilder in Wirtschaft und Verbänden
130	Mediation – clevere Konfliktlösung mit Perspektive

Entscheidungsfindung – welcher Berufsweg passt zu mir?

von Dr. Lutz Kniprath

Die Entscheidung für einen Berufsweg ist hochpersönlich. Ratschläge helfen hier allenfalls zufällig. Denkanstöße können jedoch einen sinnvollen Beitrag zur Entscheidungsfindung vor der Berufswahl leisten. Daher sollen hier Fragen gestellt und erläutert werden, mit denen sich jede Juristin und jeder Jurist im Laufe der Karriere auseinandersetzen wird. Früh gestellt, vorläufig beantwortet und danach immer wieder durchdacht, können sie helfen, überraschende Unzufriedenheit zu vermeiden.

„Welcher Berufsweg passt zu mir?" fragt nach den eigenen Vorlieben und Grenzen, nicht nach den Anforderungen der Arbeitgeber. Das ist so gewollt. Schließlich muss jeder selbst mit seinem Beruf zufrieden sein und einen langen Zeitabschnitt über mit ihm leben. Die Beschränkungen des Arbeitsmarkts und der eigenen Qualifikationen sollten erst in einem zweiten Schritt herausfiltern, was derzeit nicht geht. Denn vielleicht ist es ja doch oder zu einem späteren Zeitpunkt möglich, etwa nach einem Anlauf über eine andere Stelle.

Wer bin ich?
Die Mehrzahl der Stellen zum Berufseinstieg fordern heute einen hohen Einsatz. Sie werden zu einem wesentlichen Teil des Lebens. Kann eine Stelle die individuellen Grundbedürfnisse von Berufstätigen nicht befriedigen oder gehen ihnen wesentliche Bedingungen der Stelle gegen den Strich, dann ist ihre Lebensqualität ernsthaft beeinträchtigt. Daher vorweg die Frage nach dem eigenen Wesen. Dies betrifft zum einen den Stellenwert des Berufs im Verhältnis zum privaten Leben. Manche Stellen fordern einen Zeitaufwand und eine Hingabe, die das Privatleben zum Randereignis degradieren. Familie, Freunde, Sport oder Theaterbesuche finden häufig nur sporadisch und kurzfristig auf Zuruf statt. Die Frage bezieht sich des Weiteren auf Einkommen und Prestige. Die Verdienstmöglichkeiten unterscheiden sich schon bei Einsteiger:innen drastisch. Freilich hat das Geld seinen Preis. Bedeutende Arbeitgeber auf der Visitenkarte verhelfen schon am Berufsanfang zu Ansehen. Dem entspricht eine Erwartungshaltung, die den Berufstätigen besonderen Druck im Alltag beschert. Und schließlich betrifft dies die Bereitschaft zu Ortswechseln, im Land und über Grenzen hinweg. Das ist in frühen Jahren zumeist leichter als später, wenn Haushalt und Kinder immer wieder umgepflanzt werden müssten. „Wer bin ich?" – Wer kann das zuverlässig beantworten? Der Mensch ändert sich und lernt sich erst mit den Jahren und Jahrzehnten selbst kennen. Doch die eigenen Grenzen zu erforschen und zu respektieren und sich selbst problembewusst zu beobachten, mag die Einschätzung einzelner Stellenanforderungen erleichtern.

Möchte ich juristisch arbeiten?

Die juristische Ausbildung qualifiziert zu einer bunten Palette juristischer Tätigkeiten, aber sie lehrt auch Fähigkeiten wie strukturiertes Denken und legt damit ein solides Fundament für allerlei andere Berufsfelder. Manche Stellen außerhalb der juristischen Sphäre setzen eine Zusatzausbildung, etwa in BWL, voraus. Bei anderen sorgt der Arbeitgeber für die erforderliche Weiterbildung – und sei es durch Training-on-the-Job. Beispiele sind einige Unternehmensberatungen, die Absolvent:innen aus einem breiten Spektrum von Fachrichtungen einstellen oder Abteilungen von Unternehmen, z. B. für Personal oder Controlling.

Deutschland, Ausland, international?

Das Recht ist grundsätzlich national; jeder Staat hat seine eigene Rechtsordnung. Daher ziehen Juristinnen und Juristen weniger leicht über die Grenze als Ärzt:innen oder Kaufleute. Dennoch kann die Kenntnis ausländischer Rechtsordnungen oder transnationaler Rechtsnormen und Usancen die juristische Arbeit außerhalb Deutschlands ermöglichen. Hierzu zählen etwa das Völkerrecht, das EU-Recht und Bereiche des internationalen Wirtschaftsrechts, einschließlich der Schiedsgerichtsbarkeit. Zudem können auch Lehrtätigkeiten, etwa zum deutschen Recht, Gelegenheit zu langfristigen Auslandsaufenthalten bieten.

Wie international die Berufstätigkeit werden kann, hängt zum einen von den entsprechenden Qualifikationen ab, die man zum Einstieg mitbringt, und zum anderen vom individuellen Lebensentwurf. Eine grenzüberschreitende Berufstätigkeit bedeutet zugleich einen gesteigerten Zeitaufwand unterwegs und gegebenenfalls gesundheitliche Belastung, etwa durch häufige Wechsel von Zeit- und Klimazonen.

Wirtschaftsrecht oder ein anderer Fachbereich?

Dieses Buch legt einen Schwerpunkt auf Tätigkeitsfelder im klassischen Wirtschaftsrecht. In diesem Bereich arbeiten nicht nur Anwält:innen, sondern auch manche Richter:innen, Staatsanwält:innen und Verwaltungsbeamt:innen. Die Optionen an juristischen Tätigkeiten sind damit aber bei Weitem noch nicht erschöpft. Die Spanne reicht vom Familien- und Erbrecht bis hinüber zur Rechtsphilosophie. Auch Rechtsgebiete, die einen hohen Grad an Spezialisierung fordern, haben ihren besonderen Reiz, etwa das Kunst- oder das Tierrecht. Die Spezialisierung von Jurist:innen ist häufig genug das Ergebnis von sonderbaren Zufällen und Gelegenheiten, wenn auch eine persönliche Prädisposition die Zufälle wahrscheinlicher machen kann. Und manche Spezialgebiete erfordern ein Mindestmaß an Leidenschaft für ihre Materie.

Große Organisation oder „freier Beruf"?

Mit der Größe der Organisation nehmen gewöhnlich die Hierarchien und die Regelungsdichte zu. Dies gilt für Unternehmen wie Kanzleien ebenso wie für Verbände. Behörden sind üblicherweise hierarchisch strukturiert und strengen Regeln unterworfen. Eine feste Struktur bietet im Grundsatz Sicherheit und Vorhersehbarkeit. Doch nicht jeder wird darin dauerhaft glücklich. Denn die Sicherheit kann zulasten der Freiheit gehen. Und die Vorhersehbarkeit mag Flexibilität und Spontaneität einschränken. Auch die Zunft der Wirtschaftsanwält:innen lebt in Teilen längst nicht mehr nach dem Ideal des freien Berufs, sondern arbeitet in Law Firms nach angloamerikanischem Muster entweder angestellt oder als Partner:in. Und selbst die Partnerschaft bietet nicht die Freiheit der Einzelanwält:innen alter Schule, sondern bedeutet nicht selten die Unterwerfung unter Mehrheitsentscheidungen und den Zwang zu hoher Profitabilität.

Berater:in, Entscheider:in oder Streiter:in?

Jurist:innen müssen beraten, entscheiden und streiten können. Doch jede Tätigkeit setzt andere Akzente. Während M&A-Anwält:innen schwerpunktmäßig strukturieren, entwerfen, beraten und verhandeln und Richter:innen vor allem analysieren, ausgeglichen vermitteln und entscheiden, sind Prozessanwält:innen am meisten gefordert im Analysieren, Entwerfen von Strategien und im streitigen Auseinandersetzen, aber auch bei der Förderung einer günstigen Einigung. Richter:innen nehmen einen neutralen Standpunkt ein, während Rechtsanwält:innen die Interessen des eigenen Mandanten besonders nahe sind. Diese Aspekte erscheinen vor dem Berufseinstieg als eher zweitrangig. Im Alltag jedoch kann es belastend werden, wenn die eigene Persönlichkeit anders gestrickt ist.

Was will ich?

Manche der oben angesprochenen Überlegungen können schon früh – bereits im Studium – zu wichtigen Weichenstellungen führen, etwa die zur Internationalität. Denn dann ist noch hinreichend Zeit zum Erlernen von weiteren Fremdsprachen oder zum Verbessern der vorhandenen Kenntnisse. Auch ein Auslandsjahr, gegebenenfalls mit Abschluss, kann dann noch untergebracht werden. Und es lassen sich noch die Voraussetzungen für eine möglichst gute Examensnote schaffen. Dafür müssen häufig genug andere Interessen hintangestellt werden. Ihnen kann hingegen mehr Raum gewährt werden, wenn die angestrebte Richtung keinen herausragenden Abschluss erfordert. Einige Aspekte der Frage „Was will ich?" können erst zu einem späteren Zeitpunkt gewinnbringend beantwortet werden, etwa im Referendariat oder sogar erst in einer frühen Berufsphase. Andere Einsichten werden im Laufe vertiefter Erfahrungen allmählich herankeimen, sich ganz individuell zu Wort melden oder von Zufällen abhängen. Glücklicherweise lassen sich manche Entscheidungen im Laufe des Berufslebens noch korrigieren. Schließlich aber kann sich der Mensch – in einem gewissen Rahmen – auch seinem Beruf anpassen.

Fazit

Wichtig erscheint eine beständige Beobachtung der eigenen Fähigkeiten und Grenzen, sowohl bezogen auf einzelne juristische Tätigkeitsfelder als auch auf Arbeitsstile und Lebensentwürfe.

Aktuelle Entwicklungen auf dem Arbeitsmarkt für Jurist:innen

von Dr. Christoph Wittekindt

Die Auswirkungen der Corona-Krise auf den juristischen Arbeitsmarkt, der zunehmende Einsatz von Legal-Tech-Instrumenten, künstlicher Intelligenz wie ChatGPT und das ewige Thema „Work-Life-Balance" – das sind die Themen, die Jurist:innen dieses Jahr umtreiben. Wie also entwickelt sich der Markt, und wo stehe ich?

Überblick über den Gesamtmarkt
Der juristische Arbeitsmarkt in Deutschland ist im Jahr 1 nach Beendigung der Corona-Pandemie kräftig durcheinandergewirbelt worden. Die Nachfrage nach Jurist:innen, sei es für Kanzleien, aber auch für Unternehmen, Verbände oder den Öffentlichen Dienst, ist wieder enorm gestiegen (die Babyboomer-Generation tritt langsam ab), was sich aber nicht immer in der Zahl der Stellenangebote, Print wie online, niedergeschlagen hat. Qualifizierte, gut ausgebildete Jurist:innen, sind wieder sehr begehrt. Warum? Unabhängig von der derzeitigen konjunkturellen Entwicklung gibt es seit Jahren einige grundsätzliche Trends, die es in den Blick zu nehmen gilt: Zum einen der nach wie vor junge Trend, Stellen verstärkt befristet auszuschreiben, sogenannte Projekt- oder Interimsjurist:innen – also auf Zeit mit speziellen Aufgaben in Kanzlei, Rechts- oder Personalabteilung zu betreuen und durch den Einsatz von Legal Technology juristische Arbeitsabläufe zu unterstützen und letztlich zu beschleunigen. Das eröffnet gerade für Diplomjurist:innen vielfältige neue Arbeitsfelder. Es müssen also nicht immer Volljurist:innen sein. Zum anderen gilt aber nach wie vor auch: Die jährliche Anzahl der frischgebackenen Volljurist:innen liegt seit Jahren konstant bei max. 9.000 (bundesweit), von denen wiederum nur ein kleiner Teil das Zweiten Staatsexamens mit der begehrten Note „vollbefriedigend" oder besser abschließt. Das Dilemma: Kanzleien jeglichen Zuschnitts und jeglicher Größe, die dabei zunehmend in Konkurrenz zu Justiz und öffentlicher Verwaltung, aber auch zu den Rechtsabteilungen der großen, internationalen Unternehmen stehen, brauchen jedes Jahr eine gewisse Anzahl dieser hoch Qualifizierten, finden sie aber oft nicht. Daher jagt Kanzlei A gerne Kanzlei B nicht nur einzelne Anwältinnen und Anwälte, sondern gleich ganze Teams ab: Teamleiter:innen bringen den Umsatz mit, die Associates sind die willigen Helfer:innen, die man sich gerne mit einkauft. Boutiquen und kleinere Kanzleien fischen verstärkt im Becken der Großkanzleien und können so manche interessante Kandidat:innen für sich gewinnen. In der Regel sind in den Boutiquen oder kleineren Kanzleien die Anforderungen an die Kandidat:innen, insbesondere bezüglich der Examensnoten, geringer. Aber auch hier sind derzeit vor allem Anwält:innen mit erster Berufserfahrung und gewisser Expertise gefragt. Gesucht wird nach wie vor querbeet über alle Rechtsgebiete hinweg. Querschnittsbereiche wie z. B. Litigation, aber auch Compliance- und Datenschutz-Themen, spielen eine immer größere Rolle, vorausgesetzt, man hat die nötige Manpower. Neben Kanzleien und Unternehmen suchen derzeit verstärkt Justiz, öffentlicher Verwaltung, aber auch Verbände; hier macht sich bereits die oben genannte Pensionierungswelle der Babyboomer bemerkbar. Dieser Trend wird sich in den nächsten Jahren noch weiter verstärken. Die Justiz hat dabei allen Unkenrufen zum Trotz noch die geringsten Probleme, da nach wie vor insbesondere der weibliche Nachwuchs auf die offenen Stellen drängt. Und ein weiterer Trend macht sich verstärkt bemerkbar: Im Zeitalter von Internet und Social Media gelangen viele offene Positionen gar nicht mehr auf den

Markt. Unternehmen wie Kanzleien versuchen verstärkt, potenzielle Kandidat:innen über diverse Karriereportale direkt anzusprechen, oder veranstalten aufwändige Recruitingwochenenden, um bereits Studierende und Referendar:innen frühzeitig für sich zu interessieren. Der persönliche Kontakt, das individuelle Gespräch, das Praktikum oder die Wahlstation im Referendariat sind nach wie vor Trumpf und oft Eintrittskarte für den erfolgreichen Start.

Einstiegsgehälter
Die hier skizzierten Entwicklungen spiegeln sich auch in den Gehältern wider. Betrachtet man zunächst die Kanzleien, so sind die Gehaltsunterschiede riesig: Steigen frischgebackene Anwält:innen heute bei kleineren Kanzleien oft mit einem Jahres-Bruttogehalt von 60.000 bis 75.000 Euro ein, so sind es in den Top-50-Kanzleien mittlerweile 100.000 bis 190.000 Euro fix, ggf. zuzüglich Kanzleibonus. In diesen Kanzleien sind 16 Punkte in der Summe beider Examina, ein Doktortitel und/oder ein im Ausland erworbener LL.M. samt entsprechender Fremdsprachenkenntnisse nach wie vor Conditio sine qua non. Generell gilt: je besser die Noten, desto höher das (Einstiegs-) Gehalt. Und: Die angloamerikanischen Kanzleien stehen bei den Gehältern nach wie vor an der Spitze. Bei den Boutiquen liegen die Einstiegsgehälter in der Regel zwischen 75.000 und 100.000 Euro, meist ohne irgendwelche Boni, wobei es hier je nach Stadt und Region große Unterschiede gibt. Die Gehaltsspreizung ist in den letzten Jahren größer geworden, ein Ende dieses Trends ist derzeit nicht absehbar. Allerdings sind die Ansprüche auf beiden Seiten gewachsen. In Unternehmen hängt das Einstiegsgehalt entscheidend von der Größe und von der Branche ab: DAX-Unternehmen mit größeren Rechtsabteilungen wie Siemens oder BMW zahlen derzeit je nach Zusatzqualifikation 85.000 bis 110.000 Euro – zweimal „vb", Dr. iur. oder LL.M. sind auch hier fast immer obligatorisch. Bei Mittelständlern, wo die Rechtsabteilung nur aus ein bis drei Jurist:innen besteht, muss man sich oft mit 60.000 bis 75.000 Euro zufriedengeben. Im Bereich Banken und Versicherungen, Technologie, Pharma und Chemie sind die Einstiegsgehälter höher als in den Bereichen IT, Telekommunikation oder im Medienbereich. Man darf dabei aber nicht vergessen, dass Unternehmen ihren Mitarbeitenden oft zusätzliche (Sozial-)Leistungen offerieren, welche neben einer Regelarbeitszeit von 40 Wochenstunden für manche den Ausschlag geben. Aber auch Unternehmen können sich dem „War for Talents" nicht entziehen, was dazu geführt hat, dass die Einstiegsgehälter im letzten Jahr nochmals deutlich angehoben wurden.

Gehaltsentwicklungen
Noch viel spannender ist aber die Frage, wie sich die Gehälter im Laufe der Jahre entwickeln. Bei Kanzleien hat sich nicht viel geändert: Während die Gehälter in den Top-20-Kanzleien im zweiten bis sechsten Berufsjahr in der Regel stufenweise steigen, gibt es in Boutiquen oder kleineren Kanzleien solche Entwicklungen meist nicht. Gleiches gilt übrigens auch für die Rechtsabteilungen von Unternehmen, bei denen im Laufe der Jahre neben einem „Inflationsausgleich" eine Bonuskomponente zum Gehalt hinzukommt. Dafür ist die Chance in den Boutiquen und kleineren Einheiten, einmal (Junior-)Partner:in zu werden, viel höher. Spätestens nach sechs oder sieben Jahren stellt sich aber auch in den größeren Kanzleien die Frage nach dem Schritt Richtung Partnerschaft. Die Gehälter dieser Senior, Principal oder Managing Associates liegen dann oft schon bei stolzen 175.000 bis 250.000 Euro, was in der Regel einen Bonus oder eine Umsatzbeteiligung beinhaltet. Danach gilt: Ob Junior, Salary bzw. Lockstep oder Equity Partner – es zählt allein der Umsatz. Und wer die Umsatzvorgaben verfehlt, fliegt eben auch mal wieder raus, wird sogar „de-equitised". Leiter:innen von Rechts-

abteilungen erreichen dagegen irgendwann eine Gehaltsobergrenze, die sie nur noch dann durchstoßen können, wenn sie zusätzliche Aufgaben übernehmen oder in den Vorstand wechseln. Der variable Gehaltsbestandteil liegt dann oft bei über 50 Prozent; Aktienoptionen und sogenannte Long Term Incentives stellen bei börsennotierten Unternehmen eine zusätzliche Gehaltskomponente dar.

Wechsel- und Aufstiegsmöglichkeiten
Seit 2016 sind die Unternehmensjurist:innen („Syndici") mit den Kanzleijurist:innen formal gleichgestellt. Es kam dadurch bisher nicht wieder zu einem stärkeren Wechsel aus den Kanzleien hinein in die Unternehmen, wie es früher einmal zu beobachten war. Zwar werden Unternehmen von Jurist:innen nach wie vor als attraktive Arbeitgeber wahrgenommen; allerdings erfolgen derzeit die Wechsel eher innerhalb der Unternehmen und Kanzleien. Dies hat mehrere Gründe: Ein Quereinstieg in eine Kanzlei aus einem Unternehmen heraus ist oft schwierig, hier wird in der Regel von Wechselwilligen ein sogenannter transportabler Umsatz erwartet, den er mitbringen soll, aber oft nicht kann. Umgekehrt legen die Unternehmen immer öfter Wert auf Kandidat:innen, die bei einem Wechsel über „Inhouse"- oder Branchenerfahrung verfügen. Und: Nach wie vor ist die Arbeitsbelastung bei den Kanzleien sehr hoch, die meisten halten nach wie vor am Up-or-Out-Prinzip fest, und der Weg zur Partnerschaft ist oftmals wenig transparent – zumal wenn „Committees" darüber entscheiden, die in London oder New York angesiedelt sind und in denen der deutsche Partner oder die Partnerin nur eine Stimme hat. Die Kanzleien haben auf diesen Trend zum Teil bereits reagiert und bieten verstärkt den Counsel-Status oder die Salary-Partnerschaft als Endstufe der beruflichen Entwicklung in der Kanzlei an. So versuchen sie, gute Anwält:innen, die nicht Vollpartner:innen werden wollen oder können, dauerhaft an sich zu binden. Man darf sich aber nicht zu der Annahme versteigen, die Arbeitsbelastung in einem Unternehmen sei stets erheblich geringer; 40-Stunden-Wochen sind auch hier *de facto* mittlerweile eher die Ausnahme. Dennoch sehen viele die Chance einer ausgeglichenen Work-Life-Balance, gepaart mit ein bis zwei Arbeitstagen pro Woche im Homeoffice, bei Unternehmen höher als in einer Kanzlei. Zudem fördern viele Unternehmen mittlerweile außerbetriebliche Aktivitäten ihrer Mitarbeitenden, z. B. mittels einer Jahreskarte für das Fitnessstudio. Kanzleien versuchen zunehmend durch „Social Activities" wie das gemeinsame Skiwochenende in Kitzbühel nicht nur den Zusammenhalt der Truppe, sondern auch die sportlichen Ambitionen zu befriedigen. Viel wichtiger sind aber ein eigener Betriebshort oder -kindergarten, wo berufstätige Eltern ihre Kinder in Obhut geben können. Flexible Arbeitszeitmodelle, z. B. Teilzeit- und Heimarbeitstätigkeiten, sind seit der Corona-Krise gefragter als je zuvor, in der Praxis allerdings nicht immer umsetzbar. Für manche Berufseinsteiger:innen zählen solche Parameter bei der Arbeitsplatzwahl mittlerweile mehr als das Gehalt.

Alternativer Berufseinstieg
Vielen Absolvent:innen ohne vollbefriedigende Examina oder sonstige Zusatzqualifikationen stellt sich die Frage nach Alternativen zum Berufseinstieg bei Staat, Großkanzlei oder Rechtsabteilung eines Unternehmens. Diese kann man beruhigen: Zunächst gibt es sowohl beim Staat (Justiz wie Verwaltung) als auch bei Kanzleien (z. B. Boutiquen) und in Unternehmen (z. B. Mittelstand) durchaus Möglichkeiten, spannende und verantwortungsvolle Positionen zu besetzen. Einen großen Bedarf haben nach wie vor die „Big Four" der Wirtschaftsprüfungs- und Steuerberatungsgesellschaften, die alle auch einen immer gewichtigeren Legal-Bereich unterhalten. Man darf sich hier nur nicht zu sehr auf eine bestimmte Position oder Stadt fixieren, sondern muss eventuell Umwege

gehen und Berufserfahrung sammeln, um dann nach einigen Jahren dort anzukommen, wo man vielleicht von vornherein hinwollte. Aber auch Verbände (z. B. BDI/BDA, VCI oder der berufseigene DAV), Kammern, die Verwaltung des Deutschen Bundestags, das Auswärtige Amt, die BaFin, die GIZ oder das Bundeskartellamt, europäische oder internationale Organisationen haben einen konstanten Bedarf und können ein exzellentes Karrieresprungbrett sein.

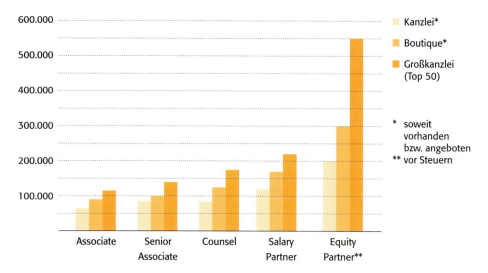

Durchschnittliches Brutto-Jahresgehalt von Rechtsanwält:innen (in Euro)[1]

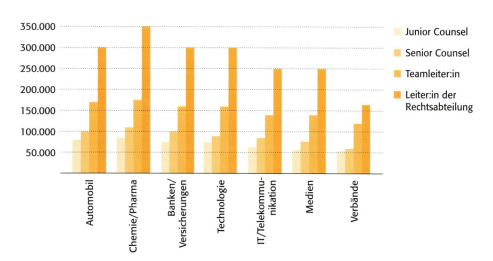

Durchschnittliches Brutto-Jahresgehalt von Unternehmensjurist:innen (in Euro),
Quelle: Legal People; Stand: Sommer 2023

---

1   Es wurde eine durchschnittliche Kostenquote von 40 % (Kanzleien), 50 % (Boutiquen), 60 % (Großkanzleien) zugrunde gelegt (gesamt, inklusive Boni u. Ä., ohne Umsatzbeteiligung und/oder Akquisitionsprämie, Deutschland gesamt).

Juristische Berufe im Öffentlichen Dienst

Verbeamtung auf Lebenszeit, eine relativ krisensichere Anstellung ohne betriebsbedingte Kündigungen, flexible Arbeitszeiten neben der Kernzeit und die Möglichkeit des Freizeitausgleichs von Überstunden... Eine Anstellung im Öffentlichen Dienst bietet meist viele Vorzüge, die bei einer Tätigkeit in einer Kanzlei oder einem Unternehmen in dieser Konstellation nicht gegeben sind. Teilzeitmodelle, Homeoffice und Jobsharing erleichtern zudem die Vereinbarkeit von Beruf und Familie, was von vielen Juristinnen und zunehmend auch von ihren männlichen Kollegen sehr geschätzt wird. Im Gegenzug können Gehälter und Ausstattung des Arbeitsplatzes dem Vergleich mit Kanzleien und Unternehmen in der Regel nicht standhalten.

Was im Einzelnen den Reiz der Tätigkeit als Jurist:in im Öffentlichen Dienst ausmacht, zeigen die Beiträge auf den folgenden Seiten. Das Kapitel gibt einen Überblick von klassischen Berufen in der Justiz über Tätigkeiten in Politik, Behörden und internationalen Organisationen bis hin zu solchen in Lehre und Forschung.

Berufsbilder in der Justiz

Die klassischen Berufsbilder als Staatsanwältin bzw. -anwalt und als Richter:in sind für viele nach wie vor interessante Optionen. Das eigenverantwortliche Arbeiten und die Vorzüge der Verbeamtung machen die Justiz zu einem beliebten Arbeitgeber.

Die Entscheidung für eine Tätigkeit als Richter:in oder als Staatsanwältin bzw. Staatsanwalt muss indes nicht unmittelbar nach dem Studium gefällt werden. Auch der Wechsel nach mehrjähriger Tätigkeit in einer Kanzlei ist gut möglich, da die anwaltliche Berufserfahrung eine wertvolle Qualifikation darstellt.

Mehr Informationen zu den Besonderheiten einer Karriere in der Justiz sowie wichtige Hinweise zum Wechsel zwischen Staatsdienst und Wirtschaft finden sich im Kapitel „Einstieg und Karriere" ab Seite 165.

Richter:in

von Dr. Olaf Weber

> **Formale Voraussetzungen:** Befähigung zum Richteramt (§ 5 DRiG); deutsche Staatsangehörigkeit; Bewerber:innen mit zwei vollbefriedigenden Examina haben beste Aussichten; wer knapp darunterliegt, hat auch noch Chancen. In der Fachgerichtsbarkeit sind die Anforderungen höher.
>
> **Persönliche Qualifikation:** Pragmatismus, soziale, kommunikative und psychologische Fähigkeiten, Stresstoleranz, Eigenständigkeit. Erfahrungen der Anwaltschaft helfen. Nicht unbedingt notwendig, aber auch nicht schädlich, sind eine Promotion oder Auslandserfahrung.
>
> **Einstiegsgehalt:** abhängig vom Bundesland, dem (Dienst-)Alter und der Familiensituation
>
> **Aufstiegsmöglichkeiten:** Es gibt nur eine begrenzte Anzahl von Beförderungsstellen, die, wenn überhaupt, meist erst nach Jahren im Dienst und einer Erprobung an einem Obergericht erreichbar werden. Verwaltungserfahrung oder Abordnungen an ein Obergericht helfen.
>
> **Besonderheiten:** persönliche und sachliche Unabhängigkeit; Jobsicherheit (Lebenszeitrichter:innen können in der Regel nicht gegen ihren Willen versetzt oder entlassen werden); Vereinbarkeit von Beruf und Familie (flexible Arbeitszeiten, Elternzeit kein Problem)

Rechtliche Grundlagen der richterlichen Tätigkeit

Die rechtsprechende Gewalt ist gemäß Art. 92 GG den Richterinnen und Richtern anvertraut. Diese sind nach Art. 97 Abs. 1 GG und § 25 DRiG unabhängig und nur dem Gesetz unterworfen. Diese infolge des Gewaltenteilungs- und Rechtsstaatsprinzips stark abgesicherte richterliche Unabhängigkeit verbietet jede Art von Einflussnahme auf richterliche Entscheidungen durch Behörden – etwa durch Gerichtsvorstände, Justizministerien oder die Dienstaufsicht. Auch persönlich sind sie unabhängig, also grundsätzlich unkündbar und nur Assessor:innen vor der Lebenszeitverbeamtung gegen ihren Willen versetzbar. Eine Suspendierung ist nur in absoluten Ausnahmefällen und nur durch das Richterdienstgericht möglich.

Richterinnen und Richter stehen in einem öffentlich-rechtlichen Dienstverhältnis eigener Art, das sich aus Normen des Grundgesetzes, des DRiG und den Landesrichtergesetzen definiert; es ist oft an Beamtenrecht angelehnt. Sie sind aber anders als Beamt:innen im Bereich richterlicher Tätigkeit an keinerlei Weisungen, sondern nur an das Gesetz gebunden. Das führt zu einer äußerst begrenzten Dienstaufsicht. Bei spruchrichterlicher Tätigkeit sind sie haftungsprivilegiert. Ansonsten, etwa in der freiwilligen Gerichtsbarkeit, sind Haftungsfälle selten, aber möglich.

Richter:innen sind weder an Arbeitszeiten gebunden, noch besteht Präsenzpflicht am Gericht. Sie können sich ihre Zeit einteilen und Urteile etwa sonntags zu Hause schreiben. Höhere Anforderungen an schnelle richterliche Eilentscheidungen, der verstärkte Einsatz von EDV, der notwendige Kontakt zur Geschäftsstelle und die telefonische Erreichbarkeit für Anwält:innen führen aber praktisch zu höheren Präsenzzeiten. Nebentätigkeiten sind wegen der besonderen Neutralitätspflicht nur eingeschränkt möglich. Das jährliche Arbeitspensum wird durch das Präsidium im Geschäftsverteilungsplan ex ante festgelegt; praktisch verteilen die Präsidien die Dezernate oft nach einem Bewertungssystem (Pebb§y), um alle gleich zu behandeln.

Einstellungsverfahren und Probezeit
Das Einstellungsverfahren ist je nach Bundesland teils bei den Oberlandesgerichten, teils bei den Justizministerien, teils bei besonderen Ausschüssen angesiedelt. Auch die Einstellungsverfahren sind unterschiedlich geregelt. Geeignete Kandidat:innen werden in den meisten Ländern ganzjährig und nicht nur nach Ausschreibungen in eine Liste aufgenommen und bei Bedarf zu Vorstellungsgesprächen geladen, an denen das jeweilige Obergericht, das Justizministerium und die Personalvertretung (des Hauptrichterrats) teilnehmen.

Der Ernennung zur Richterin oder zum Richter auf Probe durch das Justizministerium oder das Landeskabinett geht teilweise eine Wahl durch einen Richterwahlausschuss voraus, dem Vertreter:innen der Landesregierung, des Landesparlaments sowie der Richter- und Anwaltschaft angehören können. Die Ernennung zum Richter auf Lebenszeit erfolgt in der Regel nach drei oder vier Jahren. Eine vorangegangene Tätigkeit, etwa als Rechtsanwalt, kann nach § 10 Abs. 2 DRiG auf die Probezeit angerechnet werden. Während der Probezeit werden die Richter:innen auf Probe regelmäßig in verschiedenen Gerichtsbarkeiten und oft auch bei der Staatsanwaltschaft eingesetzt. Neben dem direkten Einstieg in die Justiz gibt es auch den indirekten Weg über die Verwaltung. Vor allem Finanzrichter:innen werden oft aus den Reihen der Finanzverwaltung rekrutiert.

Arbeitsbelastung
Junge Richter:innen erwartet in den ersten Monaten erfahrungsgemäß eine hohe bis sehr hohe Arbeitsbelastung. Das zu übernehmende Dezernat war oft eine Zeit lang vakant, und Einsteiger:innen erhalten genauso viele neue Akten im Monat wie eingearbeitete Richter:innen. 60 bis 70 Stunden pro Woche sind gleichwohl nicht die Regel. Sobald sich die Richter:innen mit der Arbeitsweise, den maßgeblichen Rechtsgebieten sowie ihrem Aktenbestand vertraut gemacht haben, tritt meist eine spürbare Normalisierung ein.

Die schiere Zahl der Akten erfordert immer eine Priorisierung: Aus Zeitgründen ist es etwa unmöglich, im Strafbereich viel Arbeitszeit in Standardfälle wie einen einfachen Diebstahl zu stecken; gleichwohl müssen die Fälle angemessen gelöst werden, denn es geht immer um die Menschen dahinter. Und das Opfer des Diebstahls wird es nicht goutieren, wenn sein Fall „einfach so" eingestellt wird. Im Zivilrecht nützt ein feingeschliffenes 60-Seiten-Urteil den Parteien nichts, wenn es den akuten Nachbarschaftsstreit erst nach Jahren entscheidet; aber es nützt auch ein inhaltsloses, schlecht begründetes Urteil nach wenigen Wochen nichts, denn es vermag den Streit nicht halbwegs befriedigend zu lösen. Diese Abwägung ist wohl der größte Spagat im Beruf; sie halbwegs zu meistern, tägliche Aufgabe.

Aufgrund auch praktisch gut umsetzbarer Ansprüche auf Elternzeit, Teilzeittätigkeit oder mehrjährige Beurlaubung zur Kinderbetreuung erlaubt es die Tätigkeit dennoch, Beruf und Familie oder Freizeit in Einklang zu bringen. Von Vorteil ist hier die flexible Arbeitszeitgestaltung.

Arbeitsalltag

Die tägliche Arbeit besteht zunächst darin, die von der Geschäftsstelle täglich vorgelegten Akten zu bearbeiten. Diese „Dekretur" umfasst es, eingegangene Schriftsätze zu lesen, weiterzuleiten, Anträge zuzustellen oder Fristen zu bestimmen. Nach einer Einarbeitung in die Akten sind dann Termine zu bestimmen, zu denen Beteiligte geladen werden. Meist ein- oder zweimal die Woche sind dann die so terminierten Sitzungen zu leiten. Im Nachgang sind dann oft lange Entscheidungen, also Urteile oder Beschlüsse zu schreiben. Die täglichen prozessualen und materiellen Rechtsfragen werden mithilfe juristischer Kommentare und Datenbanken geklärt. Wichtig dabei ist ein praktisches Vorgehen, das – anders als an der Universität – vom Ende her denkt und nur die gerade relevanten Fragen beantwortet. Die Schwierigkeit ist es, die Zahl der gelösten Fälle und das rechtliche Niveau vertretbar auszubalancieren. Viele Richter:innen sind zudem im Bereich der Juristenausbildung engagiert, etwa indem sie Referendar:innen ausbilden oder Arbeitsgemeinschaften leiten.

Reiz der richterlichen Tätigkeit

Die Arbeit als Richter:in ist nicht nur anspruchs-, sondern auch verantwortungsvoll. Häufig geht es nicht nur um komplizierte Sachverhalte und Rechtsfragen, sondern um Auswirkungen auf das Leben echter Menschen. Die Tätigkeit ist abwechslungsreich und vielfältig. Als Richter:in arbeitet man mit einem hohen Maß an Unabhängigkeit und Selbstständigkeit. Man ist in keinerlei Hierarchien eingebunden – auch in der Kammer sind alle Stimmen gleich –, wohl aber in eine Organisation. Nach der Ernennung auf Lebenszeit kommen die Unkündbarkeit und Unversetzbarkeit dazu. Mögliche Nebentätigkeiten sind wissenschaftliche Veröffentlichungen, Lehraufträge an der Universität oder eine Prüfertätigkeit im Juristischen Staatsexamen; lukrative Tätigkeiten wie Gutachten oder Rechtsberatung scheiden dagegen aus.

Zu sozialromantisch sollte man die Arbeit indes nicht sehen, wie auch eine aktuelle Debatte zeigt: Denn Qualität und Quantität der Arbeit sind immer gegeneinander abzuwägen. Die wahrscheinlich wichtigste Eigenschaft ist es daher, wesentliche und unwesentliche Fragen voneinander zu scheiden und entsprechend unterschiedlich zu behandeln, um sowohl den Rechtsuchenden gerecht zu werden als auch das Dezernat zu beherrschen. Es geht darum, die Idee des Rechtsstaats umzusetzen, und zwar nicht abstrakt am grünen Tisch der Universität oder des Verfassungsgerichts, sondern im echten Leben unter den Widrigkeiten der Praxis mit ihrer Arbeitsbelastung, den eingeschränkten Möglichkeiten zum Erkenntnisgewinn und den Realitäten der Ökonomie.

Einsteiger:in im ersten Jahr, Besoldungsgruppe R1 (z. B. Staatsanwalt/-anwältin, Richter:in am Amtsgericht, Richter:in am Landgericht), ledig	4.623,91 Euro
Berufsträger:in im 10. Jahr, Besoldungsgruppe R1 (z. B. Staatsanwalt/-anwältin, Richter:in am Amtsgericht, Richter:in am Landgericht), verh., 2 Ki.	5.959,88 Euro
Berufsträger:in nach Beförderung im 20. Jahr, Besoldungsgruppe R2 (z. B. Oberstaatsanwalt/-anwältin, Vorsitzende:r Richter:in am Landgericht), verh., 2 Ki.	7.961,82 Euro
Berufsträger:in in Endstufe, Besoldungsgruppe R1 (z. B. Staatsanwalt/-anwältin, Richter:in am Amtsgericht, Richter:in am Landgericht), verh., 2 Ki.	7.584,46 Euro
Berufsträger:in nach Beförderung in Endstufe, Besoldungsgruppe R2 (z. B. Oberstaatsanwalt/-anwältin, Vorsitzende:r Richter:in am Landgericht), verh., 2 Ki.	8.232,57 Euro

Musterfälle R-Besoldung, exemplarisch: Baden-Württemberg,
Quelle: Deutscher Richterbund, www.richterbesoldung.de

Notar:in

von Dr. Damian Wolfgang Najdecki

> **Formale Voraussetzungen:** im Hauptberuf dreijähriger Vorbereitungsdienst als Notarassessor:in; im Nebenberuf (Anwaltsnotar:in) neben einer allgemeinen und örtlichen Wartezeit das Bestehen einer notariellen Fachprüfung
>
> **Persönliche Qualifikation:** Unabhängigkeit, Unparteilichkeit, Verschwiegenheit, Freude am Umgang mit Menschen, Organisationsgeschick und herausragende Noten im Zweiten Staatsexamen; bei Anwaltsnotaren zusätzlich sehr gute Ergebnisse in der notariellen Fachprüfung
>
> **Einstiegsgehalt:** Das Notarassessorengehalt entspricht einer Richterbesoldung der Stufe R 1. Notar:innen fließen die nach dem GNotKG vorgeschriebenen Gebühren zu.
>
> **Aufstiegsmöglichkeiten:** keine Aufstiegsmöglichkeiten im klassischen Sinne; sofortige Ausstattung mit voller Amtsgewalt und Personalverantwortung
>
> **Besonderheiten:** gute Vereinbarkeit mit Familie und wissenschaftlicher Lehr- sowie Publikationstätigkeit
>
> **Weitere Informationen:** www.bnotk.de sowie Websites der Landesnotarkammern

Aufgaben von Notar:innen

Notar:innen sind als Träger:innen eines öffentlichen Amts in der staatlichen vorsorgenden Rechtspflege tätig. In der Funktion als kompetente, unparteiische und unabhängige Betreuer:innen aller Beteiligten erforschen sie den Sachverhalt sowie die Interessen und Wünsche der Vertragsparteien. Anders als Richter:innen, die tätig werden, wenn Streit entstanden ist, wirken Notar:innen im Vorfeld und streitvermeidend. Ihre Urkunden haben eine hohe Beweiskraft und sind häufig Vollstreckungstitel.

Zu den Hauptaufgaben zählen die Beratung, Vertragsgestaltung und Beurkundung auf dem Gebiet des Gesellschafts-, Familien-, Erb- und natürlich des Sachenrechts. Neben der Mitwirkung bei Immobilientransaktionen oder dem Abschluss von Eheverträgen und Scheidungsvereinbarungen sind sie Ansprechpartner:innen bei der Gestaltung von Testamenten, Erbverträgen und Vorsorgevollmachten. Notar:innen sind Hoheitsträger:innen und Garanten einer funktionierenden vorsorgenden Rechtspflege, was gerade die COVID-19-Pandemie unter Beweis gestellt hat. Sie leisten aufgrund ihrer neutralen und sachkundigen Beratung beim Erwerb von Grundstücken, bei der Gründung und Umwandlung von Gesellschaften aller Art sowie bei der Übertragung von Gesellschaftsbeteiligungen einen wichtigen Beitrag für das Funktionieren des Gemeinwesens. So können sich die für das Grundbuch- und Handelsregister zuständigen Stellen bei den Amtsgerichten auf die Richtigkeit der notariellen Urkunden verlassen. Gerade deren elektronische Übermittlung an das Handelsregister, verbunden mit der vorherigen Verarbeitung der für das Register relevanten Daten, beschleunigt die Eintragung deutlich. Neben Präsenzbeurkundungen wird von den

Notar:innen im Bereich des Gesellschaftsrechts ein Online-Verfahren angeboten und umgesetzt. Unterstützt werden alle deutschen Notar:innen durch das in Würzburg ansässige Deutsche Notarinstitut.

Hauptberufliche Notar:innen und Anwaltsnotar:innen
In Deutschland gibt es neben hauptberuflichen Notar:innen auch Anwaltsnotar:innen, die neben ihrer Tätigkeit als Rechtsanwält:innen zugleich das Notaramt ausüben. Zum Teil aufgrund historischer Entwicklungen sind hauptberufliche Notar:innen in ca. zwei Dritteln der Bundesländer tätig (siehe Grafik auf Seite 34). Um zum oder zur hauptberuflichen Notar:in ernannt zu werden, muss man einen dreijährigen Anwärterdienst als Notarassessor ableisten, der auf das Amt des Notars oder der Notarin umfassend vorbereitet. Nähere Informationen zum Bewerbungsverfahren sind auf den Internetauftritten der Landesjustizministerien zu finden. Voraussetzung für die Übernahme in den Anwärterdienst ist ein herausragendes Examensergebnis. In Bayern wird z. B. lediglich jeweils Absolvent:innen mit einem Ergebnis von mindestens 11,50 Punkten („gut") in der Zweiten Juristischen Staatsprüfung die Einstellung in den Notardienst angeboten. Notarassessor:innen stehen in einem öffentlich-rechtlichen Dienstverhältnis zum Staat. Sie werden erfahrenen Notar:innen zugeteilt, bei denen sie sich die komplexen, für den Notarberuf nötigen Fachkenntnisse aneignen können. Zudem erhalten Notarassessor:innen Gelegenheit zur Teilnahme an zahlreichen Fortbildungsveranstaltungen. Bereits nach einer kurzen Einarbeitungszeit werden durch die Übernahme von Notarvertretungen wertvolle Erfahrungen gesammelt.

Um sich für das Amt als Anwaltsnotar:in zu bewerben, müssen Rechtsanwält:innen mindestens fünf Jahre zugelassen und seit drei Jahren an dem Ort, wo sie als Anwaltsnotar:innen amtieren möchten, hauptberuflich als Rechtsanwält:innen tätig sein. Neben einer Wartezeit ist das Bestehen einer bundeseinheitlichen notariellen Fachprüfung Voraussetzung für die Ernennung zum Anwaltsnotar oder zur Anwaltsnotarin. Die Prüfung besteht aus vier fünfstündigen Klausuren und einer mündlichen Prüfung. Für die Bestenauslese sind die Note in der notariellen Fachprüfung zu 60 Prozent und die Note in der Zweiten Juristischen Staatsprüfung zu 40 Prozent ausschlaggebend. Eine Statistik über die letzten Prüfungsergebnisse ist beim Prüfungsamt für die notarielle Fachprüfung zu finden (www.pruefungsamt-bnotk.de).

Zusatzqualifikationen
Zwar sind Fremdsprachen keine notwendige Voraussetzung für den Notarberuf. Sprachkenntnisse sind jedoch von erheblichem Vorteil, da man vielfach mit der Beurkundung in englischer oder einer anderen Sprache konfrontiert ist. Aufgrund des zunehmenden elektronischen Rechtsverkehrs, insbesondere im Online-Verfahren, sollte grundsätzlich keine Abneigung gegen den technischen Fortschritt und gegen den Umgang mit Computern bestehen. Notar:innen leisten einen wichtigen Beitrag bei der Digitalisierung der Justiz.

Reiz der Tätigkeit als Notar:in
Entgegen der teilweise anzutreffenden Ansicht ist der Notarberuf spannend und abwechslungsreich. Die Tätigkeit zeichnet sich durch den Kontakt mit zahlreichen unterschiedlichen Menschen aus. Dabei befasst man sich täglich nicht nur mit verschiedenen juristischen Fragestellungen und Problemen, sondern hat zugleich die Möglichkeit, durch interessante Vertragsgestaltungen, insbesondere im Familien- und Erbrecht sowie Handels- und Gesellschaftsrecht, Mandanten zu helfen. Als un-

parteiische Träger:innen hoheitlicher Gewalt haben der Notar:innen ferner Gelegenheit, unerfahrene oder juristisch schlecht beratene Vertragsbeteiligte vor nachteiligen oder gar sittenwidrigen Vereinbarungen zu schützen. Das Vorlesen der Urkunde ist ein wichtiger Bestandteil der notariellen Tätigkeit. Während der Beurkundung ergeben sich immer zahlreiche Fragestellungen und interessante Diskussionen, was die Qualität der geschlossenen Vereinbarungen sichert und Gelegenheit zu der gesetzlich vorgeschriebenen Aufklärung und Beratung gibt. Wem die Vorstellung unangenehm ist, vorzulesen und dabei komplexe juristische Zusammenhänge im Auge zu behalten und zu lösen, der sollte sich besser nicht für den Notarberuf entscheiden. Den täglichen Kontakt mit Menschen sollten künftige Notar:innen nicht scheuen, da dieser ein Charakteristikum der Tätigkeit darstellt.

Der größte Reiz des Notarberufs liegt in der Unabhängigkeit. Bei der Gestaltung seiner Urkunden unterliegt man keinen Weisungen von Aufsichtsbehörden, sondern allein der Bindung an Recht und Gesetz. Notar:innen üben zwar ein öffentliches Amt aus, jedoch außerhalb der Organisation des Staates. Die notarielle Tätigkeit wird auch attraktiv durch die unternehmerisch-organisatorische Herausforderung, die eigene Geschäftsstelle zu unterhalten, einschließlich der Verantwortlichkeit für das eigene Personal. Wer die fachlichen Voraussetzungen erfüllt, sollte sich auf jeden Fall eingehend mit dem Gedanken auseinandersetzen, die Notarlaufbahn einzuschlagen.

Formen des Notariats in Deutschland,
Quelle: www.bnotk.de/Notar/Notariatsverfassungen/index.php

Staatsanwältin/Staatsanwalt

von Dr. Florian Ruhs

> **Formale Voraussetzungen:** weit überdurchschnittliche Examensergebnisse (abhängig vom Bundesland), deutsche Staatsangehörigkeit, Nachweis der Verfassungstreue, Einhaltung der gesetzlichen Altersgrenzen nach landesrechtlichen Vorschriften, charakterliche und gesundheitliche Eignung
>
> **Persönliche Qualifikation:** Entscheidungsfreude, Belastbarkeit, Durchsetzungsvermögen, Sozialkompetenz, Konfliktfähigkeit, Flexibilität
>
> **Einstiegsgehalt:** R1-Besoldung (abhängig vom Bundesland, dem Dienstalter, der familiären Situation sowie dem Standort)
>
> **Aufstiegsmöglichkeiten:** Staatsanwalt/-anwältin als Gruppenleiter:in, Oberstaatsanwalt/-anwältin, Leitende/r Oberstaatsanwalt/-anwältin, Generalstaatsanwalt/-anwältin
>
> **Besonderheiten:** persönliche Unabhängigkeit, Vereinbarkeit von Beruf und Familie, sicherer Arbeitsplatz, Wechsel zwischen Staatsanwaltschaft und Gericht möglich (abhängig vom Bundesland)

Das Berufsbild von Staatsanwält:innen ist im Allgemeinen geprägt vom allabendlichen Fernsehprogramm. Dort treten regelmäßig markige Charakterköpfe in Erscheinung, die die Polizei und deren Ermittlungen in die rechtlichen Schranken zu weisen versuchen; etwa Staatsanwältin Wilhelmine Klemm, die im Münsteraner Tatort mit sonorer Stimme Prof. Boerne und Kriminalhauptkommissar Thiel durch Mordermittlungen führt, sich mit ihnen bei einem Glas Wein über den Stand der Ermittlungen austauscht und bisweilen selbst dabei ist, wenn die Beschuldigten ihrer Taten überführt werden. Wenig davon hat mit der tatsächlichen Realität und der täglichen Arbeit gemein, wobei bei all der medialen Verzerrung allerdings festzuhalten bleibt, dass die Tätigkeit bei den Strafverfolgungsbehörden stets unglaublich spannend, abwechslungsreich und dynamisch ist.

Aufgaben von Staatsanwält:innen

Die Staatsanwaltschaft ist die „Herrin des Ermittlungsverfahrens". Die einzelnen Staatsanwält:innen sind insofern letztverantwortlich für die Ermittlungen der ihnen zugeordneten Fälle, die ihnen von der Polizei aufbereitet und zugearbeitet werden. Hierbei stehen sie in engem Austausch mit den Polizeibeamt:innen und beraten, welche weiteren Ermittlungsmaßnahmen erforderlich und sinnvoll sein können, wobei man stets das rechtliche Korsett, welches die Strafprozessordnung vorgibt, zu beachten hat. Sind die Ermittlungen abgeschlossen, haben die Staatsanwält:innen unter der Gesamtwürdigung des Ermittlungsergebnisses zu entscheiden, ob die Tat mit den zur Verfügung stehenden Beweismitteln einem Nachweis zugeführt werden kann und ob die rechtlichen Voraussetzungen des jeweils einschlägigen Straftatbestandes vorliegen.

Ferner ist hernach zu entscheiden, ob es erforderlich ist, Anklage zu erheben, oder ob es im Einzelfall sinnvoll sein kann, das Strafverfahren (z. B. gegen Zahlung einer Geldauflage) aus Opportunitätsgründen einzustellen.

Staatsanwält:innen sind im Rahmen dieser Entscheidungskompetenz frei und kraft ihres beim Amtsantritt geleisteten Eides nur Recht und Gesetz verpflichtet, wenngleich sie in eine Behördenhierarchie eingebettet sind und insoweit in Teilen weisungsgebunden zu handeln haben.

Nach Anklageerhebung obliegt es den Staatsanwält:innen in der Hauptverhandlung, diese zu vertreten. Dies beginnt mit dem Verlesen der Anklage. Während der Sitzung und der dort durchzuführenden Beweisaufnahme ist es die Aufgabe der Staatsanwält:innen, zu prüfen, ob sich die Tatvorwürfe bestätigen lassen oder ob vernünftige Zweifel an der Schuld des oder der Angeklagten zurückbleiben. Hierbei fungieren die Staatsanwält:innen auch als Kontroll- und Überprüfungsinstanz des durch die Hauptverhandlung leitenden Gerichts. Das Ergebnis dieses abwägenden Prozesses wird in einem Plädoyer zusammengeführt, in dem die Staatsanwält:innen ihre Auffassung hinsichtlich der Beweis- und Rechtslage darlegen und letztlich dem Gericht einen Sanktionsvorschlag unterbreiten.

Kommt es zu einer Verurteilung, ist es außerdem die Aufgabe der Staatsanwaltschaft, die Strafvollstreckung zu überwachen und zu begleiten, wenngleich diese Tätigkeit im Wesentlichen an Rechtspfleger:innen, die ebenfalls eine langjährige anspruchsvolle juristische Ausbildung zu absolvieren hatten, übertragen ist. Trotzdem bietet auch die Strafvollstreckung für Volljurist:innen ein spannendes, vor allem aber auch anspruchsvolles Betätigungsfeld.

Aufbau der Staatsanwaltschaft
Die Staatsanwaltschaft als solche ist behördlich strukturiert und folgt einer strengen Hierarchie, an deren Spitze der oder die sogenannte Leitende Oberstaatsanwalt/-anwältin steht. Dieser bzw. diesem übergeordnet ist die Generalstaatsanwaltschaft, die an den Oberlandesgerichten angesiedelt ist und ihrerseits vom Generalstaatsanwalt oder der Generalstaatsanwältin vertreten wird. An oberster Stelle stehen die jeweiligen Landesministerien der Justiz.

Innerhalb einer Staatsanwaltschaft ist die Struktur regional unterschiedlich und abhängig von der Größe der Behörde. Größere Staatsanwaltschaften sind geprägt durch Fachabteilungen, in denen sich die Kompetenzen zu spezifischen Strafrechtsgebieten bündeln (z. B. Jugend-, Wirtschafts-, Betäubungsmittel- oder Verkehrsabteilung). Diese Abteilungen werden in der Regel von Oberstaatsanwält:innen geleitet. In kleineren Staatsanwaltschaften, die keine klassische Abteilungsstruktur aufweisen, sind die Übergänge zu den Strafrechtsgebieten fließender, sodass einzelne Dezernent:innen mehrere Rechtsgebiete bedienen.

Formale Einstellungsvoraussetzungen und Entwicklungsmöglichkeiten
In Vorbereitung auf das Zweite Staatsexamen hat man während des Referendariats in aller Regel die Möglichkeit, bereits für mehrere Monate einer Staatsanwältin oder einem Staatsanwalt bei deren täglicher Arbeit über die Schulter zu schauen, als Sitzungsvertreter:in der Anklagebehörde aufzutreten und Strafakten zu bearbeiten. Um nach der Ausbildung die Tätigkeit als Staatsanwältin oder Staatsanwalt beginnen zu können, wird ein weit überdurchschnittliches Examensergebnis in der Zweiten Juristischen Prüfung vorausgesetzt, wobei die formalen Notengrenzen und Einstellungsvoraussetzungen in den Bundesländern hierbei in Teilen erheblich voneinander abweichen. Aufgrund des Fachkräftemangels und der anstehenden Pensionierungswelle ist perspektivisch insgesamt damit zu rechnen, dass die Einstiegshürden abgesenkt werden.

In manchen Bundesländern muss man sich nicht von vornherein für eine ausschließliche Tätigkeit als Staatsanwältin oder Staatsanwalt entscheiden. Vielmehr bewirbt man sich beim jeweiligen Landesministerium der Justiz für eine Laufbahn im Justizdienst und kann insofern als Richter:in oder Staatsanwältin bzw. Staatsanwalt beginnen; weitere Wechsel zwischen Staatsanwaltschaft und ordentlicher Gerichtsbarkeit sind diesem System immanent.

Während der Tätigkeit in der Justiz besteht ferner die Möglichkeit, sich befristet bei Landes- oder Bundesbehörden, bei nationalen oder europäischen Gerichten sowie sonstigen Behörden und Stellen (z. B. einer Justizvollzugsanstalt) abordnen zu lassen. Bei Interesse darf sich auch bei der Referendarsausbildung engagiert werden. Die Entfaltungsmöglichkeiten sind insofern nahezu unbegrenzt und zeitlich sowie örtlich flexibel.

Warum Strafverfolgung?
Die Arbeit bei der Staatsanwaltschaft ist eine Tätigkeit, die durch ihre Vielseitigkeit und Dynamik besticht. In der Regel bearbeitet man eine Vielzahl an kleinen Fällen, die schnell zu erledigen sind (z. B. Ladendiebstähle). Durch das zügige Durcharbeiten der Standardfälle schaffen sich Staatsanwält:innen Raum für die anspruchsvolleren Tatkomplexe, in denen in der Regel eine Vielzahl verschiedenster Ermittlungsmaßnahmen anzustoßen sind. Dabei kann es durch Initiative von Staatsanwält:innen zu verdeckten Ermittlungsmaßnahmen (z. B. Telekommunikationsüberwachung oder Observationen), aber auch zu Wohnungsdurchsuchungen bis hin zur Beantragung von Haftbefehlen kommen. Den Staatsanwält:innen steht es dabei im Rahmen der ihnen zur Verfügung stehenden Arbeitszeit regelmäßig frei, auch persönlich die polizeiliche Arbeit zu begleiten. Hierbei gewinnt man tiefe Einblicke in gesellschaftliche Schichten und Strukturen, die einem in anderen juristischen Berufsfeldern in aller Regel verschlossen bleiben.

Auch die Rechtsgebiete, in denen man sich bewegen darf, sind vielschichtig und bieten eine großes Entwicklungs- und Spezialisierungspotenzial. Materien wie das Jugendstrafrecht stehen dem Einzelnen ebenso offen wie Wirtschaftsstrafsachen oder die Strafverfolgung politischer Straftaten.

Besonders hervorzuheben ist der große Teamgeist, der in der Staatsanwaltschaft herrscht. Das gemeinsame Ziel der effektiven Strafverfolgung und Kriminalitätsbekämpfung vor Augen, ziehen die Staatsanwält:innen mit Begeisterung an einem Strang. Insbesondere beim Dienstbeginn, aber auch im weiteren Berufsalltag lebt die Staatsanwaltschaft davon, Spezialwissen untereinander zu teilen und gemeinsam pragmatische Lösungen zu erarbeiten.

Gleichzeitig ist die Tätigkeit von einem hohen Maß an Eigenverantwortung gekennzeichnet. Als einzelne Staatsanwältin bzw. einzelner Staatsanwalt prägt man mit Anordnungen grundrechtsinvasiver Eingriffsmaßnahmen und dem persönlichen Auftreten in der Hauptverhandlung das Außenbild der Justiz und das Vertrauen der Gesellschaft in den Rechtsstaat entscheidend mit. Dabei sollte man sich zu jeder Zeit bewusst sein, dass Entscheidungen, die man im Rahmen des Ermittlungsverfahrens oder nach dessen Abschluss trifft, für die einzelnen Beschuldigten von großer Tragweite sein können. Wenngleich es unter den Beschuldigten durchaus ein gewisse „Stammkundschaft" gibt, die mit den Gepflogenheiten der Strafverfolgung vertraut ist und sich bisweilen hiervon unbeeindruckt zeigt, treffen die strafprozessualen Maßnahmen regelmäßig auch solche Bürger:innen, die erstmals mit der Justiz in Kontakt treten und für die die Bürden eines Ermittlungsverfahrens erdrückend sein können.

Berufsbilder in Politik, Behörden und internationalen Organisationen

Ob in Ämtern, Ministerien oder auf internationalem Parkett in einer europäischen Institution – der Öffentliche Dienst hält eine Vielzahl interessanter Betätigungsfelder bereit.

Wer sich für eine Stelle im Bereich der öffentlichen Verwaltung oder in internationalen Organisationen interessiert, sollte jedoch bedenken, dass hier regelmäßig Versetzungen anstehen, was große Mobilität und Flexibilität erfordert. Der Lohn ist eine anspruchsvolle und abwechslungsreiche Tätigkeit in immer wieder neuen Fachgebieten.

Aufgrund der Fülle an Einsatzmöglichkeiten für Jurist:innen auf internationaler, aber auch auf Bundes-, Landes- und Kommunalebene können in diesem Kapitel nur einige exemplarische Berufsbilder überblicksartig dargestellt werden: Die folgenden Beiträge bieten Informationen zu juristischen Stellen in der Politik, im Bundeskartellamt, beim Bundesnachrichtendienst, im Bundesministerium der Justiz sowie in internationalen Organisationen.

Ergänzend bieten die Erfahrungsberichte ab Seite 209 detaillierte Einblicke in einzelne Berufsbilder. Ausführliche Informationen zum Bewerbungsprozess bei internationalen Organisationen finden sich ab Seite 202.

Bundesministerium der Justiz

von Clara Burkard

> **Formale Voraussetzungen:** Befähigung zum Richteramt mit erheblich über dem Durchschnitt liegenden Examensergebnissen (für den höheren Dienst)
>
> **Einstiegsgehalt:** in der Regel Grundgehalt der Besoldungsgruppe A 13 zzgl. Ministerialzulage
>
> **Besonderheiten:** mehrstufiges Auswahlverfahren bei Neueinstellungen; Einstellung zunächst als Beamter/Beamtin auf Probe; Probezeit von einem Jahr bis zu drei Jahren; nach erfolgreichem Abschluss der Probezeit Ernennung auf Lebenszeit möglich; Möglichkeit vorübergehender Tätigkeit in anderen nationalen und internationalen Institutionen
>
> **Weitere Informationen:** www.bmjv.de, Referat Z A 1 (Personal höherer Dienst)

Tätigkeitsbereiche des Bundesministeriums der Justiz

Das Bundesministerium der Justiz (BMJ) ist in erster Linie Gesetzgebungs- und Beratungsministerium. Es erarbeitet Gesetzes- und Verordnungsentwürfe im Bereich seiner Federführung, also im Wesentlichen für das bürgerliche Recht, das Handels- und Gesellschaftsrecht, den gewerblichen Rechtsschutz und das Urheberrecht, das Strafrecht und die Prozessrechte. Es wirkt außerdem bei Gesetzes- und Verordnungsentwürfen anderer Ressorts mit und achtet auf die Vereinbarkeit der Entwürfe mit der Verfassung und der Rechtsordnung insgesamt sowie auf eine einheitliche formale Gestaltung und eine möglichst klare Rechtssprache. Sowohl für die federführenden als auch über die in der Federführung anderer Ressorts „mitzuprüfenden" Bereiche wirken die Fachreferate an der Rechtsetzung auf EU-Ebene mit und vertreten in den jeweiligen Arbeitsgremien die Position der Bundesregierung. Weiterhin ist beim BMJ der Nationalen Normenkontrollrat angesiedelt, ein unabhängiges Gremium der Bundesregierung, das mit Bürokratieabbau und besserer Rechtsetzung befasst ist. Schließlich ist das BMJV auch in Verfahren vor dem Bundesverfassungsgericht beteiligt.

Einsatzmöglichkeiten für Jurist:innen

Der Anteil juristisch ausgebildeter Mitarbeiter:innen im BMJV ist hoch. Von den 940 Beschäftigten sind 385 Volljurist:innen. Davon sind etwa 29 Prozent nicht dauerhaft im BMJ beschäftigt, sondern für zwei bis drei Jahre aus der Justiz oder der Verwaltung der Länder an das BMJ abgeordnet. Sie sollen den Austausch der Regierungsarbeit mit der Praxis gewährleisten und nehmen während dieser Zeit die Aufgaben von Referent:innen in einem Ministerium wahr. Regelmäßig findet ein internes Auswahlverfahren für diejenigen abgeordneten Referent:innen statt, die dauerhaft an das BMJ versetzt werden möchten. Zusätzlich findet einmal im Jahr ein externes Auswahlverfahren statt. Teilweise arbeiten – allerdings zeitlich befristet – auch Jurist:innen mit Erstem Juristischen Staatsexamen im BMJ. Stellenangebote werden auf der Internetseite des BMJ veröffentlicht.

Überdurchschnittlich qualifizierten Rechtsreferendar:innen bietet das BMJ die Möglichkeit, im Rahmen des juristischen Vorbereitungsdienstes eine mindestens dreimonatige Ausbildungsstation abzuleisten. Bewerbungen hierfür sollten spätestens sechs Monate vor Beginn der Ausbildungsstation eingereicht werden.

Das BMJ ist wie jedes Bundesministerium hierarchisch gegliedert. An der Spitze steht der Bundesminister der Justiz. Er wirkt als Mitglied des Kabinetts an den Entscheidungen der Bundesregierung mit und trägt die politische Verantwortung für das Ressort. Zur Unterstützung stehen dem Minister ein Parlamentarischer Staatssekretär und eine beamtete Staatssekretärin zur Seite. Der Parlamentarische Staatssekretär pflegt die Verbindung zum Bundestag, zum Bundesrat und zu den politischen Parteien. Die beamtete Staatssekretärin vertritt den Minister als Leitung des Ministeriums nach innen und außen. Der Minister und die Staatssekretär:innen bilden die Hausleitung des Ministeriums.

Das Ministerium selbst gliedert sich in acht Abteilungen, diese wiederum in Unterabteilungen und Referate. In einer Abteilung werden jeweils sachlich zusammengehörige Aufgaben wahrgenommen. So gibt es zum Beispiel eine Abteilung für Rechtspflege, die sich unter anderem mit Prozessrecht, Richterrecht und Rechtsanwaltsrecht befasst, sowie eine Abteilung für Strafrecht, in der unter anderem materielles Strafrecht, Jugendstrafrecht und internationales Strafrecht bearbeitet werden. Die Leitung der Abteilung obliegt in der Regel einem politischen Beamten oder einer politischen Beamtin. Die Abteilungsleitung überwacht und koordiniert die Arbeiten innerhalb der Abteilung und sichert die wechselseitige Information zwischen Hausleitung und Abteilung. Die Referate sind als organisatorische Grundeinheit des Ministeriums die Träger der Sacharbeit und werden fast immer von Jurist:innen geleitet. Neben dem Einsatz in den Fachabteilungen unterstützen Jurist:innen auch die Verwaltungsaufgaben des Ministeriums wie die interne Organisation, Haushalt, Personal und Justiziariat.

Der Reiz der Tätigkeit
Die Arbeit im BMJ ist außerordentlich spannend für Jurist:innen mit breit gefächertem rechtlichem und politischem Interesse. Ihnen bietet sich die reizvolle Möglichkeit, die Rechtslage nicht – wie in den juristischen Tätigkeiten sonst üblich – nur anzuwenden und auszulegen, sondern an ihrer Fortentwicklung mitzuwirken und auch die politische Dimension von Rechtssetzungsvorhaben zu erleben – oft auch im Spannungsfeld verschiedener Interessen. Dabei können Referent:innen Themen ihrer Arbeitsbereiche häufig in den Nachrichten wiederfinden.

Referent:innen wechseln regelmäßig innerhalb der verschiedenen Referate und Abteilungen und haben so nicht nur die Gelegenheit, in unterschiedlichen Rechtsgebieten tätig zu werden, sondern auch, das Ministerium aus verschiedenen Blickwinkeln zu sehen. Hinzu kommen vielseitige Tätigkeiten: Referent:innen erarbeiten Entwürfe von Gesetzen und Verordnungen, prüfen die Entwürfe anderer Ministerien und verhandeln europäische oder internationale Rechtsakte. Daneben beantworten sie Rechtsfragen der Hausleitung, anderer Ressorts, von Mitgliedern des Deutschen Bundestags und von Bürger:innen zu den inhaltlichen Themen. Sie schreiben Informationspapiere, interne Vermerke und Reden, sie bereiten Gespräche mit den verschiedensten Interessengruppen und mit an Gesetzgebungsverfahren Beteiligten vor oder führen diese Gespräche im Rahmen der Vorbereitung von Gesetzgebungsakten selbst. Die Betreuung der Gesetzgebungsverfahren des Hauses bedeutet, dass Referent:innen neben der Erarbeitung der Entwürfe auch für diese gegenüber den anderen Ministerien und weiteren Beteiligten werben und streiten müssen, damit sie vom politischen Willen der gesamten Bundesregierung getragen und schließlich vom Deutschen Bundestag und unter Mitwirkung des Bundesrats beschlossen werden, um tatsächlich als Gesetz oder Verordnung in Kraft zu treten.

In vielen Referaten kommt neben der Unterstützung der nationalen Gesetzgebungstätigkeit heute auch die Verhandlung europäischer Rechtsakte hinzu. Referent:innen haben hier nicht nur die Position der Bundesregierung zum jeweiligen Thema in Abstimmung mit den anderen Ministerien zu erarbeiten, sondern diese auch aktiv in den EU-Gremien zu vertreten. Dementsprechend sind aktive Englischkenntnisse und mindestens passive Französischkenntnisse unverzichtbar; dasselbe gilt für die Fähigkeit, Botschaften klar zu transportieren und die eigenen Zuständigkeiten und Positionen darzustellen. Schließlich führt das BMJ auch die Fachaufsicht über die Gerichte und Behörden in seinem Geschäftsbereich. Die Tätigkeit im BMJ eröffnet daher nicht nur große Gestaltungsmöglichkeiten, sondern ist auch sehr kommunikativ. Referent:innen im BMJ sind im permanenten Gespräch mit ihren „Spiegel"-Kolleg:innen aus anderen Bundesministerien, aus den Landesjustizverwaltungen, den EU-Kommissionsdienststellen, aus anderen EU-Mitgliedstaaten und mit Vertretern von Verbänden und Unternehmen. Sie vertreten das BMJ in Ausschuss-Sitzungen im Bundesrat, im Bundestag, bei der EU-Kommission und im Rat der Europäischen Union. Innerhalb des BMJ arbeiten Referent:innen in einem aufgeschlossenen und kollegialen Arbeitsumfeld, größtenteils in Referaten mit ein bis vier Referent:innen.

Personalstruktur im Bundesministerium der Justiz und für Verbraucherschutz
Im BMJ arbeiten derzeit 385 Volljurist:innen (190 Frauen und 195 Männer). Davon sind 111 Richter:innen, Staatsanwält:innen sowie andere Beamt:innen der Bundesländer oder der Behörden des Geschäftsbereichs, die für eine begrenzte Zeit an das BMJ abgeordnet sind. Umgekehrt ordnet das BMJ regelmäßig Mitarbeiter:innen an andere Ressorts oder Institutionen ab. So sind einige Mitarbeiter:innen beispielsweise auf Zeit bei der Europäischen Kommission oder dem Europäischen Gerichtshof, beim Auswärtigen Amt in den Ständigen Vertretungen Deutschlands (bei der EU in Brüssel, den Vereinten Nationen in Genf oder dem Europarat in Straßburg), am Bundesgerichtshof, Bundesverfassungsgericht oder für den Generalbundesanwalt tätig.

Gleit- und Teilzeitmöglichkeiten erleichtern die Vereinbarkeit von Familie und Beruf. Die Interessen der Mitarbeiter:innen werden durch einen Personalrat, die Gleichstellungsbeauftragte und die Vertrauensperson für schwerbehinderte Menschen vertreten. Seit dem Umzug der Bundesregierung von Bonn nach Berlin im Jahr 1999 sind die meisten Bediensteten am Hauptsitz des Ministeriums in der Nähe des Berliner Gendarmenmarkts tätig.

Bundeskartellamt

von Kay Weidner

> **Formale Voraussetzungen:** Die Voraussetzungen für eine Verbeamtung nach dem Bundesbeamtengesetz müssen gegeben sein (www.gesetze-im-internet.de/bbg_2009/__7.html).
>
> **Persönliche Qualifikationen:** überdurchschnittliche Examina, ausgeprägtes Interesse und Engagement für wettbewerbspolitische Aufgaben, hohe Leistungsbereitschaft sowie Flexibilität und Belastbarkeit, überzeugendes und sicheres Auftreten, kommunikative und kooperative Fähigkeiten, selbstständiges Handeln, hervorragende Ausdrucksweise in deutscher Sprache, sehr gute Englischkenntnisse, Kenntnisse in weiteren Fremdsprachen sind von Vorteil, gute EDV-Kenntnisse, ausgeprägte Team- und Konfliktfähigkeit, Kenntnisse im Kartellrecht, Wirtschaftsstraf- und Wirtschaftsverwaltungsrecht, Strafverfahrensrecht o. ä. sind von Vorteil.
>
> **Einstiegsgehalt:** Tarifbeschäftigte:r nach Entgeltgruppe 13 TVöD. Eine Übernahme in das Beamtenverhältnis ist vorgesehen.
>
> **Karrieremöglichkeiten:** im Rahmen der Bundeslaufbahnverordnung und der internen Beförderungsgrundsätze in einer Bundesoberbehörde
>
> **Besonderheiten:** interessante, interdisziplinäre Aufgaben, hohes Maß an Selbstständigkeit und entscheidungsorientierter Arbeit, internationaler Bezug
>
> **Weitere Informationen:** www.bundeskartellamt.de

Tätigkeit und Aufgaben

Volljurist:innen erwartet im Bundeskartellamt eine Vielzahl von interessanten Aufgaben. Die neuen Mitarbeiter:innen erfahren vom ersten Tag an ein hohes Maß an selbstständigem und entscheidungsorientiertem Arbeiten. Die Tätigkeiten haben fast immer einen ausgeprägten internationalen Bezug. Gesprächspartner:innen sind Führungskräfte der Wirtschaft, Rechtsanwälte, Behördenvertreter aus dem In- und Ausland sowie Persönlichkeiten aus Wissenschaft und Politik. Das Bundeskartellamt ist eine selbstständige Bundesbehörde im Geschäftsbereich des Bundesministeriums für Wirtschaft und Energie. Die Behörde beschäftigt ca. 400 Mitarbeiter:innen am Dienstort Bonn, davon rund die Hälfte mit rechts- bzw. wirtschaftswissenschaftlicher Ausbildung. Aufgabe des Bundeskartellamts ist die Sicherung des Wettbewerbs in Anwendung und Durchsetzung des Gesetzes gegen Wettbewerbsbeschränkungen (GWB). Zu den Instrumenten gehören im Einzelnen die Durchsetzung des Kartellverbots, die Fusionskontrolle, die Missbrauchsaufsicht über marktbeherrschende Unternehmen, der Verbraucherschutz und die Überprüfung der Vergabe öffentlicher Aufträge. Entscheidungen treffen in diesen Fällen die insgesamt 13 Beschlussabteilungen des Bundeskartellamts (in Vergabesachen die zwei Vergabekammern des Bundes). Das Wettbewerbsregister ermöglicht es öffentlichen Auftraggebern, bundesweit nachzuprüfen, ob ein Unternehmen wegen bestimmter Wirtschaftsdelikte von Vergabeverfahren der öffentlichen Hand auszuschließen ist oder ausgeschlossen werden kann. Eine

Grundsatzabteilung berät die Beschlussabteilungen in speziellen kartellrechtlichen und ökonomischen Fragen, vertritt das Bundeskartellamt in den Entscheidungsgremien der Europäischen Union, begleitet wettbewerbsrelevante Gesetzesreformen auf nationaler und europäischer Ebene und koordiniert die Zusammenarbeit des Amts mit ausländischen Wettbewerbsbehörden sowie internationalen Organisationen. Sie betreibt die Presse- und Öffentlichkeitsarbeit und unterstützt den Präsidenten des Bundeskartellamts. Die Sonderkommission Kartellbekämpfung unterstützt die Beschlussabteilungen bei der Vorbereitung, Durchführung und Auswertung von Durchsuchungsaktionen im Rahmen von Kartellverfahren. Sie ist zudem Ansprechpartnerin für Unternehmen, die im Rahmen der Kartellverfolgung einen Kronzeugenantrag stellen wollen. Daneben berät die Prozessabteilung das Amt in juristischen Fragen, begleitet gerichtliche Beschwerdeverfahren vor dem OLG Düsseldorf und vertritt das Bundeskartellamt vor dem BGH in Karlsruhe.

Bewerbung und Ausbildung
Freie Stellen für Referent:innen werden regelmäßig ausgeschrieben. Die Auswahl erfolgt in einem eintägigen Assessment-Center; dabei gilt es, zu ordnungspolitischen und anderen Themen Aufsätze zu schreiben sowie verschiedene Gespräche zu führen. Die Tätigkeit im Bundeskartellamt wird danach in der Regel in einer der 13 Beschlussabteilungen als Referent:in begonnen. Sie bekommen nach ihrer Anstellung für eine sechsmonatige Probezeit zunächst Einführungsberichterstatter:innen zur Seite gestellt, die oft einen wirtschaftswissenschaftlichen Hintergrund haben. Die neuen Mitarbeiter:innen werden schnell mit der selbstständigen Bearbeitung von Fällen aus den verschiedenen Aufgabenbereichen des Amts – Kartellbekämpfung, Missbrauchsaufsicht, Fusionskontrolle, Verbraucherschutz und Vergaberecht – betraut. Marktermittlungen, Schriftsätze, juristische und ökonomische Bewertungen, Termine mit hochrangigen Wirtschaftsvertreter:innen und Rechtsanwält:innen sowie die Entscheidungsfindung erfolgen in Zusammenarbeit mit den Einführungsberichterstatter:innen sowie anderen Kolleg:innen. Nach sechsmonatiger Probezeit wird man bei entsprechenden Voraussetzungen in das Beamtenverhältnis übernommen.

Weiterer Karriereverlauf
Üblicherweise verbleiben die Mitarbeiter:innen dann noch weitere Monate in der Beschlussabteilung. Nach eineinhalb bis zweieinhalb Jahren besteht die Möglichkeit, die Karriere als Referent:in in der Grundsatzabteilung, der Prozessabteilung (einschließlich der Sonderkommission Kartellbekämpfung), dem Wettbewerbsregister oder der Zentralabteilung des Hauses fortzusetzen. Üblicherweise folgt danach wieder die Tätigkeit in einer der Beschlussabteilungen oder einer der Vergabekammern des Bundes. Den Mitarbeiter:innen wird bei entsprechender Eignung die Funktion als Berichterstatter:in übertragen. Damit einher geht dann die Verantwortlichkeit für einen bestimmten, nach Wirtschaftsbereichen ausgerichteten Zuständigkeitsbereich sowie die Möglichkeit, nun auch formell als Teil der Beschlussabteilung, im Verbund mit seinem/seiner Vorsitzenden und einem weiteren Berichterstatter oder einer weiteren Berichterstatterin, Entscheidungen zu treffen. Auch die weitere Karriere gewährt Einblick in die unterschiedlichsten Wirtschaftsbereiche, da nach gewissen Zeiträumen weitere Wechsel zwischen den Abteilungen des Hauses erfolgen. Es besteht auch die Möglichkeit, ein Referat in der Grundsatz- bzw. der Prozessabteilung oder der Verwaltung zu leiten und damit Personalverantwortung zu übernehmen. Inklusive der Vergabekammern, des Wettbewerbsregisters, der Grundsatzabteilung und der Prozessabteilung gibt es im Bundeskartellamt insgesamt 19 Abteilungsleiter:innen/Vorsitzende.

Bundesnachrichtendienst

Formale Voraussetzungen: abgeschlossenes Hochschulstudium und Referendariat (beide Examina sollten mit mindestens 6,5 Punkten abgelegt sein), deutsche Staatsangehörigkeit

Weitere Qualifikationen: gute Fremdsprachenkenntnisse in Englisch und nach Möglichkeit einer weiteren Fremdsprache, berufsbezogene Auslandserfahrung z. B. im Rahmen eines Praktikums oder einer Wahlstation, herausragende Kommunikationsfähigkeit und interkulturelle Kompetenz, ausgeprägtes Interesse an globalen politischen und wirtschaftlichen Entwicklungen

Einstieg/Karrieremöglichkeiten: Der Einstieg erfolgt in das Einstiegsamt der Laufbahn des höheren Dienstes; das Rotationsprinzip eröffnet die Möglichkeit, alle vier Jahre einen Verwendungswechsel anzustreben und u. a. auch abteilungsübergreifend eingesetzt zu werden. Auslandsverwendungen sind nach einer mehrjährigen Mitarbeit möglich.

Weitere Informationen: www.bundesnachrichtendienst.de

Details zur Bewerbung: www.karriere.bnd.de

Kontakt: per Mail unter jobs@bundesnachrichtendienst.de

Auftrag und Tätigkeitsbereiche

Der Bundesnachrichtendienst (BND) ist der Auslandsnachrichtendienst der Bundesrepublik Deutschland. Er bündelt auf Basis einer weltweiten Präsenz und der Einbindung in internationale Kooperationsstrukturen die politische, wirtschaftliche und militärische Auslandsaufklärung und stellt der Bundesregierung Informationen für ihre außen- und sicherheitspolitischen Entscheidungen zur Verfügung. Die größten Standorte des BND befinden sich in Berlin und Pullach bei München. Die neue Zentrale in Berlin Mitte wurde kürzlich bezogen.

Wer sich für den BND als Arbeitgeber interessiert, verlässt vertrautes berufliches Terrain. Gerade hierin liegen Reiz und Herausforderung einer Tätigkeit beim deutschen Auslandsnachrichtendienst, der bevorzugt auch Jurist:innen einstellt und ihnen neben der klassischen juristischen Tätigkeit berufliche Perspektiven außerhalb dieser Aufgabenfelder bietet.

Einstieg und Karrieremöglichkeiten

Üblicherweise beginnen Jurist:innen ihre Tätigkeit beim BND in einem für sie fachspezifischen, also überwiegend juristisch geprägten Bereich. Das kann das Justiziariat oder der Datenschutz sein; weitere typische Einstiegsbereiche finden sich beispielsweise in den Fachreferaten für Personalmanagement, Dienst- und Arbeitsrecht, sicherheitsrechtliche Fragen oder spezielle nachrichtendienstliche Rechtsthemen (z. B. die Anwendung des BND-Gesetzes).

Da der BND mit einer relativ flachen Hierarchie ausgestattet ist, die bewusst versucht, Entscheidungen dort vorzubereiten, wo größtmögliche Sachnähe besteht, sind Nachwuchskräfte zudem in zahlreichen Abteilungsstäben eingesetzt und beraten ihre Abteilungsleiter:innen in allen anfallenden Rechtsfragen. Gemeinsam ist diesen Aufgaben ein hohes Maß an fachlicher Selbstständigkeit sowie die Möglichkeit, Vorgänge und Projekte von Anfang bis Ende juristisch eigenverantwortlich zu betreuen.

Die personalwirtschaftliche Zielsetzung des BND erschöpft sich nicht nur darin, Jurist:innen in ihrer fachlichen Spezialisierung zu belassen. Vielmehr bietet der BND seinen Nachwuchskräften die Perspektive, sich für spezifisch nachrichtendienstliche Aufgaben und Herausforderungen zu interessieren und – nach juristisch geprägten Erstverwendungen – eingesetzt zu werden. Das kann zum Beispiel eine Tätigkeit im Bereich der Quellenwerbung und -führung sein. Auf diese in konventionellen Berufsbildern naturgemäß wenig vertretene Tätigkeit werden die Mitarbeiter:innen in eigenen Ausbildungsmodulen vorbereitet und geschult. Handeln im Team, Belastbarkeit, hohe Flexibilität, interkulturelle Kompetenz und Fremdsprachenkenntnisse sind hier in besonderem Maße gefragt.

Neben der Beschaffung von Informationen mittels Quellen (HUMINT) gibt es auch die Möglichkeit eines Einsatzes in der Auswertung, wo tagtäglich zu vielen internationalen Krisengebieten und aktuellen Schwerpunktthemen Analysen und Berichte erstellt und an die politischen Entscheidungsträger:innen weitergegeben werden. Da nichts so schnell veraltet wie die aktuelle Information, wird hier mit hoher Schlagzahl, aber auch in großer Nähe zu den Bedarfsträger:innen in den verschiedenen Ressorts der Bundesregierung gearbeitet.

In Einzelfällen finden auch zeitweise Abordnungen zum Bundeskanzleramt oder anderen Bundesressorts statt, um Erfahrungs- und Wissenstransfer zu fördern. In späteren Verwendungen können auch mehrjährige Auslandseinsätze an den zahlreichen Auslandsvertretungen des BND folgen.

Prägendes Merkmal einer Mitarbeit im BND ist die Vielseitigkeit. Es gibt nicht den Karriereweg im BND – so wie es in der internationalen Politik auch nicht den verlässlich prognostizierten Krisenverlauf gibt. Wer an Unwägbarkeiten und den damit verbundenen Abwechslungen im Berufsleben Freude hat, kommt an einer Bewerbung beim BND eigentlich gar nicht vorbei.

Internationale Tätigkeitsfelder für Jurist:innen[1]

von Matthias Miguel Braun

Die Globalisierung und die damit einhergehende Internationalisierung der Arbeitsmärkte gehen auch an den juristischen Berufen nicht spurlos vorüber. Die Welt ruft, und so zieht es auch aus Deutschland angehende Jurist:innen ins Ausland, um dort ihr berufliches Glück zu suchen. Sie gehen in eine Welt, in der in rotes Plastik gebundene Loseblatt-Gesetzessammlungen vielleicht ebenso unbekannt sind wie etwa das Abstraktions- und Trennungsprinzip. Dennoch sind sie nicht verloren und kommen nicht mit leeren Händen. Das juristische Handwerkszeug, wie es in Deutschland in Studium und Referendariat vermittelt wird, ist ein solides. Sachverhalte schnell erfassen, juristische Probleme erkennen, Problemkomplexe zergliedern und Unwichtiges von Wichtigem trennen zu können sowie die Fähigkeit zum selbstständigen Arbeiten und die Befähigung, unbekannte Themengebiete strukturiert und rasch zu durchdringen – deutschen Jura-Absolvent:innen eilt oft der Ruf voraus, all diese Fähigkeiten zu besitzen.

Dies muss allerdings gleich wieder eingeschränkt werden: Eine Tätigkeit außerhalb Deutschlands bedeutet in der Regel, dass man nicht auf Deutsch arbeiten wird und somit auf das zentrale juristische „Arbeitsmittel" verzichten muss, denn Recht ist Sprache. Daher ist das frühzeitige und gründliche Erlernen von mehreren Fremdsprachen unerlässlich, wenn man im Ausland arbeiten möchte. Und das geht am besten im betreffenden Land. Eigentlich eine Binsenweisheit, aber wer während des Auslandsjahres im Erasmus-Rudel abtaucht oder seinen Studienort nur nach Freizeitwert aussucht, vergibt die Chance, eine Fremdsprache (und die entsprechende juristische Fachsprache) gründlich zu erlernen. Sehr gutes Englisch ist mittlerweile überall Grundvoraussetzung; Pluspunkte kann man nur mit weiteren, vielleicht auch exotischeren Sprachen sammeln, doch das ist abhängig von der jeweiligen Tätigkeit.

Einen Königsweg zum Traumjob gibt es angesichts der Vielzahl der möglichen Einsatzgebiete nicht. Überdurchschnittliche Noten spielen oft nicht die ausschlaggebende Rolle, sondern vielmehr der Nachweis, dass man einschlägige praktische Fähigkeiten erworben hat und neben einem guten Allgemeinwissen auch „Common Sense" mitbringt. Neben den schon erwähnten Fremdsprachenkenntnissen ist ein weiteres Element wichtig: Interessent:innen sollten versuchen, einen roten „internationalen" Faden in ihren Lebenslauf hineinzuweben. Wer seine Heimatstadt nach dem Abitur auch für Studium und Referendariat nicht verlässt, wird es sehr schwer haben, nach dem Assessorexamen eine Stelle bei den Vereinten Nationen zu bekommen. Wer hingegen frühzeitig damit beginnt, sich neben fachlichen Kompetenzen auch internationale Erfahrungen anzueignen, hat es viel leichter. Das können Summer Schools sein oder Model United Nations, Praktika im Ausland bei NGOs, Internationalen Organisationen oder deutschen Auslandsvertretungen. Auch Aufbaustudiengänge können hier von Nutzen sein, ebenso wie Auslandssemester oder die Spezialisierung in einem international-rechtlichen Gebiet wie Völkerrecht, Europarecht, Rechtsvergleichung oder Internationales Privatrecht.

---

1 Die Beiträge von Seite 47 bis 58 stellen eine persönliche Meinungsäußerung des Verfassers dar.

Supranationale Institutionen

von Matthias Miguel Braun

> **Formale Voraussetzungen:** abgeschlossenes Hochschulstudium, ausgezeichnete Fremdsprachenkenntnisse (Englisch fließend; i.d.R. sehr gute Französischkenntnisse, im Einzelfall auch andere Sprachen)
>
> **Persönliche Qualifikation:** vor allem Fähigkeit zur interkulturellen Kommunikation, Teamfähigkeit, Einsatzbereitschaft, selbstständiges Arbeiten, internationale Mobilität, u. U. die Bereitschaft, in Krisengebieten zu arbeiten
>
> **Einstiegsgehalt:** Berufsanfänger:in, unverheiratet, keine Kinder: bei den VN (Vereinten Nationen) Stufe P 2 Grundgehalt zwischen ca. 60.200 und 81.700 US-Dollar im Jahr, dazu kommen z. T. erhebliche Zuschläge; bei der EU Stufe AD 5 je nach Dienstalterstufe zwischen 64.300 und 72.800 Euro im Jahr[1]
>
> **Aufstiegsmöglichkeiten:** unterschiedlich – viele Stellen werden nur noch mit Zeitverträgen besetzt. Bei den VN werden auch Leitungsposten öffentlich ausgeschrieben.
>
> **Besonderheiten:** Praktische Erfahrungen im internationalen Bereich sind oft ein entscheidender Vorteil. Berufserfahrung ist selbst für Einstiegspositionen häufig Voraussetzung; die Dauer wird in der Stellenausschreibung spezifiziert.
>
> **Weitere Informationen:** www.auswaertiges-amt.de, www.jobs-io.de, Internetseiten der jeweiligen Organisationen

VN, EU, NATO und mehr – Einteilung internationaler Organisationen

Drei internationale Organisationen seien hier zuvorderst genannt: die Vereinten Nationen, die Europäische Union und die NATO – und mit ihnen ihre zahlreichen nachgeordneten Einrichtungen. Sie fallen auch Absolvent:innen, die weder EU- noch Völkerrecht als Schwerpunkt hatte, sofort bei diesem Stichwort ein. Und dies zu Recht: Schon aufgrund ihrer beachtlichen Größe bieten alle drei Institutionen zahlreiche Karrierechancen für Jurist:innen. Hier all diese Möglichkeiten aufzuzählen, würde den Rahmen sprengen, zudem ließe sich Vollständigkeit wohl nie erreichen. Aber auch neben den anderen großen internationalen Organisationen wie OSZE, OECD, Weltbank, Währungsfonds oder Europarat gibt es abseits der ausgetretenen Pfade Nischen, die – sofern die nötige Qualifizierung vorliegt – eine Berufsperspektive bieten können. So mögen Absolvent:innen aus Deutschland vielleicht noch an die Donaukommission in Budapest denken oder an den Ostseerat in Stockholm, aber was ist mit dem World Vegetable Centre in Taiwan? Auch wenn das letztgenannte Weltgemüsezentrum sich schwerpunktmäßig der Forschung widmet und daher nur wenige Berufschancen

---

[1] Da sich die Zahlen durch Anpassungen etc. ändern können, empfiehlt es sich, bei den jeweiligen Institutionen nachzufragen; Informationen zur Besoldung bei der EU findet man z. B. hier: eutraining.eu/epso-glossary/salary-of-eu-officials-and-civil-servants

für Jurist:innen bietet, zeigt dieses Beispiel doch die Fülle der existierenden Organisationen. Ein Überblick über die wichtigsten öffentlichen zwischen- oder überstaatlichen Organisationen und Einrichtungen ist auf der Internetseite des Auswärtigen Amts zu finden. Konkrete Stellenangebote stellt das Auswärtige Amt täglich in seinen Stellen- und Personalpool ein (www.jobs-io.de).

Im Folgenden sollen daher statt einer ohnehin unmöglichen Gesamtdarstellung die Berufsmöglichkeiten unter verschiedenen Aspekten beleuchtet und systematisch vorgestellt werden: nach Art der Organisation, nach Art der Tätigkeit und der Vertragsausgestaltung. Abschließend sollen kurz Hilfestellungen für den Berufseinstieg aufgezeigt werden.

Die eingangs erwähnten internationalen Organisationen lassen sich, was das Dienstrecht (und damit die Zugangsmöglichkeiten) angeht, in vier große Gruppen einteilen: Zunächst sind die Vereinten Nationen mit ihren Unter- und Sonderorganisationen zu nennen, die dienstrechtlich im sogenannten Common System zusammengeschlossen sind. Daneben gibt es Organisationen, die dieses System autonom anwenden (z. B. die OSZE). Die internationalen Finanzinstitutionen, die ihre eigenen Beschäftigungsbedingungen entwickelt haben, kann man in einer zweiten Gruppe zusammenfassen. Die EU-Institutionen bilden eine dritte Gruppe, und schließlich existieren als vierte Gruppe noch die sogenannten koordinierten Organisationen, die sich in einem gemeinsamen Koordinierungsausschuss zur Regelung ihres Dienstrechts zusammengeschlossen haben. Zu ihnen zählen unter anderem OECD, Europarat und NATO. Jede dieser vier Gruppen hat ein eigenes Besoldungssystem, eigene Amts- und Funktionsbezeichnungen und sieht damit auch recht unterschiedliche Karrieremöglichkeiten vor.

Tätigkeitsfelder für Jurist:innen in internationalen Organisationen
Untersucht man internationale Organisationen im Hinblick auf die juristischen Jobmöglichkeiten, so lassen sich drei große Betätigungsfelder ausmachen: Verwaltung, sonstige juristische Tätigkeiten und Referententätigkeiten an den Schnittstellen zu anderen Bereichen wie Menschenrechte oder Politikanalyse.

Auch wenn viele bei UNO und EU zuerst an nächtelanges Feilen an Resolutionen denken oder an einen Verhandlungsmarathon, um eine Einigung bei Agrarsubventionen zu erzielen – diese beiden politischen Organisationen sind zunächst einmal auch Verwaltungen, denn nur so kann das Funktionieren der Organisation als Ganzes sichergestellt werden. Verwaltungen haben jedenfalls immer Bedarf an Spezialist:innen, sodass sich hier eine nicht unbedeutende Karrieremöglichkeit für deutsche Jura-Absolvent:innen ergibt. Denn neben dem theoretischen Wissen im Verwaltungsrecht haben Jurist:innen mit Zweitem Staatsexamen immer auch praktische Verwaltungserfahrung. Personalabteilungen, Arbeitseinheiten für Liegenschaften und der weiterhin an Bedeutung gewinnende Bereich interne Aufsicht, Inspektion, Rechenschaft sind neben den Rechtsabteilungen wichtige Einsatzgebiete für Jurist:innen.

Die zweite Gruppe möglicher Tätigkeiten umfasst die klassischen juristischen Aufgaben, oft auf einem besonderen Rechtsgebiet. Viele Organisationen suchen regelmäßig Legal Officers, die allgemein für juristische Fragen zuständig sind. Anders dagegen bei Organisationen oder Gerichten, die ein bestimmtes Rechtsgebiet zum Gegenstand haben, z. B. für internationales Strafrecht der Internationale Strafgerichtshof, für

Völkerrecht der International Court of Justice oder für Europarecht der Europäische Gerichtshof (EuGH), um nur einige zu nennen. Interessante Einstiegspositionen – die entsprechende Qualifizierung vorausgesetzt – sind Stellen für Referent:innen und wissenschaftliche Mitarbeiter:innen, die den Richter:innen zuarbeiten. Ebenfalls interessant sind am EuGH die Stellen der Lawyer-Linguists, die EuGH-Entscheidungen in die EU-Amtssprachen übertragen.

Im dritten Bereich treten Jurist:innen in Konkurrenz zu Absolvent:innen anderer Disziplinen, insbesondere der Politikwissenschaft und der Internationalen Beziehungen (IB): Wer hier entsprechende Praktika, Zusatzqualifikationen wie einen Master in IB oder auch Engagement bei einem UN-Planspiel wie den National Model United Nations (NMUN) vorweisen kann, hat eher Chancen, sich gegen die Konkurrenz durchzusetzen.

Feste vs. Entsandte vs. Vertragsbedienstete
Eine weitere Kategorisierung der Arbeitsmöglichkeiten kann über die Art der Anstellung vorgenommen werden. Feste, unbefristete Anstellungen sind eher selten, das gilt für fast alle großen internationalen Organisationen, wie die VN und die NATO, wo häufiger mit befristeten als mit festen Verträgen gearbeitet wird. Auch die Europäische Union kennt die Unterscheidung zwischen EU-Beamt:innen und Vertragsbediensteten, für die auch zwei verschiedene Auswahlverfahren (Concours) von der europäischen Personalbehörde EPSO durchgeführt werden. Aber auch wenn man sich für den nationalen Öffentlichen Dienst entscheidet, gibt es später die Möglichkeit, sich an eine internationale Organisation entsenden zu lassen.

Wer keinen „roten Faden" in seinem Lebenslauf hat, der eine frühe internationale Ausrichtung von Studium und Interessen belegt, wird es schwer haben, nach dem Abschluss in einer internationalen Organisation Fuß zu fassen. Interessent:innen sollten möglichst früh praktische internationale Erfahrungen sammeln. Das kann in erster Linie über Praktika oder auch Stationen im Referendariat geschehen. Die Internetseiten der jeweiligen Organisationen liefern dazu Informationen. Der Förderung von Praktika in internationalen Organisationen hat sich das Carlo-Schmid-Programm verschrieben, aber auch das Mercator Kolleg für internationale Aufgaben fördert Praktika im Ausland allgemein. Daneben ist das in Bonn angesiedelte Regionale Informationszentrum der Vereinten Nationen für Westeuropa (UNRIC) Ansprechpartner für Praktika im gesamten VN-System. Sinnvoll ist auch die Stipendiendatenbank des DAAD. Aber auch Studentenorganisationen wie ELSA oder die Jungen Europäischen Föderalisten bieten die Möglichkeit, sich ehrenamtlich international-europäisch zu engagieren und so Erfahrungen zu sammeln. Wer sich eher für die NATO und transatlantische Sicherheitspolitik interessiert, der sollte Kontakt mit der Youth Atlantic Treaty Association Germany (YATA) aufnehmen, dem Nachwuchsforum der Deutschen Atlantischen Gesellschaft.

Liegen bereits erste Berufserfahrungen vor, so kann man sich beim Programm der Bundesregierung für Beigeordnete Sachverständige bewerben. Beigeordnete Sachverständige sind international bekannt als Junior Professional Officers (JPOs), Associate Experts (AEs) oder Associate Professional Officers (APOs). Die Einsätze schließen Tätigkeiten in den VN-Zentralen und in Regional- und Feldbüros ein. Die Bundesregierung hat mit vielen internationalen Organisationen Abkommen zur Förderung von deutschen Nachwuchskräften als Beigeordnete Sachverständige geschlossen. Informationen zu aktuellen Ausschreibungen, die in der Regel zweimal im Jahr stattfinden, finden sich auf den Seiten des Büros Führungskräfte zu Internationalen Organisationen (BFIO).

Eine nicht zu vernachlässigende Jobmöglichkeit bieten auch internationale Friedenseinsätze, arbeiten derzeit weltweit doch zahlreiche deutsche zivile Fach- und Führungskräfte in über 40 Friedenseinsätzen; dazu kommen die wesensverwandten Wahlbeobachtermissionen. Hier sind erste, oft sogar langjährige Berufserfahrungen allerdings regelmäßig Bewerbungsvoraussetzung. Das Auswärtige Amt hat das Berliner Zentrum für Internationale Friedenseinsätze (ZIF) mit Suche, Vermittlung, Vorbereitung, Betreuung und Qualifizierung von deutschen Fach- und Führungskräften für Friedensmissionen beauftragt. Ein Einstieg kann auch über Wahlbeobachtungsmissionen erfolgen; das ZIF unterhält für Friedens- und Wahlbeobachtermissionen zwei Expertenpools, in denen sich geeignete Interessenten registrieren lassen können.

Die Erfahrung zeigt: Schwierig ist vor allem der Einstieg. Wenn man als Absolvent:in erst einmal Arbeitserfahrungen sammeln konnte, schließen sich oft an die erste Anstellung weitere Arbeitsmöglichkeiten an. Deswegen kommt Praktika und Wahlstationen eine wichtige Funktion zu. Hier kann man als Absolvent:in (oder auch schon als Student:in oder Referendar:in) zeigen, was man kann. Im besten Fall ergibt sich dann aus dem Gastspiel eine Festanstellung.

Auswärtiger Dienst

von Matthias Miguel Braun

> **Formale Voraussetzungen der Diplomat:innen-Laufbahn:** abgeschlossenes Hochschulstudium (mindestens Master oder vergleichbarer Abschluss wie Erstes Staatsexamen), deutsche Staatsangehörigkeit (zusätzliche Staatsangehörigkeiten sind möglich), sehr gute Kenntnisse in Englisch (vergleichbar Niveau C1) und einer Zweitsprache (Französisch, Arabisch, Bosnisch, Chinesisch, Farsi, Japanisch, Koreanisch, Kroatisch, Polnisch, Russisch, Serbisch, Spanisch oder Türkisch auf Niveau B2/C1), gesundheitliche Eignung. Bis zur Einstellung müssen gute Grundlagenkenntnisse in Französisch nachgewiesen werden (Niveau A2+/B1).
>
> **Formale Voraussetzungen des nichttechnischen Verwaltungsdienstes:** übliche Kriterien für eine Tätigkeit im höheren Verwaltungsdienst (abgeschlossenes Hochschulstudium, bei Ausschreibungen für Volljurist:innen Erstes und Zweites Staatsexamen)
>
> **Persönliche Qualifikation und Eignung:** Teamfähigkeit, Belastbarkeit, Interesse an Politik, Wirtschaft, fremden Kulturen, gute Kommunikations- und Kontaktfähigkeit, bei der Sonderlaufbahn nach dem GAD weltweite Versetzungsbereitschaft und gesundheitliche Eignung für den weltweiten Einsatz („Tropentauglichkeit")
>
> **Einstiegsgehalt:** Berufsanfänger:innen im höheren Dienst werden nach A 13 besoldet; im Inland wird eine Ministerialzulage gezahlt; im Ausland kommen Auslandszuschläge hinzu.
>
> **Aufstiegsmöglichkeiten:** im Ausland Leitung einer Auslandsvertretung (nur Diplomat:innen-Laufbahn), im Inland Leitungsfunktionen in der Ministerialbürokratie, z. B. Referatsleitung. Auch Spitzenpositionen von Abteilungsleiter:in bis zu Staatssekretär:in besetzt werden mit Angehörigen des Auswärtigen Dienstes besetzt.
>
> **Besonderheiten:** Das Auswahlverfahren für die Diplomat:innen-Laufbahn findet einmal im Jahr statt; für den nichttechnischen Verwaltungsdienstgibt es laufend bedarfsorientierte Ausschreibungen.
>
> **Weitere Informationen:** www.auswaertiges-amt.de/hoehererdienst

Neben der Diplomat:innen-Laufbahn (Sonderlaufbahn nach dem Gesetz über den Auswärtigen Dienst – GAD) mit Weltweiter Rotation und Generalistenprinzip baut das Auswärtige Amt seit 2023 eine weitere Laufbahn auf: den nichttechnischen Verwaltungsdienst. Der nichttechnische Verwaltungsdienst zielt mehr auf Spezialisierung ab und sieht keine Verpflichtung zur weltweiten Rotation vor. Beide Laufbahnen ergänzen sich und bieten unter dem Dach des Auswärtigen Dienstes interessante Karrieremöglichkeiten für Jurist:innen.

Diplomat:in – noch immer ein Beruf mit viel Prestige

Die Zeiten, in denen das Auswärtige Amt (und damit die Diplomatie) le domaine réservé der Jurist:innen war, sind vorbei – das Juristenprivileg, das an einen Eintritt in den Auswärtigen Dienst als Bedingung ein Juristisches Staatsexamen knüpfte, fiel bereits Anfang des 20. Jahrhunderts. Heute müssen sich Jurist:innen der direkten Konkurrenz mit anderen hoch qualifizierten Bewerbern z. B. aus den Geistes- oder Sozialwissenschaften stellen. Da es nur den einheitlichen Auswärtigen Dienst gibt, steht Jurist:innen wie allen Bewerber:innen das allgemeine Auswahlverfahren für die Sonderlaufbahn des höheren Auswärtigen Dienst offen, das einmal jährlich durchgeführt wird. Die Konkurrenz ist sehr groß – von ca. 1.400 Bewerber:innen werden jedes Jahr am Ende nur zwischen 50 und 80 in den Attaché-Lehrgang aufgenommen, um als neue Crew zwölf Monate auf die künftigen Aufgaben vorbereitet zu werden. Die hohen Bewerberzahlen zeigen, dass Renommee und Prestige des Diplomatischen Dienstes ungebrochen sind. Jura-Absolvent:innen, nach ihrem beliebtesten zukünftigen Arbeitgeber befragt, befördern das Auswärtige Amt immer wieder auf Platz eins der Rangliste, noch vor Großkanzleien oder DAX-notierten Industrieunternehmen. Diese Attraktivität ist erfreulich, gleichzeitig machen solche Vorschusslorbeeren auch etwas misstrauisch. Der Verdacht liegt nahe, dass hier viele Befragte eher an das besagte Prestige denken als an den Diplomatenberuf an sich.

Weltweite Versetzungsbereitschaft

Die Entscheidung, Diplomat:in werden zu wollen, ist eine Entscheidung für ein Leben, das auch manche Entbehrung und Belastung mit sich bringt und mit dem leider immer noch verbreiteten Klischee des Champagnerglas schwenkenden Lebemanns wenig zu tun hat. Die von vielen potenziellen Bewerber:innen zu Recht als spannend empfundenen weltweiten Arbeitsmöglichkeiten an den fast 230 deutschen Auslandsvertretungen gehen einher mit der Verpflichtung zur weltweiten uneingeschränkten Versetzungsbereitschaft, auch in Krisengebiete. Eine zentrale Rechtsvorschrift, die dies wunderbar knapp auf den Punkt bringt, ist § 14 des Gesetzes über den Auswärtigen Dienst (GAD). Dort heißt es lapidar: „Der Beamte des Auswärtigen Dienstes hat sich für Verwendungen an allen Dienstorten bereitzuhalten." Diese weltweite Versetzungsbereitschaft ist die Grundlage für eine ständige weltweite Rotation der Angehörigen des Auswärtigen Diensts. So soll eine faire Lastenverteilung unter allen Bediensteten erreicht werden. Die Rotation macht zweifellos den Reiz der Diplomat:innen-Laufbahn aus, verhindert sie doch ein Erstarren in Routine. Doch sollte man sich vor einer Bewerbung für die Diplomat:innen-Laufbahn darüber klar werden, ob dieses Nomadenleben wirklich das ist, was man für sich (und seine Familie) will. Alle drei bis vier Jahre gilt es, einen Neuanfang zu wagen, mal in Berlin in der Zentrale, mal irgendwo in der Fremde, auch an ferngelegenen oder schwierigen Dienstorten. Denn nicht nur die Vertretungen in Paris, New York und Rom sind zu besetzen, sondern auch die in Kabul, Bagdad und Abuja. Für die Partnerin oder den Partner bedeutet dies oft die Aufgabe oder Einschränkung der eigenen Karriere, denn an vielen Dienstorten erlaubt der Diplomatenstatus keine Erwerbstätigkeit der Partner:innen. Für die Kinder bringt es häufige Schulwechsel mit sich, mitunter auch den Wechsel der Unterrichtssprache.

Stetiger Bedarf an qualifizierten Jurist:innen für weit mehr als nur juristische Aufgaben

Belohnt wird man für das unstete Leben mit einer lebenslangen Anstellung als Beamter oder Beamtin und einem sehr abwechslungsreichen Beruf. Eine besondere Laufbahn nur für Jurist:innen gibt es im Auswärtigen Amt nicht, aber mit der Einführung des nichttechnischen Verwaltungsdienstes gibt es unter dem Dach des Auswärtigen Dienstes neben der Diplomat:innen-Laufbahn eine Alternative für Jurist:innen, die nicht an der weltweiten Rotation teilnehmen möchten. Damit wird ein bisher maßgebliches weiteres Personalprinzip für Tätigkeiten beim Auswärtigen Amt eingeschränkt – das Generalistenprinzip wird in Zukunft nur noch auf die Diplomat:innen-Laufbahn Anwendung finden. Denn für diese gilt weiterhin: Mit dem Wechsel des Dienstortes geht in aller Regel auch eine neue Aufgabe einher, sodass jede Juristin und jeder Jurist in der Diplomat:innen-Laufbahn im Laufe des Berufslebens auch auf Stellen eingesetzt werden wird, die keinen juristischen Bezug haben. Aus der Fülle der vielfältigen Aufgaben im Auswärtigen Amt ist beispielsweise an einen Posten als Kulturreferent:in an einer Botschaft oder einen Posten im Protokoll zu denken, an eine Verwendung in der Wirtschaftsabteilung oder an die klassische Tätigkeit als Länderreferent:in in der Politischen Abteilung, wo die bilateralen politischen Beziehungen zu anderen Staaten im Mittelpunkt stehen. Trotz all dieser nicht juristischen Aufgaben sind hoch qualifizierte Jurist:innen für das Auswärtige Amt unverzichtbar. Wie andere Bundesministerien hat auch das Auswärtige Amt einen stetigen Bedarf an Jurist:innen im höheren Verwaltungsdienst. Genau dies ist der Bereich, in dem Jurist:innen im nichttechnischen Verwaltungsdienst in Zukunft im Auswärtigen Amt zum Einsatz kommen werden. Darüber hinaus ergibt sich für das Auswärtige Amt aus seinen spezifischen Aufgaben ein besonderer Bedarf an juristischem Fachwissen. Dazu zählen in erster Linie die Pflege der auswärtigen Beziehungen zu internationalen Organisationen und anderen Staaten sowie das Gewähren von Schutz und Hilfe für Deutsche im Ausland, wie es im GAD festgelegt ist. Daher gibt es Arbeitseinheiten, die für besondere Gebiete des Rechts verantwortlich sind, z. B. für Europa- oder Völkerrecht oder für Verwaltungsstreitverfahren in Visumsachen. Dort wird Recht auf hohem Niveau, mit großem Praxisbezug und sehr spezialisiert angewendet, in der Regel mit internationalem Bezug (z. B. sind Verfahren vor internationalen und deutschen Gerichten vorzubereiten und zu führen). Eine weitere Besonderheit im Vergleich zu anderen Bundesministerien: Neben den diplomatischen hat das Auswärtige Amt auch konsularische Aufgaben zu erfüllen, die den Auslandsvertretungen durch das Konsulargesetz übertragen sind, z. B. Hilfestellung in Personenstandssachen, Vornahme von Beurkundungen oder auch juristische Schmankerl wie die Verklarung (das ist die Aufnahme eines Seeunfalls). Zu bedenken ist auch, dass ein Drittel aller Mitarbeiter:innen im Europäischen Auswärtigen Dienst (EAD) der Europäischen Union von den Mitgliedstaaten als Zeitbeamte abgeordnet werden. Dadurch ergeben sich künftig weitere spannende Einsatzmöglichkeiten, sowohl in der EAD-Zentrale in Brüssel als auch in den rund 140 Delegationen der Europäischen Union, die ähnliche Aufgaben haben wie eine Botschaft.

Das Auswahlverfahren

Um Diplomat:in zu werden, muss man sich zunächst dem Bewerbungsverfahren für die Sonderlaufbahn des höheren Auswärtigen Diensts stellen. Ein Seiteneinstieg aus einem anderen Ministerium in die Diplomat:innen-Sonderlaufbahn ist nicht möglich – ein Wechsel in den nichttechnischen Veraltungsdienst des Auswärtigen Amts aus anderen Resorts hingegen durchaus. Das Auswahlverfahren für Diplomat:innen gilt zu Recht als sehr anspruchsvoll und fragt vor dem Hintergrund des Generalisten-Prinzips Fähigkeiten und Kenntnisse aus mehreren Disziplinen ab; daher ist eine gründliche Vorbereitung in den Bereichen Geschichte, Politik, Internationale Beziehungen, Wirtschaft und Recht unverzichtbar. Wer nach politischer Analyse, Multiple-Choice-Wissenstest, Multiple-Choice-Sprachprüfungen und psychologischem Eignungstest zu den ca. 250 Besten zählt, wird zur mündlichen Vorstellung eingeladen, aus der ca. 50 bis 80 neue Attachés hervorgehen. Auf sie wartet ein spannender Mix aus anspruchsvoller Rechtsanwendung, politischer Analyse, Projektmanagement im Bereich der Kultur oder Entwicklungszusammenarbeit und repräsentativen Aufgaben.

Die Alternative – Auswärtiger Dienst ohne Rotation: Der NTVD
Wer lieber ohne Auslands-Rotation in der Zentrale des Auswärtigen Amts in Berlin arbeiten und so standortfest einen Beitrag zur deutschen Außenpolitik leisten möchte, kann eine Tätigkeit im nichttechnischen Verwaltungsdienst (NTVD) im Auswärtigen Amt anstreben. Gefragt sind hier Spezialist:innen, darunter auch Jurist:innen, die anspruchsvolle Aufgaben in der Verwaltung eines Bundesministeriums übernehmen wollen. Das Auswahlverfahren fokussiert sich auf die jeweils geforderten Fachkenntnisse – einige Anforderungen, die für Diplomat:innen wichtig sind, werden hingegen nicht abgefragt (z. B. breit angelegte Fremdsprachenkenntnisse oder Fähigkeiten in der politischen Analyse). Die Einstellung erfolgt zunächst als Tarifbeschäftigte:r im vergleichbaren höheren Dienst nach dem Tarifvertrag für den öffentlichen Dienst (TVöD); bei Bewährung wird eine Verbeamtung angestrebt.

Einstiege: Referendariat; Praktika; Arbeiten im Auswärtigen Amt als Zeitvertragskraft (ZVK)
Einen ersten Eindruck vom Auswärtigen Dienst kann man durch Referendariatsstationen in der Zentrale im Auswärtigen Amt oder an Auslandsvertretungen bekommen, ebenso durch studienbegleitende Praktika an Auslandsvertretungen. Neben dem Auswahlverfahren für die GAD-Sonderlaufbahn und den nichttechnischen Verwaltungsdienst schreibt das Auswärtige Amt gelegentlich befristete Referentenstellen (v. a. in der Zentrale in Berlin) aus, v. a. im Zusammenhang mit erhöhtem Personalbedarf für zeitlich begrenzten Aufgaben wie z. B. Übernahme der EU-Ratspräsidentschaft oder der Mitgliedschaft im Sicherheitsrat der Vereinten Nationen. Die Anstellung erfolgt dann befristet als Zeitvertragskraft im vergleichbaren höheren Dienst nach dem Tarifvertrag für den öffentlichen Dienst (TVöD), in der Regel in der Eingruppierung E13. Diese Ausschreibungen stehen regelmäßig den Absolvent:innen verschiedener Fachrichtungen offen und richten sich nicht ausschließlich an Jurist:innen. Ferner werden auch immer wieder sogenannte „kleine" Jurist:innen mit lediglich Erstem Staatsexamen und ohne Master als zeitlich befristete Visa-Entscheider:innen gesucht, die dann im Visa-Bereich an Auslandsvertretungen eingesetzt werden – auch dies eine spannende Möglichkeit auf Zeit, das Auswärtige Amt kennenzulernen Es lohnt sich also, die Internetseite des Auswärtigen Amts regelmäßig nach solchen Ausschreibungen zu durchstöbern. Die Erfahrung zeigt, dass diese befristeten Anstellungen die Chancen im Auswahlverfahren für die Diplomat:innen-Laufbahn durchaus erhöhen können, hat man doch ein bis zwei Jahre Zeit, die Tätigkeitsfelder des Auswärtigen Amts im Arbeitsalltag und die „AA-spezifische" Hauskultur kennenzulernen – und sei es nur, um die Tätigkeit als Diplomat:in realistisch einschätzen zu können.

Nichtregierungsorganisationen

von Matthias Miguel Braun

> **Formale Voraussetzungen:** in der Regel ein abgeschlossenes Hochschulstudium
>
> **Persönliche Qualifikation:** Teamfähigkeit, interkulturelle Kompetenzen, internationale Mobilität, Sprachkenntnisse
>
> **Einstiegsgehalt:** sehr unterschiedlich, abhängig von der jeweiligen Nichtregierungsorganisation (NGO), den Aufgaben und dem Einsatzgebiet
>
> **Aufstiegsmöglichkeiten:** ebenfalls sehr unterschiedlich, abhängig von der Personalpolitik der jeweiligen NGO
>
> **Besonderheiten:** viele Nischen – besondere Qualifikationen können den Ausschlag geben
>
> **Weitere Informationen:** erhältlich bei der jeweiligen Nichtregierungsorganisation (ein Überblick findet sich bei www.venro.org)

Ohne dass hier auf verschiedene Definitionen eingegangen werden soll: NGOs bzw. zu Deutsch Nichtregierungsorganisationen (NROs) sind – anders als internationale Organisationen – keine Völkerrechtssubjekte. Unter den Begriff NGO fallen zunächst alle Einrichtungen und Organisationen, die weder dem Staat noch der Wirtschaft zugerechnet werden können. Sie sind Träger bürgerschaftlichen Engagements und Ausdruck der Zivilgesellschaft. Hier sollen nur die NGOs interessieren, die international tätig sind. Wie viele es genau sind, kann nur vermutet werden – einige Schätzungen gehen von 40.000 NGOs aus, die international aktiv sind; konservativere Studien sprechen von ca. 8.000 bis 9.000 NGOs, die in mehreren Ländern tätig sind. Nicht nur die bloße Anzahl, auch ihre Bedeutung hat in den letzten beiden Jahrzehnten seit Ende der Blockkonfrontation und der damit einhergehenden Neugestaltung der internationalen Politik stark zugenommen. Ihre gewachsene Bedeutung verdanken die NGOs ihrer Mitarbeit, Expertise und Lobbytätigkeit in fast allen Politikbereichen, sodass NGOs heute ein fester Bestandteil aller Global-Governance-Ansätze sind. Sie können v. a. auf drei Wegen ihre Wirkung entfalten: Neben klassischer Lobbyarbeit ist es vor allem die Teilnahme an Verhandlungen, bei denen globale Normen bzw. Standards geschaffen werden sollen, mit denen NGOs Dinge bewegen können. Schließlich ist noch das Monitoring zu nennen, bei denen NGOs ihre Expertise der Öffentlichkeit zur Verfügung stellen, z. B. Menschenrechts-NGOs durch ihre Jahresberichte.

Parallelen und Unterschiede zu internationalen Organisationen

Vieles von dem, was zu einer Tätigkeit bei einer internationalen Organisation gesagt wurde, trifft auf NGOs ebenso zu. Oft werden dieselben oder sehr ähnliche Themengebiete bearbeitet, die auch von einer internationalen Organisation behandelt werden, so z. B. bei den Menschenrechten. Es gibt aber auch Unterschiede: Die Größe einer NGO und damit die Spezialisierung der Mitarbeiter:innen kann sehr unterschiedlich sein. Es gibt viele NGOs, die nur ein oder zwei bezahlte Mitarbeiter:innen haben, die als Allround-Kraft schalten und walten, ehrenamtliche Mitarbeiter:innen oder Aktivist:innen koordinieren und Sekretariatsaufgaben übernehmen. In einem solchen Fall ist oft wenig Raum für festangestellte Jurist:innen. Es gibt allerdings NGOs, die einen beachtlichen Mitarbeiterstamm haben. Dort ist eine Tätigkeit von Jurist:innen im Verwaltungsbereich vorstellbar. Daneben ist auch hier eine rein juristische Tätigkeit sowie eine Tätigkeit in den Grenzbereichen zu anderen Gebieten denkbar, oft gepaart mit Aufgaben im Projektmanagement. Ein weiterer Unterschied: Während Diplomat:innen und Angehörige internationaler Organisationen sich bei ihrer Tätigkeit letztlich immer auf ein demokratisch legitimiertes öffentliches Mandat stützen können, sind NGOs in ihrer Natur rein private Zusammenschlüsse von Bürger:innen. Daraus können sich in der praktischen Arbeit Vor- und Nachteile ergeben. NGOs können sich mit Verve und Idealismus ganz einem Anliegen widmen und müssen nicht ein etwaiges übergeordnetes staatliches oder Allgemeininteresse beachten. Andererseits genießen z. B. Mitarbeiter:innen einer Hilfsorganisation in einem Konfliktgebiet keinen diplomatischen Schutz und können daher leichter Opfer von Übergriffen einer Konfliktpartei werden. Die Bezahlung kann ebenfalls sehr unterschiedlich sein, abhängig von Ort und Art der ausgeübten Tätigkeit; in den besten Fällen orientiert sie sich am Öffentlichen Dienst, z. B. am TVöD. Die Karriereperspektiven sind oft begrenzt, weil viele Stellen befristet oder an Projekte geknüpft sind, die für eine gewisse Zeit durch öffentliche Zuwendungen gefördert werden. Nur wenige NGOs verfügen über einen solchen Spendenzufluss, dass sie sich einen ständigen umfangreichen Mitarbeiterstamm leisten können.

Beispiel 1: Als Juristin im Projektmanagement
Eine Auflistung von für Juristen relevanten NGOs würde den Rahmen des Beitrags sprengen. Stattdessen sei an den beiden folgenden der Praxis entlehnten Beispielen gezeigt, welche mitunter verschlungenen Wege ein Karriereeinstieg bei einer NGO nehmen kann: Im ersten Beispiel geht es um eine Jurastudentin, die schon vor ihrem Studium während ihres freiwilligen sozialen Jahrs in einem westafrikanischen Staat eine deutsche NGO kennenlernt, die erfahrene Ingenieur:innen und deren Expertise einsetzt, um in Entwicklungsländern im Sinne einer nachhaltigen technischen Entwicklungszusammenarbeit elementare Grundbedürfnisse wie Zugang zu Wasser und Sanitäranlagen zu verbessern. Der Kontakt reißt nie ab, während ihres Studiums ist sie in einer Regionalgruppe als Freiwillige beim Fundraising aktiv. Dieses gesellschaftliche Engagement ist ihr Steckenpferd und noch kann sie sich nicht vorstellen, dass sich daraus eine berufliche Perspektive entwickeln könnte. Im Studium belegt sie die Wahlfachgruppe „Gesellschaftsrecht, Grundzüge des Steuerrechts und des Bilanzrechts" und jobbt nebenbei in einer Steuerkanzlei. Dazu kommt ein Praktikum bei einem Personaldienstleister. Nach dem Ersten Staatsexamen denkt sie zunächst an eine Promotion, doch dann wird sie auf ein Stellenangebot der besagten NGO aufmerksam, die eine:n Mitarbeiter:in in der Abteilung Finanz- und Personalwesen sucht. Zu den Aufgaben zählen u. a. die arbeitsrechtliche Vertragsgestaltung sowie das Vorbereiten des Jahresabschlusses, wozu enger Kontakt mit einem Steuerberater gehalten werden muss. Die Stelle wird entsprechend nach dem Landestarifvertrag für den öffentlichen Dienst entlohnt. Die Aussicht, ihr gesellschaftliches Engagement zu einer beruflichen Perspektive ausbauen zu können, reizt sie sehr. Sie bewirbt sich und kann mit ihrer Erfahrung als Freiwillige ebenso punkten wie mit dem gewählten Schwerpunkt im Bereich Steuern und Bilanzen und dem Nebenjob in der Steuerkanzlei. Ihre Bewerbung hat Erfolg; sie fängt bei der NGO an. Sie ist hier v. a. als juristische

Allrounderin gefragt und betreut auch Auswahlverfahren für Freiwillige und fest Beschäftigte, immer auch mit Bezug zum Einsatzort der Experten. Da die NGO als eingetragener Verein organisiert ist, bereitet sie die Jahresmitgliederversammlung vor und klärt immer wieder Fragen im Zusammenhang mit der Gemeinnützigkeit. Weil das Büro der NGO eine recht begrenzte Anzahl von Mitarbeiter:innen hat, kann unsere Absolventin oft auch jenseits der Juristerei bei der Projektarbeit aushelfen. Dann ist vor allem ihr Organisationstalent gefragt.

Beispiel 2: Als Jurist in die Menschenrechts-Advocacy
Das zweite Beispiel zeigt, dass es in NGOs auch Positionen gibt, die wesentlich stärker von der juristischen Tätigkeit geprägt sind. Nach dem Ersten Staatsexamen arbeitet unser Absolvent in Südamerika zunächst als Freiwilliger für ein Jahr in einer Menschenrechtsorganisation, die bedrohte Menschenrechtsverteidiger bei ihrer Arbeit begleitet und so schützt. Das ist ziemlich „hands-on" – unser Absolvent macht viel Feldarbeit, nur gelegentlich kann er sein juristisches Fachwissen in Fallstudien zur Anwendung bringen. Wieder zurück in Europa, will er sich eigentlich der Entwicklungspolitik widmen und setzt noch einen Master in Development Studies am Genfer Graduate Institute drauf. Dort macht er ein Praktikum beim UNHCHR, was sein Interesse an den Menschenrechten wieder weckt. Im Referendariat nutzt er die Wahlstation dazu, bei einer NGO, die sich als europäisches Zentrum für Verfassungsrecht und für Menschenrechte versteht, in die juristische Menschenrechtsarbeit einzusteigen. Dort wird mit juristischen Mitteln versucht, Menschenrechten zu ihrer Wirkung zu verhelfen. Das bedeutet vor allem, dass Musterverfahren angestrengt werden, um staatliche und nicht staatliche Akteure für die von ihnen begangenen Menschenrechtsverletzungen zur Verantwortung zu ziehen. Ziel sind Präzedenzfälle, um die Rechtsentwicklung beim Menschenrechtsschutz voranzutreiben. Unseren Absolventen reizt, dass hier oft juristisches Neuland betreten wird. Als bei dem Verein eine befristete Stelle geschaffen wird, bewirbt er sich. Er hat Glück – regionale Erfahrungen in Südamerika, einschlägige Praktika und Sprachkenntnisse geben letztlich den Ausschlag, er bekommt den Job. Und so arbeitet er vom ersten Tag an an Fällen, in denen es um Menschenrechte und europäische Investitionen in Schwellenländern geht. Neben juristischer Analyse bedeutet dies auch Projektmanagement: Netzwerke mit anderen NGOs aufbauen und pflegen, Recherchereisen nach Südamerika unternehmen, Pressearbeit mit Opferverbänden koordinieren.

Gefragt: Idealismus und gesellschaftliches Engagement
Die Beispiele zeigen zweierlei: Zum einen kann sich gerade bei NGOs aus dem gesellschaftspolitischen Engagement, dem Steckenpferd von Jura-Absolvent:innen, mitunter der Traumjob ergeben. Das setzt aber voraus, dass man sich neben Jurapaukerei und Examensstress noch Zeit nimmt oder lässt, um ein solches soziales oder gesellschaftliches Engagement zu pflegen. Der Scheuklappenblick auf das Prädikatsexamen um jeden Preis, am besten „zweimal zweistellig", ist hier eher abträglich. Und zum anderen zeigen die Beispiele, dass es in NGOs, vor allem solchen mittlerer Größe, eine rein juristische Tätigkeit selten gibt, sondern eher einen Aufgabenmix aus Projektmanagement und der Anwendung von juristischem Fachwissen auf einem Spezialgebiet, seien es die Menschenrechte oder das europäische Hochschulrecht. Die Stellensuche im NGO-Bereich ist oft eine Suche nach der Nische, und hier geben fast immer spezialisierte Fachkenntnisse und entsprechendes Engagement den Ausschlag.

Berufsbilder in Lehre und Forschung

Sich in einen Fachbereich zu vertiefen, als Expertin oder Experte zu diesem Thema zu publizieren und das eigene Wissen in Vorlesungen und Seminaren weiterzugeben – das lockt einige Jurist:innen nach dem Referendariat zurück an die Universitäten und Max-Planck-Institute. Die Beiträge auf den folgenden Seiten informieren über die Tätigkeit als Hochschulprofessor:in bzw. als Jurist:in in einer Forschungsinstitution.

Neben der selbstbestimmten und unabhängigen Arbeitsweise locken vor allem flexible Arbeitszeiten, Vortrags- und Konferenzreisen sowie der (internationale) Austausch mit Kolleg:innen. Für die meisten Jurist:innen stellt die wissenschaftliche Betätigung jedoch ein zeitlich begrenztes Vorhaben dar, oftmals zum Zweck der Promotion. Danach steht meist der Wechsel in ein anderes juristisches Tätigkeitsfeld an, zumal auch die Stellen im Bereich der Forschung und Lehre in der Regel befristet sind. Einige wenige Jurist:innen beginnen mit der Promotion aber auch die akademische Laufbahn, die bis zur Hochschulprofessur und dem Vorsitz eines Lehrstuhls führen kann.

Um sich frühzeitig einen Eindruck davon zu verschaffen, ob die Arbeit an einem Lehrstuhl interessant ist, bietet sich eine Tätigkeit als wissenschaftliche Hilfskraft an. Dies stellt auch eine gute Möglichkeit dar, mit Professor:innen in Kontakt zu kommen, die gegebenenfalls für eine spätere Betreuung der Promotion infrage kommen.

Abschließend sei noch erwähnt, dass auch Hochschulen und Forschungseinrichtungen in der Regel über Rechtsabteilungen verfügen, in denen Jurist:innen (wenn auch nicht lehrend oder forschend) tätig werden können. Nähere Informationen zur Tätigkeit in einer Rechtsabteilung finden sich ab Seite 105.

Hochschulprofessur

von Prof. Dr. Sabine Otte

> **Formale Voraussetzungen:** überdurchschnittlich abgeschlossenes Hochschulstudium, Promotion, mindestens fünfjährige berufspraktische Tätigkeit, davon mindestens drei Jahre außerhalb der Hochschule (vgl. im Einzelnen Hochschulgesetze des jeweiligen Landes, z. B. § 36 HG NRW), i. d. R. sehr gute Englischkenntnisse in Wort und Schrift
>
> **Persönliche Qualifikation:** Interesse an Lehre und Forschung, pädagogische Eignung, soziale Kompetenz, gute Kommunikationsfähigkeit
>
> **Einstiegsgehalt:** Grundgehalt W 2 an (Fach-)Hochschulen (ggf. zzgl. Leistungs- und/oder Familienzulage)
>
> **Besonderheiten:** Einstellung zunächst befristet oder als Beamter/Beamtin auf Probe, nach erfolgreichem Abschluss der Probezeit Ernennung auf Lebenszeit möglich, hohes Maß an Selbstständigkeit, Jobsicherheit, Vereinbarkeit von Beruf und Familie (flexible Arbeitszeit)

Tätigkeitsbereiche von (Fach-)Hochschulprofessor:innen

(Fach-)Hochschulprofessor:innen haben ein breites und äußerst spannendes Aufgabenspektrum. Im Mittelpunkt der Tätigkeit steht die Lehre, die mit einem Deputat von 18 Semesterwochenstunden mehr Raum einnimmt als an einer Universität und sich auch wegen des besseren Betreuungsschlüssels und der größeren Praxisbezogenheit etwas von der Lehre an einer Universität unterscheidet.

Zudem obliegt (Fach-)Hochschulprofessor:innen auch die Forschung nach eigenen Schwerpunkten. Sie genießen die Freiheit, selbst gesetzte Schwerpunkte sowohl in die eigene Forschung als auch in die Lehre einzubringen. Darüber hinaus sind (Fach-)Hochschulprofessor:innen eingebunden in das Hochschulmanagement (Selbstverwaltung), können Forschungsgelder bei Förderorganisationen beantragen und Forschungsprojekte und/oder internationale Kooperationen initiieren.

Vor- und Nachteile

Den besonderen Reiz der Tätigkeit macht die Freiheit von Forschung und Lehre aus. (Fach-)Hochschulprofessor:innen genießen ein sehr hohes Maß an Flexibilität, Selbstständigkeit und sehr weite eigene Gestaltungsspielräume. (Fach-)Hochschulprofessor:innen können selbstbestimmt eigene Schwerpunkte setzen und bestimmte Themen nach ihrer Wahl bearbeiten. Neben der – mitunter auch englischsprachigen – Lehre ist eine intensive wissenschaftliche Betätigung im Bereich der eigenen Spezialisierung möglich und erwünscht. Regelmäßig besteht die Möglichkeit, sich mit anderen Wissenschaftler:innen und Praktiker:innen auf in- und ausländischen Tagungen auszutauschen. Zudem erlauben die Selbstbestimmtheit und die flexiblen Arbeitszeiten eine hervorragende Planbarkeit der Tätigkeit. Durch die Verbeamtung auf Lebenszeit nach einiger Zeit wird finanzielle Sicherheit gewährleistet.

Nachteilig sind die – jedenfalls gegenüber einer internationalen Großkanzlei nicht zu leugnenden – Gehaltseinbußen und die geringen finanziellen Entwicklungsmöglichkeiten. Diese werden jedoch durch die finanzielle Sicherheit, die planbaren Arbeitszeiten sowie die Unabhängigkeit und Flexibilität kompensiert. Darüber hinaus besteht die Möglichkeit, einer Nebentätigkeit nachzugehen, z. B. als Of Counsel einer Kanzlei, als Lehrbeauftragte:r anderer Hochschulen oder mit Vortragstätigkeiten.

Auf dem Weg zur Professur
Voraussetzung für die Berufung als (Fach-)Hochschulprofessor:in sind überdurchschnittliche Erste und Zweite Juristische Staatsexamina sowie eine qualifizierte Promotion, vorzugsweise mit Bezug zum Lehrgebiet. Unerlässlich für die Tätigkeit ist die Freude an der Lehre. Ohne Spaß an der Lehre sollte keine (Fach-)Hochschulprofessur angestrebt werden. Durch einen Probevortrag wird auch stets die pädagogische Eignung im Berufungsverfahren getestet. Kandidat:innen sollten möglichst über Lehrerfahrung verfügen. Diese kann z. B. durch einen vorhergehenden Lehrauftrag gesammelt werden. Darüber hinaus werden wissenschaftliche Veröffentlichungen vorausgesetzt. Eine Habilitation ist hingegen für die (Fach-)Hochschulprofessur nicht erforderlich. Da das Studium an der Fachhochschule einen hohen Praxisbezug aufweist, wird statt der Habilitation eine mindestens fünfjährige Berufserfahrung auf den Lehrgebieten verlangt. Diese praktische Berufserfahrung sollte in die Lehre miteinfließen. Man sollte mindestens drei Jahre außerhalb des Hochschulbereichs tätig gewesen sein. (Fach-)Hochschulprofessor:innen im Bereich Wirtschaftsrecht waren meist vor ihrer Berufung in einer Kanzlei oder einer Rechtsabteilung tätig. Der Umstand, dass keine Habilitation für die Tätigkeit vorausgesetzt wird, bietet den Vorteil, dass nicht eine jahrelange Unsicherheit und ein so starker Verdrängungswettbewerb wie bei Universitätsprofessuren bestehen.

Angesichts der begrenzten Anzahl der Professorenstellen können sich Interessent:innen nicht auf die Berufung verlassen. Da jedoch zwingend vorherige Berufserfahrung vorausgesetzt wird, erfolgt die Bewerbung ohnehin aus einem anderen Job heraus, sodass zuvor keine finanzielle Unsicherheit besteht. Die Tätigkeit als (Fach-)Hochschulprofessor:in ist außerordentlich vielseitig und bietet diverse Vorteile, wie z. B. die enorme Unabhängigkeit, Flexibilität und gute Work-Life-Balance, sodass dies eine wirkliche Alternative zu einer Tätigkeit in einer (Groß-)Kanzlei oder Rechtsabteilung darstellt.

Jurist:in in einer Forschungseinrichtung

von Dr. Marc Engelhart

> **Formale Voraussetzungen:** überdurchschnittlich abgeschlossenes Hochschulstudium, Befähigung zur Promotion
>
> **Persönliche Qualifikation:** Sprachkenntnisse (Englisch, ggf. weitere Fremdsprachen), Organisationstalent, Kontaktfreudigkeit, Kreativität, wissenschaftliche Neugierde
>
> **Einstiegsgehalt:** 1.828,67 Euro Brutto-Monatsgehalt (Teilzeit 50 %, TVöD Bund in der Fassung ab 1.7.2017, Entgeltgruppe E 13, Stufe 1)
>
> **Aufstiegsmöglichkeiten:** Projektleiter:in, Forschungsgruppenleiter:in
>
> **Besonderheiten:** internationale Tätigkeit, Gelegenheit zur Promotion (ggf. auch zur Habilitation)
>
> **Weitere Informationen:** www.mpg.de sowie die Seiten der einzelnen juristischen Institute

Art der Tätigkeit

Die Tätigkeit als Jurist:in in einer Forschungseinrichtung ist in Deutschland insbesondere in den juristischen Instituten der Max-Planck-Gesellschaft möglich. Die Max-Planck-Institute als außeruniversitäre Forschungseinrichtungen bieten die Gelegenheit, intensiv an größeren Forschungsprojekten mitzuwirken. Die Größe der Institute liegt deutlich über der universitärer Lehrstühle. Sie beschäftigen oftmals Wissenschaftler:innen aus verschiedensten Fachrichtungen und Nationen. Die Institute sind international ausgerichtet, sodass eine große Anzahl von Projekten mit Partnern im Ausland oder mit internationalen Organisationen durchgeführt wird. Die Projekte werden grundsätzlich durch die Institutsleitung initiiert und von dieser verantwortet. Die Mitarbeiter:innen wirken vielfach bereits bei der Planung der Projekte mit und sind fast immer in die Durchführung miteinbezogen. Die Aufgaben variieren je nach Stelle stark: Projektbezogene Stellen beinhalten die Durchführung von Einzel- und Teilprojekten. Bei diesen sind projektspezifische Spezialkenntnisse (z. B. der Empirik oder der Islamistik) von Vorteil. Daneben bestehen Stellen für bestimmte Fachbereiche (z. B. europäisches Strafrecht). Hier verfolgen und begleiten die Referent:innen die jeweilige Rechtsentwicklung. Dies bedingt einen engen Kontakt zu anderen Forscher:innen und Praktiker:innen in der Verwaltung, insbesondere in Ministerien, in der Anwaltschaft und in internationalen Organisationen. Bestandteil der Tätigkeit ist zudem die wissenschaftliche Bearbeitung von Fragen aus dem jeweiligen Referatsbereich, meist mit dem Ziel einer Publikation. Oft werden auch Gutachten für öffentliche Institutionen erstellt. Daneben bestehen länderspezifische Stellen, bei denen die Referentin oder der Referent ein oder mehrere Länder bzw. Rechtskreise betreut. Entsprechende Sprachkenntnisse sind hierfür zwingend erforderlich. Die Referent:innen verfolgen die Rechtsentwicklung im jeweiligen Land, arbeiten diese wissenschaftlich auf und halten den Kontakt zur dortigen wissenschaftlichen Community. Häufig steht die Mitarbeit an rechtsvergleichenden Projekten im Mittelpunkt der Tätigkeit.

Vor- und Nachteile
Die Mitarbeit an Forschungsprojekten ermöglicht eine intensive wissenschaftliche Betätigung, die von der Projektplanung bis hin zur Publikation der gewonnenen Ergebnisse reicht. Durch die Interdisziplinarität und den Auslandsbezug eröffnet sie Perspektiven und Denkansätze weit über die Rechtswissenschaft und das nationale Recht hinaus. Dieser Bezug bietet Gelegenheit zu vielfältigen Kontakten mit ausländischen Forscher:innen, einschließlich des kurz- oder längerfristigen Aufenthalts im Ausland. Regelmäßig besteht die Möglichkeit, sich mit anderen Wissenschaftler:innen auf in- und ausländischen Tagungen auszutauschen. Die täglichen Arbeitszeiten sind gerade bei größeren Projekten weitgehend frei gestaltbar. Allerdings bedingt diese Freiheit ein hohes Maß an Selbstdisziplin, um die Projekte im vorgegebenen Zeitrahmen abzuschließen. Die verschiedenen Aspekte der Tätigkeit setzen zudem eine hohe Flexibilität in der Zeitplanung voraus, Abend- und Wochenendtermine sind nicht selten. Insgesamt ist die Arbeitsbelastung hoch.

Einstieg und Zukunftsperspektiven
Der Einstieg als wissenschaftliche:r Mitarbeiter:in erfolgt grundsätzlich nach Abschluss des juristischen Studiums. Während des Studiums oder des Referendariats ist aber bereits eine Tätigkeit als Hilfskraft möglich, die gegebenenfalls fortgesetzt werden kann. Vielfach werden konkrete Stellen ausgeschrieben, auf die dann eine Bewerbung möglich ist. Initiativbewerbungen sind jedoch nicht unüblich. Zumeist erfolgt die Mitarbeit begleitend zur Durchführung einer Promotion, deren Betreuung die Institutsdirektor:innen oder entsprechend qualifizierte Mitarbeiter:innen übernehmen. Voraussetzung ist daher, dass die Befähigung zur Promotion gegeben ist und die Bewerber:innen als Doktorand:innen von den Betreuer:innen und der juristischen Fakultät akzeptiert werden. Da die Tätigkeit am Institut neben der Promotion erfolgt, werden zumeist nur Teilzeitstellen (halbe Stellen) vergeben, die im Regelfall auf drei Jahre befristet sind. Alternativ besteht häufig in Research Schools ein strukturiertes Promotionsprogramm mit einer der Teilzeitstelle entsprechenden finanziellen Förderung. Die Gelegenheit zur Mitarbeit an Institutsprojekten besteht in diesem Rahmen nur noch in deutlich geringerem Umfang als bei einer „klassischen" Festanstellung.

Bei wissenschaftlicher Bewährung ist nicht nur eine Mitarbeit an einzelnen Forschungsprojekten möglich, sondern auch deren Leitung und Koordination. Eine befristete, über die Promotion hinausgehende Postdoc-Beschäftigung als wissenschaftliche:r Referent:in ist grundsätzlich möglich. Sie bietet sich insbesondere zur Durchführung einer Habilitation an, die dann zum Ziel hat, einen Lehrstuhl zu erhalten (und so letztlich zurück an die Universität führt). Möglich ist aber auch eine Forschungstätigkeit, zumeist mit Spezialisierung auf einen Fachbereich oder ein Land. Die Durchführung eigenständiger Forschung wird jedoch durch die konzeptionellen Vorgaben der Institutsleitung begrenzt. Zudem stehen vielfach nur wenige Stellen zur Verfügung. Unbefristete Stellen, die eine langfristige Forschungsperspektive ohne Habilitation ermöglichen, sind die Ausnahme. Insgesamt ist eine zunehmende Anzahl von Stellen projektbezogen und drittmittelfinanziert, sodass sie auf die Dauer des Projekts befristet sind. Zumeist wird die wissenschaftliche Tätigkeit daher begleitend zur Weiterqualifikation durch die Promotion genutzt, um nach deren Abschluss in ein anderes juristisches Berufsfeld einzusteigen.

Rechtsanwalt/-anwältin in einer Wirtschaftskanzlei

Für viele Jura-Absolvent:innen führt der erste Weg in eine Kanzlei. Es locken oft hohe Gehälter und abwechslungsreiche Fälle – teilweise in internationalem Umfeld. Doch mit der Entscheidung für die Tätigkeit in einer Kanzlei gehen weitere Fragestellungen einher, die jede Bewerberin und jeder Bewerber für sich persönlich beantworten muss: Welcher Kanzleityp passt zu mir? Ein Job in einer Großkanzlei, verbunden mit all den Vorzügen, die sie bietet, aber auch mit einer oft hohen Arbeitsbelastung? Oder eine Tätigkeit bei einer mittelständischen Kanzlei, mit meist niedrigeren Gehältern, aber auch größeren unternehmerischen Beteiligungsmöglichkeiten? Als letzte Variante bleibt noch die Selbstständigkeit zu nennen, die jedoch – gerade für Berufsanfänger:innen – mit großen finanziellen Risiken verbunden ist. Der folgende Beitrag zeigt wichtige Entscheidungskriterien auf.

Ebenso relevant ist die Frage nach der Spezialisierung auf ein Fachgebiet. Oftmals kristallisieren sich bereits im Studium erste Präferenzen für einen der großen Fachbereiche Zivilrecht, Strafrecht oder öffentliches Recht heraus. Doch auch diese gliedern sich in viele Unterbereiche, aus denen es zu wählen gilt. Dieses Buch beschränkt sich aufgrund des begrenzten Umfangs auf den Tätigkeitsbereich der Wirtschaftskanzleien und kann selbst hier nur überblicksartig einige wichtige Fachgebiete herausgreifen.

Großkanzlei, Mittelstand oder Selbstständigkeit – welcher Kanzleityp passt zu mir?

von Dr. Marius Mann

Volljurist:innen haben die Qual der Wahl. Ihnen eröffnet sich ein schier unerschöpfliches Tätigkeitsfeld, vor allem dann, wenn Studium und Referendariat besonders erfolgreich absolviert wurden. Sie können als Staatsanwält:innen, Richter:innen oder Notar:innen, selbst als Politiker:innen und Manager:innen tätig sein. Der klassische Juristenberuf bleibt aber der des Rechtsanwalts oder der Rechtsanwältin. Wer für sich erkannt hat, dass Neigungen, Interessen und die eigene Lebensplanung mit dem Anwaltsberuf gut vereinbar sind, sollte sich vor dem Berufseinstieg Gedanken machen, wie und in welchem anwaltlichen Kontext er tätig werden will. Denn es bietet sich ein Spektrum, das von der selbstständigen Tätigkeit als Einzelanwält:in bis hin zur international ausgerichteten Großkanzlei reicht. Zwar arbeiten Rechtsanwält:innen stets überwiegend als juristische Berater:innen, es gibt aber signifikante Unterschiede, etwa was Entfaltungs- und Entwicklungschancen oder die persönliche Absicherung betrifft.

Aufgabenspektrum
Die anwaltlichen Aufgabenstellungen können in den einzelnen Kanzleitypen durchaus voneinander abweichen. Associates in der Großkanzlei arbeitet üblicherweise ab, was ihnen die Partner:innen auf den Tisch legen. Es wird erwartet, dass dies zuverlässig, umsichtig und auf höchstem juristischen Niveau geschieht. Die Arbeitsergebnisse legen die Associates ihren Tutor:innen vor, die sie nach Durchsicht an die Mandanten schickt. Beim Berufseinstieg in der Großkanzlei erlernt man zuallererst sauberes anwaltliches Arbeiten. Dazu gehören u. a. der Umgang mit Mandanten, schnörkellose und klare Darstellung komplexer Sachverhalte und das Vermeiden von typischen Anfängerfehlern.

Wer allerdings Probleme damit hat, in fest vorgegebenen Strukturen und Hierarchien zu arbeiten, sollte sich gut überlegen, ob für sie oder ihn die Großkanzlei – in der häufig komplexe Großmandate in Anwaltsteams bearbeitet werden – die richtige Wahl ist. Eine Boutique, in der üblicherweise ebenfalls auf hohem juristischem Niveau an interessanten Mandaten gearbeitet wird, könnte den persönlichen Neigungen eher entsprechen und für Individualist:innen mehr Entfaltungsmöglichkeiten bieten als die Großkanzlei. Vor allem werden sich anwaltliche Berufseinsteiger:innen dort häufig schneller an der „Beraterfront" finden. Unter anderem deshalb, weil die Mandate in der Regel etwas überschaubarer sind und daher schneller Verantwortung übernommen werden kann. Verbesserungsvorschläge oder Ideen, um die Kanzlei voranzubringen, werden in mittelständischen Kanzleien und Boutiquen mehr geschätzt als in Großkanzleien, die in der Regel schon sehr professionell organisiert sind. Gleiches gilt für Mandantenpflege und Business Development, die in den Großkanzleien den Partner:innen überlassen sind.

Wem es indes um Freiheit, Selbstständigkeit und persönliche Entfaltung geht, der sollte sich ernsthaft damit auseinandersetzen, ob er selbstständig als (Einzel-)Anwalt oder Anwältin tätig werden will. Allerdings hat diese Selbstständigkeit auch ihren Preis. In der Selbstständigkeit beginnt alles beim Nullpunkt. Wer sein eigenes Anwaltsgeschäft aufbaut, muss zunächst einmal Arbeitsmittel wie Rechner, Computer, Drucker und

Büromaterial anschaffen. Zudem muss man sich insbesondere in den ersten Jahren auf mühsame Akquise einstellen und darf nicht wählerisch sein. Mit der Selbstständigkeit geht ein unternehmerisches Risiko einher, das vor allem Berufseinsteiger:innen trifft. Diese tun sich ohnehin schwerer als etablierte Rechtsanwält:innen, überhaupt an Mandate zu gelangen, geschweige denn an interessante und lukrative. Wer allerdings entspannt ist, wenn der Schreibtisch über Tage hinweg auch einmal leer bleibt, und Mut sowie Lust verspürt, sein eigenes Geschäft von der Pike an aufzubauen, kann es durchaus mit einem Kaltstart in die Selbstständigkeit versuchen.

Spezialisierung
Die juristische Ausbildung ist noch immer auf eine Tätigkeit als Einzelanwältin oder -anwalt – und dies rechtsbereichsübergreifend – ausgerichtet. Wer Freude daran verspürt, die eigene breite juristische Ausbildung auch in der Praxis zu erproben, für den sind spezialisierte Boutique- oder Großkanzleien eher nichts. Pflichtverteidigungen sowie miet- und straßenverkehrsrechtliche Mandate sind, insbesondere in den ersten Jahren, das „Brot-und-Butter-Geschäft" beim Berufsstart in die Selbstständigkeit. Derartige kleinere Mandate bieten die Möglichkeit, frühzeitig wichtige Erfahrungen zu sammeln, etwa bei der Vertretung vor Gericht oder bei Verhandlungen mit der Staatsanwaltschaft und Behörden. Wer selbstständig beraten will, gleichzeitig aber interessante Mandate von eher mittlerer Größe bearbeiten möchte, kann – wenn entsprechende Kontakte bestehen – versuchen, sich mit Steuerberater:innen oder Wirtschaftsprüfer:innen zusammenzuschließen. In derartigen interdisziplinären Kanzleien fällt für Jurist:innen der Kanzlei häufig eine Menge an Verweisgeschäft ab (sogenanntes Cross-Selling).

Die Großkanzleien sind demgegenüber bekannt für ihren hohen Spezialisierungsgrad. Zunehmend finden sich in einzelnen Rechtsbereichen sogar Unterspezialisierungen. So fokussieren sich manche Gesellschaftsrechtler:innen z. B. allein auf Aktienrecht und im Bereich Aktienrecht ggf. sogar ausschließlich auf Spruchverfahren oder Vorstandsberatung.

Boutique- oder Mittelstandskanzleien zeichnen sich häufig ebenfalls durch eine gewisse Spezialisierung aus. Letztlich ist dies unerlässlich, um auf hohem Niveau überzeugend beraten zu können. Der Spezialisierungsgrad ist in mittelständischen Kanzleien aber häufig weniger hoch als in Großkanzleien. So können sich in einer mittelständischen Boutique durchaus Anwält:innen finden, die im öffentlichen und im privaten Baurecht beraten und die ggf. vertragsgestaltend, baubegleitend und im Rahmen gerichtlicher Auseinandersetzungen vor Verwaltungsgerichten und ordentlichen Gerichten tätig werden. Dies kann auch seinen Reiz haben.

Wer als Jurist:in umfassend Ansprechpartner:in für seine Mandanten sein will, wird als „Allround-Wirtschaftsanwalt" oftmals vor allem vom unternehmerischen Mittelstand geschätzt. Empfindet man also den persönlichen Kontakt zu Geschäftsführer:innen und Gesellschafter:innen mittelständischer Betriebe als reizvoll, kann man sich in einer Boutiquekanzlei ausleben. Der persönliche Kontakt und die umfassende Beratung in wirtschaftsrechtlichen Angelegenheiten (z. B. gleichzeitig im Gesellschafts-, Handels- und Vertragsrecht) sind letztlich auch ein Markenzeichen mittelständisch ausgerichteter Wirtschaftskanzleien.

Arbeitsklima
Das Arbeitsklima wird beim Berufseinstieg häufig unterschätzt. Die Frage, ob man mit Chef:in und Kolleg:innen gut kann, spielt insbesondere dann eine wichtige Rolle, wenn man seine beruflichen Stationen nicht nur für ein paar Monate plant. Praktika, Referendarstationen oder eine vorübergehende wissenschaftliche Mitarbeit während der Promotionszeit bieten gute Gelegenheiten, um auszuloten, ob die Atmosphäre in der Kanzlei und die Chemie mit der oder dem künftigen Tutor:in stimmen. Größere Kanzleien sind stark durch den Umsatzdruck bestimmt, der nicht immer nur vom Kanzleimanagement, sondern genauso auch von der Sozietät selbst und den Kolleg:innen (Partner:innen) aufgebaut werden kann. Dies kann das Arbeitsklima in großen und mittleren Kanzleien durchaus beeinflussen und auch belastend sein.

Wer indessen in die Selbstständigkeit geht, braucht sich über diese Punkte keine Sorgen zu machen. Vermutlich ist einer der größten Vorteile der Selbstständigkeit, sein eigener Chef zu sein und sich nicht den Erwartungen und Wünschen anderer aussetzen zu müssen. Allerdings gilt dies auch nur eingeschränkt, denn im Ergebnis unterliegen auch selbstständige Einzelanwält:innen den Erwartungen ihrer Mandanten.

Work-Life-Balance
Wer mit Herzblut Rechtsanwältin oder Rechtsanwalt ist, wird immer viel arbeiten. Die Selbstständigkeit kann insoweit Fluch und Segen zugleich sein. Als Einzelkämpfer:in kann man zwar grundsätzlich bestimmen, ob, wann und wie viel man arbeitet. Man hat allerdings in Zeiten guter Auftragslage keine Mitstreiter:innen, die ihm Arbeit abnehmen. Meist ist die Motivationslage aber auch eine andere, denn der erwirtschaftete Umsatz geht direkt in die eigene Tasche.

Work-Life-Balance ist in der Großkanzlei hingegen per se ein Reizthema, denn gerade internationale Großkanzleien sind vom Geschäftsmodell her darauf ausgelegt, dass pro Kopf ein möglichst großer Umsatz erwirtschaftet wird. Zwar bieten Großkanzleien zunehmend Flex-Time-Modelle an. Die Inanspruchnahme derartiger Angebote wirkt sich aber nicht gerade als Karriereturbo aus. Wer also entspannt arbeiten möchte und am Freitag auch einmal um 13 Uhr ins Wochenende starten will, sollte sich entweder eine kleine, örtliche Sozietät suchen oder doch den Sprung in die Selbstständigkeit wagen.

Auch mittelständische Kanzleien können insoweit eine interessante Alternative sein. Der Umsatzdruck ist dort geringer als in Großkanzleien. Schon aus diesem Grund kann es leichter sein, Beruf und Privatleben in einer mittelgroßen Kanzlei unter einen Hut zu bringen.

Fazit
Letztlich kann man bei der Berufswahl wenig falsch machen, denn das Angenehme am Anwaltsberuf ist, dass sich persönliche Fehlgriffe meist korrigieren lassen. Dies gilt allerdings nicht zwingend in jede Richtung – und vor allem auch nicht zeitlich unbeschränkt. Wer selbstständig als Einzelanwältin oder -anwalt tätig war, wird mit dem Sprung in die Großkanzlei nach einigen Jahren sicher mehr Probleme haben als umgekehrt.

Dennoch verbieten sich pauschale Empfehlungen. Jede:r muss selbst entscheiden, welche Form der anwaltlichen Tätigkeit mittel- und langfristig erstrebenswert ist. Letztlich spielen auch Noten und Zusatzqualifikationen bei der Berufswahl eine gewichtige Rolle. Die gute Ausbildung, ein weit überdurchschnittliches Gehalt und das enorme Fortbildungspotenzial sprechen sicherlich für den Berufsstart in einer Großkanzlei. Vor allem ist damit der Schritt in eine kleinere Kanzlei oder die Selbstständigkeit keineswegs verbaut, sondern eher geebnet. Wer sich aber von vornherein mehr Work-Life-Balance wünscht und auch mit einem etwas niedrigeren Gehalt zufrieden ist, der sollte es in einer kleineren Einheit oder einer Boutiquekanzlei versuchen. Für Individualist:innen eignet sich der Weg in die Selbstständigkeit. Letztlich ergibt aber auch dies nur für diejenigen Sinn, die in den ersten Jahren nicht auf wirtschaftliche Absicherung angewiesen sind und bei denen der Unternehmer-Spirit über alle Zweifel erhaben ist.

Rechtsgebiete in Wirtschaftskanzleien

Arbeitsrecht

von Dr. Lars Mohnke

Klassischerweise vertreten Rechtsanwält:innen einer Wirtschaftskanzlei die Arbeitgeberseite. Zudem beraten sie Vorstände und Geschäftsführer:innen hinsichtlich ihrer Organstellung sowie ihrer Rechte und Pflichten aus dem Dienstvertrag.

Mit wem arbeitet ein Associate zusammen?
Bereits direkt nach dem Berufseinstieg betreuen Associates kleinere Fälle unter Anleitung einer Partnerin oder eines Partners oder erfahrenen Associates allein. Hierbei stehen sie in unmittelbarem Kontakt mit Mitarbeitenden der Personalabteilung und der Geschäftsleitung. Mit steigender Seniorität wird der Verantwortungsbereich größer. In komplexeren Angelegenheiten (z. B. Transaktionen, Umstrukturierungen und Compliance-Themen) arbeiten Associates im Team mit Kolleg:innen der eigenen und anderer Praxisgruppen (z. B. Gesellschafts-, Steuer- und Kartellrecht) zusammen. Bei grenzüberschreitenden Sachverhalten (z. B. mehrere Länder betreffende Transaktionen und Restrukturierungen sowie Auslandsentsendungen) tauschen sich Associates mit den Kolleg:innen ausländischer Büros oder von Korrespondenzkanzleien aus. Auch stehen sie in Kontakt mit ausländischen Gesellschaften, die Rechtsrat zu ihren eigenen oder durch Konzerngesellschaften in Deutschland beschäftigten Mitarbeitenden suchen.

Was ist das Besondere am Arbeitsrecht in einer Wirtschaftskanzlei?
In einer Wirtschaftskanzlei werden gerichtliche Streitigkeiten anderer Praxisgruppen häufig durch eine separate Litigation-Abteilung betreut, während die Arbeitsrechtler:innen die Unternehmen vor Gericht bis hin zum Bundesarbeitsgericht regelmäßig selbst vertreten. Wegen des stark ausgeprägten Arbeitnehmerschutzes ist die Beratung in der Regel darauf ausgerichtet, gerichtliche Auseinandersetzungen zu vermeiden. Hier ist Einfallsreichtum gefragt.

Einzelanwält:innen sind auf dem Gebiet des Arbeitsrechts meist überwiegend mit Einzelfällen und individualrechtlichen Rechtsfragen (insbesondere zum Kündigungsrecht) befasst. Sie sind häufig bei den Arbeitsgerichten anzutreffen. Dies gehört natürlich auch zu den Aufgaben in einer Wirtschaftskanzlei. Die Vorstellung, dass betriebsbedingte Kündigungen den Kern des Tagesgeschäfts ausmachen, geht dabei aber völlig fehl. Den größeren Teil nimmt die arbeitsrechtliche Beratung bzgl. Vertragsgestaltung (Individual- und Kollektivvereinbarungen), Vorbereitung, Verhandlung und Umsetzung von Restrukturierungen, Erwerb und Veräußerung von Unternehmen und Betrieben sowie bei Fragen der Zusammenarbeit mit Arbeitnehmervertretungen ein. Dabei sind stets auch die ökonomischen Auswirkungen des zu erteilenden Rechtsrats für die im Wettbewerb stehenden Unternehmen und die sich schnell ändernden Rahmenbedingungen zu beachten. Dies zeigt beispielsweise die Corona-Krise. Diese stellt Arbeitgeber vor immense Herausforderungen – angefangen bei der Einführung von Kurzarbeit, über die Aufrechterhaltung des Geschäftsbetriebs trotz strenger Hygienevorschriften, die Schaffung von Testmöglichkeiten und Impfkapazitäten, die

Einführung von Homeoffice, die Ermittlung und die Umsetzung von Einsparpotenzialen zur Vermeidung betriebsbedingter Kündigungen, notfalls bis hin zu einem harten Personalabbau. Die sehr dynamischen Entwicklungen seitens des Gesetzgebers (z. B. unlängst zum Nachweisgesetz) und die Aussagen der Behörden müssen im Blick behalten und zusammen mit dem Mandanten schnell und agil Lösungen entwickelt werden. Kreativität für die Entwicklung praxistauglicher Lösung ist hier gefragt.

Bei größeren Projekten ist eine Vielzahl von Interessengruppen (Vorstand/Geschäftsführung, Gesellschafter, andere Konzerngesellschaften, Gewerkschaften, Betriebsräte, verschiedene Mitarbeitergruppen und Öffentlichkeit) zu berücksichtigen. Dies bringt meist eine große Komplexität mit sich, eröffnet aber auch Lösungsräume, um das Ziel der Mandant:innen zu erreichen.

Die Tätigkeit ist sehr abwechslungsreich und aufgrund einer Vielzahl teilweise auch sehr ausgefallener Rechtsfragen besonders anspruchsvoll. Während Einzelanwält:innen sowie Richter:innen mit Fragen zum Streikrecht, zum Betriebsverfassungsrecht, zur Unternehmensmitbestimmung und zur Vertragsgestaltung eher selten befasst sind, gehört dies zur täglichen Arbeit von Anwält:innen in einer Wirtschaftskanzlei. Besonders interessant sind die Zusammenarbeit mit namhaften Unternehmen und Konzernen sowie die Möglichkeit, gestaltend tätig zu werden, um optimale Lösungen zu erarbeiten.

Das Arbeitsrecht steht wie kaum ein anderes Rechtsgebiet unter dem starken Einfluss von politischen Entwicklungen. Die Europäische Union und der deutsche Gesetzgeber sorgen ständig für Beratungsbedarf zu neuen rechtlichen Vorgaben. Die Wirtschaftskanzleien investieren daher viel Zeit und Mühe, um Auswirkungen von Gesetzesänderungen frühzeitig zu erkennen. So können sie den Unternehmen rechtzeitig Handlungsempfehlungen geben, damit die betrieblichen Abläufe angepasst werden können.

Gibt es Unterschiede zwischen den Wirtschaftskanzleien?
Einige Kanzleien beschränken sich auf das Transaktionsgeschäft. Das Arbeitsrecht hat dann häufig nur eine Unterstützungsfunktion. Andere Kanzleien bieten eine Full-Service-Beratung an. Die Tätigkeit deckt dann das gesamte Arbeitsrecht ab und bietet den Mandanten eine vollumfängliche Beratung. Je nach Größe und Ausrichtung kann es weitere Untergliederungen und Spezialisierungen geben (z. B. für die Themen arbeitsrechtliche Compliance, Mitarbeiterdatenschutz und betriebliche Altersvorsorge). Häufig bildet sich auch eine Spezialisierung auf bestimmte Branchen heraus. Viele Großkanzleien organisieren sich interdisziplinär in Industriegruppen, um sich noch besser auf die Bedürfnisse der Mandanten zu fokussieren.

Welche Vorteile bestehen bei einem Berufseinstieg im Bereich des Arbeitsrechts in einer Großkanzlei im Vergleich zu einer kleinen Kanzlei?
Kleinere Kanzleien haben meistens einen Schwerpunkt auf Rechtsstreitigkeiten und betreuen häufig die Arbeitnehmerseite. Großkanzleien sind meistens und teilweise ausschließlich auf der Seite der Unternehmen vorzufinden. Sie vertreten ihre Mandanten natürlich auch vor den Arbeitsgerichten. Einen wesentlichen Schwerpunkt bildet hier die strategische Beratung, die vor allem auch darauf gerichtet ist, rechtssichere Lösungen zu entwickeln, die Streitigkeiten mit Mitarbeitenden, Betriebsräten, Gewerkschaften und Behörden vermeiden. Hieraus ergeben sehr komplexe und anspruchsvolle Fragestellungen.

Was sind die Kehrseiten dieser Tätigkeit?
Nicht selten sind Kosteneinspar- und Personalabbauprogramme Gegenstand der Beratung. Diese Maßnahmen sind mit vielen Einzelschicksalen verbunden. Die Unternehmen sind aufgrund der Wettbewerbssituation gleichwohl gezwungen, sich den aktuellen Marktverhältnissen anzupassen. Gemeinsam mit Geschäftsleitung und Arbeitnehmervertretungen können sozialverträgliche und wirtschaftlich tragbare Lösungen entwickelt werden.

Für wen ist diese Tätigkeit geeignet?
Die Tätigkeit im Bereich des Arbeitsrechts einer Wirtschaftskanzlei ist nicht nur für Absolvent:innen mit einschlägigem Schwerpunktbereich geeignet. Arbeitsrechtliche Vorkenntnisse sind zwar wünschenswert, nicht aber zwingende Voraussetzung. Die Größe der Mandate und die Zusammenarbeit mit anderen Fachbereichen sowie ausländischen Büros erfordern eine große Bereitschaft und Fähigkeit, in Teams zu arbeiten. Zudem ist die Bereitschaft wichtig, sich mit den unterschiedlichen Interessen der Arbeitgeber- und Arbeitnehmerseite auseinanderzusetzen. Wer gerne strategische Überlegungen im Hinblick auf die ökonomischen Auswirkungen anstellt, pragmatische Herangehensweisen neben der rein „wissenschaftlichen" Lösung von Rechtsfällen mag und – das gilt gerade für das Arbeitsrecht – einen Beruf mit hohem Realitätsbezug schätzt, bringt die besten Voraussetzungen für die Tätigkeit als Anwältin oder Anwalt einer Wirtschaftskanzlei im Bereich Arbeitsrecht mit.

Bank- und Finanzrecht

von Thomas Hollenhorst

Überblick
Das Bank- und Finanzrecht ist ein breit gefächertes Rechtsgebiet, in dem Wirtschaftskanzleien unterschiedlichen Zuschnitts beraten. Es ist kein eigenes kodifiziertes Recht, sondern vielmehr eine Kombination verschiedener Rechtsgebiete. Dabei spielt das Zivilrecht eine große Rolle, aber auch das Wertpapierrecht, das Handels- und Gesellschaftsrecht, das Insolvenzrecht sowie das öffentliche Recht beeinflussen das Bank- und Finanzrecht.

Insbesondere Großkanzleien bieten in der Regel eine umfassende nationale und internationale Beratung auf den Gebieten des allgemeinen Bank-, Bankaufsichts- und Kapitalmarktrechts an und sind im Zusammenhang mit Finanzierungstransaktionen, bei Restrukturierungen sowie in der Prozessführung tätig.

Mittelgroße Wirtschaftskanzleien und Boutiquen beraten dagegen oft nur in ausgewählten Rechtsgebieten oder haben ihren Schwerpunkt in bestimmten Märkten, wie z. B. im Schifffahrts- oder Energiesektor. Kleinere Kanzleien arbeiten innerhalb des Bank- und Finanzrechts zumeist nur in begrenzten Teilbereichen oder sind spezialisiert auf die Prozessvertretung bei Verfahren zwischen Anlegern und Banken oder im Verbraucherschutzrecht.

Beratungsfelder

Allgemeines Bankrecht

Das allgemeine Bankrecht umfasst die rechtlichen Rahmenbedingungen für die Kontoführung, den Zahlungsverkehr (Überweisungen und Lastschriften, Debit- und Kreditkarten, Online-Banking etc.), das Darlehens- und Kreditsicherungsrecht sowie das allgemeine Wertpapierrecht. Hier unterscheidet sich die Tätigkeit als Rechtsanwältin oder Rechtsanwalt deutlich nach dem Zuschnitt und dem Mandantenstamm der jeweiligen Kanzlei. Während größere Kanzleien in der Regel auf Bankenseite tätig sind, gibt es zahlreiche kleinere Kanzleien, die schwerpunktmäßig Verbraucher:innen gegenüber Banken vertreten.

Bankaufsichts- und Kapitalmarktrecht

Auf dem Gebiet des Bankaufsichtsrechts spielen überwiegend Themen wie Erlaubnis- und Meldewesen, Organisations- und Verhaltenspflichten, Geldwäsche, Compliance sowie Datenschutz und entsprechende Normen insbesondere des Kreditwesensgesetzes (KWG), des Wertpapierhandelsgesetzes (WpHG) und anderer Spezialgesetze (GwG, BDG usw.) eine Rolle.

Das Kapitalmarktrecht betrifft zum einen die Emission von und den Handel mit Aktien, Schuldverschreibungen und anderen Wertpapieren (z. B. Investmentfonds) bzw. Derivaten (z. B. Swaps oder Optionen). Zum anderen macht die Regelung der Auflegung, des Vertriebs sowie der Überwachung von alternativen Investments wie Hedgefonds, Private-Equity- und Venture-Capital-Fonds einen wesentlichen Teil des Kapitelmarktrechts aus. Die Beratung im Kapitalmarktrecht umfasst dabei regelmäßig Maßnahmen zur Einhaltung der Prospektpflichten, der Aufklärungs- und Beratungspflichten gegenüber Anleger:innen sowie der Organisationspflichten zur Vermeidung von Interessenkonflikten und Insider-Handel. Insgesamt ist das Kapitalmarktrecht stark vom Bankaufsichtsrecht geprägt, insbesondere bezüglich der Genehmigungsanforderungen für Kapitalmarktprodukte und -prospekte, welche sich nach dem Kapitalanlagegesetzbuch (KAGB), Vermögensanlagegesetz (VermAnlG), Wertpapierprospektgesetz (WpPG) und anderen Spezialgesetzen richten.

Eine Schnittstelle zwischen Kapitalmarkt- und Gesellschaftsrecht bildet die rechtliche Begleitung börsennotierter Unternehmen. Hier beraten Spezialist:innen beider Rechtsgebiete bei der Einhaltung der kapitalmarktrechtlichen Transparenzanforderungen nach dem Aktiengesetz (AktG), dem Wertpapierhandelsgesetz (WpHG) und dem Wertpapiererwerbs- und Übernahmegesetz (WpÜG), beispielsweise bei M&A-Transaktionen.

Die Tätigkeit der Rechtsanwält:innen hängt auch im Bankaufsichts- und Kapitalmarktrecht sehr stark von der jeweiligen Kanzlei und ihren Mandanten ab. So sind kleinere Kanzleien häufig auf die Vertretung von Bankkund:innen und Anleger:innen gegenüber Banken und Finanzdienstleistern spezialisiert. Demgegenüber beraten größere Kanzleien vor allem Kreditinstitute bei der Emission von Wertpapieren, der Prospekterstellung sowie im allgemeinen Bankaufsichtsrecht.

Beratung bei Finanzierungstransaktionen
Die Beratung bei Finanzierungstransaktionen unterscheidet sich danach, was finanziert werden soll: Zumeist wird zwischen Projekt-, Asset-, Akquisitions- und strukturierter Finanzierung unterschieden. Bei größeren Transaktionen ist die Zusammenarbeit von international besetzten Teams aus Großkanzleien die Regel. Wesentliche Tätigkeit von Rechtsanwält:innen auf diesem Gebiet ist die Gestaltung und Verhandlung von Kredit- und Sicherheitenverträgen, wobei zumeist die Ergebnisse einer vorausgehenden Due Diligence in den Verträgen berücksichtigt werden. Zur Tätigkeit in diesem Bereich gehört jedoch auch die Durchsetzung von Rechten aus bestehenden Kreditverträgen (z. B. Kreditkündigungen, Sicherheitenverwertung etc.).

a. Die Projektfinanzierung dient der Finanzierung verschiedenster kapitalintensiver Projekte. Ihre Bedeutung ist in den vergangenen Jahren, insbesondere in den Sektoren Energie, Infrastruktur und Rohstoffe, stetig gewachsen. Themen wie Nachhaltigkeit, Klimaschutz und Energiewende, auch mit Blick auf Energiesouveränität und -sicherheit, spielen in diesem Bereich eine bedeutende Rolle. Bei der Projektfinanzierung ist der Rückgriff auf den Träger des Projekts (den Eigentümer der Projektgesellschaft) in aller Regel, wenn überhaupt, nur eingeschränkt möglich (sogenannte Non-Recourse- bzw. Limited-Recourse-Finanzierung). Die Besicherung der Finanzierung beschränkt sich daher auf das Projekt und den daraus generierten Cashflow. Hier liegt der Schwerpunkt der Tätigkeit der Kanzlei in der Gestaltung von Kredit- und Sicherheitenverträgen, aber auch in der Überprüfung der Projektverträge für die finanzierenden Banken oder die Projektgesellschaften.
b. Die Asset-Finanzierung dient der Finanzierung von wertvollen Objekten wie beispielsweise Flugzeugen, Schiffen und Immobilien. Während bei Flugzeugfinanzierungen häufig Leasingverträge Anwendung finden, werden Schiffs- und Immobilienfinanzierungen in der Regel über klassische Bankfinanzierungen durchgeführt. Bei der Asset-Finanzierung spielen neben den für die Projektfinanzierung genannten Themen häufig auch steuerliche Fragestellungen eine große Rolle.
c. Bei der Akquisitionsfinanzierung (z. B. im Rahmen eines Leveraged Buyout) wird der Erwerb eines Unternehmens oder eines Unternehmensteils finanziert. Nur ein Teil des Kaufpreises ist durch Eigenkapital gedeckt. Der überwiegende Teil der Mittel wird als Fremdkapital, in der Regel durch Konsortialkredite verschiedener Banken, zur Verfügung gestellt.
d. Unter das Stichwort „strukturierte Finanzierungen" fallen insbesondere auch sogenannte Mezzanine-Finanzierungen, die eine Mischung von Elementen des Eigen- und Fremdkapitals darstellen. Dies können nachrangige Darlehen sein, aber auch gesellschaftsrechtliche Strukturen wie partiarische Darlehen oder stille Beteiligungen. Diese lassen den Darlehensgeber in verschiedenen Ausprägungen am Unternehmenserfolg teilhaben. Auch die Finanzierung von Unternehmen über Anleihen, die am Kapitalmarkt platziert werden, wird üblicherweise unter dem Begriff „strukturierte Finanzierungen" subsumiert. Die strukturierte Finanzierung weist die engste Verbindung zum Corporate-/M&A-Geschäft der Banken auf und ist stark gesellschaftsrechtlich, aber auch kapitalmarktrechtlich geprägt.

Restrukturierung

Rechtsanwält:innen in der Restrukturierungspraxis begleiten Unternehmen und Banken in der Krise bei der Entwicklung und Umsetzung von Maßnahmen, um das Unternehmen zu sanieren. Dies umfasst neben der insolvenzrechtlichen Beratung und der Beratung bei Finanztransaktionen auch die gesellschaftsrechtliche Beratung bei Umstrukturierungen sowie Umwandlungen von Gesellschaften. Kennzeichnend für diesen Bereich ist ebenfalls eine enge Zusammenarbeit zwischen Rechtsanwält:innen verschiedener Fachbereiche, insbesondere aus dem Gesellschafts-, Steuer- und Arbeitsrecht.

Die Insolvenzverwaltung ist demgegenüber häufig ein eigener Tätigkeitsschwerpunkt von bestimmten Kanzleien. Sie wird zwar teilweise auch von Großkanzleien angeboten, in der Regel wird sie aber von mittelgroßen und kleineren spezialisierten Kanzleien durchgeführt, deren Büro-Organisation auf diese Tätigkeit besonders abgestimmt ist.

Anforderungen an Absolvent:innen

Die zahlreichen Spezialthemen im Bank- und Finanzrecht sind allenfalls als Schwerpunktbereich Studiums- oder Examensgegenstand. Bei der Frage nach den Voraussetzungen für einen Einstieg in das Bank- und Finanzrecht gilt daher: Spezialkenntnisse in diesen Rechtsgebieten sind nützlich, aber keine Voraussetzung. So ergibt sich das rechtliche Know-how z. B. in der Transaktionsberatung im Bereich Finanzierung im Wesentlichen aus den ersten drei Büchern des BGB. Eine solide zivilrechtliche Ausbildung ist daher auf diesem Gebiet, aber auch in anderen Bereichen des Bankrechts, sehr wichtig.

Praktische Kenntnisse des Bankgeschäfts, erworben durch Praktika oder idealerweise durch eine Bankausbildung, sind selbstverständlich gern gesehen, ebenso entsprechende Stationen während des Referendariats. Gerade in größeren Kanzleien sind zudem gute Englischkenntnisse zwingend erforderlich, weil die Dokumentation größerer Konsortialfinanzierungen nahezu ausschließlich auf Englisch erfolgt.

Fazit

Insgesamt lässt sich festhalten, dass das Bank- und Finanzrecht zahlreiche Betätigungsfelder für hoch qualifizierte und fremdsprachenerfahrene Berufseinsteiger:innen bietet – vor allem auch aufgrund der anhaltenden Internationalisierung und Regulierung der weltweiten Finanzmärkte.

Das Anforderungsprofil und die Aufstiegschancen in den einzelnen Bereichen des Bank- und Finanzrechts hängen dann sehr stark vom Zuschnitt der jeweiligen Kanzlei sowie von der gewählten Spezialisierung ab. So sind im allgemeinen Bankrecht, bei Finanzierungstransaktionen sowie in der Restrukturierungsberatung eher zivil-, gesellschafts- und insolvenzrechtlich bewanderte Generalist:innen gefragt, die keine Berührungsängste mit anderen Rechtsgebieten haben. Demgegenüber bauen Rechtsanwält:innen im Bankaufsichts- und Kapitalmarktrecht nach und nach Spezialkenntnisse im gewählten Bereich auf. Der Einstieg fällt hier mit Vorkenntnissen leichter.

Datenschutzrecht

von Klaus Foitzick

Im deutschen Recht spielte der Datenschutz schon seit Jahrzehnten eine wichtige Rolle. Mit der Datenschutz-Grundverordnung (DSGVO) hat das Datenschutzrecht in der gesamten EU einen neuen Stellenwert gewonnen. Nahezu jede Organisation verarbeitet auf die eine oder andere Art personenbezogene Daten. Der Bedarf an speziell im Datenschutz geschulten Berater:innen hat massiv zugenommen. Besonders gefragt ist die Position der betrieblichen Datenschutzbeauftragten. Diese beraten die Geschäftsführung, schulen Mitarbeiter:innen und kontrollieren die Rechtmäßigkeit aller Datenverarbeitungen und den Schutz der Daten. Zudem sind sie Ansprechpartner:innen für Betroffene und Aufsichtsbehörden. Um der oft unterschätzten Komplexität dieser Rolle gerecht zu werden, ist es in der Regel unabdingbar, juristische Expert:innen als Berater heranzuziehen oder als Datenschutzbeauftragte zu bestellen. Für Jura-Absolvent:innen bietet eine Spezialisierung auf das Datenschutzrecht also sehr gute Jobaussichten. Wer bei der Arbeit gerne direkten Kundenkontakt hat und schnell Projektverantwortung übernehmen will, ist hier genau richtig. Weil die Klienten aus verschiedensten Branchen kommen, ist Abwechslung garantiert. Die juristische Tätigkeit ist primär eine beratende und prüfende. Mittlerweile spielt aber auch die gerichtliche und außergerichtliche Rechtsvertretung eine zunehmend größere Rolle, etwa bei der Abwehr von Abmahnungen oder Schadensersatzforderungen und nicht zuletzt auch bei der Verteidigung gegen Bußgelder.

Fachliche und formale Qualifikationen
Das Datenschutzrecht gehört regelmäßig noch nicht zu den Pflichtfächern. Die wenigsten bringen daher die notwendigen Fachkenntnisse bereits mit. Wer sich während des Studiums mit der DSGVO, dem Bundesdatenschutzgesetz (BDSG), dem Telekommunikation-Telemedien-Datenschutz-Gesetz (TTDSG) und anderen relevanten Rechtsbereichen, wie etwa dem Wettbewerbsrecht, befasst hat, ist vergleichsweise gut aufgestellt. Viele Stellen, wie etwa TÜV oder Industrie- und Handelskammern, bieten zwar eine Fortbildung zum Datenschutzbeauftragten an, doch werden in den Kursen regelmäßig nur einige Grundlagen vermittelt. Die tatsächliche Anwendung des Datenschutzrechts lässt sich erst in der beruflichen Praxis erlernen. Bei der Auswahl des Arbeitgebers lohnt es sich deswegen, auf ein Mentorenprogramm oder vergleichbare Methoden der Berufseinführung zu achten. Ähnlich verhält es sich mit den unverzichtbaren technischen Kenntnissen, die Jura-Absolvent:innen ebenfalls kaum mitbringen. Gute Arbeitgeber bieten deshalb Schulungen z. B. zu Standards der Informationssicherheit wie der ISO 27001 an. Eine gewisse IT-Affinität sollte man in jedem Fall haben. Formal gesehen kommen verschiedene Abschlüsse in Betracht. Zugelassene Rechtsanwält:innen bzw. Volljurist:innen haben regelmäßig eine bessere Ausgangslage in Kanzleien und im internationalen Kontext auch meist bessere Chancen.

Sonstige Voraussetzungen
Jurist:innen, die zum Datenschutzrecht beraten wollen, sollten auch über ausgeprägte soziale Kompetenzen verfügen. Datenschutzbeauftragte gehen eine meist langjährige Vertrauensbeziehung mit viel persönlichem Kundenkontakt ein. Gleichzeitig zu prüfen und zu beraten ist dabei eine mitunter schwer zu erfüllende Doppelrolle. Zudem ist ein hoher Problemlösungswille gefragt. Die schnell fortschreitende digitale Trans-

formation der Wirtschaft erfordert eine Vielfalt an Speziallösungen für die verschiedensten Datenverarbeitungen. Wer sich selbst eher als Bedenkenträger:in versteht, ist davon höchstwahrscheinlich überfordert. Wer hingegen Dinge hinterfragen und neu denken kann, findet im Datenschutzrecht einen wirklich spannenden Job.

Perspektiven und Karrierepfade
Wer sich auf das Datenschutzrecht spezialisieren will, wird eher nicht in einer Großkanzlei anfangen. Die dortige starke Arbeitsteilung bei der Betreuung jedes Kunden erschwert eine partnerschaftliche und kontinuierliche Zusammenarbeit mit dem Mandanten. Stattdessen bietet sich eine Boutique-Kanzlei mit entsprechender Ausrichtung an. Auch wer Datenschutzfragen lieber in der Compliance-Abteilung eines Konzerns bearbeiten will, ist aufgrund des dafür notwendigen Fach- bzw. Anwendungswissens gut beraten, in einer spezialisierten Kanzlei oder Consultingagentur zu lernen. Da ein großer Teil der Tätigkeit eines Datenschutzbeauftragten keine Rechtsdienstleistung, sondern eine gewerbliche ist, bieten auch viele Consultingunternehmen entsprechende Dienstleistungen an. Im Bereich dieser Unternehmen ist es allerdings dringend zu empfehlen, sich im Vorfeld genauestens über potenzielle Arbeitgeber zu informieren, da ein nicht unerheblicher Anteil der Anbieter stark auf einen vielleicht lukrativen aber wenig anspruchsvollen Massenmarkt ausgerichtet ist.

Veränderungen des Berufsbilds durch rechtliche und weitere Entwicklungen
Das Profil ist von Veränderung geprägt. Viele Fragen im Zusammenspiel von Betroffenen und potenziellen Datennutzern sind noch unbeantwortet. Der wohl wichtigste Trend dürfte die Internationalisierung sein, weil das Datenschutzrecht überall an Bedeutung gewinnt. Sehr gute Englischkenntnisse bleiben unabdingbar; weitere Fremdsprachenkenntnisse, Auslandserfahrung und Kenntnisse der Datenschutzgesetze anderer Länder sind von großem Vorteil. Inhaltlich werden sich weitere Aspekte bemerkbar machen: Die Vielfalt der zu betreuenden Branchen nimmt zu, und branchenspezifische Gesetze – etwa für Krankenhäuser oder kritischen Infrastrukturen – werden immer wichtiger. Dazu wird weltweit der Datenschutz bei der Verarbeitung von (personenbezogenen) Daten innerhalb von Konzernstrukturen oder bei Zusammenarbeit mit internationalen Dienstleistern wichtiger. Denn mit der DSGVO wurde das Marktortprinzip eingeführt: Auch Anbieter aus China, Indien oder den USA müssen die Vorgaben der DSGVO beachten, wenn in der EU befindlichen Personen Waren oder Dienstleistungen angeboten oder deren Daten verarbeitet werden. Ähnliche Regelungen existieren aber auch umgekehrt – internationaler Datentransfer ist oft nicht einfach. Zuletzt kommen technische Entwicklung und neue Geschäftsfelder hinzu. So wirft die stark steigende Nutzung von Künstlicher Intelligenz (KI) neue datenschutzrechtliche Fragen auf. Im Spannungsfeld zwischen Verbrauchern, Unternehmen, Gesetzgebern und Gerichten stehen Datenschutz-Jurist:innen insgesamt regelmäßig vor großen Herausforderungen, die das Berufsbild umso spannender machen.

Ausblick
Gerade im Bereich der Datenverarbeitung wird der Automatisierungsgrad in den nächsten Jahren weiter zunehmen. Weil dabei aber immer wieder völlig neue, ungeregelte und im internationalen Kontext völlig unterschiedlich gehandhabte Datenschutzfragen auftreten, ist nicht davon auszugehen, dass Datenschutz-Jurist:innen bald durch KI ersetzt werden. Trotzdem sollten dort tätige Anwält:innen einen leistungsorientierten Arbeitsstil entwickeln und die Herausforderung von Legal Tech nutzen, um Standardprozesse zu automatisieren.

Energierecht

von Vivien Vacha

Willkommen im Energierecht!
Junge Kolleg:innen, die in einem äußerst facettenreichen, sich ständig wandelnden, mitunter technischen und tagespolitisch aktuellen Rechtsgebiet arbeiten wollen, sind im Energierecht genau richtig und herzlich willkommen.

Energierecht – was ist das überhaupt?
Das Energierecht ist ein vergleichsweise junges Rechtsgebiet. Denn obwohl ein erstes, knappes Energiegesetz in Deutschland schon 1935 erlassen wurde, genügten im Übrigen die allgemeinen zivilrechtlichen und öffentlich-rechtlichen Gesetze zur Regelung der damaligen Marktstrukturen und Vertragsverhältnisse. Erst mit der Deregulierung der Strom- und Gasmärkte durch europarechtliche Vorgaben in den 1990er-Jahren hat sich nach und nach ein eigenes Energierecht herausgebildet. Es wird heute, in Zeiten unter anderem der deutschen Energiewende und der Verwirklichung eines europäischen Energie-Binnenmarktes, durch viele eigene europäische und nationale Regelungen kodifiziert, sodass ein eigenständiger Beratungsmarkt entstanden ist. Zugleich bietet das Energierecht aber weiterhin zahlreiche Schnittstellen zu anderen Rechtsbereichen, etwa zum allgemeinen Vertragsrecht, Gesellschaftsrecht, Kreditrecht, Wettbewerbsrecht, Baurecht, Umweltrecht und Steuerrecht.

Jobperspektiven zwischen Großkanzlei und Boutique
Einerseits verfügen heute fast alle großen Wirtschaftskanzleien über Teams, die sich (auch) mit dem Energierecht beschäftigen. Hier gibt es oft innerhalb der großen Praxisgruppen (zum Beispiel „Banking", „Corporate" oder „Litigation and Arbitration") eine mehr oder weniger starke energierechtliche Spezialisierung. Typische Mandate sind beispielsweise die Gestaltung von Projekt- und Kreditverträgen für große Energieprojekte (Großkraftwerke, Windparks etc.) im In- und Ausland sowie die rechtliche Beratung rund um die Planung, Genehmigung und Regulierung. In Zeiten der Energiewende betrifft dies jedenfalls für den deutschen und europäischen Markt vor allem Solar- und Windparks. Weiterhin ist durch die politisch vorgegebene Auflösung der früheren Monopol-Unternehmen ein Markt für den Kauf und Verkauf von Erzeugungsanlagen, Netzen und Speichern entstanden, der mitunter auch stark von den Vorgaben des Wettbewerbsrechts beeinflusst wird. Zudem kommen immer wieder neue Themen hinzu, etwa die Beratung in den Bereichen Batteriespeicher, Wasserstoff und Elektromobilität. Ein weiteres Arbeitsgebiet ist die Führung von Rechtsstreitigkeiten vor ordentlichen deutschen und europäischen Gerichten und Schiedsgerichten.

Andererseits sind viele Boutiquen und mittelständische Kanzleien entstanden, die zahlreiche Facetten des Energierechts bearbeiten: Dazu gehört beispielsweise die Begleitung von Ausschreibungen nach dem Erneuerbare-Energien-Gesetz als Grundlage für die Realisierung neuer Projekte; die Beratung bei Ausschreibungen der öffentlichen Hand als Teil des Vergaberechts; die Strukturierung des Kaufs und Verkaufs von Strom, Wärme, Biogas u. a. im Rahmen des Energiehandels; die Gestaltung von Energielieferverträgen und die Begleitung von Netzübernahmen durch Kommunen im Zuge der Rekommunalisierung. Hier sind die Mandanten oft Projektentwickler, Energieerzeuger und -abnehmer, Energieversorger, Energiehandelsunternehmen, Stadtwerke und Kommunen.

Hinzu kommt eine – zunehmend wachsende – Anzahl von Stellen als Transaction Lawyer/Practice Support Lawyer, die auch für Bachelor-/Master-Absolvent:innen ohne Zweites Staatsexamen geeignet sind. Sie unterstützen innerhalb der Kanzlei, wenn es um die Bearbeitung großer Mengen an standardisierten Verträge geht (zum Beispiel die Flächensicherung bei Windpark-Projekten). Zudem finden sich in großen Kanzleien Anwält:innen im Bereich Know-how-Management. Diese arbeiten nicht auf dem Mandat, sondern sind zum Beispiel für das Entwerfen von Vertragsmustern, die Pflege von Datenbanken mit Transaktionsdokumenten und die Erstellung von internen und externen Newslettern verantwortlich.

Einstieg – Aufstieg – Ausstieg
Der Berufsweg von Energierechtler:innen hängt vor allem von der Frage ab, welche Art von Kanzlei für den Berufseinstieg gewählt wird bzw. auf Grundlage der Examensnoten in Betracht gezogen werden kann.

In einer großen Wirtschaftskanzlei arbeitet man, wie schon erwähnt, in der Regel innerhalb einer breiter aufgestellten Praxisgruppe, sodass man beispielsweise eher Corporate-Anwältin oder -Anwalt mit einer Spezialisierung im Energierecht ist als reine:r Energierechtler:in. Dabei gilt weiterhin eher ein auf „Up-or-Out" angelegtes Modell. Allerdings sind Kanzleien flexibler geworden, wenn es um Teilzeit-Modelle auf dem Partner-Track oder alternative Arbeitszeitmodelle mit fest vereinbarten Stunden geht. Unabhängig vom Modell ist aber gerade in den ersten Berufsjahren eher mit einem „Schreibtischjob" zu rechnen, denn der intensive Kontakt zu Mandant:innen und die selbstständige Führung von Mandaten ergeben sich zumeist erst über die Jahre. Dafür besteht allerdings die Möglichkeit, auf großen, spannenden, mitunter globalen Transkationen zu arbeiten und vielleicht im Rahmen von Secondments Mandanten oder andere Standorte der Kanzlei kennenzulernen. Ob die Tätigkeit dann in einer (Equity-)Partnerschaft mündet, ist beim Berufseinstieg kaum planbar. Mittlerweile bieten aber viele Kanzleien die Möglichkeit, auch ohne Partner-Status dauerhaft in der Kanzlei zu bleiben.

Kleinere Kanzleien verfügen dagegen typischerweise über ein weniger klares Hierarchiesystem, sodass die Zusammenarbeit stärker langfristig ausgelegt ist. Gerade die wiederholte Begleitung ähnlicher, kleinerer Mandate ermöglicht Einsteiger:innen schneller ein eigenverantwortliches Arbeiten mit Mandantenkontakt. Zudem mag es hier einfacher sein, über eine Spezialisierung ein eigenes Profil zu entwickeln und sich so im Markt bzw. bei den Mandant:innen zu positionieren.

Für diejenigen, die dem Anwaltsleben nach einigen Jahren den Rücken kehren wollen, bieten sich beispielsweise bei Energieunternehmen, Projektentwicklern, Beratungsgesellschaften, Kommunen, Verbänden, Lobbygruppen, bei der Bundesnetzagentur und im Umfeld der Bundesministerien sowie der Europäischen Union neue Perspektiven mit energierechtlichem Bezug. Hinzu kommt, dass Deutschland im Bereich der erneuerbaren Energien international noch immer zu den Vorreitern gehört und ein großes Interesse an der „German energy transition" besteht. Für in Deutschland qualifizierte Energierechtler:innen können sich dadurch auch am internationalen Arbeitsmarkt spannende Perspektiven ergeben.

Voraussetzungen
Die Materie des Energierechts gehört nicht zum Kanon der juristischen Ausbildung, sodass entsprechende Fachkenntnisse beim Berufseinstieg nicht vorausgesetzt werden. Allerdings bieten einige Universitäten mittlerweile Einführungsvorlesungen an, zudem bestehen zum Beispiel an den Universitäten in Berlin, Köln und Jena eigene Institute mit einem vertieften energierechtlichen Angebot. Und auch diverse Master- bzw. LLM-Programme sind im In- und Ausland rund um das Thema Energierecht entstanden. Wer so und/oder durch Praktika, Nebenjobs oder Referendarsstationen in Energierechts-Kanzleien oder im Umfeld der Energiewirtschaft Grundlagenwissen erworben hat, ist sicher interessant für Arbeitgeber.

Der Berufseinstieg wird in nahezu jedem Fall von der Notwendigkeit geprägt sein, sich ein ausreichendes rechtliches, wirtschaftliches und technisches Verständnis zu erarbeiten. Denn ohne Kenntnisse der Besonderheiten des Marktes zwischen Wettbewerb und Regulierung, seiner vielfältigen Akteure und deren Kompetenzen, der Funktionsweise von Erzeugungsanlagen und Netzen etc. und natürlich der energierechtlichen Regelungen auf deutscher und europäischer Ebene, können Energierechtler:innen nicht erfolgreich arbeiten. Hier kann und muss man sich gerade am Anfang Wissen anlesen und es mit der Erfahrung aus der Mandatsarbeit verknüpfen. Zudem sind, jedenfalls in den großen Wirtschaftskanzleien, sichere Englischkenntnisse unabdingbar, die um das nötige energierechtliche Fachvokabular angereichert werden müssen.

Wichtig ist zudem die Freude an sich häufig ändernden oder neu entstehenden gesetzlichen Grundlagen, insbesondere im Bereich der erneuerbaren Energien, in die man sich immer wieder neu einarbeiten muss, und etwas Pioniergeist. Denn viele Fragestellungen sind bislang weder (höchst)richterlich entschieden noch in der Literatur (ausführlich) kommentiert oder besprochen und müssen mittels des klassischen juristischen Handwerkszeugs erarbeitet werden. Das ist – gerade für Berufseinsteiger:innen – manchmal knifflig, schafft aber zugleich viel Spielraum für eigene Gedanken und Lösungsansätze, sodass Langeweile und allzu viel Routine eher die Ausnahme sein werden. Hinzu kommt, dass sich für diejenigen, die Freude am Publizieren haben, viel Stoff für Aufsätze, Artikel, Bücher und Kommentare bietet, was ein guter Baustein bei der Entwicklung eines eigenen Profils ist.

Gesellschaftsrecht

von Dr. Christian Vogel

Nachdem das Jahr 2020 zunächst noch von großer Unsicherheit aufgrund der sogenannten Corona-Pandemie geprägt war, kam es bereits in der zweiten Jahreshälfte zu einer heftigen Wiederbelebung des M&A-Markts, die sich in 2021 ungebremst fortsetzt. Dabei sind neben „Megafusionen" auch vermehrt Investitionen im Bereich Venture Capital und Börsengänge zu sehen. Was aber machen eigentlich Anwältinnen und Anwälte in diesem Umfeld?

Die Tätigkeit im Gesellschaftsrecht geht über die „klassische" gesellschaftsrechtliche Beratung hinaus. Vielmehr ist die Tätigkeit geprägt von einer Querschnittsfunktion, bei der Anwält:innen nicht nur gesellschaftsrechtlich beraten, sondern die Transaktion strukturieren und die Beratung durch das Anwaltsteam koordinieren. Das Berufsbild von Anwält:innen im Gesellschaftsrecht lässt sich anhand der folgenden Kernbereiche näher beleuchten: M&A, öffentliche Übernahmen, Private Equity und Venture Capital sowie Restrukturierung und Insolvenz.

M&A

Der „M&A" (Mergers and Acquisitions) genannte Tätigkeitsbereich befasst sich mit dem Erwerb bzw. der Veräußerung von Unternehmen und Unternehmensteilen. Bei einer M&A-Transaktion sind Rechtsanwält:innen umfassend als Berater:innen eingebunden, die Tätigkeit geht damit deutlich über die rein rechtliche Beratung hinaus und umfasst häufig auch Funktionen des Transaktionsmanagements bei Vorbereitung und Durchführung der Transaktion.

Phasen einer M&A-Transaktion

Die Tätigkeit von M&A-Anwält:innen lässt sich am besten an einem Beispiel zeigen. Möchte beispielsweise die A-AG alle Anteile an der B-GmbH, einem Tochterunternehmen der B-AG, erwerben, so gliedert sich eine solche Transaktion üblicherweise in fünf Schritte: Vorbereitung/Getting Started, Due Diligence, Vertragsverhandlung bis Signing, Vorbereitung und Durchführung des Closings, Implementierung.

In der Vorbereitungsphase kommt es zu ersten Sondierungsgesprächen zwischen der A-AG und der B-AG. Solche Sondierungsgespräche werden häufig initiiert durch Finanzberater:innen, etwa durch Investmentbanken. Frühzeitig werden auch Anwält:innen in den Prozess einbezogen, um eine Vertraulichkeitserklärung zwischen der A-AG und der B-AG vorzubereiten und gegebenenfalls auch weitere vorbereitende Dokumente zu erstellen:

- Wenn – wie hier – tatsächlich die B-AG nur mit der A-AG spricht, würde es sich anbieten, die ersten Ergebnisse der Gespräche in einer nicht bindenden Absichtserklärung (sogenannter Letter of Intent oder Term Sheet) niederzulegen, um so der weiteren Verhandlung eine Struktur zu geben.
- Wenn hingegen die B-AG zur Sondierung der bestmöglichen Verkaufsoptionen mit mehreren potenziellen Käufern spricht (sogenanntes Auktionsverfahren), wird die B-AG die A-AG zur Abgabe eines indikativen, nicht bindenden Angebots auffordern. Dies ermöglicht es der B-AG, die einzelnen Bieter im Auktionsverfahren zu beurteilen und eine erste Indikation hinsichtlich des möglichen Kaufpreises zu erzielen.

Nach Abschluss eines Letter of Intent oder Abgabe eines indikativen Angebots würde der A-AG die Möglichkeit eingeräumt, die in den vorherigen Gesprächen mitgeteilten Informationen im Rahmen einer Due Diligence zu überprüfen. Hierbei wird das Unternehmen umfassend auf wirtschaftliche (Financial Due Diligence) und rechtliche (Legal Due Diligence) Risiken untersucht. Anwält:innen arbeiten dabei eng mit den Finanzberater:innen zusammen, um insbesondere die Auswirkungen der gefundenen Risiken auf die Kaufpreisfindung zu diskutieren. Zu diesem Zeitpunkt sind häufig kurzfristig große Teams aufseiten des Erwerbers gleichzeitig tätig, um in einer oft nur sehr kurzen Datenraumphase die großen Datenmengen zu sichten, zu systematisieren und die dabei gefundenen Risiken zu bewerten. Hierbei unterstützt vermehrt auch künstliche Intelligenz bei der Erfassung und Systematisierung großer digitaler Datenmengen. Bei der Bewertung der Risiken ist von den Anwält:innen neben der rechtlichen Beurteilung auch eine wirtschaftliche gefordert: Sind die Risiken so gravierend, dass es sich um Deal Breaker handelt (also um Risiken, die so hoch sind, dass bei Realisierung die Transaktion undurchführbar wird)? Welchen Einfluss haben die Risiken auf die Kaufpreisfindung, wenn sie nicht einen solchen Umfang haben, dass die Transaktion insgesamt gefährdet wird?

Sind Anwält:innen auf Veräußererseite tätig, gilt es zunächst, den Datenraum vorzubereiten. So kann es erforderlich werden, besonders sensible Informationen für die ersten Verhandlungsrunden zu schwärzen (auch dies mittlerweile mit Unterstützung durch Legal Tech) oder auch die Vollständigkeit und Aussagekraft der zur Verfügung gestellten Unterlagen zu analysieren. Immer öfter gehen Veräußerer auch dazu über, zunächst selbst eine Anwaltskanzlei mit einer Due Diligence zu beauftragen (Vendor Due Diligence), um so bereits vorher die möglichen Risiken der Transaktion zu identifizieren und zudem die Abwicklung der Transaktion nach Beginn der Auktion zu beschleunigen. Außerdem ermöglicht das dem Veräußerer in stärkerem Maße, den zu erzielenden Kaufpreis realistisch einzuschätzen und ein breiteres Erwerberfeld zur Abgabe von Angeboten zu bewegen.

Im Anschluss an die Due Diligence gilt es, den Kaufvertrag zu verhandeln. Dabei müssen die Ergebnisse so eingearbeitet werden, dass eine für beide Seiten akzeptable Risikoverteilung gefunden wird. So kann beispielsweise ein Risiko bewertet und diese Bewertung vom Kaufpreis abgezogen werden. Ebenso ist es möglich, dass sich der Käufer vom Verkäufer hinsichtlich dieses Risikos freistellen lässt oder dieses Risiko sogar extern versichert. In Auktionsverfahren wird die Vertragsverhandlung zunehmend harmonisiert.

Nach Abschluss des Kaufvertrags (sogenanntes Signing) muss dessen Vollzug (sogenanntes Closing) vorbereitet werden. Hierfür liegt es zumeist in der Hand der Anwält:innen aus dem M&A-Bereich, diese Vorbereitungen zu koordinieren, während die Kollegen aus dem Kartellbereich die Anmeldungen bei den zuständigen Kartellbehörden vorbereiten – hinzu kommt bei Auslandsbezug häufig noch eine Prüfung sog. FDI Clearance (foreign direct investment clearance, bei uns die Freigabe unter der Außenwirtschaftsverordnung). Die Koordination umfasst dabei auch den Abschluss etwaiger noch ausstehender Verträge und die Vorbereitung der Integration des Kaufobjekts in den Konzern.

Nach Vollzug des Kaufvertrags ist die Transaktion aber weder aufseiten des Erwerbers noch aufseiten des Verkäufers beendet. Vielmehr muss der Verkäufer nunmehr die noch vertraglich vereinbarten Übergangsleistungen erbringen, bevor er endgültig die Verbindungen zum Kaufobjekt kappen kann. Der Erwerber hingegen muss nun das neu erworbene Unternehmen in seinen Konzern integrieren.

Getting Started		
erste Kontaktaufnahme der späteren Partner	Strukturüberlegungen	Vertraulichkeitsvereinbarung und ggf. Term Sheet/ Letter of Intent

⌄

Due Diligence		
Financial Due Diligence	Legal Due Diligence	ggf. Untersuchung von Spezialthemen (z. B. IP, Umwelt)

⌄

Verhandlung bis Signing
Entwurf und Verhandlung des Share Purchase Agreements (SPA) bzw. Master Agreements bei Asset Deal

⌄

Closing-Vorbereitungen und Closing		
ggf. Durchführung von internen Transaktionen zur Herstellung des Kaufobjekts	Vorbereitung der Übertragung der Anteile/Assets einschl. Kartellanmeldung	Abschluss von Verträgen für die Übergangszeit

⌄

Implementierung	
Einfügen des erworbenen Unternehmens in die eigene Konzernstruktur	ggf. Nutzen von Synergien

Phasen einer M&A-Transaktion

Tätigkeit des Rechtsanwalts

Die Begleitung einer Transaktion über diese fünf Stadien ist spannend, aber auch zeitlich herausfordernd. Fachlich erforderlich sind Kenntnisse im deutschen Kapital- und Personengesellschaftsrecht, aber auch Grundkenntnisse in den von der Transaktion berührten Rechtskreisen. Gerade bei internationalen Transaktionen ist zudem ein Grundverständnis für die Besonderheiten der benachbarten Rechtsordnungen unumgänglich, da nur so die Verhandlungen effizient und für beide Seiten erfolgreich durchgeführt werden können.

Die zeitliche Belastung ist vom jeweiligen Stand der Transaktion abhängig – es kann vorkommen, dass eine Transaktion wochenlang ruht, bevor sie plötzlich und unvermittelt wieder zum Leben erweckt wird. Ebenso kann es passieren, dass eine Transaktion, die gerade noch in der heißen Phase intensiv verhandelt wurde, urplötzlich abgesagt wird, weil es zu grundlegenden Differenzen zwischen Erwerbsinteressent und Veräußerer gekommen ist.

Spannend ist diese Tätigkeit, weil man im Bereich M&A einen tiefen Einblick in das zu erwerbende Unternehmen, aber auch in vielfältige rechtliche Problemstellungen erhält. Dabei ist M&A keine Tätigkeit für hoch spezialisierte Einzelkämpfer:innen, sondern Teamwork. So sind neben den Kolleg:innen aus dem Gesellschaftsrecht Kolleg:innen aus den Bereichen Arbeitsrecht, Steuerrecht, Umweltrecht, IP/IT, Real Estate, Versicherungsrecht sowie gegebenfalls weiteren Spezialbereichen wie Healthcare oder Energierecht tätig.

Die Transaktion gewinnt noch mehr an Komplexität, sobald grenzüberschreitende Bezüge enthalten sind. In diesem Fall gilt es zusätzlich, die Arbeit der ausländischen Kolleg:innen (Local Counsel) zu koordinieren, die entweder aus eigenen Büros oder von externen Kanzleien aus an der Transaktion mitwirken. Außerdem müssen die Besonderheiten anderer nationaler Rechtsordnungen beachtet und verstanden werden. Die Aufgabe der einzelnen Anwält:innen wechselt dabei mit zunehmender Seniorität: Während junge Kolleg:innen ihre ersten Erfahrungen im Rahmen der Due Diligence, bei der Koordination der Local Counsel und der Vorbereitung von Kaufvertrag und Closing sammeln, übernehmen ältere Kolleg:innen die Koordination der Due Diligence und wirken an den Vertragsverhandlungen mit.

Öffentliche Übernahmen
Eine weitere Besonderheit gegenüber klassischen M&A-Transaktionen stellen öffentliche Übernahmen dar. In diesem Fall interessiert sich ein Bieter für den Erwerb von mindestens 30 Prozent der Stimmrechte an einer börsennotierten Gesellschaft. Besonderheiten ergeben sich insbesondere daraus, dass der Transaktionsablauf durch das WpÜG und die entsprechenden Umsetzungsvorschriften stark reglementiert ist und zudem der Aufsicht durch die BaFin unterliegt. Anders als bei einer privaten Transaktion wird daher der Kaufvertrag nicht mit einem oder mehreren Verkäufern abgeschlossen, sondern der Bieter bereitet ein öffentliches Angebot vor, das an alle Aktionär:innen gerichtet ist und diese davon überzeugen soll, die Anteile an den Bieter zu veräußern.

Private Equity und Venture Capital
Die Beratung von Finanzinvestor:innen und Venture-Capital-Gebern stellt ein weiteres spannendes Betätigungsfeld für Jurist:innen dar.

Venture Capital
Venture-Capital-Finanzierungen bezeichnen die Finanzierung von Wachstum durch Finanzinvestoren bei jungen Unternehmen. Technisch handelt es sich dabei um Kapitalerhöhungen gegen Bar- oder (seltener) Sacheinlagen, die bei Erreichen bestimmter wirtschaftlicher Milestones gewährt werden (etwa Produktentwicklung/klinischer Test/Marktreife). Ziel ist dabei, das Unternehmen nach Ablauf der Finanzierungsphase zu veräußern und darüber den Return on Investment (ROI) zu erreichen. Zu beachten ist, dass bei Weitem nicht alle Venture-Capital-Finanzierungen erfolgreich sind, vielmehr nimmt der Risikokapitalgeber in Kauf, dass er zahlreiche Gesellschaften finanzieren muss, damit sich wenigstens eine erfolgreich durchsetzt.

Neben den im Rahmen des Unternehmenskaufs erforderlichen Tätigkeiten gilt es hier vor allem, im Rahmen der Finanzierungsrunden zwischen den Investoren eine Einigung über Art und Umfang der jeweiligen Einlagen zu erzielen. Sobald diese Investments über eine Fremdfinanzierung erfolgen, muss zudem enger Kontakt mit den Kolleg:innen aus dem Finanzierungsbereich gehalten werden, damit diese die Finanzierungsdokumentation zeitnah vorbereiten können.

Private Equity
Bei Private-Equity-Investments geht es im Kern um den Erwerb oder die Veräußerung von Unternehmen, also um klassisches M&A, allerdings mit einer Reihe von Spezialthemen:

- **Management-Beteiligung:** Ziel des Private-Equity-Investors ist es regelmäßig, die Interessen des Managements mit denen der Gesellschafter in Einklang zu bringen. Dies geschieht durch eine Beteiligung des Managements am von ihm geleiteten Unternehmen, um so den Gesellschaftern einen wirtschaftlichen Hebel für die gemeinsame wirtschaftliche Zielerreichung an die Hand zu geben.
- **Finanzierung:** Der Großteil des Kaufpreises oder der Investition wird nicht aus Eigenmitteln erbracht, sondern fremdfinanziert. Daher müssen Strukturen geschaffen werden, die den finanzierenden Banken eine Sicherung des Darlehens ermöglichen und zugleich eine steueroptimierte Ausschüttung zulassen.
- **Gewährleistung:** Beim Erwerb der Unternehmen von einem Finanzinvestor ist zu beachten, dass dieser in der Regel nur in geringem Umfang Gewährleistungen geben kann. Hintergrund ist, dass der Finanzinvestor nach Veräußerung des Unternehmens möglichst kurzfristig den Erlös an die Investoren seines Fonds auskehren muss, um so eine möglichst hohe Rendite für den Fonds zu erreichen. Um gleichwohl den Erwerbern einen ausreichenden Schutz zu gewährleisten, wird in einer stetig wachsenden Zahl von Transaktionen auf Versicherungslösungen (sogenannte W&I Insurances) zurückgegriffen.

Restrukturierung und Insolvenz
Zwar wird die eigentliche Insolvenzverwaltung aufgrund des erheblichen Personaleinsatzes von einigen hierauf spezialisierten Kanzleien durchgeführt, doch ist gerade die Beratung von Unternehmen in insolvenznahen Situationen Kernbestandteil der gesellschaftsrechtlichen Beratung:

- Im Rahmen der Restrukturierungsberatung unterstützen Anwält:innen beispielsweise die Gesellschaft bei Verhandlungen mit den Gläubigern, etwa zur Umgestaltung von Darlehensforderungen in Eigenkapital oder zum (Teil-)Verzicht auf Darlehensforderungen, verbunden mit Besserungsscheinen.
- Beim Kauf aus der Insolvenz beraten Anwält:innen hinsichtlich der Besonderheiten des Erwerbs von Unternehmensteilen, nachdem das entsprechende Mutterunternehmen Insolvenz angemeldet hat. In diesem Fall erfolgt die Verhandlung nicht mehr mit den Eigentümern, sondern mit den Insolvenzverwalter:innen. Wesentliches Kennzeichen hierbei ist, dass häufig nur begrenzte Informationen über das Unternehmen zur Verfügung stehen und auch keine oder nur sehr begrenzte Gewährleistungen durch die Insolvenzverwalter:innen genehmigt werden können.

Gewerblicher Rechtsschutz und Urheberrecht

von Dr. Philipe Kutschke und Prof. Dr. Tilman Müller-Stoy

Der gewerbliche Rechtsschutz ist eine Spezialmaterie mit vielen Facetten. Er umfasst das Patent- und Markenrecht, das Recht der geografischen Herkunftsangaben, das Recht der Gebrauchs- und Geschmacksmuster sowie den Sorten- und Halbleiterschutz. Schutzgegenstand ist in aller Regel eine besondere, gewerblich verwertbare technische oder gestalterische Leistung (z. B. eine Erfindung oder der Name eines Produkts), für die in einem amtlichen Registrierungsverfahren oder von Gesetzes wegen ein Monopolrecht erlangt werden kann. Dritten kann dadurch die Nutzung der geschützten Leistung untersagt werden, gegebenenfalls kommen bei unberechtigten Nutzungen dieser Leistung Schadensersatzansprüche in Betracht. Flankierend ist das Kartell- bzw. Wettbewerbsrecht zu nennen, welches das Marktverhalten im Wettbewerb und insbesondere Fragen der irreführenden bzw. unlauteren Werbung regelt. Zusammenfassend betrifft der gewerbliche Rechtsschutz also eine spezifische, wirtschaftsrechtliche Materie an den Schnittstellen zwischen Recht und Technik bzw. der Vermarktung von Produkten, Dienstleistungen sowie Forschungs- und Entwicklungsergebnissen. Als Nachbargebiet ist auch das Urheberrecht zu erwähnen, das eine eigenständige zivilrechtliche Tradition aufweist und ebenso wie der gewerbliche Rechtsschutz immaterielle Güter, nämlich die kreative Leistung der Schöpfer:innen bzw. Autor:innen, schützt.

Auf diesem Gebiet tätige Jurist:innen sehen sich daher mit vielschichtigen strategisch-wirtschaftlichen Fragestellungen konfrontiert. Sie begleiten typischerweise die Entwicklung der „Idee" bis zu deren Marktreife, den Schutzerlangungsprozess und die Durchsetzung der Schutzrechte, gegebenenfalls im Eilverfahren. Fortlaufende strategische Beratung, Schutzrechtsmanagement und Schutzrechtsbewertung sowie Verhandlung und Gestaltung von Lizenzverträgen, Forschungs- und Entwicklungsvereinbarungen sind dabei gleichermaßen bedeutsam, insbesondere auch im Zusammenhang mit schutzrechtsrelevanten Unternehmenstransaktionen.

Ein besonderes Wesensmerkmal des gewerblichen Rechtsschutzes ist dessen Internationalität. Welt- und europaweite Harmonisierungsbestrebungen wurden bereits in signifikantem Umfang umgesetzt. Der persönliche und fachliche Austausch sowie eine gewisse „Beweglichkeit" im internationalen Umfeld sind daher unabhängig von dem jeweiligen Spezialgebiet innerhalb des gewerblichen Rechtsschutzes charakteristisch. Als Vorreiter der Globalisierung gewinnt der gewerbliche Rechtsschutz insbesondere in der internationaler werdenden Wissensgesellschaft an Bedeutung und ist aus dem modernen Wirtschaftsleben nicht mehr wegzudenken. Es handelt sich um ein nachhaltiges und vergleichsweise krisenresistentes Rechtsgebiet, da mit dem Schutz von Ideen und kreativen Konzepten langfristige Strategien umgesetzt werden.

Berufsbilder, berufliches Umfeld, Weichenstellungen und Anforderungen

Der gewerbliche Rechtsschutz eröffnet Jurist:innen eine ganze Reihe von unterschiedlichen Einsatzgebieten. Im privatwirtschaftlichen Bereich sind in erster Linie die Anwaltschaft sowie die Rechts-, Patent- und Markenabteilungen aller Industriezweige zu nennen. Die im gewerblichen Rechtsschutz tätige Anwaltschaft ist hauptsächlich in mittelständischen, hoch spezialisierten Boutiquen, in wachsendem Umfang aber auch in Großkanzleien bzw. großen Wirtschaftsprüfungsgesellschaften organisiert. Das Mandantenspektrum ist weit gefächert und reicht von Einzelerfinder:innen bis zu internationalen Konzernen.

Im gewerblichen Rechtsschutz stehen Jurist:innen auch eine Vielzahl nationaler und internationaler Stellen im Staatsdienst zur Verfügung, vor allem bei den in Deutschland spezialisierten Instanzgerichten und BGH-Senaten, dem Bundespatentgericht, dem EuG und EuGH, dem Deutschen Patent- und Markenamt oder dem Europäischen Patentamt. Interessante Tätigkeitsfelder eröffnen sich Jurist:innen auch bei der WIPO und dem europäischen Harmonisierungsamt für den Binnenmarkt, sowie in Einzelfällen bei den betroffenen Bundes- und Staatsministerien (Justizministerien, Ministerien für Wirtschaft und Technologie) oder in der Wissenschaft, z. B. Max-Planck-Institut für Geistiges Eigentum, Wettbewerbs- und Steuerrecht.

Ein beruflicher Wechsel zwischen Kanzleien, Unternehmen und staatlichen Stellen findet zwar gelegentlich statt, ist aber eher selten und nicht ohne Weiteres möglich. Am gewerblichen Rechtsschutz interessierte Jurist:innen sollten daher sorgfältig überlegen, welchen Einstieg sie für ihr Berufsleben wählen, weil sie ihren späteren Werdegang damit in aller Regel festlegen. Die genannten Positionen und die in allen Fällen notwendige Spezialisierung spiegeln gleichsam den täglichen Umgang im gewerblichen Rechtsschutz wider: Zwischen Anwaltschaft (Beratung und Verfahrensführung; Kommunikation mit ausländischen Kolleg:innen), Industrie (Management, strategische Planung und Entscheidung), Ämtern und Gerichten (Verfahrensentscheidung) findet ein intensiver Austausch statt. Dies gilt nicht nur in Bezug auf konkrete Fälle, sondern auch im Hinblick auf Modernisierungsinitiativen und Fachkonferenzen. Man kennt sich in aller Regel, auch auf internationaler Ebene.

Vor diesem Hintergrund erklären sich die folgenden, meist unerlässlichen Qualifikationsanforderungen: hervorragende Fremdsprachenkenntnisse (vor allem Englisch) und internationale Flexibilität; die Fähigkeit, komplexe rechtliche, technische oder gestalterische Gesichtspunkte präzise und verständlich auszudrücken; Kreativität und ausgeprägtes analytisches Denken; Effizienz bei Liebe zum Detail und die Ausdauer, den Dingen auf den Grund zu gehen; Fähigkeit zur Teamarbeit. Zudem sei darauf hingewiesen, dass neben den bereits etablierten Qualifikationsmöglichkeiten durch Absolvierung eines Master-Studiengangs (LL.M.) auch ein Fachanwaltstitel für gewerblichen Rechtsschutz erworben werden kann.

Faszinierend?
Wer für sein Berufsleben auf Spezialisierung, Internationalität, Interdisziplinarität, Abwechslungsreichtum, Technizität, Produkt- und Sachnähe Wert legt, der wird am gewerblichen Rechtsschutz dauerhaft Gefallen finden. Die Arbeit ist aufregend und findet auf hohem Niveau am Puls der Zeit statt; routinemäßiges „business as usual" ist eher selten. Speziell aus anwaltlicher Sicht sei nicht zuletzt auf gute Verdienstmöglichkeiten und vergleichsweise krisenresistente Zukunftsperspektiven bei noch vernünftiger Work-Life-Balance hingewiesen. Mandantenkontakt und das Einbringen eigener Konzepte ist Anwält:innen oft bereits in den ersten Berufsjahren möglich.

Immobilien- und Baurecht

von Dr. Philipp Dawirs, LL.M.

Der Beruf von Rechtsanwält:innen für Bau- und Immobilienrecht ist äußerst abwechslungsreich und bietet so viele Schnittmengen mit anderen Rechtsbereichen wie kaum ein anderer Fachbereich. Gegenstand der rechtlichen Beratung ist immer ein physisch erlebbares Objekt, was den speziellen Reiz einer Tätigkeit in dieser Branche ausmacht. Jeder Erwerb und jedes Bauprojekt ist – auch für erfahrene Beteiligte aus der Immobilien- und Baubranche – eine neue, spannende Herausforderung. Bei jedem Projekt in dieser speziellen Warenklasse wirken die verschiedensten Akteure eng zusammen und müssen eine Vielzahl von Einzelfragen klären und Risiken bedenken.

Immobilienwirtschaftliche Beratung
Die Immobilienwirtschaft beschäftigt sich – stark vereinfacht ausgedrückt – mit dem Erwerb von und der Wertschöpfung durch Immobilien. Diese werden entweder im Wege eines Asset (Erwerb des Grundstücks selbst) oder Share Deals (Erwerb der Anteile der Objektgesellschaft) erworben. Immobilien haben einen eigenen Lebenszyklus, der an den verschiedensten Stellen rechtlichen Beratungsbedarf aufwirft. Viele Objekte werden über die Jahre hinweg mehrfach wertsteigernd verkauft. Bei der Gestaltung des Kaufvertrags (entweder des Grundstücks selbst oder der Anteile der Objektgesellschaft) sind neben kaufrechtlichen Fragen auch alle Bereiche des Immobiliarsachenrechts relevant, wie z. B. das Grundbuchverfahren, Dienstbarkeiten, Grundpfandrechte oder Erbbaurechte. Dazu müssen bei der Ankaufprüfung auch die baurechtliche Situation aus privat- und öffentlich-rechtlicher Sicht evaluiert und die jeweiligen Miet- beziehungsweise Pachtverträge geprüft werden. Je nach Standort, Beschaffenheit und Nutzungsart einer Immobilie variiert die Gestaltung der individuellen Transaktion, weswegen sich der Grundstücksverkehr durch einen besonderen Facettenreichtum auszeichnet. Soll ein größeres Immobilienportfolio oder eine komplexe Struktur angekauft oder verkauft werden, können sich die Prüfung der Bestandssituation und die Ausarbeitung der jeweiligen Verträge sehr aufwendig gestalten. Umso interessanter ist es, die Durchführung des für das Projekt entworfenen Vertragswerks später live mitzuerleben. Der Kaufpreis beim Erwerb einer Immobilie wird in den meisten Fällen fremdfinanziert. Hierbei spielen hybride Mezzanine-Finanzierungen und Joint-Venture-Strukturen eine immer größere Rolle. Die entsprechenden Kredite werden anschließend mit Mitteln abbezahlt, die durch die Nutzung der Immobilie erwirtschaftet werden.

Baurechtliche Beratung
Kern der Beratung im privaten Baurecht, insbesondere bei der Entwicklung von größeren Bauprojekten, ist die Verteilung der Aufgaben und die Abgrenzung von Verantwortlichkeitsbereichen unter den verschiedenen Beteiligten. Bauherr:innen, Architekt:innen, Bauunternehmer:innen, Ingenieur:innen und andere Involvierte – wie finanzierende Banken und teilweise sogar die zukünftigen Nutzer:innen regeln schon vor dem ersten Spatenstich ihre Rechtsbeziehungen untereinander. Die Bauherr:innen müssen beispielsweise entscheiden, ob sie den Bau Generalunternehmer:innen übertragen oder die einzelnen Aufträge jeweils getrennt vergeben. Der Vertrag mit dem oder den Bauunternehmen kann wiederum auf viele verschiedene Arten strukturiert werden. Je nachdem, auf der Seite welches Beteiligten die Beratung

stattfindet, können die Anwält:innen bei der Gestaltung und Verhandlung der Verträge schon im Vorfeld viele Weichen zugunsten ihrer Mandant:innen stellen. Auch während der anschließenden Bauausführung muss auf etwaige Änderungen, Verzögerungen und Spannungen zwischen den Baubeteiligten schnell und richtig reagiert werden. Das etablierte System aus Behinderungsanzeigen, Mängelrügen, Bedenkenanmeldungen und Sicherungsrechten ist sehr komplex, sodass bei größeren und komplizierteren Bauprojekten die Bauausführung oft von vornherein im Rahmen eines spezifischen Claim-Managements rechtlich begleitet wird.

Schnelle Einbindung von Berufsanfänger:innen in die Mandatsarbeit

Bei der Bearbeitung bau- und immobilienrechtlicher Mandate spielen immer auch solche Fragen eine zentrale Rolle, die mit aus der Ausbildung bekannten Rechtsgebieten gelöst werden können. Auch ohne besondere Vorkenntnisse oder Spezialisierung kann man als Berufseinsteiger:in das bisher Gelernte gleich anwenden. Deswegen begünstigt das Bau- und Immobilienrecht wie kein anderes Feld die schnelle Integration in die tägliche Mandatsarbeit. Berufsanfänger:innen können sich so von Anfang an in die Mandate einbringen und ihre Ergebnisse gegenüber den Mandanten präsentieren. Während Berufsanfänger:innen im Bereich des privaten Baurechts schnell forensisch tätig werden, unterstützen sie im Immobilienwirtschaftsrecht anfangs bei Transaktionen und beraten den Mandanten zunehmend unmittelbar zu miet- und kaufrechtlichen Fragestellungen. Mit weiterer Berufserfahrung übernehmen sie immer mehr Verantwortung und koordinieren Projekte und Deals im Interesse der Mandanten. Über die Jahre hinweg gewinnen Immobilienanwält:innen nicht nur fachliche Kenntnisse, sondern auch ein wirtschaftliches Verständnis für den Immobilienmarkt insgesamt und für die jeweilige Spezialimmobilie. So ist die Kenntnis des Hotelmarkts für im Hospitality-Bereich tätige Rechtsanwält:innen unerlässlich und machen sie für Mandanten besonders wertvoll.

Immobilienwirtschaftsrecht im Team

Das Immobilienrecht bietet ein immenses Spektrum an Berührungspunkten mit anderen Rechtsgebieten. Gerade bei größeren Investitionen werden häufig nicht direkt Immobilien gekauft, sondern die Anteile der Objektgesellschaften erworben, die die jeweiligen Immobilien in ihrem Vermögen halten, sodass hier gesellschaftsrechtliche Expertise gefragt ist. Bei vielen Spezialimmobilien (etwa im Hospitality- oder Pflegesektor) spielen öffentlich-rechtliche Gesichtspunkte eine Rolle. Auch steuerliche Aspekte und Einflüsse des Investmentrechts sind stets von großer Bedeutung. Dies ist neben Fällen der Prüfung von Investments vor allem dann von Bedeutung, wenn das Investment für den Mandanten strukturiert wird (zum Beispiel in Joint-Venture-Strukturen) und hierbei auch Fragen der Finanzierung eine Rolle spielen (wie eine hybride Finanzierung durch Mezzanine-Kapital). Zudem ist es sehr wichtig, den Mandanten für den Fall der Insolvenz eines anderen Beteiligten abzusichern und im Fall der Insolvenz eines Beteiligten wirkungsvoll zu reagieren. Im Laufe der Berufstätigkeit erlangen Immobilienanwält:innen immer mehr interdisziplinäre Kenntnisse und lernen mit der Zeit, das immobilienrechtliche Mandat aus den unterschiedlichen rechtlichen Blickwinkeln vollumfänglich zu beraten. Bei sehr komplexen Fallkonstellationen ist es außerdem üblich, Spezialist:innen aus den jeweiligen Rechtsgebieten in die Fallbearbeitung einzubinden und als Team zusammenzuarbeiten. Dies erhöht einerseits den Grad des Verständnisses aller relevanten Fragen, andererseits trägt es einmal mehr dazu bei, dass der Arbeitsalltag selten eintönig oder routinemäßig verläuft, sondern stets neue Herausforderungen für die anwaltliche Tätigkeit bereithält.

Kartellrecht

von Dr. Florian Stork

„Kaufen, was einem die Kartelle vorwerfen; lesen, was einem die Zensoren erlauben; glauben, was einem Kirche und Partei gebieten. Beinkleider werden zur Zeit mittelweit getragen. Freiheit gar nicht." (Kurt Tucholsky, *Schnipsel*, 1932)

So hat Kurt Tucholsky auf den Zusammenhang zwischen Kartellen und (wirtschaftlicher) Freiheit hingewiesen. Kartellrecht soll durch das Öffnen und Offenhalten von freien Märkten für einen funktionierenden Wettbewerb sorgen. In der Praxis hängt der Erfolg von Unternehmenskäufen oder die Gründung von Gemeinschaftsunternehmen oft von der kartellrechtlichen Durchführbarkeit ab. Auch im laufenden Betrieb eines Unternehmens, z. B. bei der Preis-, Lizenz- oder Lieferpolitik, gilt es, kartellrechtliche Klippen zu umschiffen, ohne bei den wirtschaftlichen Zielen unnötige Abstriche zu machen. Aktivitäten einzelner Mitarbeiter:innen, die gegen das Kartellverbot verstoßen, können Unternehmen hohe Bußgelder kosten und die Reputation schädigen. Kunden oder Wettbewerber erheben bei Kartellverstößen zunehmend private Schadensersatzklagen. Nachwuchsjurist:innen erwartet somit ein international geprägtes, wirtschaftsnahes Tätigkeitsfeld, das wegen seiner hohen Risiken große Bedeutung für die Unternehmensführung hat.

Kartellrecht: mehr drin, als draufsteht

In seinen Anfängen wandte sich das Kartellrecht nur gegen wettbewerbsbeschränkende Absprachen, d. h. gegen die Bildung von Kartellen. Oder wie Wolfgang Kartte, ehemals Präsident des Bundeskartellamts, formulierte: „In einer strategischen Allianz will einer der beiden Partner oder aber wollen beide sicherstellen, dass der andere keine Affäre mit einem Außenstehenden eingeht. Wir vom Kartellamt sind mehr für die freie Liebe." Mittlerweile verteidigen die Wettbewerbsbehörden längst nicht mehr nur die „freie Liebe". Weltweit steht das Kartellrecht in der Regel auf drei sich ergänzenden Säulen: dem Kartellverbot (Art. 101 AEUV, § 1 GWB), der Missbrauchsaufsicht (Art. 102 AEUV, § 19 f. GWB) und der Zusammenschlusskontrolle (FKVO, §§ 35 ff. GWB).

Als Rechtsanwalt im Kartellrecht

Große Kartellrechtspraxen beraten heute in der Regel nicht nur in den drei Säulen Kartellverbot, Missbrauchsaufsicht und Zusammenschlusskontrolle, sondern auch in den Bereichen Compliance, staatliche Beihilfen sowie allgemeines Europarecht. Wie in internationalen Wirtschaftskanzleien üblich, steht dabei die Interessenvertretung vor Gericht nicht im Vordergrund. Die meiste Arbeit fällt stattdessen in der präventiven und außergerichtlichen kartellrechtlichen Beratung an, z. B. bei Risikoanalysen und bei der Bearbeitung von Anmeldungen in der Fusionskontrolle.

Wenn z. B. das Unternehmen X die Firma Y kaufen möchte, ist eine Anmeldung beim Bundeskartellamt oder der Europäischen Kommission erforderlich, wenn bestimmte Umsatzschwellen überschritten werden. Die zuständige Wettbewerbsbehörde prüft, ob durch den Zusammenschluss wirksamer Wettbewerb erheblich behindert werden könnte. Der Anmeldepflicht kommt in der Praxis eine hohe wirtschaftliche Bedeutung zu: Nicht nur entscheiden die dargelegten Fakten über die Machbarkeit einer

Unternehmenstransaktion; auch drohen bei einer unvollständigen oder unterlassenen Anmeldung hohe Bußgelder und die Unwirksamkeit der Kaufverträge.

Kartellrechtliche Berater:innen setzen sich intensiv mit dem Tagesgeschäft der beratenen Unternehmen auseinander. Egal ob es um Autos oder Versicherungen geht: Um einen Markt sinnvoll abgrenzen zu können, ist es unerlässlich, das Geschäftsmodell und die angebotenen Produkte des Mandanten zu verstehen. Das macht auch den Reiz des Kartellrechts aus. Man arbeitet in der Regel branchenübergreifend und wendet die kartellrechtliche Methodik auf die unterschiedlichsten Wirtschaftsbereiche an. Essenziell hierfür sind neben der Auswertung des veröffentlichten Case Law auch Gespräche mit den unternehmensinternen Fachabteilungen und die Recherche öffentlich zugänglicher Informationen. Referendar:innen und wissenschaftliche Mitarbeiter:innen übernehmen mit der Sichtung der nationalen und europäischen Fallpraxis sowie der Erarbeitung von Vermerken zu Unternehmensdaten und kartellrechtlichen Einzelproblemen wichtige Aufgaben.

Die kartellrechtliche Compliance rückt immer mehr in den Fokus der rechtlichen Beratung. Wurde darunter zunächst nur regelkonformes Verhalten verstanden, gilt Compliance mittlerweile als Synonym für ein umfassendes System der Risikokontrolle und Haftungsvermeidung. Mithilfe von externen Rechtsanwält:innen schulen Unternehmen ihre Mitarbeiter:innen und erarbeiten Verhaltensregeln für die Praxis, um kartellrechtliche Reputations- sowie finanzielle Schäden zu vermeiden. Preis, Menge und Gebiet sind z. B. Themen, über die man sich mit Wettbewerbern nicht austauschen darf – weder auf Verbandstreffen noch abends an der Hotelbar. Kanzleien führen zudem sogenannte Mock Dawn Raids durch, die die theoretischen Schulungen ergänzen. Die Angestellten des Mandanten sehen sich dann beim Eintreffen der Rechtsanwält:innen (oft verstärkt durch Referendar:innen und wissenschaftliche Mitarbeiter:innen) mit einer unangemeldeten „Durchsuchung im Morgengrauen" konfrontiert, die das Unternehmen auf entsprechende Aktionen der Wettbewerbsbehörden vorbereiten soll.

Kartellrecht für Nachwuchsjurist:innen
Die kartellrechtliche Beratung eröffnet ein interessantes und zukunftsträchtiges Feld für Nachwuchsjurist:innen. Kartellrecht verlangt nicht nur – wie die Tätigkeit in einer Wirtschaftskanzlei generell – unternehmerisches Verständnis, sondern auch Interesse an der Ökonomie. In den Wettbewerbsbehörden arbeiten typischerweise Wirtschaftsfachleute und Jurist:innen, sodass ein gegenseitiges Verständnis für das andere Fach unabdingbar ist. Kartellrecht ist in Gesetze gegossene Ökonomie, was sich insbesondere bei Marktabgrenzungs- und Marktbeherrschungsfragen zeigt.

Kartellrecht ist zudem sehr international. Das deutsche Recht kann nicht mehr ohne Bezug zum europäischen Wettbewerbsrecht verstanden und angewandt werden und ist in weiten Teilen auch bereits voll harmonisiert. Die Kartellbehörden arbeiten sowohl auf europäischer Ebene als auch weltweit immer enger zusammen. Oftmals wirkt sich das wirtschaftliche Handeln von Konzernen nicht nur national, sondern auch im europäischen Binnenmarkt oder sogar international aus. Trotz vielfältiger Abweichungen im Einzelfall hat sich doch in den meisten Ländern der Erde ein vergleichbares Regelwerk herausgebildet, um mit Fusionen, Absprachen und dem Missbrauch von Marktmacht umzugehen.

Legal Tech

von Nico Kuhlmann

Die digitale Transformation verändert langsam aber sicher die Art und Weise, wie wir leben und arbeiten. Im juristischen Bereich wird diese Entwicklung unter dem Begriff „Legal Tech" diskutiert. Im Ergebnis werden diese bereits stattfindenden Veränderungen dazu führen, dass juristische Prozesse verbessert und der Rechtsmarkt wahrscheinlich insgesamt wachsen wird. Die Entwicklung hat aber auch Auswirkungen auf die Beschreibungen und Anforderungen von juristischen Jobs.

Begriffsbestimmung: Legal Tech
Obwohl Legal Tech mittlerweile weltweit ein viel verwendeter Begriff ist, existiert keine einheitliche Definition. Wenn man sich diesem Schlagwort als geschulte:r Rechtswissenschaftler:in mit dem juristischen Auslegungskanon annähert, kann der Anwendungsbereich schnell auf das Spannungsfeld zwischen Recht und Technologie abgesteckt werden. Legal Tech ist dabei aber kein Bestandteil des Informationstechnologierechts, sondern dient vielmehr als Oberbegriff für die Nutzbarmachung von Informationstechnologie für das Recht.

Laut Wikipedia bezeichnet Legal Tech beispielsweise „den Bereich der Informationstechnik, der sich mit der Automatisierung von juristischen Tätigkeiten befasst." Das Problem an dieser und ähnlichen Definitionen ist, dass sie sich an gegenwärtigen Prozessen und somit am Status quo orientieren. Dies führt von vornherein zu einer Selbstbeschränkung und verhindert, dass neue Arbeitsweisen und Abläufe in den Blick genommen werden können. Stattdessen sollte unter Legal Tech vielmehr die umfassende Nutzbarmachung von Technologie für die Befriedigung von verschiedensten rechtlichen Bedürfnissen verstanden werden.

Bei Legal Tech kann zur Präzisierung und als eine gedankliche Kategorisierung zwischen Legal Tech für Jurist:innen und Legal Tech für nicht juristische Endnutzer:innen unterschieden werden. Bei Legal Tech für Jurist:innen geht es sowohl um technologiebasierte Verbesserungen von Arbeitsschritten aus dem beruflichen Alltag, als auch um neue Arbeitsschritte, die vorher nicht möglich waren und einen bisher nicht zur Verfügung stehenden Mehrwert generieren. Demgegenüber werden unter Legal Tech für Endnutzer:innen neuartige Ideen verstanden, die technologiebasiert unmittelbar, teilweise unter Umgehung traditioneller Organe der Rechtspflege, die rechtlichen Bedürfnisse der Rechtsuchenden befriedigen.

Marktentwicklung: Neue Akteure, mehr Wettbewerb und mehr Arbeitsteilung
Die digitale Transformation führt unter anderem dazu, dass sich viele Kanzleien neu erfinden und neue Beratungsprodukte anbieten. Zudem drängen auch immer mehr Unternehmen auf den Rechtsmarkt, die keine Kanzleien sind, aber ebenfalls Dienstleistungen anbieten, die zumindest teilweise Substitute von klassischer anwaltlicher Rechtsberatung darstellen. Der Rechtsmarkt vergrößert sich somit und wächst vor allem auch immer mehr mit anderen Märkten zusammen. Die Grenzen verwischen. Schließlich sind juristische Gesamtprozesse mittlerweile so umfangreich und komplex, dass es sinnvoll ist, diese in kleinere Einheiten zu zerlegen und diese Teilaspekte

dann im Rahmen einer sinnvollen Arbeitsteilung gebündelt von Spezialist:innen bearbeiten zu lassen. Diese Marktentwicklung führt insgesamt zu neuen Jobbeschreibungen und neuen Jobanforderungen.

Neue Jobbeschreibungen
Die klassischen Anwält:innen und Volljurist:innen, die glauben, alles zu können, wird es auch in naher Zukunft noch geben. Und wer die Befähigung zum Richteramt beziehungsweise die Zulassung zur Anwaltschaft haben möchte, kommt in Deutschland auch am Zweiten Staatsexamen nicht vorbei. Daneben können aber auch andere Karrierepfade eingeschlagen werden.

Der sogenannte Legal Engineer ist mittlerweile auch in Deutschland ein Begriff. Dieser Job umfasst allgemein gesprochen die Erstellung und Betreuung von Software für juristische Problemstellungen. Dies kann die seit Jahrzehnten bekannten regelbasierten Expertensysteme umfassen oder moderne datenbasierte Ansätze oder auch alles andere dazwischen. Im Ergebnis geht es immer um die zumindest teilweise Automatisierung bestimmter Prozesse aus der juristischen Welt. Diese Jobs findet man bereits in einigen Kanzleien und Unternehmen. Aber auch in Behörden und der Justiz gibt es sie gelegentlich bereits, auch wenn sie dort oft noch einen anderen Namen haben. Der Bedarf an entsprechend ausgebildeten und qualifizierten Legal Engineers besteht somit schon heute und wird sich in Zukunft nur noch verstärken.

Weitere Vorschläge für neue Jobbeschreibungen reichen vom Legal Process Analyst bis zum Legal Risk Manager. Wie man diese Jobs am Ende auch nennen wird, die Jobbeschreibungen entfernen sich bereits vom Einheitsjuristen und werden vermutlich immer spezieller werden. Dies bietet große Chancen für all diejenigen, die nicht alles an Jura interessant finden, sondern sich vielmehr auf einzelne Aspekte konzentrieren wollen, um dort die eigenen Stärken gezielt auszuspielen.

Neue Jobanforderungen
Wenn Jurist:innen ihre Dienstleistungen mit den Instrumenten des 21. Jahrhunderts erbringen und unabhängig von der konkreten Jobbeschreibung die enormen Chancen der digitalen Transformation verwirklichen sollen, dann müssen diese auch entsprechend ausgebildet werden.

Eine solche Ausbildung bedeutet nicht, dass jede Juristin und jeder Jurist eine Programmiersprache beherrschen muss. Das ist zwar durchaus hilfreich, aber bei Weitem nicht zwingend. Es geht vielmehr darum, dass alle Jurist:innen neugierige und kreative Problemlöser:innen der digitalen Welt werden, die verstanden haben, was ein Computer ist und was man damit anfangen kann. Insbesondere müssen Jurist:innen aufhören, den Computer als bloßes Accessoire des Berufsstandes zu behandeln, sondern akzeptieren, dass es in jedem Job das Kernwerkzeug zur Erbringung von Rechtsdienstleistungen darstellt, dessen Funktionsweise und Einsatzmöglichkeiten verstanden werden müssen.

Vor diesem Hintergrund gehört zu den grundlegenden Jobanforderungen neben einem soliden Verständnis der juristischen Welt sowie Grundkenntnissen in Informatik und Betriebswirtschaft vor allem eine an den digitalen Möglichkeiten orientierte und damit zukunftstaugliche Denkweise (Schlagwort: digitales Mindset). Jurist:innen müssen verstehen, wie man juristische Prozesse durch den sinnvollen Einsatz von digitaler Technologie beschleunigen, ausbauen und insgesamt verbessern kann. Zu diesem Verständnis gehört ausdrücklich auch die Fähigkeit, zu erkennen, wo ein entsprechender Einsatz Probleme verursachen und wie man die damit zusammenhängenden Risiken minimieren kann.

Zudem müssen Jurist:innen viel mehr als zuvor auch in der Lage sein, in interdisziplinären Teams zu arbeiten und vor allem auch innerhalb dieser Teams zielgerichtet zu kommunizieren. Dies setzt voraus, bis zu einem gewissen Grad die Sprache und die Herangehensweise der anderen zu verstehen und sich darauf einzulassen.

Ausblick: Die Konkurrenz ist menschlich
Technologie ist ein Erfolgsfaktor. Chatbots, Vertragsgeneratoren und Computer im Allgemeinen sowie gerade auch ChatGPT im Besonderen werden die juristische Arbeit auf absehbare Zeit nicht vollständig übernehmen, aber langfristig doch grundlegend verändern. Jurist:innen werden trotzdem gefragte Expert:innen bleiben und auch in Zukunft unter dem Strich nach wie vor eine Arbeit finden.

Der Taschenrechner hat schließlich auch nicht dazu geführt, dass alle Mathematiker:innen arbeitslos geworden sind, sondern dazu, dass diese viel mehr Berechnungen in viel weniger Zeit und in einer viel höheren Qualität durchführen können. Mit den neuen Möglichkeiten sind auch die Bedürfnisse gestiegen. Dasselbe wird in der Zukunft auch auf Jurist:innen zutreffen. Man darf nur keine Angst vor dem Taschenrechner oder aktuell ChatGPT haben, sondern muss diesen zum eigenen Vorteil einsetzen können.

Jurist:innen brauchen darum den Computer nicht zu fürchten, sondern vielmehr die menschlichen Konkurrent:innen, die wissen, wie man mit einem Computer umgeht.

IT- und Datenschutz- und Medienrecht

von Markus Kaulartz

Tätigkeitsfeld

Wer das Recht der Digitalisierung für sich entdeckt hat, arbeitet am Puls der Zeit – sowohl rechtlich als auch tatsächlich. Anders als etwa im Gesellschafts- oder Arbeitsrecht geht es nicht darum, schon lange bestehende Strukturen anzuwenden, die „nur" dem Wandel von Gesetzgebung und Rechtsprechung unterliegen und gleichzeitig auf eine lange Tradition zurückblicken. Als Digitalisierungsjurist:in berät man in einem sehr jungen Rechtsgebiet. Von den Mandanten (als Anwalt oder Anwältin) oder Fachabteilungen (als Unternehmensjurist:in) wird man von einer Innovation zur nächsten getrieben. Fernab der schillernden, dann aber doch inhaltsleeren Marketingbegriffe wie Industrie 4.0 und Internet of Things befasst man sich etwa damit, Software an einen Kunden zu lizenzieren, ein Verfahren aus dem Bereich des Maschinellen Lernens (Künstliche Intelligenz) vertrags- und datenschutzrechtlich zu bewerten, ein Konzept zur GPS-Verfolgung einer LKW-Flotte datenschutzkonform zu entwickeln, mit der BaFin eine Emission von Blockchain-basierten Tokens zu diskutieren, ein Unternehmen gegen einen Bußgeldbescheid einer Datenschutzbehörde wegen des Einsatzes von Überwachungskameras zu verteidigen, AGB für eine Social-Media-Plattform zu entwerfen, einen Vertrag über die Auslagerung einer Unternehmens-IT zu verhandeln, rechtliche Risiken bei einer Unternehmenstransaktion zu bewerten (Due Diligence) oder auch nur damit, zu beantworten, wann denn die vierzehntägige Widerrufsfrist bei einem Fernabsatzvertrag zu laufen beginnt. Obgleich diese Themen vielfältig sind, berühren sie nur wenige Spezialregelwerke, wie insbesondere die Datenschutz-Grundverordnung (DSGVO) oder das Urheberrechtsgesetz (UrhG). Da aber natürlich auch andere Gesetze betroffen sind, wenn innovative Sachverhalte bewertet werden, wird das IT-Recht gerne als Querschnittsmaterie bezeichnet. Tatsächlich ist es nicht selten, dass IT-Jurist:innen mit Kolleg:innen aus anderen Fachbereichen Themen diskutieren, die ihnen rechtlich eigentlich fremd sind, die sie aber durch ihre Branchenkenntnis und insbesondere ihre Affinität zu innovativen Themen doch gut beantworten können. Das IT-Recht ist daher zum Teil eine Art Gemischtwarenladen und insoweit gar kein eigenes Rechtsgebiet.

Mandanten und Mandat

Der Kreis der Mandanten ist genauso vielfältig wie das Tätigkeitsgebiet, da sich jedes Unternehmen mit Rechtsfragen rund um die Digitalisierung konfrontiert sieht. Besonders viel Spaß macht es aber dort, wo innovative Geschäftsmodelle verfolgt werden, was häufig bei Start-ups der Fall ist. Hier werden neue Verfahren und Technologien erprobt, und dafür braucht es Rechtsanwender:innen, die kreativ sind, das Risiko nicht scheuen und nicht nur in der Begutachtung von ausformulierten Sachverhalten denken. IT-Jurist:innen müssen den Sachverhalt häufig selbst mitentwickeln, denn von der rechtlichen Bewertung hängt etwa ab, ob die Entwickler:innen in die eine oder andere Richtung programmieren sollen. Mandanten erwarten daher einen Schulterschluss, und es ist sehr hilfreich, wenn man sich mit dem jeweils zu bewertenden Geschäftsmodell identifizieren kann. Während sich das IT-Recht anfänglich in großen Kanzleien entwickelt hat, findet man es mittlerweile in mehr und mehr mittelständischen und kleinen Spezialkanzleien. Auch nimmt die Zahl an Unternehmensjurist:innen mit einer Spezialisierung in diesen Bereichen stetig zu, sodass Berufsanfänger:innen hier keine Grenzen gesetzt sind. Einzig auf der Ebene der Behörden scheint das Wachstum derzeit nicht ganz so rasant, obgleich sich auch hier mit dem BSI oder den Datenschutzbehörden Arbeitgeber etabliert haben, die eine Spezialisierung verlangen.

Vorkenntnisse

Das IT-, Datenschutz- und Medienrecht hat lange Zeit ein Nischendasein gefristet, und dementsprechend klein war die Zahl derer, die sich nach Studium und Referendariat dafür entschieden haben. Dies hat sich in den vergangenen Jahren gewandelt: Immer mehr Universitäten bieten Schwerpunktbereiche rund um das Thema Digitalisierung an, Institute sprießen aus dem Boden, und mehr und mehr Lehrstühle tragen Wörter wie Internet, Daten oder Digitalisierung in ihrem Titel. Dementsprechend leichter haben es Berufsanfänger:innen, denn Vorschriften wie das UrhG oder die DSGVO sind dann keine völlig Unbekannten. Zwingend ist dieses Vorwissen allerdings keinesfalls. Da sich die Rechtsprechung zu Digitalisierungsthemen in Grenzen hält, der Regelungsumfang vergleichsweise überschaubar ist (in Abgrenzung etwa zum Steuer- oder Arbeitsrecht) und die aufgeworfenen Rechtsfragen nicht selten sehr speziell sind, kann sich jeder, der am Anfang seines Berufslebens steht, gut in die Thematik einarbeiten. Das IT-Recht ist teilweise eine Querschnittsmaterie, sodass man sich an den Standardexamensstoff erinnert fühlt, wenn es etwa darum geht, App-Entwicklungsverträge zu entwerfen (Dienst-/Werkvertragsrecht), Lizenzverträge zu verhandeln (Kauf-/Mietrecht) oder eine Strategie zur Beilegung eines Konflikts über ein missglücktes Softwareprojekt abzustimmen (Gewährleistungsrecht). Da sich die Technik stets weiterentwickelt, ist es wichtig, das juristische Handwerkszeug zu beherrschen, um Vorschriften im Lichte aktueller Entwicklungen auslegen und kreativ mit bislang ungelösten Rechtsproblemen umgehen zu können. Von diesen rechtlichen Erwägungen zu trennen ist die immer wieder aufkommende Frage, ob IT-Anwält:innen denn auch programmieren können müssen, was sich mit einem klaren Nein beantworten lässt. Solche Kenntnisse mögen sich im seltenen Einzelfall als sinnvoll erweisen, dem Gros der IT-Rechtler:innen sind Programmierkenntnisse allerdings genauso fremd wie den Baurechtler:innen handwerkliches Geschick. Wer Spaß an der Materie haben will, sollte allerdings ein Interesse an innovativen Themen mitbringen, sollte zum Beispiel iOS von Android unterscheiden können und sollte Freude daran haben, sich in technische Innovationen einzuarbeiten. Dabei wird niemals verlangt werden, Technisches perfekt nachvollziehen zu können. Im Gespräch mit Mandant:innen kommt aber gut an, wer die richtigen Fragen stellt, klassische Probleme kennt und über das nötige Fachvokabular verfügt. Deswegen sind Englischkenntnisse übrigens auch sehr sinnvoll, zumal IT-Verträge vermehrt in englischer Sprache entworfen und Stellungnahmen gerade bei internationalen Konzernen sehr häufig auf Englisch geschrieben werden. Wer sein rechtliches und technisches Wissen vertiefen will, kann einen Fachanwaltstitel für Informationstechnologierecht oder für Urheber- und Medienrecht erwerben, und bald vielleicht auch für Datenschutzrecht.

Zukunftsperspektiven

Allein schon ein Blick in die Tagespresse zeigt, dass Rechtsberatung auf dem Gebiet der Digitalisierung zunehmend gefordert sein wird. Dies liegt nicht nur an der fortschreitenden Digitalisierung der Wirtschaft im Allgemeinen, die dazu führt, dass jedes Unternehmen auf Kompetenzen in diesen Bereichen angewiesen ist. Auch die Anzahl der Unternehmen aus der IT-Branche steigt. Wer sich hier breit aufstellt, die Sprache der Mandanten spricht, Branchenkenntnisse mitbringt und am Puls der Zeit beraten möchte, für den ist das IT-, Datenschutz- und Medienrecht genau das Richtige.

Öffentliches Wirtschaftsrecht

von Dr. Christiane Freytag

Tätigkeitsbereiche im öffentlichen Wirtschaftsrecht
Der Begriff des öffentlichen Wirtschaftsrechts ist ein Oberbegriff für ein breit gefächertes Spektrum an Beratungsfeldern. In diesen Bereich fällt die anwaltliche Beratung im Bau- und (Fach-)Planungsrecht sowie in der öffentlichen Projektentwicklung und im Umweltrecht, das selbst wieder verschiedene Unterbereiche wie das Immissionsschutzrecht, Abfallrecht, Bodenschutz- und Wasserrecht etc. umfasst. Daneben zählen zum öffentlichen Wirtschaftsrecht das Verfassungs- und Wirtschaftsverwaltungsrecht, aber auch speziellere Bereiche wie das Energiewirtschaftsrecht, Außenwirtschaftsrecht, Datenschutzrecht, Beihilferecht, Vergaberecht, Telekommunikationsrecht, Gesundheitsrecht, Luftverkehrsrecht, Produktsicherheitsrecht etc. Anwältinnen und Anwälte, die im Bereich des öffentlichen Wirtschaftsrechts tätig sind, spezialisieren sich in der Regel auf einen oder einige der vorgenannten Bereiche.

Mandanten und Tätigkeitsspektrum
Die anwaltliche Tätigkeit im öffentlichen Wirtschaftsrecht bezieht sich einerseits auf die Beratung der öffentlichen Hand (einschließlich öffentlicher Unternehmen), andererseits auf die Beratung privater Unternehmen oder von Verbänden. Zur Vermeidung von Interessenkonflikten positionieren sich Wirtschaftskanzleien üblicherweise eher auf der einen oder der anderen Seite. Die anwaltliche Tätigkeit selbst ist breit gefächert und reicht von der Beratung des Mandanten oder dessen Vertretung in Vertragsverhandlungen oder Verwaltungsverfahren über die Erstellung von Rechtsgutachten bis hin zur forensischen Tätigkeit. Auch die Beratung des Gesetzgebers bei neuen Gesetzesvorhaben ist für Wirtschaftsanwält:innen zunehmend von Bedeutung.

Zur Tätigkeit von Anwält:innen im öffentlichen Wirtschaftsrecht gehört gerade in großen Wirtschaftskanzleien außerdem die transaktionsbegleitende Beratung. Hier wirken Anwält:innen im Team mit Gesellschaftsrechtler:innen (und Anwält:innen anderer Fachbereiche) bei Unternehmens(ver)käufen oder der Bildung von Joint Ventures mit. Aufgabe ist es, öffentlich-rechtliche Risiken (z. B. außenwirtschaftsrechtliche Risiken (Stichwort: „Russlandsanktionen"), Altlasten, fehlende oder mit Auflagen versehene Genehmigungen, die drohende Rückforderung von Beihilfen etc.) zu identifizieren und – soweit möglich – durch entsprechende Klauseln im Unternehmenskaufvertrag bzw. Joint-Venture-Vertrag interessengerecht zu regeln.

Besonderheiten der anwaltlichen Tätigkeit im öffentlichen Wirtschaftsrecht
Die anwaltliche Tätigkeit im öffentlichen Wirtschaftsrecht ist außerordentlich vielseitig und abwechslungsreich. Es gibt sehr wenige Tätigkeiten, die nach festen Routinen ablaufen oder organisatorischer Art sind. Vielmehr steht zumeist die Lösung komplexer und/oder neuer Rechtsfragen im Vordergrund (bis hin zur Unterstützung von Gesetzgebungsvorhaben oder dem gerichtlichen Vorgehen gegen gesetzliche Neuregelungen). Interesse an sorgfältiger juristischer Arbeit und Kreativität sind hier wichtig.

Hinzu kommt, dass sich regelmäßig neue Beratungsfelder im Bereich des öffentlichen Wirtschaftsrechts entwickeln, häufig angestoßen durch die Gesetzgebung der Europäischen Union – z. B. im Bereich des Datenschutzrechts, der erneuerbaren Energien, der Fortentwicklung des Umweltrechts, beispielsweise im Bereich des Emissions(handels)rechts oder des Chemikalienrechts (REACH), aber auch im Bereich des Wirtschaftsverwaltungsrechts, so etwa im Außenwirtschaftsrecht, Glücksspielrecht oder im Zusammenhang mit der Finanzkrise im Bereich des Bank(aufsichts)rechts im weiteren Sinne. Auch der Bereich der umwelt- und produktrechtlichen Compliance, also die Frage, ob Produkte den gesetzlichen Anforderungen an Herstellung (u. a. Lieferketten), Inhaltsstoffe und Kennzeichnung entsprechen, hat in den letzten Jahren zunehmend an Bedeutung gewonnen. Aktuell führen Covid-19 und der Ukraine-Krieg auch im Bereich des öffentlichen Wirtschaftsrechts zu neuem Beratungsbedarf. Von Anwält:innen im öffentlichen Wirtschaftsrecht sind hier Flexibilität und Weitblick bei der Erschließung neuer Mandatsfelder gefordert.

Die Tätigkeit von Anwält:innen im öffentlichen Recht ist nur teilweise Teamarbeit, so insbesondere bei der transaktionsbegleitenden Beratung oder bei der Begleitung großer Projekte (große Projektentwicklungen und Planungsverfahren, Compliance-Prüfungen, Vergabeverfahren o. Ä.). In weiten Bereichen eignet sich die Tätigkeit dagegen nicht dazu, größere Teams zu bilden. Hier vertieft man sich eher als Einzelkämpfer:in oder in kleinen Teams in komplizierte Rechtsfragen.

Ansprechpartner:innen aufseiten der Mandanten sind – neben der Geschäftsführung und/oder der Rechtsabteilung – sehr häufig auch Fachabteilungen bzw. Techniker:innen. Die anwaltliche Arbeit setzt daher Interesse und ein Grundverständnis für technische Sachverhalte voraus, außerdem die Fähigkeit, komplexe juristische Themen auch Nichtjurist:innen verständlich zu machen.

Im Gegensatz zu einigen anderen Rechtsgebieten in Wirtschaftskanzleien, in denen der Beratungs- bzw. Verhandlungsanteil an der Tätigkeit deutlich überwiegt, führen Anwält:innen im öffentlichen Wirtschaftsrecht häufig auch Prozesse. Nicht selten geht es dabei um grundlegende Rechtsfragen, die bis vor die obersten Bundesgerichte oder sogar den Europäischen Gerichtshof getragen werden. Angesichts der langen Dauer verwaltungsgerichtlicher Verfahren zeigt sich das Ergebnis der anwaltlichen Arbeit in solchen Mandaten häufig erst nach Jahren. Wer zur Motivation schnelle Erfolgserlebnisse sucht, ist hier nicht unbedingt richtig.

Auch ist die Tätigkeit in vielen Teilbereichen des öffentlichen Wirtschaftsrechts wegen des Fokus auf das deutsche öffentliche Recht (insbesondere die öffentliche Hand als Mandant oder Verhandlungspartner oder die Tätigkeit vor deutschen Gerichten) weniger international geprägt als die Tätigkeit in anderen Rechtsgebieten. Dennoch bietet sich gerade im Transaktionsbereich, bei der Beratung ausländischer Mandanten zum deutschen öffentlichen Recht oder bei internationalen Projektentwicklungen Gelegenheit zu im Wesentlichen englischsprachiger Beratungstätigkeit.

Prozessführung und Schiedsgerichtsbarkeit

von Dr. Jan Erik Spangenberg und Dr. Simon C. Manner

Die anwaltliche Tätigkeit im Bereich Prozessführung (Litigation) und Schiedsverfahren (Arbitration) unterscheidet sich von der beratenden oder transaktionsbegleitenden Tätigkeit. Prozessanwält:innen sind in unterschiedlichen Rechtsgebieten tätig und nicht auf einen Bereich festgelegt. Die „streitige" Tätigkeit zeichnet sich dadurch aus, dass kein Fall und kein Gericht dem anderen gleichen. Prozessführung und die Tätigkeit in Schiedsverfahren erfordern daher Maßarbeit, die strategische Erfahrung und psychologisches Talent ebenso voraussetzt wie die juristische und wirtschaftliche Durchdringung des Falls.

Der Arbeitsalltag von Prozessanwält:innen

Der Arbeitsalltag ist abwechslungsreich. Am Anfang steht die Sachverhaltsaufklärung. Die oft komplexe Materie muss gemeinsam mit dem Mandanten aufgearbeitet werden. Aufgabe der Anwält:innen ist es, die entscheidungsrelevanten Tatsachen zu identifizieren und zu sammeln. Dazu gehören die Recherche direkt vor Ort sowie Gespräche mit Zeug:innen und die Zusammenarbeit mit Sachverständigen. Das Tätigkeitsfeld beschränkt sich daher keineswegs auf das Büro und den Gerichtssaal. Die Arbeit erlaubt vielmehr immer wieder spannende Einblicke in ganz unterschiedliche Sachverhalte, Unternehmen und Industrien.

Parallel zur Aufarbeitung des Sachverhalts werden die rechtlichen Fragen geprüft und aufbereitet. Dabei sind eigene, kreative Lösungsansätze gefragt. Bei der Entwicklung der rechtlichen Argumentation arbeiten Prozessanwält:innen auch regelmäßig mit Kolleg:innen aus unterschiedlichen Fachgebieten und Büros zusammen. Schließlich müssen Sachverhalt und Argumente schriftlich und mündlich präsentiert werden. Prozessanwält:innen müssen in der Lage sein, komplexe Sach- und Rechtsfragen verständlich und überzeugend auf den Punkt zu bringen.

Durch die Fristen zur Einreichung von Schriftsätzen lässt sich die Tätigkeit im Bereich der Prozessführung und Schiedsgerichtsbarkeit vergleichsweise gut und vorausschauend einteilen, auch wenn Arbeitsspitzen im Vorfeld wichtiger Schriftsatzfristen oder Verhandlungstermine nicht zu vermeiden sind.

Interessenvertretung vor staatlichen Gerichten

Ein Höhepunkt der Tätigkeit ist die mündliche Verhandlung vor Gericht. Im Termin ist volle Konzentration und Aufmerksamkeit gefragt. Prozessanwält:innen müssen nicht nur den Sachverhalt und den Vortrag der Parteien bis ins Detail kennen. Sie müssen auch über sichere Kenntnisse der Zivilprozessordnung verfügen, um auf neue prozessuale Situationen schnell reagieren zu können. Gefragt sind zudem Allgemeinwissen, die Fähigkeit zur Argumentation und Verhandlungsgeschick. Bei der Befragung von Zeug:innen, aber auch im Umgang mit Gericht und Gegnern sind Einfühlungsvermögen und die Fähigkeit, auf Menschen einzugehen, unerlässlich.

Streitbeilegung durch Schiedsverfahren

Die Streitbeilegung durch Schiedsverfahren erfreut sich zunehmender Beliebtheit. Zwar ist die Schiedsgerichtsbarkeit jüngst in der öffentlichen Diskussion auch kritisiert worden. Dabei wird jedoch nicht immer hinreichend differenziert. Schiedsverfahren sind nicht nur eine schon seit Jahrhunderten gepflegte traditionelle Form der Streitbeilegung. Sie haben auch im Schiedsverfahrensrecht, etwa im zehnten Buch der ZPO, eine gesetzliche Grundlage. Insbesondere bieten Schiedsverfahren gegenüber staatlichen Gerichten den Parteien größere Freiräume bei der Gestaltung des Verfahrens. So kann auf die Besonderheiten des Einzelfalls Rücksicht genommen werden und etwa ein Schiedsgericht aus spezialisierten Fachleuten berufen werden. Dies ist beispielsweise bei Streitigkeiten im Zusammenhang mit Transaktionen oder komplexen Verträgen von Vorteil. Zudem werden Schiedsgerichtsverfahren regelmäßig unter Ausschluss der Öffentlichkeit geführt und können auch insgesamt vertraulich sein. So können wichtige Geschäfts- und Betriebsgeheimnisse geschützt werden.

In internationalen Rechtsstreitigkeiten sind Schiedsverfahren eine oft gewählte Alternative zur staatlichen Gerichtsbarkeit, weil viele Parteien sich ungern ausländischen Gerichten unterwerfen. Ein Schiedsgericht bietet beiden Parteien eine neutrale Alternative.

Zu unterscheiden ist grundsätzlich zwischen institutionellen Schiedsgerichtsverfahren, bei denen eine Institution wie die Deutsche Institution für Schiedsgerichtsbarkeit (DIS) oder der Internationale Schiedsgerichtshof bei der Internationalen Handelskammer in Paris (ICC) das Verfahren verwaltet, und Ad-hoc-Schiedsverfahren, bei denen das Verfahren und die anwendbaren Schiedsregeln entweder zwischen den Parteien vereinbart werden oder sich aus dem Gesetz am Sitz des Schiedsgerichts (lex loci arbitri) ergeben. Neben den Schiedsregeln finden bei der Gestaltung des Verfahrens regelmäßig Usancen und Grundsätze Anwendung, die sich in der Praxis entwickelt haben. Bestes Beispiel sind die IBA Rules on the Taking of Evidence in International Arbitration, die die Beweisaufnahme in internationalen Schiedsverfahren regeln und dabei versuchen, einen Kompromiss zwischen dem kontinentaleuropäischen Verständnis und der angloamerikanischen Praxis zu finden. Schließlich bietet die Schiedsgerichtsbarkeit Anwält:innen die Möglichkeit, selbst als Schiedsrichter:innen tätig zu werden. Junge Prozessanwält:innen unterstützen erfahrene Schiedsrichter:innen häufig zunächst einige Zeit als sogenannte Sekretär:innen des Schiedsgerichts.

Einstieg über Praktika und Referendariat

Da das Prozessrecht im Studium meist nur eine untergeordnete Rolle spielt, empfiehlt es sich, frühzeitig über Praktika und Referendarstationen praktische Erfahrungen im Bereich der Prozessführung zu sammeln. Erste Kenntnisse der ZPO sind dabei hilfreich. Insbesondere im Bereich der Schiedsgerichtsbarkeit sind ferner sichere Englischkenntnisse unabdingbar. Denn auch in Deutschland werden Schiedsverfahren oft auf Englisch geführt.

Perspektiven für Berufseinsteiger:innen

Für Berufseinsteiger:innen, die die angesprochenen Voraussetzungen mitbringen, sind die Aussichten im Bereich der Prozessführung und Schiedsgerichtsbarkeit gut. Durch den anhaltenden Trend zur Spezialisierung und die Zunahme der Streitbeilegung durch Schiedsverfahren ist davon auszugehen, dass dieser Bereich auch künftig weiter wachsen wird.

Steuerrecht

von Dr. Matthias Scheifele und Britta Süßmann

Warum Steuerrecht bei einer Großkanzlei?
Dem Steuerrecht wird nach wie vor nachgesagt, es sei trocken und langweilig. Selbst unter Jurist:innen hat es den zweifelhaften Ruf einer „Geheimwissenschaft". Mit seinen zahlreichen Einzelgesetzen und Verwaltungsvorschriften, in denen die Finanzverwaltung ihre Sicht auf die Auslegung der Steuergesetze darlegt, ist es eines der umfangreichsten Rechtsgebiete. Die bekannten roten Beck'schen Textausgaben umfassen im Steuerrecht vier (!) Bände (Steuergesetze, Steuerrichtlinien, Steuererlasse, Doppelbesteuerungsabkommen). Zudem wird das Steuerrecht wie kaum ein anderes Rechtsgebiet durch politische Einflüsse geprägt und unterliegt damit der ständigen Rechtsfortbildung.

Obwohl oder vielleicht gerade weil das Steuerrecht so komplex ist, handelt es sich um ein spannendes und abwechslungsreiches Rechtsgebiet. Als Steuerrechtler:in in einer Großkanzlei lernt man sehr schnell, dass eine steuerrechtliche Beratung nicht nur bedeutet, sich in dem komplexen steuerrechtlichen Normengeflecht zurechtzufinden. Vielmehr müssen auch andere Aspekte, wie insbesondere die zivilrechtlichen und wirtschaftlichen Hintergründe der zu beurteilenden Sachverhalte, berücksichtigt werden. Zudem wird von Steuerrechtler:innen erwartet, Bilanzen lesen und verstehen zu können. Auf den ersten Blick mag dies eher abschreckend als anziehend wirken. Bei näherem Hinsehen macht aber gerade die Vielschichtigkeit den Reiz des Steuerrechts aus. Transaktionen im Bereich M&A, Corporate oder Finance müssen regelmäßig auch unter steuerrechtlichen Gesichtspunkten betrachtet werden. Dies kann auch schon mal dazu führen, dass ein Deal aus steuerlichen Gründen platzt. Steuerjurist:innen kommt daher oft eine zentrale Gestaltungsrolle zu. Der Mehraufwand im Rahmen der Ausbildung zahlt sich hier aus.

Als Steuerrechtler:in in einer Großkanzlei bekommt man einen Eindruck davon, welche Bedeutung das eigene Rechtsgebiet für die Struktur oder den Ausgang einer Transaktion haben kann. Zudem ist man im Hinblick auf die ständige Rechtsfortbildung am Puls der Gesetzgebung. Durch die Teilnahme an Fortbildungen und Diskussionen in Fachkreisen hört man schon früh von geplanten Gesetzesänderungen oder Auslegungstendenzen der Verwaltung und kann diese Informationen in eine vorausschauende Beratung einfließen lassen.

Der Ausbildungsweg von Steuerjurist:innen
Eine Spezialisierung auf das Steuerrecht bedeutet für junge Anwält:innen zumeist einen Mehraufwand, da dieses Rechtsgebiet im Studium und Referendariat – je nach Bundesland – grundsätzlich keine oder nur eine Nebenrolle spielt. Auch wenn dies für eine berufliche Karriere im Steuerrecht keineswegs zwingend ist, lohnt es sich, sich die Materie schon vor dem Berufseinstieg von ihren Grundlagen her zu erschließen (z. B. durch eine entsprechende Schwerpunktwahl).

Spätestens mit dem Berufseinstieg beginnt die Ausbildung im Steuerrecht mit dem Training-on-the-Job. Nachdem die Steuerrechtskenntnisse durch die praktische Arbeit vertieft wurden, bietet sich eine Fortbildung zur Fachanwältin oder zum Fachanwalt für Steuerrecht oder zum Steuerberater an. Weder das eine noch das andere ist zwingende Voraussetzung für eine Tätigkeit als Steuerjurist:in. Sinnvoll sind derartige Zusatzqualifikationen jedoch allemal, weil dadurch die steuerrechtlichen Kenntnisse weiter ausgebaut und abgerundet werden. Außerdem dienen sie dem Nachweis einer fundierten theoretischen und praktischen steuerlichen Ausbildung gegenüber Mandanten und (potenziellen) Arbeitgebern. Zahlreiche Arbeitgeber fördern das Steuerberaterexamen durch eine bezahlte Freistellung und/oder eine Übernahme der Kosten der Prüfungsvorbereitung.

Der Alltag von Steuerjurist:innen
Durch den hohen Spezialisierungsgrad – teilweise sogar auf eine bestimmte Steuerart – beraten Steuerjurist:innen nur selten umfassend auch auf anderen Rechtsgebieten. Hierin unterscheiden sich Steuerrechtler:innen nicht von anderen Spezialist:innen wie z. B. Kartell- oder Arbeitsrechtler:innen. Es besteht aber wenig Anlass zur Sorge, dass man im Steuerrecht „versauert". Es gibt zahlreiche Berührungspunkte mit anderen Rechtsgebieten, wie insbesondere dem Handels- und Gesellschaftsrecht. Dadurch können sich Steuerjurist:innen auch abseits seines eigenen Rechtsgebiets fundierte Kenntnisse aneignen und einen regen Austausch nicht nur mit Kolleg:innen innerhalb des eigenen Steuerteams, sondern auch – interdisziplinär – mit denen anderer Praxisgruppen pflegen.

Steuerjurist:innen beraten tagtäglich bei der Gestaltung der unterschiedlichsten Lebenssachverhalte. An einem Tag strukturieren sie eine Unternehmensakquisition und verhandeln die steuerlichen Regelungen eines Unternehmenskaufvertrags. Am nächsten Tag schreiben sie ein Gutachten zur steuerlichen Behandlung von Lizenzzahlungen und Entschädigungszahlungen einer deutschen Firma an ein französisches Unternehmen und telefonieren dazu mit den steuerlichen Berater:innen ihres Mandanten in Frankreich.

Zu den Aufgaben des Steuerjurist:innen in einer wirtschaftsberatenden Kanzlei zählen neben der Gestaltungsberatung z. B. bei Unternehmenskäufen, Reorganisationen oder Sanierungen sowie bei Immobilien- und Kapitalmarkttransaktionen auch die Begleitung finanzverwaltungsrechtlicher Verfahren wie Betriebsprüfungen, Einsprüche und die Beantragung sogenannter verbindlicher Auskünfte sowie die Begleitung finanzgerichtlicher oder steuerstrafrechtlicher Verfahren. Die Tätigkeit im Steuerrecht ist mannigfaltig und kreativ und führt dazu, dass Steuerrechtler:innen typischerweise eine größere Anzahl und Bandbreite von Mandaten gleichzeitig betreuen.

Internationalität der Tätigkeit im Steuerrecht
Eine Tätigkeit im Steuerrecht ist in besonderem Maße international geprägt. Abgesehen von den Urteilen des Europäischen Gerichtshofs, den gemeinschaftsrechtlichen Richtlinien und den als Doppelbesteuerungsabkommen bezeichneten internationalen Verträgen liegt dies auch daran, dass sich heutzutage kaum ein Sachverhalt auf das Inland beschränkt. Eine umfassende Gestaltungsberatung kann die steuerlichen Folgen und damit die Kosten einer Transaktion im Ausland nicht außer Acht lassen. Ihre Planung und Durchführung muss daher mit den steuerlichen Berater:innen vor Ort abgestimmt werden, sodass ein enger Austausch mit Berater:innen im Ausland erfolgt.

Anforderungen an Steuerjurist:innen und ihre Berufsaussichten
Der Beruf eignet sich für all diejenigen, die Interesse an einer analytisch anspruchsvollen Aufgabe, an der Beschäftigung mit Rechtsvorschriften und wirtschaftlichen Sachverhalten sowie an einer beratenden Tätigkeit mit internationalem Bezug haben. Wegen des hohen Komplexitätsgrads sollte man Spaß daran haben, sich täglich neuen intellektuellen Herausforderungen zu stellen. Der Globalisierung und der zunehmenden Normendichte, gerade auch auf internationaler Ebene, ist es zu verdanken, dass sich der steuerliche Beratungsbedarf auch in Zukunft weiter erhöhen wird. Durch die vielen steuerlichen Beratungsfelder schwächen wirtschaftliche Krisenzeiten den Bedarf an qualifizierten Steuerjurist:innen nicht, sie verlagern allenfalls die Schwerpunkte der steuerlichen Beratungstätigkeit.

Juristische Berufsbilder in Wirtschaft und Verbänden

Wer sich gegen eine Tätigkeit im Öffentlichen Dienst oder in einer Kanzlei entscheidet, hat immer noch die Qual der Wahl. Ob in Banken, Versicherungen oder in der Industrie – nahezu jedes größere Unternehmen bietet Einsatzmöglichkeiten für Jurist:innen, angefangen bei der klassischen Rechtsabteilung über die Personalabteilung bis hin zum Bereich Compliance.

Auch die sich stetig erhöhende Anzahl an Verbänden in Deutschland bietet vielfältige Beschäftigungsmöglichkeiten in den unterschiedlichsten Fachbereichen. Der Beitrag ab Seite 124 ermöglicht einen ersten Eindruck vom Beruf der Verbandsjurist:innen.

Wer lieber beratend tätig sein möchte, dessen Weg führt vielleicht in die Wirtschaftsprüfung oder Unternehmensberatung, wo Jurist:innen aufgrund ihres analytischen Denkvermögens gern gesehen sind. Die Beiträge ab den Seiten 116 und 120 informieren über die entsprechenden Berufsbilder.

Auch der juristische Fachverlag kann ein spannendes Betätigungsfeld für Jurist:innen mit Organisations- und Kommunikationsgeschick darstellen. Dass dabei nicht nur ein sicheres Sprachgefühl, sondern auch Interesse an betriebswirtschaftlichen Aspekten gefragt ist, zeigt der Beitrag ab Seite 128.

Die Übernahme von Leitungsfunktionen, sei es als Abteilungs- oder Bereichsleiter:in, als Geschäftsführer:in oder Vorstand bis hin zum Aufsichtsratsmandanten, ist sicher verlockend. In jedem Fall wird man in Wirtschaft und Verbänden in der Regel viel mit Menschen (möglicherweise mit Angehörigen verschiedenster Berufsgruppen) zu tun haben. Dann gilt es, juristische Inhalte verständlich zu vermitteln, Kompromisse zwischen verschiedenen Positionen zu finden und Entscheidungsträger für den besten Lösungsweg zu gewinnen. Eine anspruchsvolle Aufgabe für leistungsstarke Jurist:innen!

Unternehmensjurist:in

von Arnd Meier

Unter „Unternehmensjurist:innen" werden Absolvent:innen der Rechtswissenschaft verstanden, die in einem Unternehmen vorwiegend juristische Aufgaben wahrnehmen. Jurist:innen, die im Unternehmen vorwiegend Aufgaben wahrnehmen, die auch Nicht-Jurist:innen erfüllen könnten, zählen somit nicht dazu (beispielsweise Manager:innen). Gemäß dieser Definition gibt es in Deutschland ca. 46.000 Unternehmensjurist:innen. Dies entspricht etwa der Zahl der Verwaltungsjurist:innen.

Quelle: Statistisches Bundesamt, Mikrozensus vorläufige Ergebnisse, eigene Berechnung

Eine Laufbahn als Unternehmensjurist:in ist attraktiv für diejenigen, denen die öffentliche Verwaltung und Rechtspflege zu bürokratisch erscheint und die zugleich mehr Sicherheit und eine bessere Work-Life-Balance suchen, als freiberufliche Rechtsanwält:innen üblicherweise erwarten können. Wer zudem noch Interesse für wirtschaftliche Zusammenhänge mitbringt und vielleicht auch eher mitgestalten als nur beraten will, für den kann eine Tätigkeit als Jurist:in in einem Unternehmen das Richtige sein. Allerdings lassen sich allgemeingültige Aussagen über Unternehmensjurist:innen nur sehr schwer treffen. Ihre Arbeitsumstände hängen wesentlich davon ab, wie groß das Unternehmen ist, für das sie arbeiten, in welcher Position sie dort tätig sind und in welcher Branche. Tendenziell lässt sich sagen, dass die Tätigkeit der Unternehmensjurist:innen umso anspruchsvoller (und besser honoriert) ist, je größer das Unternehmen und seine Rechtsabteilung sind. Allerdings nimmt der Spielraum des Einzelnen oft im selben Maße ab. Unternehmensjurist:innen im kleinen oder mittelständischen Unternehmen haben häufig den direkteren Zugang zur Geschäftsführung und den größeren Einfluss. Im Folgenden werden vier typische Tätigkeitsfelder von Wirtschaftsjurist:innen näher betrachtet: Rechtsabteilung, Vertragsmanagement, Personalabteilung und Compliance. Dies sind jedoch bei Weitem nicht alle Bereiche, in denen Jurist:innen in Unternehmen juristisch tätig sind. Zu nennen wären auch Steuerabteilung, Revision, Patent-/Markenabteilung, Regulierung, Lobbying und, je nach Organisation und Branche des Unternehmens, viele andere mehr. Seit 2011 gibt es in Deutschland auch einen eigenen Verband für Unternehmensjurist:innen, den Bundesverband der Unternehmensjuristen (BUJ) mit einer eigenen Zeitschrift (*Unternehmensjurist*) und speziellen Seminarangeboten; Näheres unter www.buj-verband.de.

Rechtsabteilung

von Arnd Meier

> **Formale Voraussetzungen:** Zweites Juristisches Staatsexamen (für Syndikuspositionen, für Sachbearbeiterstellen ggf. auch Diplomjurist:in oder Erstes Staatsexamen) in der Regel ab „befriedigend", teilweise erst ab „vollbefriedigend"; Berufserfahrung (v. a. in einer Anwaltskanzlei) oft erwünscht, aber meist nur für bestimmte Spezialisierungs- oder Führungspositionen erforderlich
>
> **Persönliche Qualifikation:** englische Fachsprachenkenntnisse, Verständnis für wirtschaftliche Zusammenhänge, Lösungsorientierung, Fähigkeit zur interdisziplinären Zusammenarbeit (mit Kaufleuten u. a.)
>
> **Einstiegsgehalt:** 45.000 bis 80.000 Euro Brutto-Jahresgehalt
>
> **Aufstiegsmöglichkeiten:** Leiter der Rechtsabteilung, in großen Rechtsabteilungen Leitung von Unterabteilungen; Wechsel in die nicht juristische Laufbahn bis hin zu Geschäftsführungs- und Vorstandspositionen
>
> **Besonderheiten:** gute Work-Life-Balance (verglichen mit großen Anwaltskanzleien), frühe Einbindung in Projekte, Mitgestaltungsmöglichkeiten, in großen Unternehmen hierarchische Einflüsse
>
> **Weitere Informationen:** www.syndikusanwaelte.de, www.ecla.org, www.acc.com, www.wjfh.de

Die Arbeit von Syndikusanwält:innen

Warum leisten sich Unternehmen eine eigene Rechtsabteilung bzw. eigene Hausjurist:innen (im Folgenden „Syndikusanwält:innen") und greifen nicht einfach auf die Dienste der freiberuflich tätigen Rechtsanwält:innen zurück? Ein Grund dürften die Höhe und die Kalkulierbarkeit der Kosten sein. Zumindest ab einem gewissen regelmäßigen juristischen Beratungsvolumen – das oft schon bei einigen Millionen Euro Umsatz gegeben ist – wird die fallweise oder stundenweise Abrechnung der externen Anwält:innen teurer als die Anstellung von Syndikusanwält:innen.

Wichtiger aber noch ist die Beratungsqualität. Gemeint ist damit nicht die juristische Qualifikation oder die Qualität der juristischen Fallbearbeitung im engeren Sinne (also die Anwendung der Rechtsnormen auf einen gegebenen Fall), sondern die Erfassung und das Verständnis der wirtschaftlichen Sachverhalte sowie die präventive Identifikation und Vermeidung juristischer Risiken. Durch ihre kontinuierliche und ausschließliche Tätigkeit für ein Unternehmen können Syndikusanwält:innen dessen Geschäft und typischen juristischen Probleme besser verstehen als ein externe Anwält:innen, die nur fallweise herangezogen werden (und je teurer sie sind, desto seltener werden sie beauftragt; bei Großkanzleien wird zudem in häufig wechselnder Besetzung gearbeitet). Sie können eine Vertrauensbeziehung zu den fachlichen Ansprechpartner:innen im Unternehmen aufbauen und viele Fragen in einem kurzen Telefonat klären, die sonst gar nicht oder erst nach umständlicher Einschaltung einer

Anwaltskanzlei geklärt würden, schlimmstenfalls erst dann, wenn aus einer Frage ein Problem geworden ist. Wie gut dies funktioniert, hängt wesentlich davon ab, wie weit man sich aus einer rein passiven Rolle löst („bring mir den Sachverhalt, und ich gebe dir die Lösung") und auf die nicht juristischen Ansprechpartner:innen zugeht. Dafür ist es nützlich, sich zumindest ein Grundverständnis für Produkt, Produktion, Vertrieb und andere wesentliche Aspekte des eigenen Unternehmens anzueignen und mit den Nicht-Juristen im Unternehmen auch in einer nicht juristischen Sprache zu kommunizieren. Wenn der Syndikusanwalt intern akzeptiert ist, dann wird er viel früher in Projekte eingebunden als ein externer Berater und kann dementsprechend auch viel eher mitgestalten als nur nachträglich zu beurteilen und zu korrigieren.

Von Syndikusanwält:innen wird, anders als von externen Rechtsberater:innen, oft auch eine unternehmerische Risikowürdigung und Entscheidung erwartet, selbst wenn nicht alle maßgeblichen Fakten vollständig geklärt bzw. sicher prognostiziert werden können. Es genügt also nicht zu sagen: „Die Mindermeinung in der Literatur sagt dies, die derzeitige Rechtsprechung sagt das, auf hoher See und vor Gericht ist man in Gottes Hand …" Man muss sich auch trauen, zu sagen: „Die Chancen, dass wir juristisch auf die Nase fallen, schätze ich auf 40:60, aber die kommerziellen Vorteile, wenn wir diesen Weg einschlagen, sind das meines Erachtens wert." Die gute Nachricht ist, und hierin ist die oft vorsichtigere Praxis der externen Rechtsanwält:innen gerechtfertigt: Interne Syndikusanwält:innen haften nicht für solche Aussagen (was nachteilige Konsequenzen für die Karriere natürlich nicht ausschließt).

Aus ähnlichen Gründen können Syndikusanwält:innen es sich leisten, anders mit ihrer Zeit und ihren Ressourcen zu wirtschaften als externe Kanzleien. Es kann durchaus sinnvoll sein, einen Sachverhalt oder auch die Rechtslage nur zu 80 Prozent zu klären, wenn die Klärung der verbleibenden 20 Prozent einen Aufwand verursachen würde, der zum Wert der Sache in keinem vernünftigen Verhältnis steht. Externe Rechtsberater:innen müssen in einem solchen Fall entsprechende Vorbehalte in der Beurteilung machen. Außerdem liegt es in ihrem Interesse – zumal wenn sie nach Stunden abrechnen – durch Identifikation zusätzlicher Probleme zusätzlichen Beratungsbedarf zu schaffen. Überspitzt gesagt: Das ideale Gutachten aus Sicht der externen Berater:innen kostet viel Zeit und enthält trotzdem viele Vorbehalte und keine (haftungsrelevanten) klaren Aussagen.

Syndikusanwält:innen können und sollten auch proaktiv tätig werden und bei den Fachstellen im Unternehmen, die sie als Bedarfsträger identifiziert haben, Aufklärungsarbeit durch Schulungen leisten, geeignete Formulare und Vertragsmuster erstellen und Abläufe definieren, die helfen, juristische Probleme schon im Ansatz zu vermeiden. Auf diese Weise können sie einen Beitrag zur Kostensenkung und Wertsteigerung im Unternehmen leisten, der weit über die bloßen Rechtsberatungskosten hinausgeht.

Insgesamt spielt die kautelarjuristische Tätigkeit typischerweise eine weitaus größere Rolle als bei externen Rechtsanwält:innen. Standesrechtlich können ohnehin auch zugelassene Syndikusanwält:innen das eigene Unternehmen nicht vor Gericht vertreten (soweit Anwaltszwang besteht).

Zusammenarbeit mit externen Rechtsanwält:innen
Nicht nur deshalb können Syndikusanwält:innen und auch eine noch so große Rechtsabteilung die Einschaltung externer Rechtsanwält:innen nie völlig ersetzen. Deren Vorteile liegen in höherer Spezialisierung (zumindest bei großen Kanzleien), breiterer Erfahrung und Unabhängigkeit sowie im Falle großer Transaktionen schlicht in größeren Ressourcen. Selbst für ein großes Unternehmen wäre es unwirtschaftlich, eine Vielzahl von Jurist:innen mit unterschiedlichsten Spezialisierungen dauerhaft zu beschäftigen, wenn die betreffenden Rechtsfragen oder die mengenmäßige Spitzenbelastung nur einmal im Jahr auftreten.

Daher ist die Auswahl und Führung externer Rechtsanwält:innen ein weiterer wesentlicher Aspekt des Syndikusprofils. Die Aufgabe liegt hier vor allem darin, mit der Kenntnis des Unternehmens, der Strukturen und der richtigen Ansprechpartner:innen schnell und umfassend die von externen Anwält:innen benötigten Informationen zusammenzutragen und die Umsetzung eventuell notwendiger Verhaltensänderungen sicherzustellen. Außerdem sollte man die Anwaltsszene kennen und wissen, welche Kanzlei man für welche Aufgabe zu welchen Preisen engagieren kann. Auch deshalb ist Berufserfahrung als externe:r Anwält:in, gerade auch im streitigen Bereich, äußerst hilfreich, um die „andere Seite" besser zu verstehen und effektiv mit ihr zusammenzuarbeiten. Der Wechsel vom Syndikusanwalt (zurück) in die freie Rechtsanwaltschaft ist in Deutschland übrigens (leider) noch vergleichsweise selten.

Was den Einsatz externer Kanzleien angeht, gibt es sehr unterschiedliche Philosophien. Diese reichen von „nur wenn es gar nicht anders geht" bis zu „eigentlich immer". Beim letzteren Ansatz werden Syndikusanwält:innen mehr zum Manager of Legal Affairs, die nicht mehr selbst juristisch arbeiten und deren eigene Fachkenntnis dementsprechend zu verkümmern droht. Dieses Berufsbild ist besonders in angelsächsisch geprägten Unternehmen verbreitet. Dort ist allerdings auch das juristische Beratungsaufkommen oft wesentlich höher als das traditionell in Deutschland der Fall ist, sodass die komplette Inhouse-Abwicklung gar keine realistische Alternative wäre. Aber Deutschland holt in dieser Hinsicht auf …

Trends und Karrierechancen
Generell ist zu sagen, dass der Stellenwert von guter und vor allem rechtzeitiger Rechtsberatung für Unternehmen in den letzten Jahren gestiegen ist und noch weiter steigt. Die Berufung des Chefsyndikus (US-amerikanischer Herkunft) in den Vorstand der Siemens AG ist dafür nur ein aktuelles Indiz. Die Regelungstiefe im Wirtschaftsleben nimmt zu, die Internationalität auch, und das Risiko unberatenen Vorgehens steigt dementsprechend. Dabei gibt es natürlich Branchen, die immer schon besonders beratungsintensiv waren (z. B. Versicherungen, Banken) und andere, in denen selbst für Millionenbeträge noch vor Kurzem ein Handschlag ausreichte (z. B. Industrie, Schifffahrt). Damit nehmen in der Regel auch der Stellenwert der Rechtsabteilung im Unternehmen, ihre Größe und die internen Aufstiegschancen der Jurist:innen zu.

Was die Aufstiegschancen außerhalb der Rechtsabteilung angeht, sind diese in den vergangenen Jahrzehnten in Deutschland wohl eher gesunken. Früher gehörte es in den Vorständen der DAX-Unternehmen zum guten Ton, zumindest eine Juristin oder einen Juristen an Bord zu haben, bei Banken und Versicherungen bestand der Vorstand teilweise mehrheitlich aus Jurist:innen. Heute ist es eher selten, dass Jurist:innen eine Karriere in der Rechtsabteilung beginnen und sich von dort über verschiedene Fachpositionen an die Spitze vorarbeiten.

Vorteile der Tätigkeit
Was sind also die Vorteile einer Tätigkeit als Syndikusanwalt oder -anwältin gegenüber der freien Anwaltschaft? Nicht die Bezahlung. Gut bezahlte Syndikusanwält:innen können zwar durchaus mehr verdienen als schlecht verdienende Wald-und-Wiesen-Rechtsanwält:innen mit eigener Kanzlei. Aber bei vergleichbarer Qualifikation und Seniorität dürfte in der Regel das Einkommen der freien Rechtsanwält:innen deutlich höher sein als das der Syndikusanwält:innen.

Nur gilt in den meisten Großkanzleien weiterhin das Prinzip des Up-or-Out, das heißt, oftmals haben Betreffende gar nicht die Wahl, ob sie nun lieber Partner:in in der Kanzlei werden möchte oder Syndikusanwalt oder -anwältin. Nicht umsonst speisen sich die Rechtsabteilungen der großen Unternehmen vielfach aus Abgängern („Alumni") der Kanzleien.

Diese Wechsel haben aber oft durchaus auch ein anderes, freiwilliges Motiv, nämlich die Suche nach einer fachlich anspruchsvollen, fordernden, aber zugleich nicht völlig verzehrenden Tätigkeit, also nach einer vernünftigen Work-Life-Balance. Diese gewinnt gerade auch bei hoch qualifizierten Jurist:innen zunehmend an Bedeutung, und hier liegt der wesentliche Vorteil der Syndikusanwält:innen. Sie werden nicht an der Zahl ihrer „billable hours" gemessen, sondern an der Erledigung ihrer Aufgaben.

Syndikusanwält:innen werden zwar üblicherweise nicht nach Tarif bezahlt und haben dementsprechend keinen Anspruch auf Vergütung von Überstunden. Sie arbeiten oftmals 40 bis 50 Stunden pro Woche – in besonderen Situationen auch mehr. Aber dies ist eben die Ausnahme und nicht die Regel. Auch der interne Konkurrenzdruck dürfte geringer sein als in der typischen Großkanzlei – die Aufstiegschancen sind es allerdings auch. Die Hierarchien der Rechtsabteilungen sind meist flach. Leitungspositionen sind dementsprechend ebenso rar wie Partnerstellen.

Außer in sehr stark rechtsaffinen Unternehmen oder solchen mit einer sehr großen Rechtsabteilung sind Jurist:innen Exot:innen, und als solche werden sie meist für Positionen außerhalb der Rechtsabteilung gar nicht in Betracht gezogen. Nur wer seine nicht juristischen Qualifikationen so stark ausbauen und demonstrieren kann, dass er allein auf dieser Basis konkurrenzfähig ist, wird außerhalb der Rechtsabteilung Aufstiegschancen haben. Auch was fachliche Fortentwicklung angeht, wird eine mittlere oder große Kanzlei in der Regel mehr zu bieten haben als selbst eine bedeutende Rechtsabteilung.

Vertragsmanagement

von Arnd Meier

> **Formale Voraussetzungen:** Erste Juristische Prüfung, Diplomjurist:in oder anderer akademischer Abschluss
>
> **Persönliche Qualifikation:** Verständnis und Interesse für Prozesse und wirtschaftliche Zusammenhänge, IT-Kenntnisse, englische Sprachkenntnisse, Fähigkeit zur interdisziplinären Zusammenarbeit
>
> **Einstiegsgehalt:** 36.000 bis 60.000 Euro Brutto-Jahresgehalt
>
> **Aufstiegsmöglichkeiten:** allgemeine Managementfunktionen
>
> **Besonderheiten:** wachsende Bedeutung in den meisten Unternehmen

Abteilungen mit der Bezeichnung „Vertragsmanagement" gibt es erst seit rund zehn Jahren. Inzwischen gehören sie jedoch zumindest in mittleren und größeren Unternehmen zum Standard; ihre Größe und Bedeutung wächst. Besonders für Diplom-/Wirtschaftsjurist:innen ist das Vertragsmanagement ein sehr interessantes Betätigungsfeld, denn hier ist ihre interdisziplinäre Ausbildung ein echter Vorteil und die fehlende Rechtsanwaltszulassung kein Manko. Volljurist:innen sehen im Vertragsmanagement dagegen meist wohl keine adäquate Beschäftigung – vielleicht zu Unrecht.

Worum geht es im Vertragsmanagement?
Anders als bei der rein juristischen Vertragsgestaltung geht es im Vertragsmanagement um die Optimierung eines Prozesses, nicht des Einzelfalls; die wirtschaftlichen Resultate stehen im Vordergrund. Folglich spielt Vertragsmanagement immer dort eine Rolle, wo eine Vielzahl gleicher oder ähnlicher Verträge abgeschlossen werden muss. Das betrifft heute im Grunde fast jedes Unternehmen. Ein gutes Vertragsmanagement bringt dem Unternehmen Rechtssicherheit bei niedrigem Aufwand und hoher Transparenz. Das Eingehen von Verträgen ist klar und einfach strukturiert. Vertragliche Verpflichtungen werden erfasst und ihre Einhaltung überwacht. Schlechtes oder fehlendes Vertragsmanagement führt dagegen dazu, dass mit hohem Aufwand und geringer Rechtssicherheit immer wieder dieselben Aufgabenstellungen mit individuellen und unterschiedlichen Verträgen gelöst werden. Die Folge: Vertragsdokumente sind nicht oder schwer auffindbar, vertragliche Verpflichtungen lassen sich nicht zuverlässig überwachen und in Summe recherchieren oder bilanzieren.

Die Aufgaben des Vertragsmanagements lassen sich in drei Themenbereiche gliedern: die Gestaltung von Vertragsmustern und Vertragsprozessen, das Vertragscontrolling und die Vertragsarchivierung.

1) Gestaltung von Vertragsmustern und Vertragsprozessen

Im Massengeschäft, z. B. in einer Einkaufsabteilung oder Versicherung, geht es nicht nur darum, dass der Vertrag gültig und durchsetzbar ist. Er muss auch so gestaltet sein, dass die nicht juristischen Anwender:innen ihn verstehen und selbstständig gebrauchen können. Ein Vertrag, den selbst die eigenen Sachbearbeiter:innen nicht verstehen, ist ein schlechter Vertrag (und mag er noch so vorteilhaft sein). So sollten möglichst wenige Auswahloptionen zwischen Klauselalternativen angeboten werden, denn dies ist immer eine potenzielle Fehlerquelle. Wo eine solche Auswahl nicht vermeidbar ist, müssen Anwender:innen mit einfachen, klaren Fragen zur richtigen Auswahl geführt werden. Hierfür gibt es heute besondere IT-Lösungen unter dem Stichwort „Klauselmanagement". Solche IT-Lösungen zur Verfügung zu stellen gehört zu den Aufgaben des Vertragsmanagements. Die prozessuale Gestaltung des Vertragsschlusses ist ein weiterer wesentlicher Aspekt. Ein traditioneller Vertrag in Papierform benötigt mehr Zeit für die Erstellung, den Unterschriftenumlauf und die Ablage als ein elektronischer Vertrag, der per Klick geschlossen wird. Der elektronische Vertrag ist zudem weniger anfällig für fehlerhafte individuelle Änderungen und kann automatisch in einen internen Genehmigungs-Workflow und ein Ablagesystem überführt werden.

2) Vertragscontrolling

Welche vertraglichen Rechte, Pflichten und Risiken hat ein Unternehmen zu einem gegebenen Zeitpunkt insgesamt? Ohne ein Vertragsmanagementsystem, d. h. die vollständige Erfassung aller Verträge eines Unternehmens, kann niemand diese Fragen beantworten. Dafür gibt es vielfältige IT-Lösungen am Markt, die aber immer mehr oder weniger auf die individuellen Gegebenheiten und Bedürfnisse des Unternehmens angepasst werden müssen. Die Auswahl des richtigen Systems, seine Anpassung, Weiterentwicklung und interne Durchsetzung sind typische Aufgaben des Vertragsmanagements. Meist kann das Vertragsmanagementsystem auch Prozesse automatisieren, z. B. interne Genehmigungs-Workflows und Überwachungsfunktionen anbieten (z. B. Warnung vor Fristabläufen).

3) Vertragsarchivierung

Die langfristige, unveränderbare – und damit revisionssichere – Ablage von Verträgen und der dazugehörigen weiteren Unterlagen (E-Mails, Verhandlungsprotokolle, Vorentwürfe) ist eine weitere wichtige Aufgabe des Vertragsmanagements. Dies wird in der Regel ebenfalls über eine IT-Lösung ermöglicht (idealerweise ein integriertes System, das auch Vertragscontrolling und -gestaltung unterstützt).

Perspektiven

Bisher wird Vertragsmanagement als reine Support-Funktion verstanden, die im Hinblick auf internes Prestige und Entlohnung eher niedrig angesiedelt ist. Mit Zunahme der Gestaltungsmöglichkeiten ändert sich dies jedoch. Vertragsmanagement in einem internationalen Konzern mit Hunderttausenden Verträgen und Dutzenden Rechtsordnungen umzusetzen, ist keine triviale Aufgabe. Sie erfordert gleichermaßen juristischen Sachverstand, Kreativität, tiefes Verständnis der Geschäftsprozesse und die Fähigkeit zur unternehmensinternen Durchsetzung von Veränderungen (Change Management). Wer dies meistert, der empfiehlt sich automatisch auch für andere anspruchsvolle Managementaufgaben.

Personalabteilung

von Arnd Meier

> **Formale Voraussetzungen:** Erstes Juristisches Staatsexamen (Zweites Staatsexamen ist natürlich vorteilhaft); möglichst Schwerpunkt Arbeitsrecht
>
> **Persönliche Qualifikation:** Kommunikationsfähigkeit, Durchsetzungs- und Konfliktfähigkeit (gegenüber teils widersprüchlichen Forderungen von unterschiedlichen Seiten), Menschenkenntnis (Vorstellungsgespräche mit Bewerber:innen!), Interesse an verschiedenen fremden Fachrichtungen (um die Qualifikation von z. B. Physiker:innen beurteilen zu können)
>
> **Einstiegsgehalt:** 36.000 bis 60.000 Euro Brutto-Jahresgehalt
>
> **Aufstiegsmöglichkeiten:** Leiter:in einer Personalabteilung, verschiedene Stabspositionen im Personalbereich, grundsätzlich auch Managementpositionen im gesamten Unternehmen
>
> **Besonderheiten:** sehr breiter Einblick in das eigene Unternehmen, vielseitige Entwicklungsmöglichkeiten

Wäre es nicht schöner, Vorstellungsgespräche von der anderen Seite des Tisches aus zu führen? Wen diese Vorstellung reizt und wer lieber mit Menschen als mit Akten arbeitet, für den ist vielleicht eine Tätigkeit als Personalreferent:in das Richtige. Personalreferent:innen sind Generalist:innen im Personalbereich. Diese Stelle dient meist als Einstiegsjob für Berufsanfänger:innen. Personalreferent:innen betreuen umfassend bestimmte Abteilungen eines Unternehmens in der Rekrutierung und der laufenden Personalarbeit. Das sind oft mehrere Hundert Mitarbeiter:innen, manchmal sogar mehr als tausend (je höher qualifiziert die Mitarbeiter:innen sind, desto niedriger ist in der Regel der Betreuungsschlüssel).

Tätigkeitsspektrum von Personalreferent:innen
Das Tätigkeitsspektrum und damit auch die Anforderungen an Kenntnisse und Fähigkeiten der Personalreferent:innen sind extrem breit: Wie werden Mitarbeiter:innen eingestuft? Ist eine Beförderung oder Höhereinstufung gerechtfertigt? Wie können Mitarbeiter:innen gefördert/entwickelt werden? Was ist bei einer Entsendung ins Ausland zu beachten? Fragen zur Einzelfallanwendung von Tarifverträgen und Arbeitsgesetzen sowie innerbetrieblichen Regelungen sind zu beantworten, Verhandlungen mit dem Betriebsrat zu führen und Betriebsvereinbarungen umzusetzen. Auch disziplinarische Fragen spielen immer wieder eine Rolle: Ist eine Abmahnung gerechtfertigt? Welche Voraussetzungen sind für eine Kündigung zu beachten?

Viele dieser Fragen sind juristischer Natur, deshalb werden Jurist:innen auch meist gerne im Personalbereich eingesetzt. Andererseits sind natürlich auch andere Fachrichtungen – z. B. Psychologie, Betriebswirtschaft oder Pädagogik – wichtig, um die vielfältigen Aufgaben einer Personalabteilung optimal zu bewältigen. Daher wird kaum ein:e Personalleiter:in die Abteilung nur mit Jurist:innen besetzen wollen, aber eben auch nicht ganz ohne sie.

Entwicklungspositionen für Jurist:innen im Personalwesen
Neben der Tätigkeit als Personalreferent:in gibt es, zumindest in den größeren Unternehmen, auch eine Reihe von Stabsfunktionen im Personalbereich, die infrage kommen. Dazu kann zum Beispiel die Entwicklung von Vergütungssystemen gehören, die Betreuung von Führungskräften oder das internationale Personalwesen. Allerdings wird man auf diesen strategischen Positionen meist nicht Berufsanfänger:innen einsetzen, sondern eher Personalreferent:innen mit einigen Jahren Berufserfahrung.

Eine andere typische Entwicklungsposition für Jurist:innen im Personalwesen ist die Arbeitsrechtsabteilung – sofern es eine solche, wie in größeren Unternehmen üblich, gibt. Bedarf an Arbeitsrechtler:innen, gerne auch mit Personalerfahrung aus Unternehmen, besteht oft auch bei den größeren Arbeitgeberverbänden, die für ihre Mitgliedsunternehmen als Dienstleister in diesem Bereich arbeiten, d. h. beispielsweise Arbeitsrechtsstreitigkeiten als Prozessvertreter übernehmen.

Referendarstation im Personalbereich
Ein nahezu idealer Berufseinstieg für Jurist:innen im Personalbereich – wie im Übrigen auch für die meisten anderen juristischen Berufe – ist die Ableistung einer Referendariatsstation in der Personalabteilung eines Unternehmens. Auf diese Weise kann man das Unternehmen und die Tätigkeit besser kennenlernen als irgendwie sonst. Umgekehrt kann sich natürlich auch der künftige Arbeitgeber ein viel besseres Urteil bilden und ist dann möglicherweise sogar gewillt, für wirklich vielversprechende Bewerber:innen eine Stelle zu schaffen oder sonstige Wege zu ebnen.

Compliance

von Arnd Meier

> **Formale Voraussetzungen:** Juristisches Staatsexamen, Diplomjurist:in
>
> **Persönliche Qualifikation:** Verständnis für wirtschaftliche Zusammenhänge, Fähigkeit zur interdisziplinären Zusammenarbeit; englische Sprachkenntnisse
>
> **Einstiegsgehalt:** 42.000 bis 70.000 Euro Brutto-Jahresgehalt
>
> **Aufstiegsmöglichkeiten:** Chief Compliance Officer (CCO)
>
> **Besonderheiten:** wachsende Bedeutung in den meisten Großunternehmen; internationale Bandbreite
>
> **Weitere Informationen:**
> www.compliancemagazin.de, www.compliance-plattform.de

Vor zehn oder auch noch vor fünf Jahren hätten die meisten Vorstände und Unternehmensjurist:innen wahrscheinlich noch nicht viel mit dem Begriff Compliance anfangen können. Heute, nach den großen Skandalen bei Daimler, Volkswagen und Siemens, die die betreffenden Unternehmen Hunderte Millionen Euro kosteten, ist er in aller Munde. Compliance-Codes und Compliance-Abteilungen gehören, zumindest für börsennotierte Unternehmen, zur Best Practice und werden in Windeseile aufgebaut. Gute Berufschancen also für diejenigen, die Erfahrungen oder zumindest Kenntnisse im Bereich Compliance vorzuweisen haben. Das sind allerdings nicht sehr viele, denn da das ganze Thema in Deutschland noch so neu ist, gibt es kaum spezielle Ausbildungsgänge und wenig Erfahrungswissen.[1]

Compliance Officers müssen nicht Jurist:innen sein, aber sie haben anerkanntermaßen sehr gute Voraussetzungen für diese Position. Geht es doch unter anderem um die Durchsetzung von Regeln, wenn auch nicht immer gesetzlichen, und die Zusammenarbeit mit Behörden (insbesondere auch Strafverfolgungsbehörden).

---

1 Die FH Deggendorf bietet mit dem Kooperationspartner TÜV Süd und dem Internetportal Risinet einen Master-Studiengang Risiko- und Compliance-management an (www.th-deg.de/de/weiterbildung/master/risiko-und-compliancemanagement). Bei der School of Governance Risk and Compliance an der Steinbeis-Hochschule in Berlin wird ebenfalls ein (zweijähriges) MBA-Programm angeboten, das im Oktober beginnt.
Die Universität Augsburg bietet berufsbegleitend eine Ausbildung zum Compliance Officer (Univ.) über zehn Schulungstage und einen Prüfungstag an (www.zww.uni-augsburg.de/compliance-officer-univ.html).

Was ist Compliance, und was sind die Aufgaben eines Compliance Officers?
Compliance ist die Einhaltung von Gesetzen und, soweit anwendbar, nichtgesetzlichen Richtlinien und Regeln. Das ist einerseits eine Selbstverständlichkeit, und man könnte fragen, warum es dafür gesonderter Organisationen bedarf. Andererseits ist die Regelungsbreite und -tiefe so groß geworden, dass ohne besondere Informations- und Schulungsmaßnahmen von normalen Mitarbeiter:innen kaum noch erwartet werden könnte, dass sie alle Regeln kennen und befolgen. Gerade für international tätige Unternehmen und speziell für solche, die auch an der New Yorker Börse notiert sind, ist dies der Fall. Zugleich ist die Sanktionierung von Regelverstößen enorm verschärft worden, und die öffentliche Kritik ist ebenfalls stark gewachsen. Compliance-Verstöße sind deshalb für Unternehmen heute ein hohes Risiko, das erhebliche Anstrengungen zur Vermeidung rechtfertigt.

In Abgrenzung zur Tätigkeit der Rechtsabteilung oder internen Revision liegt der Schwerpunkt der Compliance-Abteilungen in der Prävention, und zwar weniger durch konkrete Einzelfallmaßnahmen als durch Definition von Abläufen und detaillierten Regeln, Information und Schulung. Daneben gehört zur Compliance die Bearbeitung von Beschwerden und Hinweisen und die Begleitung von Fällen, die bereits an die Öffentlichkeit bzw. die Behörden gelangt sind. Dabei gibt es immer wieder Überschneidungen mit der Tätigkeit der Rechtsabteilungen (an die die Compliance-Abteilungen im Übrigen oftmals angegliedert sind). Die genaue Abgrenzung ist hierbei von Unternehmen zu Unternehmen unterschiedlich geregelt. Im Einzelnen lassen sich folgende Bestandteile einer Compliance-Organisation beschreiben:

- **Identifikation von Risiken und anwendbaren Regeln:** Welche Regeln gelten beispielsweise in Brasilien für die Annahme von Geschenken durch Beamt:innen? Welche Regeln des amerikanischen Sarbanes-Oxley-Act müssen auch bei der deutschen Muttergesellschaft beachtet werden? Welche öffentliche und behördliche Reaktion ist in welchen Ländern zu befürchten, wenn wir Waren in den Iran liefern? Welche sozialen Standards sollte das Unternehmen weltweit von seinen Tochtergesellschaften und Lieferanten verlangen, selbst wenn sie nicht überall rechtlich vorgeschrieben sind?
- **Internes Informationssystem:** Reichen die bestehenden internen Regelungen aus, um die identifizierten Risiken zu vermeiden? Welcher Schulungsbedarf besteht bei welchen Mitarbeiter:innen in dieser Hinsicht? Welche Informationsmaßnahmen sind notwendig (Broschüren, Intranet, E-Mails, Tests)?
- **Internes und externes Kommunikationssystem:** Welche Abläufe sind zu definieren für die Behandlung von internen und externen Beschwerden über Compliance-Verstöße? Ist ein internes Meldesystem notwendig? Kontakte mit Behörden sind zu definieren und zu pflegen.
- **Internes Kontrollsystem:** Die Einhaltung der compliancerelevanten Regeln ist zu überwachen und die Adäquanz der bestehenden Mechanismen regelmäßig zu überprüfen. Hierzu werden in der Regel Compliance-Beauftragte oder ein entsprechendes Gremium mit hinreichenden Ressourcen (Mitarbeiter:innen) einzurichten sein.

Durch die Vermeidung von Strafen und Haftungstatbeständen (teilweise auch persönlich für die Vorstände und Geschäftsführer) leistet Compliance einen unmittelbaren Beitrag zum wirtschaftlichen Erfolg des Unternehmens.

In der Praxis ist die Bandbreite der Compliance-Aktivitäten sehr groß. Am höchsten ist die Compliance-Intensität sicherlich in der Finanzindustrie und bei den Unternehmen, die der amerikanischen Börsenaufsicht (SEC) unterliegen. Hier gibt es Compliance-Abteilungen mit mehreren Hundert Mitarbeiter:innen auf verschiedenen Kontinenten. Andererseits gibt es weiterhin auch DAX-Unternehmen, bei denen Compliance einfach der Rechtsabteilung oder Revision als zusätzliches Aufgabengebiet zugewiesen wurde, ohne zusätzliche Stellen zu schaffen.

Dementsprechend unterschiedlich sind auch die Tätigkeitsprofile und Berufsaussichten. Während im einen Unternehmen alle Verträge ab einer bestimmten Wertgrenze von der Compliance-Abteilung durchgesehen und abgezeichnet werden müssen (was natürlich viel Routinearbeit für viele junge Mitarbeiter:innen verursacht), beschränkt man sich in anderen Unternehmen darauf, Broschüren und Richtlinien herauszugeben.

Für eine anspruchsvollere Compliance-Position ist sicherlich Berufserfahrung Voraussetzung, sei es in der Rechtsabteilung oder in mehreren Linienfunktionen. Es geht vielfach um sehr sensible, personalrelevante Sachverhalte, bei denen Augenmaß und Fingerspitzengefühl gefragt sind. Außerdem spielt Kommunikationsfähigkeit eine große Rolle. Der ideale Compliance Officer sollte in der Lage sein, gleichermaßen mit den Fachleuten des eigenen Unternehmens und der Geschäftsführung, aber auch mit Journalist:innen und mit Behördenvertreter:innen (zudem noch aus anderen Ländern) zu kommunizieren. Dafür muss er oder sie zuerst in der Lage sein, den Sachverhalt hinreichend zu klären und ihn rechtlich wie „politisch" zu würdigen.

Wer all dies kann – und das wird sicher nicht von Berufsanfänger:innen erwartet –, dem bietet Compliance ein aufregendes Tätigkeitsfeld und ausgezeichnete Karriereaussichten. Wenngleich vielleicht Compliance vorübergehend etwas in den Hintergrund der öffentlichen Aufmerksamkeit rückt, ist es sicherlich auch in Zukunft ein Wachstumsfeld für Jurist:innen.

Jurist:in in Steuerberatung und Wirtschaftsprüfung

von Melanie Budassis

Formale Voraussetzungen: Studium der Rechtswissenschaften, Kenntnisse im Steuerrecht sind von Vorteil

Persönliche Qualifikation: Einsatzbereitschaft, Teamfähigkeit, solide Fremdsprachenkenntnisse (Englisch); Bereitschaft, sich mit Zahlen auseinanderzusetzen

Einstiegsgehalt: branchenüblich

Aufstiegsmöglichkeiten: nach Steuerberaterexamen Managerposition und später Partnerposition möglich

Besonderheiten: Die Bereitschaft, das Steuerberaterexamen abzulegen, wird in der Regel vorausgesetzt. Eine internationale Tätigkeit ist möglich.

Weitere Informationen: www.stbk-berlin.de, www.bstbk.de

Berufschancen für Jurist:innen sind vielfältig. Erfahrungsgemäß sind die Möglichkeiten der juristischen Arbeit in der Steuerberatung und Wirtschaftsprüfung leider nur wenigen bekannt. Dies dürfte auch daran liegen, dass Steuerrecht im Studium selten ein Pflichtfach ist und auch nur wenige Studierende Steuerrecht als Wahlfach belegen. Im Gegensatz zu den Wirtschaftswissenschaftler:innen kommen die meisten Jurist:innen in ihrem Studium daher nur selten mit Steuerrecht in Berührung. Umso wichtiger erscheint es, an dieser Stelle die Berufsmöglichkeiten für Jurist:innen in der Steuerberatung und Wirtschaftsprüfung vorzustellen.

Das Steuerrecht und die Wirtschaftsprüfung sind viel zu interessante und vielseitige Gebiete, um sie alleine den Wirtschaftswissenschaftler:innen zu überlassen!

Freier Beruf

Die Tätigkeit im Bereich der Steuerberatung und Wirtschaftsprüfung bietet die Möglichkeit, als Jurist:in einen freien Beruf auszuüben, ohne das klassische Berufsbild eines Rechtsanwalts oder einer Rechtsanwältin zu verfolgen. Im Gegensatz zur klassischen Rechtsanwaltstätigkeit stellt die Beratung von Mandanten auf dem Gebiet des Steuerrechts und der Wirtschaftsprüfung in der Regel eine laufende Beratung oder Projektberatung meist ohne Bezug zu Streitigkeiten dar. Der Mandantenstamm ist vielfältig und reicht von Wirtschaftsunternehmen der verschiedensten Branchen über gemeinnützige Einrichtungen bis hin zu natürlichen Personen.

Berufliches Tätigkeitsfeld
Die Hauptaufgaben von Jurist:innen in der Steuerberatung und Wirtschaftsprüfung liegen darin, Mandanten steuerlich zu beraten und deren Jahresabschlüsse zu prüfen. Zu den typischen Aufgaben von Jurist:innen in der Steuerberatung gehört es nicht nur, Stellungnahmen und Gutachten zu verschiedenen steuerlichen Themen anzufertigen. Vielmehr umfasst diese Tätigkeit beispielsweise auch das Erstellen von Steuererklärungen, das Aufstellen von Steuerbilanzen, die Prüfung von Steuerbescheiden, die Begleitung und Unterstützung der Mandanten bei Betriebsprüfungen des Finanzamts, die Vertretung der Mandanten im außergerichtlichen sowie im finanzgerichtlichen Verfahren, die Entwicklung von Steueroptimierungsmodellen und die steuerliche Beratung bei Umstrukturierungen oder Transaktionen. Entscheidend ist, dass bei der Beratung stets die wirtschaftliche Gesamtsituation der Unternehmen und die Besonderheiten der einzelnen Branchen berücksichtigt werden.

Tagesablauf
Grundsätzlich können die Tätigkeiten in der Steuerberatung und Wirtschaftsprüfung aus dem Büro bzw. aus dem Homeoffice heraus erbracht werden. Darüber hinaus sind im üblichen Rahmen Termine beim Mandanten oder im Finanzamt bzw. Finanzgericht wahrzunehmen. Dies ermöglicht grundsätzlich einen flexiblen Tagesablauf. Nur bei der Jahresabschlussprüfung kann es aufgrund der erforderlichen Nähe zum Mandanten nötig sein, die Prüfung in den Räumlichkeiten der Mandanten durchzuführen. Dies setzt dann eine hohe Bereitschaft zum Reisen sowie Flexibilität voraus.

Berufliche Anforderungen
An dieser Stelle könnte man als Voraussetzungen für die Tätigkeit in der Steuerberatung und Wirtschaftsprüfung logisch-analytisches Denkvermögen, Sorgfalt, Genauigkeit, die Fähigkeit, Zusammenhänge herzustellen etc. anführen. Dies dürften aber Kompetenzen sein, die Jurist:innen ohnehin während des Studiums bzw. spätestens in der Zweiten Juristischen Staatsprüfung unter Beweis stellen müssen.

Bei der Entscheidung für eine Tätigkeit im Bereich der Steuerberatung bzw. Wirtschaftsprüfung ist aber zu berücksichtigen, dass diese eine hohe Bereitschaft zur Spezialisierung und Weiterbildung voraussetzt. Aufgrund der stark spezialisierten Beratung wird bei der Einstellung von Jurist:innen grundsätzlich die Absicht verlangt, nach zwei- bis dreijähriger Berufspraxis das Steuerberaterexamen zu absolvieren. Sofern es sich um eine auf die Wirtschaftsprüfung ausgerichtete Tätigkeit handelt, kann später gegebenenfalls auch noch das Wirtschaftsprüferexamen abgelegt werden.

Steuerberatung ist ohne Kenntnisse im Gesellschaftsrecht ebenso wenig denkbar wie ohne wirtschaftlichen Sachverstand und die Bereitschaft, mit Zahlen umzugehen. Zur erfolgreichen Berufsausübung sind daher Kenntnisse auf den Gebieten des Steuer- und Handelsrechts, des Gesellschaftsrechts und der Betriebswirtschaftslehre erforderlich.

Vorteilhaft sind daneben gute Fremdsprachenkenntnisse, da oft international tätige Konzerne beraten werden oder die Mandanten internationale Geschäftsbeziehungen haben. Um es beispielsweise den Gesellschaftern im Ausland zu ermöglichen, auf Grundlage eines steuerlichen Gutachtens eine Entscheidung zu treffen, sind die Gutachten oftmals auf Englisch bzw. der Sprache am Hauptsitz des Konzerns zu verfassen.

Einstiegsmöglichkeiten und Bewerbungsverfahren

Der Einstieg in den Beruf erfolgt in der Regel als Assistent:in in der Steuerberatung bzw. Wirtschaftsprüfung bei einer Beratungs-/Prüfungsgesellschaft. Sofern man bisher keine Kenntnisse auf dem Gebiet des Steuerrechts sammeln konnte, bietet sich für Jurist:innen die Möglichkeit, einen Fachanwaltskurs für Steuerrecht zu besuchen. Durch das Ablegen der schriftlichen Fachanwaltsprüfung vor dem Berufseinstieg können Grundkenntnisse auf den verschiedenen Gebieten des Steuerrechts erworben werden, die den Einstieg in das Berufsleben deutlich erleichtern.

Nicht zu unterschätzen sind aber auch Praktika im Bereich der Steuerberatung und Wirtschaftsprüfung. Auf diese Weise können Jurist:innen frühzeitig in den Berufsalltag der Steuerberatung bzw. Wirtschaftsprüfung hineinschnuppern. Ein Praktikum ist dabei nicht nur während des Studiums oder nach der Ersten Juristischen Staatsprüfung denkbar. Auch die Wahlstation des Referendariats kann in diesem Bereich absolviert werden, da stets Jurist:innen als Ausbilder:innen zur Verfügung stehen. Die meisten Wirtschaftsprüfungs- und Steuerberatungsgesellschaften bieten darüber hinaus die Möglichkeit, bezahlte Praktika über einen Zeitraum von zwei bis drei Monaten zu absolvieren. Ein gutes Praktikumszeugnis kann zur Aufnahme in ein Förderprogramm und später zum Angebot einer Festanstellung führen.

Besonderheiten im Bewerbungsverfahren existieren grundsätzlich nicht. In der Regel folgen auf die schriftliche Bewerbung individuelle Bewerbungsgespräche, die von Partnern:innen und Manager:innen geführt werden. Im Gespräch werden dabei nicht nur allgemeine Fragen, sondern oft auch Fragen zum Steuerrecht gestellt. Zwar bestehen grundsätzlich bessere Einstellungschancen, wenn bereits eine Spezialisierung auf dem Gebiet des Steuerrechts nachgewiesen werden kann, doch auch ein Quereinstieg ist möglich, wenn man glaubhaft darlegen kann, weshalb nunmehr eine Tätigkeit in der Steuerberatung bzw. Wirtschaftsprüfung angestrebt wird.

Perspektiven und Karriereweg

Die beruflichen Perspektiven in der Steuerberatung bzw. Wirtschaftsprüfung sind grundsätzlich als sehr gut zu bezeichnen. Wenn nach dem Einstieg als Assistent:in in der Steuerabteilung das Steuerberaterexamen erfolgreich absolviert worden ist, steht der Karriereweg offen. Im Gegensatz zu Rechtsanwaltskanzleien existiert in den großen Steuerberatungs- bzw. Wirtschaftsprüfungsgesellschaften oft ein feingliedrigeres Hierarchiesystem. So sind z. B. auf dem Weg zur Partnerschaft meistens die Karrierestufen Assistant, Senior Assistant, Assistant Manager, Manager, Senior Manager und Partner zu durchlaufen. Vorteile bieten sich in diesem System dadurch, dass die Aufgabenbereiche sich je nach Hierarchiestufe verbreitern und man frühzeitig lernt, auch jüngere Teammitglieder in die Tätigkeiten einzubinden. Zusätzlich steht einem in der Regel ein Mentor oder eine Mentorin zur Seite, der oder die die persönliche Entwicklung und z. B. auch eine Auslandsentsendung für eine bestimmte Zeit fördert und unterstützt.

Steuerberaterexamen

Um sich im Bereich der Steuerberatung und Wirtschaftprüfung weiterzuqualifizieren, können das Steuerberaterexamen und/oder das Wirtschaftsprüferexamen als Berufsexamina abgelegt werden. In der Praxis treten viele Jurist:innen nach einer zwei- bis dreijährigen Berufspraxis die Prüfung zum Steuerberater oder zur Stuerberaterin an. Das Steuerberaterexamen besteht aus drei sechsstündigen bundeseinheitlichen Klausuren Anfang Oktober eines jeden Jahres und einer anschließenden mündlichen Prüfung. Es wird von den Steuerberaterkammern in Zusammenarbeit mit den Finanzverwaltungen der Länder abgenommen. Zur Vorbereitung des Steuerberaterexamens können bei verschiedenen Repetitoren Präsenz- oder Fernkurse gebucht werden. Insbesondere um die Teilnahme an Präsenzkursen zu ermöglichen, gewähren viele Arbeitgeber vor den Klausuren eine Freistellungszeit. Diese kann über Examensbudgets, Freizeitguthaben sowie Urlaubstage finanziert werden und beträgt bei großen Gesellschaften bis zu vier Monate. Nicht abschrecken lassen sollte man sich übrigens von den hohen Durchfallquoten des Steuerberaterexamens. Gerade als Jurist:in hat man gegenüber anderen Prüfungskandidat:innen immerhin einen klaren Startvorteil: Durch die bereits absolvierten Prüfungen bzw. Staatsexamina ist man geübter im Klausurenschreiben, hat bereits trainiert, auch unbekannte Gesetzestexte auszulegen und beherrscht die Subsumtionstechnik!

Vor- und Nachteile

Das breite Aufgabenspektrum von Jurist:innen in der Steuerberatung bzw. Wirtschaftsprüfung macht den Reiz dieser Tätigkeit aus. In die steuerlichen Überlegungen sind stets auch gesellschaftsrechtliche und betriebswirtschaftliche Aspekte einzubeziehen. Dabei bietet die enge Verzahnung mit der Betriebswirtschaft in der Praxis die Chance, gemeinsam mit Wirtschaftswissenschaftler:innen ein für die Mandanten aus juristischer und betriebswirtschaftlicher Sicht optimiertes Ergebnis zu erarbeiten.

Der einzige Nachteil einer juristischen Tätigkeit im Steuerrecht könnte darin zu sehen sein, dass viele – oft politisch motivierte – Rechtsänderungen im Blick behalten werden müssen. Darin liegt allerdings auch gleichzeitig ein großer Vorteil: Das Steuerrecht wird nie langweilig, und aufgrund der rechtlichen Änderungen bieten sich immer neue Beratungsansätze, die den Beruf spannend machen. Gerade für Jurist:innen bestehen im Bereich der Steuerberatung und Wirtschaftsprüfung sehr gute Zukunftsperspektiven.

Mit juristischem Hintergrund in die Unternehmensberatung

von Julian Michalitsch

> **Formale Voraussetzungen:** sehr gute Studienleistungen, relevante Praktikums- und Auslandserfahrung
>
> **Persönliche Qualifikation:** strukturiertes und vernetztes Denken, analytische Fähigkeiten, Ergebnisorientierung, hohe Leistungsbereitschaft, aufgeschlossene Persönlichkeit und ausgeprägte Teamfähigkeit
>
> **Einstiegsgehalt:** attraktives Gehaltspaket inklusive leistungsabhängiger Boni
>
> **Entwicklungsmöglichkeiten:** Business Analyst, Junior Consultant, Consultant, Senior Consultant, Project Manager, Principal, Partner
>
> **Besonderheiten:** vielfältige Projekte, steile Lernkurve, Zusammenarbeit mit internationalen Kund:innen und Kolleg:innen, Kontakt zum Topmanagement, z. T. Förderung von Promotion oder MBA
>
> **Weitere Informationen:** im Buch *Perspektive Unternehmensberatung* aus der Reihe e-fellows.net wissen

Was machen Unternehmensberater:innen eigentlich?
Der Beruf Unternehmensberater:in ist sehr vielseitig und deckt ein breites Aufgabenspektrum ab. Verallgemeinernd lässt sich sagen, dass es sich hierbei um Expert:innen handelt, die meist mittlere und große Industrieunternehmen sowie öffentliche Insitutionen bei sämtlichen Problem- und Fragestellungen aus dem wirtschaftlichen Bereich beraten und unterstützen. Die zu lösenden Aufträge sind dabei sehr unterschiedlich und reichen von Markteintrittsstrategien über Kostenoptimierungen bis hin zu Restrukturierungen. Je nach Unternehmensberatung und gewähltem Schwerpunkt divergieren die Aufgaben somit zwischen den einzelnen Berater:innen sehr.

Für alle Unternehmensberatungen typisch ist jedoch ein Projekt-Set-Up. Das klassische Projekt ist dabei mit Berater:innen und Mitarbeitenden des Auftraggebers besetzt und hat durchschnittlich eine Dauer von drei bis sechs Monaten. In dieser Zeit werden branchen- und/oder unternehmensspezifische Informationen zusammengestellt, Workshops oder Interviews mit Expert:innen und Mitarbeitenden des Kunden durchgeführt und aus den Ergebnissen tragfähige Vorschläge für die initiale Aufgabenstellung abgeleitet.

Um ein Projekt erfolgreich abzuwickeln, sind gute Branchenkenntnisse, Kreativität und eine hohe Leistungsbereitschaft der Berater:innen gefragt. Darüber hinaus müssen Consultants sehr empathisch sein, um die Mitarbeitenden des Aufftraggebers richtig abzuholen und für eine konstruktive Zusammenarbeit zu gewinnen.

Warum übt dieser Beruf eine solche Faszination aus?
Die Vielfalt der Aufgaben, die Teammitglieder mit unterschiedlichsten Hintergründen und die Reisetätigkeit in andere Länder machen die Faszination des Berufs aus.

Beratung bietet die Möglichkeit, tagtäglich komplexe Probleme zu lösen und echte Veränderungen in Unternehmen zu bewirken. Unternehmensberater:innen müssen sich von Beginn ihrer Karriere an schnell in neue Unternehmen und Branchen einarbeiten und individuelle Lösungen für die jeweiligen Herausforderungen finden. Dabei gleicht kein Tag dem anderen. Consultants benötigen für ihre Arbeit ein breites Spektrum an Fähigkeiten: Strategisches Denken, ausgeprägte Kommunikationsfähigkeit, analytische Fähigkeiten und Projektmanagement-Kompetenz sind nur ein kleiner Auszug. Im direkten Kontakt mit dem Topmanagement werden diese immer wieder auf die Probe gestellt, wodurch der Beruf abwechslungsreich und fordernd ist, sowie mit einer steilen Lernkurve belohnt wird.

Wir arbeiten auf Projekten für Kund:innen rund um den Globus und auch unsere Teams sind international besetzt. Das fördert den Einblick in unterschiedliche Kulturen und Arbeitsweisen – eine Bereicherung, die in diesem Ausmaß außergewöhnlich ist.

Insgesamt bietet der Beratungsjobdamit eine perfekte Mischung aus fachlichen und zwischenmenschlichen Fragestellungen.

Wieso ist ein juristischer Hintergrund die ideale Basis für einen Einstieg in die Welt der Unternehmensberatung?
Jurist:innen eignen sich während ihres Studiums eine gewisse Denkweise an, durch die sie komplexe Sachverhalte gut strukturieren, systematisch analysieren, bewerten und mögliche Lösungsansätze herausarbeiten können. Besonders bei topaktuellen Themen, bei denen man nicht auf Best Practices zurückgreifen kann, hilft diese Eigenschaft dabei, gewonnenes Wissen und Erkenntnisse auf neue Situationen zu transferieren. Eine weitere Fähigkeit von Jurist:innen ist ihre gekonnte Ausdrucksweise, die dabei hilft, die wichtigsten Inhalte präzise und passgenau für die jeweilige Zielgruppe zu formulieren.

Neben den genannten Punkten ist es auch oftmals von Vorteil, eine erste rechtliche Einschätzung zu gewissen Themen abgeben zu können.

Bankjurist:in

von Christoph Poweleit

> **Formale Voraussetzungen:** Volljurist:in mit überdurchschnittlichen Examina
>
> **Persönliche Qualifikation:** gute Kenntnisse des Zivil-, Bank- und Kapitalmarktrechts, ausgeprägtes Verständnis für wirtschaftliche Zusammenhänge, sehr gute Englischkenntnisse; internationale Erfahrung und Kenntnisse einer angelsächsischen Rechtsordnung von Vorteil, Bankausbildung hilfreich
>
> **Einstiegsgehalt:** je nach Unternehmen, ca. 50.000 bis ca. 70.000 Euro Brutto-Jahresgehalt sind realistisch
>
> **Aufstiegsmöglichkeiten:** innerhalb der Rechtsabteilung (Justiziar:in, Führungsfunktion, Chefjustiziar:in bzw. Leiter:in der Rechtsabteilung) oder Wechsel in operative Einheiten bzw. andere Steuerungseinheiten
>
> **Besonderheiten:** internationales Arbeitsumfeld, Arbeiten am Puls der Zeit, nah an der Entwicklung des Unternehmens, vielseitige und anspruchsvolle Tätigkeit

Jurist:innen können nicht nur als Richter:innen, Staats- oder Rechtsanwält:innen arbeiten, sondern werden auch in der Wirtschaft gebraucht. Die meisten Absolvent:innen wünschen sich, als Anwältin oder Anwalt zu arbeiten. Die Tätigkeit als Syndikusrechtsanwalt oder Syndikusrechtsanwältin in der Rechtsabteilung einer Bank stellt eine interessante Alternative dar. Hierbei können die Vorzüge einer festen Anstellung meist mit der Möglichkeit einer Zulassung zur Rechtsanwaltschaft als Syndikusrechtsanwalt oder Syndikusrechtsanwältin kombiniert werden. Syndikusrechtsanwält:innen können auch die Befreiung von der gesetzlichen Rentenversicherungspflicht zugunsten der berufsständischen Versorgungswerke erlangen.

Bei Banken lenken zentrale (meist am Unternehmenssitz ansässige) Steuerungseinheiten weltweit das Bankgeschehen. Die meisten Jurist:innen finden in den Rechtsabteilungen ein interessantes und spannendes Tätigkeitsfeld. Daneben gibt es auch Jurist:innen in anderen Bereichen einer Bank, wie z. B. in der Compliance-, Steuer- oder Personalabteilung oder im Risikomanagement. So breit wie die Geschäftsbereiche einer deutschen Großbank sind, so vielfältig sind auch die Tätigkeitsfelder innerhalb der Rechtsabteilung. Das Spektrum der Aufgaben reicht von der Produktentwicklung über die Verhandlung und den Abschluss von Verträgen bis hin zur gerichtlichen Durchsetzung oder Abwehr von Ansprüchen. Klassisch ist die Aufteilung in Fachbereiche, denen die Rechtsanwält:innen zugeordnet sind und die jeweils unterschiedliche Produkte bzw. Geschäftsbereiche der Bank juristisch betreuen. Insbesondere gibt es Unterscheidungen zwischen Firmen- und Privatkundengeschäft. Wenn es erforderlich ist, werden auch interdisziplinäre Teams gebildet.

Zentrale Aufgaben der Rechtsabteilung
Eine zentrale Aufgabe der Rechtsabteilung ist die weltweite Steuerung und Überwachung der Rechtsrisiken der Bank. Hierbei sollen mögliche Verluste aus rechtlichen

Risiken früh erkannt und Lösungsmöglichkeiten zur Minimierung oder Vermeidung aufgezeigt werden. In diesem Zusammenhang erstellt die Rechtsabteilung Richtlinien und Standardverträge, die in enger Zusammenarbeit mit den Geschäftsbereichen umgesetzt werden und leistet einen wichtigen Beitrag zur Gesamtrisikosteuerung der Bank. Insbesondere werden in der Rechtsabteilung rechtliche Fragen zu den folgenden Gebieten bearbeitet: Aufsichtsrecht, Arbeitsrecht, IT-Recht, Börsengänge, Mergers & Acquisitions, Beteiligungen, Restrukturierungen, Joint Ventures, Fusionskontrollen und Kartellrecht. Die Rechtsabteilung betreut zudem die Hauptversammlung und bearbeitet alle gesellschaftsrechtlichen Angelegenheiten des Konzerns. Die Erstellung der Dokumentation von Finanzderivaten sowie das Netting für Eigenkapitalzwecke, zusammen mit den beim Handel, Vertrieb, Verkauf und der Verwahrung von Wertpapieren und der Produktentwicklung entstehenden Rechtsfragen zählen ebenfalls zu den Aufgabenbereichen. Weiterhin werden die Erstellung der Dokumentation, aber auch die Lösung aller Rechtsfragen zu syndizierten Krediten (Konsortialgeschäft), bilateralen Darlehensverträgen im nationalen und internationalen Bereich, dokumentärem Auslandsgeschäft, Sonderfinanzierungen mit Firmenkunden, Projektfinanzierungen, Akquisitionsfinanzierungen, Export- und Handelsfinanzierungen sowie Anleihen oder Schuldscheinen mit allen Fragen zur Börseneinführung und dem Wertpapierprospektrecht bearbeitet. Banken sind zudem mit einer Vielzahl von Rechtsfragen des Kreditgeschäfts mit privaten Kund:innen, des Wertpapiergeschäfts und der Anlageberatung, des Avalgeschäfts, des Einlagengeschäfts sowie des Wettbewerbsrechts konfrontiert. Zu entscheiden sind auch Fragen zu Kreditsicherheiten, Sicherheitenpoolverträgen sowie Fragen des Insolvenzrechts. Zudem sind alle Anfragen bezüglich der Kontoführung sowie des Zahlungsverkehrs, des Bankgeheimnisses und der Digitalisierung zu erledigen. Bankjurist:innen pflegen darüber hinaus den fachlichen Austausch zwischen Kolleg:innen und mit externen Rechtsberater:innen, Verbänden und Behörden. Einschlägige nationale und europäische Gesetzgebungsverfahren werden begleitet und in der Bank umgesetzt.

Direkteinstieg oder Einstieg über ein Trainee-Programm
Für Volljurist:innen ohne Berufserfahrung ist der Direkteinstieg in die Rechtsabteilung möglich. Viele Unternehmen bieten auch den Einstieg über ein Trainee-Programm an. Die Ausbildung ist entsprechend den Vorkenntnissen auf eine Dauer von ca. zwölf Monaten ausgelegt, üblicherweise erhält man jedoch vom ersten Tag an einen unbefristeten Arbeitsvertrag. Die Ausbildung erfolgt grundsätzlich in einem Training-on-the-Job, in dem die Rechts- und Produktkenntnisse vertieft werden und man auf die Aufgaben in der Rechtsabteilung vorbereitet wird. Als Bankjurist:in übernimmt man sehr schnell Verantwortung und darf einzelne Themenkomplexe bereits nach kurzer Zeit eigenverantwortlich betreuen.

Perspektiven für 2024
In den letzten Jahren haben sich die rechtlichen Rahmenbedingungen für das Bankgeschäft beständig geändert. Grundsätzlich besteht immer Bedarf an guten Nachwuchsjurist:innen, und die Chancen auf einen Einstieg sind besser, als viele angehende Jurist:innen meinen. Insbesondere die Rechtsabteilungen sind bei der Umsetzung von neuen rechtlichen Rahmenbedingungen, der Digitalisierung und regulatorischen Anforderungen innerhalb der Banken gefragt und mit einer Vielzahl von neuen, spannenden und herausfordernden Aufgaben konfrontiert.

Verbandsjurist:in

von Ulrich Hüttenbach

> **Formale Voraussetzungen:** Zweites Staatsexamen, mindestens ein Examen „befriedigend" oder besser
>
> **Persönliche Qualifikation:** politischer Gestaltungswille, Kommunikationsstärke, gesellschaftliches Engagement, gute Englischkenntnisse in Wort und Schrift
>
> **Einstiegsgehalt:** 37.200 Euro Brutto-Jahresgehalt im Mentorenprogramm für den Geschäftsführungsnachwuchs in den Arbeitgeberverbänden (GFN)
>
> **Aufstiegsmöglichkeiten nach Absolvierung des Programms:** Hauptgeschäfts-/Geschäftsführer:in eines Arbeitgeberverbands
>
> **Besonderheiten:** Mentorenprogramm: Training-on-the-Job mit wechselnden Einsätzen bei Mitgliedsverbänden im gesamten Bundesgebiet; Ausbildungszeit in einzelnen Stationen drei bis vier Monate
>
> **Weitere Informationen:** BDA | Bundesvereinigung der Deutschen Arbeitgeberverbände www.arbeitgeber.de > Über uns > Karriere

Arbeitgeberverbände und Gewerkschaften führen den Auftrag des Grundgesetzes aus, die Arbeits- und Wirtschaftsbedingungen zu gestalten (Art. 9 Abs. 3 GG). Das Aufgabengebiet könnte dabei vielseitiger nicht sein. Natürlich gehört der Kontakt mit den verschiedensten Mitgliedern zur Tagesordnung. Besonders gängig ist es, E-Mail-Anfragen von den Mitgliedsunternehmen zu verschiedenen arbeitsrechtlichen Fragestellungen zu beantworten, sowohl im Hinblick auf das Individual- als auch auf das Kollektivarbeitsrecht. Für reibungslose Abläufe sind Absprachen mit Kolleg:innen und Vorgesetzten angedacht. Daraus ergeben sich unter anderem auch die Tagesaufgaben. Außerdem werden gemeinsam mit Kolleg:innen Schulungen für Personalverantwortliche aus den Mitgliedsunternehmen gehalten, und man wird auch in Gerichtsprozesse eingebunden. Dafür müssen anfangs Schriftsätze vorbereitet werden und letztendlich übernimmt man dann auch die Prozessvertretung für die Unternehmen. Auch das Verfassen von Newslettern und Rundschreiben an Mitgliedsunternehmen, die Vorbereitung politischer Gespräche und Stellungnahmen zu aktuellen Themen gehören dazu. Dabei gibt es unterschiedlich organisierte Verbände wie Regionalverbände oder Fachverbände auf Landesebene. Hier unterscheiden sich die Tätigkeiten ein wenig.

Tätigkeit in regionalen oder Fachverbänden
Bei den regionalen Verbänden steht die umfassende juristische Beratung und Vertretung der Mitglieder im Vordergrund. In Rundschreiben werden die Personalabteilungen über neueste Änderungen in der Gesetzgebung oder Rechtsprechung informiert. Die Herausforderung liegt in der praxisnahen und verständlichen Sprache, die auch von Leser:innen ohne juristische Vorbildung verstanden werden muss. Bei Problemen mit den Beschäftigten werden die Verbände häufig um Rat gefragt. So werden sie vielfach auch als Berater bei Verhandlungen eines Interessenausgleichs tätig, oder sie vertreten ihre Mitglieder bei rechtlichen Auseinandersetzungen vor den Arbeits- und Sozialgerichten. Auch Schulungen werden angeboten, um die neusten Rechtsprechungen entweder per Webinar oder Präsenz-Seminar den Mitgliedern zugänglich zu machen.

Bei den Fachverbänden auf Landes- oder Bundesebene stehen rechtliche Grundsatzfragen sowie die Vorbereitung von Tarifvertragsverhandlungen und die Umsetzung der Ergebnisse im Vordergrund. Je nach Komplexität müssen ergänzend zu den Vertragsinformationen umfangreiche Kommentierungen ausgearbeitet und Schulungen durchgeführt werden. In tariflichen Eingruppierungsfragen arbeiten die Jurist:innen eng mit den Betriebsleiter:innen und Verbandsingenieur:innen zusammen, um Arbeitnehmer:innen korrekt einzustufen. Im Zusammenwirken mit der BDA setzen sich die Jurist:innen der Bundesfachverbände und Landesvereinigungen dafür ein, die gesetzlichen Rahmenbedingungen für die Unternehmen zu verbessern.

Wer nach einer außergewöhnlichen Tätigkeit abseits der klassischen juristischen Pfade als Richter:in im Staatsdienst oder Anwältin bzw. Anwalt in einer Kanzlei sucht, wird hier fündig. Die perfekte Kombination aus Politik und Jura ist spannend und abwechslungsreich. Verbandsjurist:innen beschäftigen sich sowohl mit der Legislativen und Exekutiven als auch im Speziellen mit Arbeits- und Sozialrecht. Der politische Teil kommt gerade bei Landes- oder Spitzenverbänden wie der BDA vor: Hier geht es dann beispielsweise um Stellungnahmen zu politischen und wirtschaftlichen Entwicklungen. Der tägliche Kontakt zu verschiedenen Mitgliedsunternehmen unterschiedlicher Größe bringt immer wieder neue Fragestellungen mit sich, die auch über das rein Juristische hinausgehen. Es kommen immer neue Herausforderungen dazu und genau das macht den Beruf als Verbandsjurist:in abwechslungsreich und spannend.

Welche Eigenschaften sollten Verbandsjurist:innen haben?
Grundvoraussetzung ist ganz klar: der Spaß am juristischen Tätigkeitsfeld. Durch das breit aufgestellte Aufgabenspektrum ist Flexibilität hier das absolute A und O. Von dem Verbandsjurist:innen wird sowohl eine hohe fachliche Kompetenz als auch eine hohe Lösungs- und Gestaltungskompetenz jenseits des rein Juristischen erwartet. Manchmal geht es auch darum, in der Öffentlichkeit für betriebliche Maßnahmen zu werben bzw. die Haltung der Arbeitgeber zu bestimmten rechtspolitischen Fragestellungen zu begründen. Im Verband ist man stets Teamplayer: Um dem Mitglied die beste Lösung anbieten zu können, stimmen sich die Jurist:innen mit den relevanten Fachleuten in den Verbänden ab. Manchmal sind die Probleme so komplex, dass mehrere Verbände mit ihren jeweiligen Kompetenzen zusammenarbeiten.

Jurist:in in einem Versicherungskonzern

von Melanie Buhtz und Dr. Joachim Ziegler

> **Formale Voraussetzungen:** Volljurist:in mit Prädikatsexamen, Promotion und/oder LL.M. von Vorteil
>
> **Persönliche Qualifikation:** ausgeprägte analytische Fähigkeiten, Problemlösungskompetenz, Kommunikationstalent, leistungs- und zielorientierte Arbeitsweise, zusätzliche juristische Fachsprachenkenntnisse in Englisch
>
> **Einstiegsgehalt:** abhängig von Examensnote, Vorqualifikation und Einsatzgebiet; teilweise zzgl. betrieblicher Altersvorsorge, speziellen Versicherungsleistungen und Mitarbeiter-Aktienprogramm
>
> **Aufstiegsmöglichkeiten:** Fach- oder Führungskarriere möglich
>
> **Besonderheiten:** vielfältige Entwicklungs- und Qualifizierungsangebote, internationale Aufgaben und Einsatzmöglichkeiten, flexible Arbeitszeiten, gute Vereinbarkeit von Beruf und Familie

Die Einstiegsmöglichkeiten für Juristinnen und Juristen in einem Versicherungskonzern sind vielfältig. Ob in der Rechtsabteilung, dem Bereich Personal oder den operativen Einheiten – juristischer Rat ist gefragt. Die juristische Ausbildung ermöglicht indes auch eine Tätigkeit abseits der klassischen juristischen Pfade. Analytischer Sachverstand ist beim Führungskräftenachwuchs eine gefragte Kompetenz.

Tätigkeit als Versicherungsjurist:in
Die Hauptaufgaben von Versicherungsjurist:innen liegen in der Bearbeitung von Rechtsstreitigkeiten. Dies beinhaltet die Vorbereitung von Gerichtsprozessen und die Verhandlung mit Anwältinnen und Anwälten. Intern stehen Versicherungsjurist:innen bei juristischen Fragen mit Rat und Tat zur Seite. Gibt es Neuerungen in der Rechtsprechung, die für das Unternehmen relevant sind, sondieren sie die Auswirkungen für das Unternehmen und bereiten Entscheidungsvorlagen für den Vorstand vor. Kommt es zu einer Entscheidung von rechtlicher Tragweite, zeichnen sie zudem für die Umsetzung verantwortlich. Aber auch für die Fachabteilungen sind sie wichtige Ansprechpartner:innen: Sie erarbeiten Verträge und schlagen Vorgehensweisen und Antworten vor.

Der Reiz der Tätigkeit liegt in der Vielfältigkeit. Fragen, die an einen herangetragen werden, tangieren fast alle großen Rechtsgebiete – vom allgemeinen Zivilrecht bei Fragen zum Vertragsschluss über das öffentliche Recht bis hin zum Strafrecht bei Versicherungsbetrug. Langeweile und Routine treten nicht auf, da man sich immer wieder in neue Rechtsgebiete einarbeiten muss. Besonders hervorzuheben ist auch die konzeptionelle Arbeit an neuen Produkten. Dies erfordert Kreativität und juristischen Sachverstand zugleich. Spannend sind die Gerichtstermine – gemeinsam mit den Rechtsanwält:innen nehmen die Jurist:innen hier zu unternehmensinternen Prozessen und Abläufen Stellung. Anders als im Studium heißt es nun, schnelle, praktikable und dennoch juristisch saubere Lösungen zu präsentieren. Es ist eine große Herausforderung, die tägliche Arbeit an Fällen, die Teilnahme an Projektsitzungen und die regelmäßigen Telefonkonferenzen unter einen Hut zu bringen. Daher ist es für Versicherungsjurist:innen wichtig, Prioritäten zu setzen und einen klaren Kopf zu bewahren.

Voraussetzungen
Besonders gute Chancen haben Studierende, die sich bereits in Studium oder Referendariat mit dem Versicherungs- und Versicherungsaufsichtsrecht beschäftigt haben. Auch die Teilnahme am Fachanwaltslehrgang Versicherungsrecht wird gern gesehen. Darüber hinaus sind – gerade in einem international tätigen Unternehmen – englische Fachsprachenkenntnisse erforderlich, beispielsweise um Telefonkonferenzen, Schriftwechsel und Präsentationen in englischer Sprache zu bestreiten.

Jurist:in als Vorstandsassistent:in und Führungskraft im Vertrieb

Einstieg als Vorstandsassistent:in
Der Einstieg als Vorstandsassistent:in bietet Absolvent:innen mit Schwerpunktinteresse in der Betriebswirtschaft eine spannende Herausforderung im direkten Kontakt mit dem Topmanagement. Zu den Hauptaufgaben von Assistent:innen gehört die Unterstützung des jeweiligen Vorstandsmitglieds – je nach Ressort in unterschiedlicher Ausprägung. Dies beinhaltet etwa, finanzielle Analysen zu Unternehmensbereichen und lokalen Organisationseinheiten zu erstellen, die strategische Planung zu begleiten, Vorstandspräsentationen und Entscheidungsvorlagen zu entwerfen sowie Analysten-und Investorenmeetings vorzubereiten. Neben diesem Tagesgeschäft besteht die Möglichkeit, an Projekten aktiv mitzuwirken, die bei einem internationalen Konzern oftmals weltweit aufgesetzt sind.

Erste Führungsfunktion im Vertrieb
Im Anschluss an die Assistenzzeit, die in der Regel eineinhalb bis zwei Jahre dauert, stehen zahlreiche Möglichkeiten offen. Eine attraktive Option, die ein aktives Gestalten an der operativen Basis ermöglicht, ist der Vertrieb. Als Vertreterbereichsleitung ist man beispielsweise für ca. 20 bis 30 Agent:innen sowie weitere angestellte Mitarbeiter:innen verantwortlich. Neben dem Erreichen der Vertriebsziele steht in dieser Funktion der unternehmerische Ausbau der Vertriebsstruktur im Mittelpunkt: Konzeption und Umsetzung von neuen Vertriebsansätzen, Qualifizierung und Coaching der Vertriebsmannschaft, Neugründung und Beratung von Agenturen etwa bzgl. der digitalen Transformation, Personal-Recruiting und Personalentwicklung sowie Umsetzung der Konzernstrategie. Herausforderung und besonderer Reiz gleichermaßen liegen darin, dass Vertreterbereichsleiter:innen nur mit und durch ihre Vertriebsmannschaft erfolgreich sein können. Fachwissen alleine genügt nicht, sondern muss begleitet werden von Führungskompetenz.

Der weitere Karrierepfad kann im Vertrieb liegen und zusätzliche Personal- und Umsatzverantwortung bedeuten. Die Karriere kann aber auch in einen anderen Bereich des Konzerns im Inland oder gar zu einer ausländischen Tochtergesellschaft führen.

Jurist:in im Verlagswesen

von Gundula Müller-Frank

> **Formale Voraussetzungen:** überdurchschnittliche Examina, universitäre Lehrstuhltätigkeit und/oder Promotion sind vorteilhaft
>
> **Persönliche Qualifikation:** Organisations- und Kommunikationstalent, sicheres Rechts- und Sprachgefühl, ökonomisches und technisches Verständnis
>
> **Einstiegsgehalt:** sehr individuell, stark abhängig von formaler und persönlicher Qualifikation sowie Berufserfahrung
>
> **Aufstiegsmöglichkeiten:** sehr individuell, je nach Unternehmensgröße und -struktur (z. B. Schriftleiter:in, Programmbereichsleiter:in)
>
> **Besonderheiten:** kaum klassisch rechtsanwendende oder -beratende Tätigkeit, viele betriebswirtschaftliche und technische Querschnittsaufgaben

Die Faszination der Tätigkeit in einem juristischen Fachverlag besteht darin, an der Planung, Entwicklung und Realisierung von Arbeitsmitteln mitzuwirken, die Juristinnen und Juristen jeglicher Couleur täglich verwenden. Ob klassische Printformate oder moderne Online-Medien – beim Fachverlag und seinen juristischen Mitarbeitenden laufen alle Fäden zusammen, um Fachwissen für Rechtsanwender:innen nutzbar zu machen. Reizvoll ist zudem, dass man regelmäßig mit namhaften Autor:innen zusammenarbeitet, die sich aus allen juristischen Bereichen rekrutieren.

Lektor:innen und Redakteur:innen als juristische Content-Manager
Die Tätigkeit als Jurist:in im Fachverlag lässt sich grob aufgliedern in das Buchlektorat und die Zeitschriftenredaktion, wobei die Grenzen herkömmlicher Berufsbilder angesichts der wachsenden Bedeutung des digitalen Umfelds heute vielfach durchlässig sind. Daher sind die Bezeichnungen Lektor:in bzw. Redakteur:in ein wenig irreführend, treffender wäre Produkt- oder Content-Manager. Lektor:innen steuern den gesamten Entstehungs- und Entwicklungsprozess eines Buchtitels – vom ersten Konzept bis hin zu den Neuauflagen. Die dabei anfallenden Aufgaben sind breit gefächert, sie umfassen z. B. die Konzeption neuer und die Fortentwicklung bestehender Werke, die Akquise von Autor:innen, die Planung und Durchführung von Autorenkonferenzen sowie die Ausarbeitung von Verlagsverträgen. Außerdem stellen sich viele abteilungsübergreifende Aufgaben, die stark betriebswirtschaftlich geprägt sind (z. B. im Marketing und im Vertrieb). Stets gilt es, die ökonomische Seite der Produkte im Auge zu behalten: Faktoren wie Druckauflage und Verkaufspreis entscheiden zusammen mit den Absatzzahlen darüber, ob ein Titel auch kommerziell erfolgreich ist – schließlich ist ein Fachverlag ein Wirtschaftsunternehmen. Neben alledem sind umfangreiche Manuskripte zu bearbeiten, wobei Lektor:innen gleichsam als „Testleser:innen" fungieren. Hierbei geht es weniger um fachliche Feinheiten, sondern zuvörderst um einen aktuellen, nachvollziehbar gegliederten, inhaltlich kohärenten und sprachlich einwandfreien Text. Lektor:innen agieren stets am juristischen Puls der Zeit und sollten die einschlägige Rechtsprechung und Literatur ebenso kennen wie relevante

Gesetzgebungsverfahren. Angesichts einer mitunter langen Zeitspanne von der ersten Planung bis zum Erscheinen eines Werks und den regelmäßig vielköpfigen Autorenteams sollten sie zudem eine gute Koordinierungsfähigkeit mitbringen sowie in der Lage sein, zukünftige Rechtsentwicklungen vorausschauend einzuplanen.

Verglichen mit den längerfristigen Planungs- und Produktionszyklen im Lektorat verläuft die Tätigkeit in der Redaktion einer juristischen Fachzeitschrift wesentlich schnelllebiger. Zwar geht es auch hier vor allem um die inhaltliche und administrative Gesamtkoordination, die Beitragsakquise und das Redigieren von Aufsatzmanuskripten – dies allerdings vor dem Hintergrund fester Redaktions- und Publikationstermine. Abhängig vom Erscheinungsrhythmus der Zeitschrift – monatlich, 14-täglich oder gar wöchentlich – entsteht eine hohe Arbeitstaktung. Neben die Abwicklung des operativen Tagesgeschäfts tritt bei Periodika vor allem das Erfordernis, ein Gespür für aktuelle und zukünftige Themen und Trends zu entwickeln.

Digitalisierung und Crossmedialität
Die Verlagsbranche agiert in einem sich stark ausdifferenzierenden Produktumfeld, das im Fachmedienbereich längst nicht mehr nur Print-, sondern auch vielfältige digitale Medienformate umfasst. Die Nutzungsgewohnheiten der Zielgruppen verändern sich rasch und werden durch neue Technologien beeinflusst (z. B. Legal Tech). Daher sind – auch von den im Verlag tätigen Jurist:innen – regelmäßig Ideen zur strategischen Ausrichtung, crossmedialen Weiterentwicklung und zielgruppenorientierten Vermarktung der Verlagsprodukte gefragt, die zunehmend als reine Online-Angebote konzipiert sind. Dies erfordert ein hohes Maß an Kreativität und technischem Verständnis für die medienneutrale Aufbereitung des juristischen Contents, sowohl im eigenen Unternehmen als auch in Zusammenarbeit mit externen Kooperationspartnern.

Fazit
Die Tätigkeit in einem juristischen Fachverlag hält eine breite Palette an juristischen, betriebswirtschaftlichen und technischen Aufgaben bereit. Wer Vorstellungen von einem beschaulichen Dasein als Korrekturleser:in hegt, liegt falsch: Eine enge terminliche Taktung im Zeitschriftengeschäft, hohe koordinatorische Anforderungen im Buchlektorat und zahlreiche begleitende Querschnittsaufgaben verlangen dem juristischen Mitarbeitenden vielseitige Fähigkeiten ab. Als Jurist:in im Fachverlag sitzt man auch keineswegs im stillen Kämmerlein: Ein wichtiger Teil der Arbeit ist die ständige Kommunikation mit den Autor:innen, die ein wesentliches Kapital jedes Verlags sind. Hinzuweisen ist jedoch darauf, dass im Fachverlag kaum genuin juristische, d. h. rechtsanwendende oder -beratende Tätigkeiten gefragt sind. Nach einer gewissen Tätigkeitsdauer im Verlag erscheint daher der Wechsel bzw. die Rückkehr in einen klassischen juristischen Beruf nicht unproblematisch. Die Vergütung bleibt hinter den in großen Kanzleien und Unternehmen gezahlten Salären zurück, im Gegenzug winken flexible Arbeitszeiten und eine verträgliche Work-Life-Balance.

Mediation – clevere Konfliktlösung mit Perspektive

von Dr. Stefan Tüngler und Dr. Robert Germund

Mediation (lat. „mediare") bedeutet vermitteln. Mediator:innen unterstützen die Parteien bei der Suche nach einer für beide Seiten akzeptablen Lösung, wobei sie – anders als Richter:innen – grundsätzlich weder Entscheidungsgewalt haben, noch konkrete Lösungsvorschläge unterbreiten dürfen. Ihnen obliegt die moderierende Begleitung der Verhandlungen zwischen den Parteien, um diese an die selbstständige Entwicklung von Lösungsansätzen heranzuführen.

Was kennzeichnet ein Mediationsverfahren?
Mediationsverfahren zeichnen sich durch ihre (a) Freiwilligkeit, (b) Strukturiertheit und (c) Vertraulichkeit aus.
a. Mediationsverfahren sind freiwillig. Genauso wie die Parteien allein darüber entscheiden, ob sie ein solches Verfahren überhaupt durchführen wollen, steht es ihnen jederzeit frei, es wieder zu beenden. Auch die Rahmenbedingungen werden von den Parteien selbst festgelegt. Jedes Mediationsverfahren beginnt mit dem Abschluss einer (privatrechtlichen) Mediationsvereinbarung, die den zeitlichen Ablauf ebenso regeln kann wie die Art der Verhandlungsführung durch die Mediator:innen, einen möglichen Schlichtungsspruch, die Hemmung laufender Verjährungsfristen und nicht zuletzt die Vergütung der Mediator:innen.
b. Mediationsverfahren haben eine klare Struktur. Die Mediation beginnt mit einer Schilderung des Konflikts durch beide Parteien. Anschließend geht es um die Ermittlung der hinter diesem Konflikt stehenden Interessen und Beweggründe der Parteien. Alsdann erfolgt eine Analyse und Bewertung dieser Interessen vor dem Hintergrund des in Rede stehenden Konflikts. Die Mediation schließt mit der Zusammenfassung der entwickelten Lösungsmöglichkeiten, teilweise in der Form eines Vergleichsvertrags.
c. Mediationsverfahren beruhen auf Vertraulichkeit. Die von den Mediator:innen und von den in das Mediationsverfahren eingebundenen Personen erlangten Informationen müssen – auch im Falle eines späteren Gerichtsverfahrens – vertraulich behandelt werden.

Das Tätigkeitsfeld von Mediator:innen
Das Tätigkeitsfeld von Mediator:innen ist vielschichtig. Zum einen gibt es kaum einen Wirtschaftsbereich, in dem Auseinandersetzungen einer Mediation nicht zugänglich sind. Zum anderen steht im Vordergrund eines Mediationsverfahrens nicht – wie in herkömmlichen Streitverfahren – die Beantwortung von Schuld- und Beweisfragen in Bezug auf einen abgeschlossenen Sachverhalt, sondern der Blick wird in die Zukunft gerichtet: Was wollen die Parteien künftig erreichen? Wem sind welche Punkte besonders wichtig, welche weniger? Welche Lösungsansätze kommen in Betracht? Mediator:innen motivieren dabei zur unbefangenen Ideensammlung, genauso wie sie zur realistischen Einschätzung des Ausgangs eines alternativ denkbaren Gerichtsverfahrens mahnen.

Außerdem müssen sie bei den Parteien das Interesse an der Entwicklung einer ebenso kreativen wie zielführenden Lösung wecken und durch eine führende und lenkende Begleitung der Gespräche zwischen den Parteien diese bei der eigenständigen Suche nach Einigungsmöglichkeiten unterstützen.

Durch die Tätigkeit als Mediator:innen können die Anwält:innen daher die juristischen Kenntnisse um psychologische Fertigkeiten, insbesondere um spezielle Kommunikationstechniken, ergänzen. Sie können individuell auf den konkreten Konflikt und die jeweiligen Konfliktparteien eingehen, sodass die Tätigkeit ebenso kreativ wie abwechslungsreich ist. Im Idealfall gelingt es, den Blick der Parteien auf die Planung der künftigen Zusammenarbeit zu lenken, sodass die Beziehung zwischen ihnen nach Abschluss der Mediation noch gestärkt wird. Selbst wer die Mühen einer Mediationsausbildung auf sich genommen hat, später dann aber doch in einem ganz anderen Bereich tätig ist, wird vielfach auf die im Rahmen der Ausbildung gewonnenen Kenntnisse zu Verhandlungsstrategien und -techniken zurückgreifen können.

Warum ist die Mediation noch nicht so verbreitet?
In vielen Fällen besteht die Schwierigkeit weniger in der Durchführung des eigentlichen Mediationsverfahrens, als vielmehr darin, die Parteien an ein solches Verfahren überhaupt erst heranzuführen. Dabei geht es zunächst ganz allgemein darum, Mediationsverfahren als Alternative zu Gerichtsverfahren stärker in den Blickpunkt der Öffentlichkeit zu rücken. Im konkreten Konflikt muss es den Anwält:innen darüber hinaus aber auch gelingen, die regelmäßig konfrontative Ausgangslage so zu entschärfen, dass eine kooperative Arbeitsatmosphäre entsteht. Erleichtert wird dies in Fällen der Co-Mediation. Co-Mediation bedeutet, dass die Mediationsverhandlung von zwei Mediator:innen geführt wird. Der Vorteil eines solchen Verfahrens liegt darin, dass sich die Mediator:innen hinsichtlich ihrer persönlichen und fachlichen Eigenschaften ergänzen und auf diese Weise gemeinsam das Vertrauen der Parteien gewinnen können.

Hinzu kommt, dass keinesfalls jeder Konflikt für ein Mediationsverfahren geeignet ist. Insbesondere bei nur flüchtigen geschäftlichen Kontakten ist ein Mediationsverfahren häufig zu aufwendig. Ebenso bleiben nicht verhandelbare Bereiche hoheitlichen Handelns – wie etwa das Steuerrecht – einer mediativen Konfliktlösung verschlossen.

Schließlich stellt die Mediation auch eine Herausforderung für die Mediator:innen dar. Sie dürfen Argumente grundsätzlich nicht selbst bewerten und den Parteien nicht die von ihnen bevorzugte Lösung aufdrängen, sondern müssen diese inhaltlich selbstständig handeln lassen. Die Schwierigkeit besteht somit darin, Distanz zu wahren und auf die Einhaltung des Verfahrensgerüsts zu achten. Das fällt Anwält:innen, die als unabhängiges Organ der Rechtspflege vornehmlich als Parteivertreter:innen agieren, nicht immer leicht.

Co-Mediation: Chance zur fächerübergreifenden Zusammenarbeit
Die steigende Komplexität der Konflikte stellt hohe Anforderungen an Kenntnisse und Fähigkeiten der Mediator:innen. Die fächerübergreifende Kooperation, das heißt eine Zusammenarbeit von Mediator:innen ungleicher Grundberufe, wird immer bedeutsamer. Diese Zusammenarbeit wiederum ermöglicht die Nutzung von Synergiepotenzialen.

Zugleich erfordert die erfolgreiche mediative Konfliktbewältigung neben der theoretischen Vertrautheit mit den Arbeitsweisen von Mediator:innen praktische Erfahrungen. Diese können auch in Form einer Co-Mediation durch die Zusammenarbeit von erfahrenen Mediator:innen mit Ausbildungskandidat:innen erworben werden.

Wenn in Deutschland auch mit dem Begriff der Co-Mediation weder ein feststehendes noch ein einheitliches Tätigkeitsbild verbunden ist, so zeigt sich dennoch, dass sich auch in Mediationsverfahren spannende und herausfordernde Aufgaben an der Schnittstelle von Recht und verbundenen Disziplinen ergeben.

Ausbildung

Die Ausbildung zur Mediatorin oder zum Mediator ist gesetzlich nicht geregelt. Das Mediationsgesetz beschränkt sich auf die Pflicht der Mediator:innen, in eigener Verantwortung durch geeignete Ausbildung und regelmäßige Fortbildung sicherzustellen, dass sie über die theoretischen Kenntnisse und praktischen Erfahrungen verfügen, um die Parteien sachkundig durch eine Mediation zu führen. Für zertifizierte Mediator:innen werden strengere, in einer separaten Rechtsverordnung mittlerweile festgelegte Anforderungen gelten (Verordnung über die Aus- und Fortbildung zertifizierter Mediatoren/ZMediatAusbV). Für Rechtsanwält:innen gilt die Reglementierung des § 7a BORA. Hiernach darf sich als Mediator:in nur bezeichnen, wer durch geeignete Ausbildung nachweisen kann, dass er oder sie die Grundsätze des Mediationsverfahrens beherrscht.

Fazit

Mediation ist mehr als ein unkonventionelles Streitbeilegungsverfahren. Sie kann eine gewinnbringende Alternative zu traditionellen Gerichtsverfahren sein, weil sie die Parteien stärker einbezieht und den Schwerpunkt der Konfliktlösung auf die Gestaltung der Zukunft legt. Zwar ist die Mediation kein Allheilmittel für jeden Konflikt, allerdings räumt sie den Konfliktparteien in geeigneten Fällen eine zusätzliche Möglichkeit zur Konfliktbereinigung ein. Für Jurist:innen ist die Mediation ein weites Betätigungsfeld, das ihnen vielseitige Perspektiven bietet.

2. Studium und fachspezifische Ausbildung

134 Die Weichen stellen – Studienplanung für die spätere Karriere
134   Schwerpunktsetzung im Studium
135   Die Bedeutung der Studienleistungen
137   Praktische Arbeitserfahrung
138   Fremdsprachen
139   Wirtschaftswissenschaftliches Zusatzwissen
140   Schlüsselqualifikationen
141   Stipendien

142 e-fellows.net – das Karrierenetzwerk
143 e-fellows.net – das Online-Stipendium

144 Das juristische Referendariat
151 Weiterbildung und zusätzliche Abschlüsse
151   Promotion
153   LL.M., MBA und Co. – Aufbaustudiengänge für Jurist:innen
155   Internationale Rechtsanwaltszulassung
157   Fachanwältin/-anwalt
159   Wirtschaftsprüfer:in
161   Steuerberater:in
162   Mediator:in

Die Weichen stellen – Studienplanung für die spätere Karriere

von Nicole Beyersdorfer, Veris-Pascal Heintz und Dr. Julius Neuberger

Schwerpunktsetzung im Studium

Wann und nach welchen Kriterien sollte die Schwerpunktsetzung erfolgen?
Hinsichtlich der Schwerpunktsetzung im Studium sollten sich Studierende zu Beginn keinem Druck aussetzen. In den ersten Semestern ist es wichtig, sich einen guten Überblick zu verschaffen und das juristische Handwerkszeug zu erlernen. So kann man einerseits herausfinden, wo die eigenen Interessen und Stärken liegen. Andererseits ist es auch für die juristische Ausbildung sinnvoll, das Studium breit gefächert zu beginnen. Ein umfassendes Wissen hilft später, Details richtig einzuordnen und Zusammenhänge zu erkennen. Im weiteren Verlauf des Studiums erfordern die Studienordnungen der verschiedenen Bundesländer ohnehin eine stärkere Spezialisierung, als dies in der Vergangenheit der Fall war.

Die universitären Schwerpunktbereiche reichen dabei vom Arbeitsrecht bis zum Zivilverfahrensrecht. Je nachdem, an welcher Universität man studiert, können die Auswahlmöglichkeiten allerdings stark variieren. Besonders beliebt sind Schwerpunktbereiche, die unternehmensrechtliche Fragestellungen abdecken, da hier eine Spezialisierung insbesondere von Großkanzleien und Verbänden gerne gesehen wird. In erster Linie sollte die Wahl des Schwerpunktbereichs nach den eigenen Stärken und Interessen getroffen werden. Das Prüfungsergebnis des „Schwerpunktexamens" fließt nämlich in die Gesamtnote der Ersten Juristischen Prüfung ein – insofern will die Entscheidung wohlüberlegt sein und sollte sich an den größtmöglichen Erfolgschancen orientieren. Es empfiehlt sich deshalb, vor der Wahl des Schwerpunktbereichs (auch) einen Blick in die Notenstatistiken der letzten Jahre zu werfen.

Welchen Einfluss hat die Schwerpunktsetzung auf den späteren Berufseinstieg?
Es ist hilfreich, den Schwerpunkt schon in dem Bereich gesetzt zu haben, in dem man später praktizieren möchte. Bewusst gesetzte Schwerpunkte können ein echtes Interesse vermitteln und im Bewerbungsprozess von Vorteil sein. Diese Aspekte sollten aber nicht überschätzt werden: Keinesfalls sollten Absolvent:innen sich davon abhalten lassen, sich für einen bestimmten sie interessierenden Bereich zu bewerben, nur weil der Schwerpunkt bisher in einem anderen Gebiet gesetzt wurde.

Meist achten Großkanzleien bei der Auswahl der Bewerber:innen darauf, dass diese juristisch hoch qualifiziert sind und sich für die Tätigkeit in einer internationalen Wirtschaftskanzlei eignen. Sind diese Voraussetzungen erfüllt, wird davon ausgegangen, dass die Kandidat:innen auch eine entsprechend schnelle Auffassungsgabe besitzen, die ihnen die zügige Einarbeitung in unbekannte Rechtsfragen ohne Weiteres ermöglicht. Absolvent:innen legen sich daher durch die Schwerpunktsetzung nicht bezüglich eines späteren Berufseinstiegs fest. Eine Orientierung am Schwerpunktfach kann Absolvent:innen allerdings den Berufseinstieg erleichtern – auch, weil sie gerade durch Praktika ein Gefühl dafür entwickeln können, ob ihnen die spätere Tätigkeit, das Rechtsgebiet und das Umfeld liegen. Ob und inwieweit eine Schwerpunktsetzung

Einfluss auf den späteren Berufseinstieg hat, bemisst sich aber überwiegend nach den Ergebnissen in den beiden Staatsexamen. An Bedeutung gewinnt die Schwerpunktsetzung nämlich dann, wenn die Staatsexamen mit niedrigeren Punktzahlen bestanden werden.

Die Bedeutung der Studienleistungen

Welche Bedeutung kommt dem Ergebnis im Ersten und Zweiten Staatsexamen zu?

Dass der Note des Ersten und Zweiten Staatsexamens nur eine untergeordnete Bedeutung zukommt, trifft – im Gegensatz zu anderen Studienfächern – nicht zu. Klar ist aber auch, dass unter Jurist:innen aus der Bewertung nach Noten kein Geheimnis gemacht wird. Der Staat hat bezüglich der Berücksichtigung anderer Kriterien schon aus rechtlichen Gründen nur einen eingeschränkten Spielraum. Aber auch große Kanzleien haben festgelegte Leitlinien, von denen – wenn überhaupt – nur in Ausnahmefällen abgewichen wird. Ob eine solche formale Bewertung jedem Einzelfall gerecht wird, sei dahingestellt. Jedenfalls werden Absolvent:innen von der Erkenntnis, dass gute Noten in den Examina Türen öffnen können, nicht überrascht sein. Zu beachten ist zudem, dass Großkanzleien der Note im staatlichen Teil der Prüfung besonderes Gewicht beimessen. Liegt das Ergebnis im staatlichen Teil deutlich unter der Prädikatsnote, wird das Anforderungsprofil der Großkanzleien häufig nicht erfüllt. Studierende sollten den Schwerpunkt ihrer Vorbereitung daher auf den staatlichen Prüfungsteil legen. Wer hier ein solides Ergebnis erzielt, hat in größeren Kanzleien gute Chancen.

Welche Chancen eröffnet ein vollbefriedigendes Examen?

Für einige Berufsbilder sind Prädikatsexamina nahezu eine zwingende Voraussetzung. Kleinere Ausreißer nach unten können mitunter durch Zusatzqualifikationen ausgeglichen werden. Da die Zahl derer, die beide Staatsexamina mit Prädikat bestehen, verhältnismäßig gering ist, haben Berufseinsteiger:innen mit zwei Prädikatsexamina in aller Regel vielfältige Möglichkeiten. Mit zwei Prädikatsexamina steht ihnen der Weg in Kanzleien jeglicher Größe, zu Gerichten und Staatsanwaltschaft oder auch in Unternehmensberatungen offen. Gleichwohl sind gute Staatsexamina nur eine notwendige, aber noch keine hinreichende Voraussetzung für einen erfolgreichen Einstieg in diese Berufsfelder. Bewerber:innen sollten insofern darauf achten, nicht allein aufgrund ihrer guten Examina zu selbstsicher aufzutreten. Im Bewerbungsprozess wird man sich allein durch gute Examina nicht mehr abheben können, da die Mehrzahl der Kandidat:innen diese Voraussetzung erfüllt.

Welche Möglichkeiten haben Absolvent:innen mit niedrigeren Punktzahlen?

Auch Absolvent:innen mit niedrigeren Punktzahlen stehen viele Wege offen. Zunächst haben mittelgroße und kleinere Kanzleien in der Regel weniger strenge Maßstäbe. Wichtiger kann es hier sein, im persönlichen Gespräch einen guten Eindruck zu hinterlassen und Interesse am jeweiligen Fachgebiet zu haben. Deshalb sollte der Lebenslauf auch bereits ein Interesse für das Fachgebiet, in dem man sich bewirbt, erkennen lassen. Eine entsprechende Schwerpunktsetzung, insbesondere in „Nischengebieten" (z. B. Steuer- oder Urheberrecht), ist für Absolvent:innen ohne Prädikatsexamen von größerer Bedeutung und kann letztlich ein ernstzunehmender „Türöffner" sein. Weniger zufriedenstellende Noten können zudem durch Zusatzqualifikationen, etwa eine

Promotion, eine Fachanwaltschaft oder einen LL.M. (Master of Laws), ausgeglichen werden. Allerdings sollte man diese Möglichkeit nicht überschätzen: Sowohl größere Kanzleien als auch der Staat rechnen solche Zusatzqualifikationen – wenn überhaupt – nur in geringem Umfang auf die Note an.

Wie bereite ich mich am besten auf die Erste Juristische Prüfung vor?
In der Examensvorbereitung stellt sich die Frage, ob man ein Repetitorium besuchen sollte. Ein Repetitorium gibt in der Vorbereitung im Wesentlichen Sicherheit. Durch das Durchlaufen des Programms ist garantiert, dass man im vorgesehenen Zeitraum sämtliche examensrelevanten Bereiche einmal behandelt hat, ohne sich in Details zu verlieren und so in Verzug zu geraten. Zudem werden oft hilfreiche Tipps zu Klausur- und Lerntechnik gegeben. Selbstverständlich kann das Repetitorium jedoch das eigentliche Lernen nur ergänzen. Der gesamte Stoff muss unter Berücksichtigung der individuellen Stärken und Schwächen verinnerlicht werden. Entscheidet man sich für ein Repetitorium, sollte man sich Zeit für die Wahl des richtigen Repetitors nehmen. Es gibt sowohl gute universitäre als auch kommerzielle Anbieter. Es empfiehlt sich, durch Probehören herauszufinden, welches Programm den eigenen Lerngewohnheiten am besten Rechnung trägt.

Neben dem Einstudieren des Prüfungsstoffs sollten Übungsklausuren nicht zu kurz kommen. Das schafft Routine sowohl in Aufbaufragen als auch im Anwenden des Gutachtenstils und schärft das Bewusstsein für eine sinnvolle Zeiteinteilung in der Klausur. Letzterer Punkt ist in der Prüfungssituation nicht zu unterschätzen. Mangelndes Zeitmanagement führt häufig dazu, dass in der Prüfung die Zeit davonläuft, bevor man seine Ausführungen beendet hat. Viele Prüfer:innen erwarten jedoch eine abgeschlossene, in sich stimmige Lösung. Dies trifft in der Ersten Juristischen Prüfung zu und gewinnt in der Zweiten Juristischen Staatsprüfung noch deutlich an Bedeutung. Daher ist es ratsam, möglichst viele Übungsklausuren unter Examensbedingungen zu schreiben und die vorgegebenen fünf Stunden tatsächlich einzuhalten. Zudem sollte sich das Klausurenschreiben nicht auf die Rechtsbereiche konzentrieren, die dem einzelnen Studierenden ohnehin gut liegen. Gerade in Gebieten, in denen noch Schwächen bestehen, sollte man sich um Routine bemühen, um in der Prüfungssituation nicht allzu leicht aus dem Konzept zu geraten.

Darüber hinaus haben sich Lerngruppen für viele Studierende und Referendar:innen als äußerst hilfreich erwiesen. Besonders in der fortgeschrittenen Phase der Examensvorbereitung bietet es sich an, das Erlernte in Diskussionen zu vertiefen. Indem verschiedene Ansätze zu Problemstellungen dargestellt, hinterfragt und diskutiert werden, ergibt sich ein tieferes Verständnis einzelner Rechtsfragen und größerer Zusammenhänge. Abgesehen davon bietet das Arbeiten in der Gruppe eine willkommene Abwechslung zu dem sonst recht monotonen Vor-sich-hin-Lernen.

Tipp: Rechtsprechungsübersichten
Erfahrungsgemäß lohnt es sich, einen Blick in die Rechtsprechungsübersichten zu werfen. Inzwischen gibt es zahlreiche Anbieter, welche die aktuellen Urteile für die Examensvorbereitung im Gutachtenstil aufbereiten und besprechen. Regelmäßiges Lesen dieser Formate vermittelt neben einem Überblick über die jüngste Rechtsprechung gleichzeitig ein besseres Gefühl für Aufbaufragen und das Verfassen gutachterlicher Klausuren. Es sei jedoch betont, dass das Schreiben von Übungsklausuren dadurch nicht ersetzt werden kann.

Praktische Arbeitserfahrung

Wie viele und wie lange Praktika sollten absolviert werden?
Praktika eignen sich nur sehr begrenzt, um Prüfungswissen für das Erste Staatsexamen zu erwerben. Wichtig sind sie jedoch, um Kontakte zu knüpfen und um herauszufinden, welches Fachgebiet und welche Art von beruflichem Umfeld den eigenen Wünschen und Stärken entspricht. Praktika eignen sich außerdem in beschränktem Umfang dafür, durch erste praktische Erfahrung den späteren Berufseinstieg zu erleichtern. Sowohl im Rahmen des Studiums als auch im Rahmen des Referendariats sind Praktika bzw. Stationen in verschiedenen Bereichen vorgesehen. Studierende und Referendar:innen sollten sich bemühen, diese ohnehin notwendige praktische Erfahrung sinnvoll zu sammeln, d. h. in Bereichen, in denen ein späterer Berufseinstieg vorstellbar erscheint. Wichtig ist in dem Zusammenhang, sich frühzeitig um Praktika zu bemühen, da beispielsweise Kanzleien und Botschaften vielfach lange Vorlaufzeiten für die Vergabe von Praktikumsplätzen haben. Soweit die Länge der Praktika nicht ohnehin durch die Studienordnung vorgeschrieben ist, sollten keine zu kurzen Zeiträume gewählt werden, da eine gewisse Dauer sinnvoll ist, um sich einzuarbeiten.

Wann und wo sollte praktische Erfahrung gesammelt werden?
Je später man den Zeitpunkt für ein Praktikum im Rahmen des Studiums wählt, desto mehr juristisches Fachwissen kann man einbringen und desto größer verspricht der fachliche Gewinn zu werden. Man sollte jedoch gleichzeitig darauf achten, dass die Praktika nicht zulasten der Examensvorbereitung gehen. Dementsprechend bieten sich Praktika während des Studiums zwischen dem dritten und dem sechsten Semester an. Während des Referendariats sind Dauer und Abfolge der Stationen in den allermeisten Bundesländern vorgegeben. Bei der letzten Station vor den Klausuren des Zweiten Staatsexamens ist es wichtig, dass eine effektive Prüfungsvorbereitung möglich bleibt. Die Vorbereitung auf die mündliche Prüfung kann erfahrungsgemäß auch gut während einer Referendarstation im Ausland erfolgen. Die Wahlstation ist für einen längeren Auslandsaufenthalt auch sonst ein günstiger Zeitpunkt: Kanzleien warten bei sehr guten Bewerber:innen kurz vor dem Berufseinstieg mit guten Angeboten auf, Fremdsprachenkenntnisse lassen sich nach der Examensvorbereitung auffrischen, und es fällt einem durch den Orts- und Umfeldwechsel leicht, während des Wartens auf die Klausurergebnisse Abstand zu gewinnen. Zu guter Letzt sollte man sich vor Augen führen, dass Auslandstätigkeiten für Jurist:innen eine Ausnahme bilden. Auch internationale Kanzleien bieten solche Auslandstätigkeiten zwar häufig in Form eines sogenannten Secondments für einen begrenzten Zeitraum an, dies allerdings zumeist erst nach einigen Jahren Berufstätigkeit. Insofern ist die Wahlstation eine hervorragende Gelegenheit, mit begrenztem Aufwand juristische Erfahrung im Ausland zu sammeln.

Wie findet man eine attraktive Praktikumsstelle?
Nahezu alle Arbeitgeber, die nach Abschluss der Ausbildung infrage kommen, bieten auch im Vorfeld die Möglichkeit, Praktika zu absolvieren. Dies gilt für Kanzleien, Gerichte, Staatsanwaltschaften, Rechtsabteilungen von Unternehmen, Unternehmensberatungen, aber auch für Botschaften und Behörden im Inland. Studierende und Referendar:innen können bei Praktikumsbörsen nach ausgeschriebenen Praktikumsplätzen suchen. Erfahrungsgemäß sind aber Initiativbewerbungen bei Kanzleien oder Unternehmen sinnvoller. Solche Initiativbewerbungen haben insbesondere den Vorteil, dass man sich gezielt für einen bestimmten Bereich und meist sogar bei einer bestimmten Person bewerben kann. Zudem muss man sich nicht gegen mehrere

Mitbewerber:innen durchsetzen, was der Fall ist, wenn die Stelle bereits ausgeschrieben ist. Eine Initiativbewerbung setzt allerdings voraus, dass man sich früh um einen Praktikumsplatz bewirbt. Hier sollte man mit Vorlaufzeiten von bis zu einem Jahr rechnen. Gute Gelegenheiten, einen interessanten Praktikumsplatz zu finden, ergeben sich auch bei Events wie dem e-fellows.net Karrieretag Jura (vgl. Seite 142).

Fremdsprachen

Wie wichtig sind Fremdsprachen für Jurist:innen?

Wie wichtig Fremdsprachen für Jurist:innen sind, hängt sehr stark von dem angestrebten Tätigkeitsfeld ab. Im Staatsdienst sind Fremdsprachen willkommen, jedoch im Rahmen der beruflichen Tätigkeit nach wie vor von eher untergeordneter Bedeutung, denn die Gerichts- und Amtssprache ist Deutsch. Auch in kleineren Kanzleien haben Rechtsanwält:innen vorwiegend mit deutschen Mandant:innen und nur verhältnismäßig selten mit grenzüberschreitenden Sachverhalten zu tun. Nichtsdestoweniger werden vor allem gute Englischkenntnisse vermehrt auch in kleineren, spezialisiert arbeitenden Kanzleien vorausgesetzt. Unerlässlich sind sie in großen Kanzleien. Sowohl für Telefonkonferenzen oder die Korrespondenz mit den Mandant:innen als auch für die Verträge sind sie in der Regel unverzichtbar. Das Fehlen sehr guter Englischkenntnisse stellt ein echtes Problem dar, denn Englischkenntnisse auf reinem Schulniveau sind für die anspruchsvolle Arbeit in vielen Fachbereichen nicht ausreichend. Eine gute Möglichkeit, sich die englische Rechtssprache anzueignen, bietet natürlich ein LL.M. im englischsprachigen Ausland. Wer ein solches LL.M.-Studium nicht plant, sollte während des Studiums versuchen, fachspezifische Englischkurse an der Universität zu besuchen und Praktika im Ausland zu absolvieren. Wie bereits erwähnt, bietet auch die Wahlstation eine gute Möglichkeit, vor dem Berufseinstieg die Sprachkenntnisse noch einmal zu verbessern.

Welche Fremdsprachen stellen eine sinnvolle Zusatzqualifikation dar?

Aus beruflicher Sicht ist Englisch eine Fremdsprache, deren Bedeutung keine andere Sprache auch nur annähernd erreicht. In Wirtschaftskanzleien hat sich Englisch für die grenzüberschreitende Kommunikation als gemeinsamer Nenner herausgebildet. Englisch wird jedoch nicht nur vorausgesetzt, weil die Korrespondenz mit ausländischen Mandant:innen und Kolleg:innen auf Englisch erfolgt. Teilweise werden auch Transaktionen mit deutschen Parteien in englischer Sprache dokumentiert, weil ausländische Investoren oder Banken am Rande beteiligt sind. Vor diesem Hintergrund ist Englisch in internationalen Kanzleien unerlässlich. Andere Fremdsprachen sind aus beruflicher Sicht dagegen keine notwendige, aber sicher eine stets willkommene Zusatzqualifikation. Und für die Arbeit in Kanzleien, die sich auf die Beratung von französisch- oder spanischsprachigen Mandant:innen spezialisiert haben, sind selbstredend entsprechende Fremdsprachenkenntnisse erforderlich.

Wie sollten Fremdsprachenkenntnisse nachgewiesen werden?

Fremdsprachenkenntnisse lassen sich in allererster Linie durch Auslandsaufenthalte nachweisen. Es muss, wie bereits erwähnt, nicht notwendigerweise ein LL.M. sein; der Nachweis sollte sich jedoch auch nicht in einem vierwöchigen Sprachkurs erschöpfen. Andere Nachweise wie TOEFL, Universitätskurse oder Leistungskurse belegen für sich genommen noch nicht ausreichend, dass der Absolvent oder die Absolvent:in die Fremdsprache beherrscht.

Wirtschaftswissenschaftliches Zusatzwissen

Wie wichtig ist wirtschaftswissenschaftliches Wissen?
Im Gegensatz zu Fremdsprachenkenntnissen und guten Examina werden wirtschaftswissenschaftliche Zusatzqualifikationen nicht zwingend vorausgesetzt. So gehen beispielsweise Unternehmensberatungen bei Jurist:innen (und anderen Berufseinsteiger:innen, die kein wirtschaftswissenschaftliches Studium absolviert haben) davon aus, dass sich wirtschaftswissenschaftliche Grundlagen in ein- bis zweiwöchigen Kursen vermitteln lassen. Wirtschaftliches Hintergrundwissen ist bei einer späteren Tätigkeit in einer Wirtschaftskanzlei jedoch wichtig. Für eine Vielzahl von Bereichen sind Grundkenntnisse der Rechnungslegung unverzichtbar. Als Jurist:in sollte man also keine Scheu haben, den Konzern- und Jahresabschluss eines Unternehmens verstehen und analysieren zu lernen. Ob weiteres Detailwissen erforderlich ist, hängt stark von dem Bereich ab, in dem man tätig ist. Generell kann man sagen, dass im wirtschaftsrechtlichen Bereich die Kenntnis der betriebswirtschaftlichen Grundlagen immer wichtiger wird. So erfordern z. B. komplexe Kaufpreisanpassungsklauseln in M&A-Transaktionen von Anwält:innen vertiefte Kenntnisse im Bereich der Rechnungslegung, denn anders lassen sich die von den Parteien verfolgten wirtschaftlichen Ziele weder angemessen verstehen noch im Unternehmenskaufvertrag zutreffend umsetzen. Unabhängig vom jeweiligen Rechtsgebiet ist für die Tätigkeit in einer Kanzlei eine valide wirtschaftliche Allgemeinbildung notwendig. In dieser Hinsicht hilft es, frühzeitig damit zu beginnen, den Wirtschafts- und Finanzmarktteil der großen Zeitungen zu lesen.

Wie kann wirtschaftswissenschaftliches Wissen erworben und nachgewiesen werden?
Betriebswirtschaftliche Kenntnisse können etwa über Zusatzkurse oder wirtschaftswissenschaftliche Nebenfächer erworben werden. Dies ist zwar mit einem überschaubaren Aufwand zu bewerkstelligen, entsprechend begrenzt ist jedoch auch die Aussagekraft derartiger Nachweise. Alternativ kommt eine wirtschaftswissenschaftliche Zusatzausbildung in Betracht. Die Universität Bayreuth bietet eine (in Deutschland einmalige) wirtschaftswissenschaftliche Zusatzausbildung für Jurist:innen an, nach deren Abschluss die Absolvent:innen den Titel „Wirtschaftsjurist/-in (Univ. Bayreuth)" führen dürfen. Immer häufiger stößt man auch auf Anwält:innen, die neben dem Jurastudium ein wirtschaftswissenschaftliches Studium absolviert haben. Zu guter Letzt bietet sich auch für Jurist:innen die Möglichkeit, einen MBA (Master of Business Administration) zu erwerben. Durch die Teilnahme an einem internationalen MBA-Programm lassen sich der Erwerb von wirtschaftswissenschaftlichen und Fremdsprachenkenntnissen miteinander verbinden. Ein renommiertes MBA-Programm bietet zudem den Vorteil, dass man frühzeitig mit dem Aufbau eines persönlichen Netzwerks beginnen kann. Es gilt allerdings zu beachten, dass angesehene MBA-Programme meist mit hohen Studiengebühren verbunden sind, vielfach mehrere Jahre Berufserfahrung voraussetzen und – im Gegensatz zu einem LL.M. – unter Jurist:innen nach wie vor einen etwas exotischen Ruf haben.

Welche Perspektiven haben (Diplom-)Wirtschaftsjuristen in Wirtschaftskanzleien?
Immer mehr renommierte Wirtschaftskanzleien stellen (Diplom-)Wirtschaftsjurist:innen ein. Sie werden je nach Kanzlei in den unterschiedlichsten Praxisgruppen eingesetzt und leisten inhaltlich ganz unterschiedliche Arbeit (daher variiert ihre Bezeichnung auch zwischen Project Associate, Transaction Lawyer, Legal Support Lawyer etc.). Aufgrund ihrer Qualifikation kann ihr Tätigkeitsbereich unterstützende Transaktionsarbeit, außergerichtliche Mandatsarbeit sowie organisatorische Aufgaben umfassen. Mit zunehmender Anzahl der (Diplom-)Wirtschaftsjurist:innen sind in einigen Großkanzleien bereits eigene Betreuungsprogramme für dieses Berufsbild geschaffen worden, und in Zukunft sind auch eigene Karrieremodelle zu erwarten.

Schlüsselqualifikationen

Warum sollte man Schlüsselqualifikationen erwerben?
Juristische Berufe warten oftmals mit Situationen auf, die man nicht allein mit dem durch das Studium erworbenen Fachwissen lösen kann. Vorteile hat hier, wer bereits in der Ausbildung Schlüsselqualifikationen erworben hat. So sind etwa Mandantengespräche, Vertragsverhandlungen oder die vor allem in Großkanzleien wichtige Teamarbeit ohne gewisse Kenntnisse im Verhandlungsmanagement oder in der Gesprächsführung kaum möglich.

Welche Schlüsselqualifikationen gibt es?
Die für Jurist:innen besonders wichtigen Schlüsselqualifikationen nennt § 5a Abs. 3 Satz 1 des Deutschen Richtergesetzes (DRiG): Verhandlungsmanagement, Gesprächsführung, Rhetorik, Streitschlichtung, Mediation, Vernehmungslehre und Kommunikationsfähigkeit. Doch nicht nur diese Fähigkeiten sind für (angehende) Jurist:innen von Nutzen, auch Lesetechniken wie die SQ3R-Methode sollten als Schlüsselqualifikation erworben werden.

Wie können Schlüsselqualifikationen erworben werden?
Schlüsselqualifikationen können nicht allein durch theoretisches Wissen erworben werden. In erster Linie muss es um deren praktische Einübung gehen. Hierfür bieten sich Rollenspiele an, wie beispielsweise simulierte Mandantengespräche und Zeugenvernehmungen oder ein Spontanreferat zu einem vorher unbekannten Thema. Auf jeden Fall sollte man so früh wie möglich mit dem Erwerb von Schlüsselqualifikationen beginnen. Bereits im Studium erworbene Kompetenzen können schon im Referendariat wertvolle Dienste leisten, z. B. bei einem Aktenvortrag. Viele Universitäten bieten hierzu eigene Programme oder Lehrveranstaltungen an. Eine weitere Möglichkeit besteht darin, Workshops zu besuchen, die regelmäßig von Großkanzleien angeboten werden. Daneben gibt es zahlreiche weitere außeruniversitäre Veranstaltungen, die sich in den letzten Jahren etabliert haben. Client Interviewing oder Contract Competitions, Legal Debates oder Essay Competitions sind nur einige davon.

Tipp: Moot-Court-Teilnahme
Den Königsweg zum Erwerb – und vor allem Nachweis – von Schlüsselqualifikationen stellt die Teilnahme an einem Moot Court dar. Die inhaltliche Schwerpunktsetzung des Wettbewerbs ist dabei zunächst zweitrangig. Möchte man jedoch zeitgleich seine Fremdsprachenkenntnisse ausbauen, sei zu einem fremdsprachigen Wettbewerb wie etwa dem zivilrechtlichen Willem C. Vis Commercial Arbitration Moot Court oder dem völkerrechtlichen Philip C. Jessup International Law Moot Court geraten. In deutscher Sprache werden beispielsweise die ELSA Deutschland Moot Courts im Zivil- oder Verwaltungsrecht ausgetragen.

In erster Linie geht es darum, das Recht einmal praktisch anwenden zu können und seine Argumente vor „Gericht" zu verteidigen. Den Teilnehmer:innen an einem Moot Court wird die Möglichkeit gegeben, ihre rhetorischen und kommunikativen Fertigkeiten zu erproben sowie in einem Team zusammenzuarbeiten. Ehemalige „Mooties" werden somit zu begehrten Hochschulabsolvent:innen.

Stipendien

Warum sollte man sich um ein Stipendium bewerben?
Die Frage nach der Finanzierung des Studiums stellt einen ganz wesentlichen Aspekt der Studienplanung dar. Studierende, die bereits gute schulische Leistungen erbracht haben und sich sozial engagieren, sei deshalb schon gleich zu Studienbeginn empfohlen, eine Bewerbung um ein Stipendium in Betracht zu ziehen. Neben der finanziellen Unterstützung sprechen vor allem die vielseitigen (Weiter-)Bildungsmöglichkeiten und die Chance, Teil eines weltweiten Stipendiatennetzwerks zu werden, für eine Bewerbung.

Worauf wird bei der Bewerbung geachtet?
Nicht nur die „harten Fakten", nämlich die entsprechenden Studienleistungen, sind für eine erfolgreiche Bewerbung entscheidend. Auch die Persönlichkeit der Bewerber:innen spielt eine Rolle. Ohne gesellschaftliches Engagement – sei es im politischen, kirchlichen oder sozialen Bereich – wird eine Bewerbung um ein Stipendium kaum Erfolg versprechend sein. Weitere Informationen zu Anforderungen und Ablauf der Bewerbung finden sich auf den Websites der einzelnen Stipendiengeber.

Wie du als Mitglied von e-fellows.net deine Karriere voranbringst

Einladung zu exklusiven Karriere-Events
Info-Veranstaltungen mit den besten Law Schools und Kanzleien:
- LL.M. Day für Studierende, Referendar:innen und Volljurist:innen
- Perspektive Wirtschaftskanzlei für Absolvent:innen
- Karrieretag Jura für Studierende

www.e-fellows.net/Events

Große LL.M.-Bewerbungsdatenbank
- Welche Noten braucht man für die besten Law Schools?
- Wann ist der richtige Zeitpunkt für die Bewerbung?
- Welche Law Schools kommen mit meinen Noten infrage?

www.e-fellows.net/
LLM-Bewerbungsdatenbank

Du bist ein kluger Kopf?
Von noch mehr Leistungen profitierst du, wenn du dich erfolgreich für das e-fellows.net-Stipendium bewirbst.

Karriereratgeber als E-Book
Kostenlose Karriereratgeber der Reihe e-fellows.net wissen zum Download:
- *Der LL.M.*
- *Perspektive Unternehmensberatung*
- *Perspektive Trainee*

Aktuelle Jobs und Praktika in Kanzleien und Unternehmen
- 3.000 Stellen für Studierende, Absolvent:innen und Young Professionals
- passende Praktikums- und Jobangebote zu Ihrem Profil per E-Mail, z.B. von Freshfields oder BMW

Kostenlos als Mitglied anmelden: www.e-fellows.net/Mitglied-werden

Wie du als e-fellows.net-Stipendiat:in deinen Kommiliton:innen voraus bist

50 geldwerte Leistungen für Studium und Berufseinstieg
- kostenloser Zugriff auf beck-online und juris
- Kurse des Online-Repetitoriums Juracademy
- 25 Abos führender Zeitungen, z. B. *DIE ZEIT*, *WirtschaftsWoche* und *Handelsblatt*
- Fernbus-Gutscheine

Vernetzung mit mehr als 100.000 Stipendiat:innen und Alumni
- fachlicher und privater Austausch mit anderen Studierenden und Young Professionals, darunter 20.000 Jurist:innen
- Netzwerken mit e-fellows.net-Stipendiat:innen und -Alumni bei City-Group-Treffen in vielen Unistädten

Persönlicher Kontakt zu Freshfields, Hengeler Mueller, Clifford Chance und Co.
- Online-Expertenforen zu Praktika, Referendariat und Berufseinstieg
- Coaching durch mehr als 200 berufserfahrene Mentor:innen
- beste Verbindungen in die Personalabteilungen von 170 Unternehmen – auch außerhalb der Kanzlei

Karriereratgeber und Fachbücher per Post nach Hause
- kostenlose Lieferung aller Karriereratgeber aus der Reihe *e-fellows.net wissen*, z. B. *Der LL.M.*
- monatliche Verlosung von mehr als 200 Fachbüchern von zwölf Verlagen

Für das Stipendium bewerben: www.e-fellows.net/Stipendiat-werden

Das juristische Referendariat

von Marcel Klein

Die Erste Juristische Staatsprüfung und „The Day After Tomorrow"
Ist das Erste Staatsexamen geschafft, ist die Freude meist grenzenlos. Wie lange hat man auf dieses große Ziel hingearbeitet? Wie viele Stunden verbrachte man in der Bibliothek, um die juristische Methodik und die zahllosen Meinungsstreitigkeiten zu pauken? Wie viele Beck-Ergänzungstext-Lieferungen mussten während des Studiums mühevoll einsortiert werden? Wie oft ließ man an einem Freitagabend eine Geburtstagsparty sausen, um am Samstag für den Examensklausurenkurs gerüstet zu sein?

Der Weg bis zum Ersten Staatsexamen ist ein Marathon und die Vorbereitung gleicht einer Achterbahnfahrt der Gefühle. Es ist nachvollziehbar, nach dem Erreichen dieses Meilensteins den süßen Duft einer neu gewonnenen Freiheit genießen zu wollen. Für viele scheint nun der Weg in die Dissertation oder zum LL.M. eine willkommene Abwechslung. Hat sich allerdings die erste, berechtigte Freude gelegt, sollten die Sinne schnell wieder geschärft werden. Denn alle Absolvent:innen mit dem Berufsziel Volljurist:in müssen sich einer Sache bewusst sein: Nach dem Staatsexamen ist vor dem Staatsexamen.

Für viele juristische Berufe ist das Zweite Staatsexamen noch immer die Conditio sine qua non. Dies trifft nicht nur auf die klassischen Tätigkeiten im Staatsdienst zu. Trotz einer wachsenden Anzahl an Diplom- und Wirtschaftsjurist:innen gilt dies insbesondere für den Anwaltsberuf in Wirtschaftskanzleien und Unternehmen. Hierfür ist das Referendariat unumgänglich. Grund genug, sich mit dem Thema Rechtsreferendariat frühzeitig zu beschäftigen. Schließlich hat man nur einen Vorbereitungsdienst und der Startschuss hierfür fällt schon vor dem Dienstantritt.

Der Ablauf: Achterbahnfahren für Fortgeschrittene
Der juristische Vorbereitungsdienst beginnt mit der Bewerbung um einen Ausbildungsplatz am gewünschten Oberlandesgericht und endet im Idealfall mit dem erfolgreichen Bestehen der mündlichen Prüfung des Zweiten Staatsexamens. Dazwischen erlernen die angehenden Volljurist:innen, was für die Befähigung zum Richteramt ergänzend erforderlich ist. Das ist trotz einer erheblichen Vorbildung nicht wenig, aber es ist auch nicht unmöglich.

Um das praktische Handwerkszeug zu erlernen, durchlaufen Rechtsreferendar:innen nach dem Erhalt der Zulassungsurkunde ein festes Ausbildungsprogramm. Der Vorbereitungsdienst gliedert sich hierzu in verschiedene Stationen, die eine Ausbildung in Theorie und Praxis vorsehen.

Jede Station beginnt mit einem Einführungslehrgang. Die Einführungslehrgänge und der begleitend stattfindende Unterricht in den Arbeitsgemeinschaften vermitteln den Referendar:innen die praxisrelevante Theorie. Dabei konzentriert sich der von den Gerichten und Rechtsanwaltskammern angebotene Unterricht nicht ausschließlich auf den Examensstoff. Die angehenden Volljurist:innen können auf ein breites Angebot an Zusatzqualifikationen zurückgreifen. Dieses umfasst etwa auch Kurse zur juristischen Fremdsprachenkompetenz. Es versteht sich von selbst, dass sich diese Kurse insbesondere für Referendar:innen eignen, die international arbeiten möchten. Zudem organisieren viele Arbeitsgemeinschaften zu Beginn des Referendariats eine Kursfahrt. Solange der vorgegebene Ausbildungsinhalt gewahrt bleibt, haben die Referendar:innen bei der Ausgestaltung freie Hand. Sowohl die Destinationen als auch das übrige Tages- und Abendprogramm sind frei wählbar. Dass der Spaßfaktor dabei nicht zu kurz kommt, ist selbsterklärend.

Um das Training-on-the-Job abzurunden, eignen sich die angehenden Volljurist:innen das tiefere Verständnis für die praktischen Aufgaben durch die Stationsarbeit an. Den Referendar:innen werden hierzu für die jeweilige Station Ausbilder:innen zugeteilt. Die Ausbilder:innen haben ein wachsames Auge über ihre Schützlinge und geben diesen regelmäßig Feedback. Da es sich bei den Ausbilder:innen in der Regel ebenfalls um ausgebildete Volljurist:innen handelt, sind diese mit den Aufgaben und Herausforderungen des Referendariats bestens vertraut. Nicht selten stehen die Ausbilder:innen dem juristischen Nachwuchs mit Rat und Tat unterstützend zur Seite. Schließlich sind es auch die Ausbilder:innen, die am Ende einer Station die Leistung der angehenden Volljurist:innen in Form von Stationszeugnissen bewerten. Diese dienen bei der Bewerbung um weitere Ausbildungsstationen sowie für den Berufseinstieg als Visitenkarte.

Doch Jura wäre nicht Jura, müssten die angehenden Volljurist:innen zum Ende ihrer Ausbildung nicht erneut gegen ein knüppelhartes Examensprogramm antreten. Je nach Bundesland stellen Referendar:innen zuerst in sieben bis neun schriftlichen Examensklausuren unter Beweis, was sie über die vergangenen Monate gelernt haben. Im Anschluss wartet die mündliche Prüfung. Diese besteht beim Zweiten Staatsexamen aus einem Aktenvortrag und Prüfungsgesprächen.

Aber versprochen: Danach habt ihr es wirklich geschafft und könnt all die wunderschönen Freiheiten der juristischen Berufe ausleben.

Die Ortswahl: Jede Reise beginnt mit dem ersten Schritt
Der Weg zum Zweiten Staatsexamen beginnt mit der Ortswahl. In allen 16 Bundesländern können talentierte Nachwuchsjurist:innen mit bestandener Erster Juristischer Staatsprüfung das Rechtsreferendariat absolvieren. Allerdings ergeben sich bereits bei der Ortswahl wesentliche Weichenstellungen, die neben dem Wohlfühlfaktor zu berücksichtigen sind: Das Rechtsreferendariat ist Ländersache. Das wirkt sich nicht nur auf die Klausuren im öffentlichen Recht, sondern auch auf das Bewerbungsverfahren, die Dauer der Stationen, die Anzahl und Gewichtung der Klausuren und viele weitere Einzelheiten aus.

Bevor man sich auf einen bestimmten Ort festlegt, ist es sinnvoll, sich mit den dort geltenden Besonderheiten vertraut zu machen. Die Unterschiede sind zum Teil gravierend: Während beispielsweise in Nordrhein-Westfalen das Referendariat monatlich begonnen werden kann, hat Baden-Württemberg mit April und Oktober zwei feste Einstellungstermine. Werden in vielen Bundesländern die Klausuren klassisch mit Tinte und Papier geschrieben, locken andere mit dem digitalen E-Examen. Stehen Referendar:innen in der Regel in einem öffentlich-rechtlichen Ausbildungsverhältnis, wird der Vorbereitungsdienst andernorts mit der Verbeamtung auf Widerruf entlohnt.

Lässt sich ein Ausbildungsplatz häufig ohne Weiteres am gewünschten Standort ergattern, bestehen für besonders attraktive Ausbildungsorte Wartezeiten. Dann spielen häufig die Vornote aus dem Ersten Staatsexamen und die Privilegien für Landeskinder eine wichtige Rolle.

Diese Unterschiede setzen sich auch in der Vergütung fort. Rechtsreferendar:innen erhalten während der Ausbildung eine Unterhaltsbeihilfe. Die Höhe des Referendargehalts variiert je nach Bundesland zwischen 1.209,21 Euro (Hamburg) und 1.595,11 Euro (Sachsen) brutto. Dies reicht je nach Ausbildungsort mal besser und mal schlechter, um Miete, Skripten, Repetitorien und die sonnige Seite des Lebens zu finanzieren. Auch aus diesem Grund dürfen Referendar:innen einer Nebentätigkeit nachgehen. Beim Hinzuverdienst gelten jedoch erneut länderspezifische Höchstgrenzen.

Natürlich bilden all diese Erwägungen keinen „Deal Stopper" für das Referendariat in der gewünschten Stadt oder Umgebung. Um jedoch nicht vom Ablaufen einer wichtigen Bewerbungsfrist oder anderen Unliebsamkeiten überrascht zu werden, lohnt sich ein Blick in die landesspezifische Prüfungsordnung und die von den Ländern bereitgestellten Informationsbroschüren.

Die Dauer: Auf die Plätze, fertig, los!
Das Referendariat ist weder ein Sprint noch ein Marathon. In der Regel dauert der Vorbereitungsdienst zwei Jahre und gleicht damit eher einem Mittelstreckenlauf.

24 Monate sind eine überschaubare Zeit, und die Möglichkeiten im Referendariat sind vielfältig. Nie mehr bietet sich später die Chance, so viele juristische Berufsfelder innerhalb einer solch kurzen Zeitspanne kennenzulernen. Insbesondere für alle, die nach dem universitären Studium noch nicht genau wissen, in welchem Bereich sie arbeiten möchten, eignet sich der Vorbereitungsdienst hervorragend. Im Laufe der Ausbildung erfährt man automatisch mehr über die eigenen Interessenschwerpunkte und Fähigkeiten. Spätestens nach Abschluss des Referendariats haben die dann frischgebackenen Volljurist:innen zumindest eine grobe Vorstellung von ihrem späteres beruflichen Dasein. Nicht zuletzt genügt die Zeit bei einer guten Selbstdisziplin, um das Prozessrecht zu vertiefen und das materielle Recht zu wiederholen.

Auf der anderen Seite ist das Referendariat auch anstrengend und kräftezehrend. Anders als in der Vorbereitung auf das Erste Staatsexamen kann sich der juristische Nachwuchs jetzt nicht mehr im stillen Kämmerlein ohne Nebengeräusche auf das Lernen konzentrieren. Vielmehr ist es nun parallel dazu erforderlich, Gerichtsakten vorzubereiten, an mündlichen Verhandlungen teilzunehmen, Entwürfe für Urteile, Anklageschriften und Schriftsätze zu verfassen sowie nach geeigneten Ausbildungsstellen zu suchen. Das alles kostet Zeit und Nerven. Schließlich ist bei der Vorbereitung darauf zu achten, dass die Klausuren inmitten der Ausbildungszeit geschrieben werden. So aufregend und lehrreich diese Zeit auch sein mag: Um nicht am Ende völlig ausgebrannt bei den Examensklausuren zu erscheinen, sollten Referendar:innen ihren Urlaub nutzen.

Die Stationen: Heute hier und morgen da

In allen Bundesländern beginnt das Referendariat mit der Zivilstation. Es folgen in unterschiedlicher Reihenfolge die Straf-, Anwalts-, Verwaltungs- und Wahlstation.

In der **Zivilstation** lernen Referendar:innen das praktische Handwerkszeug der Zivilrichter:innen kennen. Dazu werden die angehenden Volljurist:innen einer Richterin oder einem Richter am Amts- oder Landgericht zugeordnet. Aufgabe der Referendar:innen ist es, die Termine der mündlichen Verhandlungen vorzubereiten, an diesen teilzunehmen und Urteilsentwürfe zu fertigen. In Absprache mit den Ausbilder:innen dürfen die Nachwuchsjurist:innen am Ende der Station selbst eine mündliche Verhandlung leiten.

Spannend ist für viele Referendar:innen auch die **Strafstation**. Hier kann der Ablauf des Strafverfahrens aus erster Hand bei der Staatsanwaltschaft oder bei den Gerichten erlernt werden. Die Strafstation ist auch deswegen sehr beliebt, weil die Referendar:innen in dieser Zeit als Sitzungsvertretung für die Staatsanwaltschaft eingesetzt werden. Zum ersten Mal dürfen die angehenden Volljurist:innen selbst vor Gericht auftreten und dabei die Interessen des Staates wahren.

Vor der **Anwaltsstation** ist erstmalig Eigeninitiative gefragt. Die Referendar:innen müssen sich für diese Station selbst Ausbilder:innen suchen. Im Übrigen bestehen hier nur wenige Vorgaben. Rechtsgebiet, Anzahl der Wochenarbeitstage und Ort der Ausbildung sind in aller Regel frei wählbar. Ungeachtet dessen lohnt sich eine Investition in die Anwaltsstation. Die überwiegende Anzahl der Absolvent:innen wird später während ihrer beruflichen Laufbahn in diesem Berufsfeld arbeiten. Nicht selten lassen sich in dieser Zeit wertvolle Kontakte für den Berufseinstieg knüpfen. Doch vor dem Stationseinstieg sollte man sich eines bewusst machen: Im Anwaltsberuf geht es nicht mehr um Objektivität und Neutralität. Ziel der Anwaltschaft ist es, die Interessen der Mandant:innen mit den Mitteln des Rechts durchzusetzen. Nicht selten muss hierfür auch „über Bande" gespielt werden. Kreative Köpfe können dabei zeigen, wie schlau sie sind. Genau das möchten die Ausbilder:innen sehen.

Vielfältiger als in der **Verwaltungsstation** kann das Ausbildungsprogramm nicht sein. Die Möglichkeiten reichen hier von A wie Auswärtiges Amt, über B wie Bürgermeisteramt, F wie Führerscheinstelle, L wie Landtag und O wie Oberverwaltungsgericht bis hin zu V wie die Verwaltungshochschule in Speyer. Das Ergänzungsstudium an der Verwaltungshochschule in Speyer richtet sich an Referendar:innen, die sich für eine spätere Führungstätigkeit in der öffentlichen Verwaltung, in der Politik oder in Verbänden qualifizieren möchten. Wer des Studiums noch nicht müde ist, kann seine Kenntnisse im Verwaltungsrecht während des „Speyersemesters" auffrischen und vertiefen.

Schließlich endet das Referendariat in allen Bundesländern mit der **Wahlstation**. Eine Station, die viele Referendar:innen rückblickend als die schönste und wertvollste in Erinnerung behalten werden. Warum eigentlich? Ganz einfach: Die Wahlstation findet nach den schriftlichen Klausuren zum Zweiten Staatsexamen statt. Die große Hürde ist also dann schon genommen. Das wissen nicht nur die angehenden Absolvent:innen, sondern auch die Ausbilder:innen.

Die nun fast fertigen Volljurist:innen stehen in dieser Station wahrlich vor der Qual der Wahl. Während es für die einen darum geht, den Einstieg in eine Großkanzlei zu forcieren, zieht es andere noch einmal in die große weite Welt hinaus. Manchmal geht auch beides. Zugegeben, es bestehen nahezu perfekte Bedingungen, um in dieser letzten Ausbildungsphase – auch für den CV – die immer mehr zur Voraussetzung werdende Auslandserfahrung zu sammeln. Angebote finden sich etwa über das Auswärtige Amt, Großkanzleien oder internationale Handelskammern. Doch besteht für angehende Volljurist:innen mit Weitblick in dieser Phase die einzigartige Möglichkeit, die Tätigkeit der Syndici kennenzulernen. Nach vielen Ausbildungsordnungen haben Referendar:innen lediglich in der Wahlstation die Möglichkeit, sich das Berufsbild der Syndikusanwaltschaft einmal näher anzusehen. Das ist sehr schade. Denn viele Rechtsanwältinnen und Rechtsanwälte entwickeln nach den ersten Berufsjahren den Wunsch, mit ihren Erfahrungen aus der Kanzlei in ein Wirtschaftsunternehmen zu wechseln. Dann kann eine etwaige Vorerfahrung fehlen. Die anwaltliche Rolle in einer Rechtsabteilung konzentriert sich nicht ausschließlich auf die Rechtsberatung. Die Tätigkeit der Syndici erfordert vielmehr das exzellente rechtliche und wirtschaftlich durchdachte Ergebnis. Dieses wird durch Teamgeist, den interdisziplinären Austausch zwischen den Fachbereichen und die juristischen Fachdiskussionen innerhalb der Rechtsabteilung getragen. Dies ist nicht zwingend mit einer trägen Tätigkeit am Schreibtisch verbunden. Die nun fast fertigen Volljurist:innen dürfen regelmäßig ihre Ausbilder:innen zu Verhandlungen bei auswärtigen Terminen begleiten und Teile davon selbst übernehmen. Um die Kompetenzen und das berufliche Netzwerk zu erweitern, können Referendar:innen in größeren Unternehmen und Konzernen auch an Inhouse-Veranstaltungen oder Teamevents an anderen Standorten teilnehmen. Auch diese können im Ausland liegen.

Die Vorbereitung auf das Zweite Staatsexamen: Augen zu und durch
Das Zweite Staatsexamen wird auch als „Praktikerexamen" bezeichnet. Damit ist es gemäß der Zielsetzung des Referendariats verstärkt an den Bedürfnissen der Praxis ausgerichtet. Dies spiegelt sich in den Examensklausuren wider.

Im Unterschied zum Ersten Staatsexamen arbeiten Praktiker:innen nun nicht mehr mit feststehenden Sachverhalten. Vielmehr muss an erster Stelle mit den Mitteln des Prozess- und Beweisrechts der rechtlich zu bewertende Sachverhalt ermittelt werden. Erst im Anschluss daran gelangt man zur Rechtsfindung. Diese bleibt zwar ihrem Wesen nach gleich, es gibt aber auch hier Besonderheiten: Anstelle des juristischen Gutachtenstils tritt der Urteilsstil. Bei Meinungsstreitigkeiten spielt die Auffassung der Rechtsprechung eine noch gewichtigere Rolle. Letztlich benötigt das Anfertigen eines Urteils, einer Anklageschrift oder eines anwaltlichen Schriftsatzes mit all den Formalien eine gewisse Übung. Zum Glück für alle Jurist:innen wird eine gute Rechtsfindung und Rechtsdurchsetzung vergütet. Deshalb gehören auch die Grundzüge des Kostenrechts zum ständigen Begleitwissen der Praktiker:innen.

Die Examensklausuren dienen als Nachweis des Erlernten über die vergangene Vorbereitungszeit. Dabei ist Lernen im Referendariat aufgrund der gesteigerten Herausforderungen gar nicht so einfach. Denn die Stationsarbeit, die Recherche nach passenden Ausbildungsstellen, der Besuch eines Repetitoriums und das Schreiben von Probeklausuren lassen sich mit dem gleichzeitigen Erlernen von neuen juristischen Problemen nur begrenzt unter einen Hut bringen. Erschwerend kommt hinzu, dass der Ausbildungsplan keine planmäßige Vorbereitungszeit vorsieht, in der sich der juristische Nachwuchs allein auf das Lernen konzentrieren könnte. Vom ersten Tag an sind Referendar:innen deswegen ihres eigenen Glückes Schmied.

Eine gewisse Unterstützung bietet sicherlich der Besuch einer Lerngruppe oder eines Repetitoriums. Beides entbindet aber nicht vom selbstständigen Lernen. Doch Vorsicht: Referendar:innen dürfen sich beim Lernen nicht verzetteln. Zwar ist im Referendariat die Ausbildungsliteratur nicht mehr so breit gefächert und bestimmte Lehrbücher oder Skripten haben den Ruf eines Klassikers inne, doch unterscheiden sich die Lernmaterialien zum Teil erheblich von den studentischen Lehrbüchern. Am Ende geht es darum, einen praktischen Lösungsweg auf das Papier zu bringen. Man sollte sich schnell für ein Lehrbuch oder Skript entscheiden und es dabei belassen. Alles andere führt häufig nur zu Irritationen und sorgt anderswo für Zeitnot. Weniger ist hier tatsächlich einmal mehr. Weil auch der juristische Sprachstil zur Benotung beiträgt, sei allen Referendar:innen empfohlen, möglichst viele Urteile und Lösungsskizzen zu lesen.

Liegen die Ergebnisse aus den schriftlichen Klausuren vor, beginnt spätestens jetzt die Vorbereitung auf die mündliche Prüfung. Diese startet in vielen Bundesländern mit einem Aktenvortrag. Hierbei erhalten Referendar:innen eine Prüfungsakte, deren Inhalt vor der Prüfungskommission in sachlicher und rechtlicher Sicht in freier Rede zu erörtern ist. Der Aktenvortrag ist der „Dosenöffner" für die mündliche Prüfung. Durch ihn lassen sich richtig Punkte sammeln. Man kann den Aktenvortrag also gar nicht oft genug üben. Im Anschluss folgen Prüfungsgespräche im Zivilrecht, Strafrecht, öffentlichen Recht und einem Schwerpunktbereich. Ist das gemeistert, ist eine neue Generation an Volljurist:innen geschaffen.

Das Referendariat in a nutshell: Worauf kommt es wirklich an?
Die Zeit des juristischen Vorbereitungsdiensts vergeht wie im Flug. So unterschiedlich wie die einzelnen Charaktere der angehenden Absolvent:innen sind, so verschieden kann auch das Referendariat verlaufen. Ein „goldenes Rezept" für ein gelungenes Referendariat gibt es nicht. Dennoch lassen sich aus vielen Gesprächen mit Ausbilder:innen und ehemaligen Referendar:innen einige allgemeine Tipps zusammenfassen:
- **Die Examensnote ist das Ticket nach oben:** Der Vorbereitungsdienst ist spannend. Referendar:innen können in dieser Zeit den CV wie einen bunten Blumenstrauß schmücken. Nichtsdestotrotz sollten sich die angehenden Volljurist:innen ein wichtiges Zitat des Altbundeskanzlers Helmut Kohl vor Augen halten: „Entscheidend ist, was hinten rauskommt." Und das ist die Examensnote. Für die meisten Berufe hat die Examensnote beim Karriereeinstieg die zentrale Bedeutung. Gelungene Stationszeugnisse und ein interessanter CV sind dagegen nur das Sahnehäubchen. Natürlich zählt der Gesamteindruck. Wie in den Klausuren, kommt es auch beim Vorbereitungsdienst auf eine gelungene Schwerpunktsetzung an.
- **Zufallsergebnisse minimieren:** Ausreißer lassen sich vermeiden, und zwar durch viel Übung. Insbesondere in den Klausuren im Zivilrecht stellen sich wiederkehrend ähnliche prozessuale Probleme zum Einstieg in die Klausur. Wer viele Probeklausuren geschrieben hat, erkennt die Probleme treffsicher und kann dadurch eine allzu große Nervosität zu Beginn der Examensklausur unterbinden. Dadurch bleibt Mut und Zeit für die Probleme im materiellen Recht. Das ist wichtig.

- **Was die Welt im Innersten zusammenhält:** Das materielle Recht hat auch für die Klausuren im Zweiten Staatsexamen eine enorme Bedeutung. So banal es klingen mag: Allein mit dem Prozessrecht können Richter:innen und die Anwaltschaft einen Fall nicht lösen. Gestritten wird um das materielle Recht. Deswegen muss das materielle Recht im Vorbereitungsdienst kontinuierlich wiederholt werden. Immer wieder stellen Absolvent:innen nach der ersten juristischen Staatsprüfung die Frage, ob man mit einer bestimmten Punktzahl den Verbesserungsversuch schreiben soll. Bei noch ausreichender Kraft lautet die nüchterne Antwort eindeutig: Ja! Die Zeit eignet sich wunderbar, um Lücken im materiellen Recht zu schließen. Eine Zeit, die man aufgrund der Stofffülle während des Referendariats nicht mehr finden wird.
- **Zeitmanagement:** Examensklausur, Vorbereitungsdienst und beruflicher Alltag sind sehr verschieden, doch eint sie eine Sache: Zeitdruck. Jurist:innen arbeiten unter Zeitfristen. Bis zu einem bestimmten Stichtag muss ein Ergebnis geliefert werden. Insbesondere Referendar:innen haben keine Zeit, um einfach in den Tag hineinzuleben. Es ist nicht möglich, mehrere Lehrbücher zu einem Thema zu lesen, ergänzend drei Probeklausuren in einer Woche zu schreiben, die Akten für die Ausbilder:innen vorzubereiten und daneben einem zeitintensiven Hobby nachzugehen. Erforderlich ist ein strammer Zeitplan, der Lerneinheiten, Stationsarbeit, Probeklausuren und Erholungsphasen berücksichtigt. Die Letzteren bitte nicht vergessen.
- **Niemals aufgeben:** Die juristische Ausbildung entspricht nicht selten einem Hamsterrad. Diesen Eindruck haben insbesondere sehr gute Kandidat:innen. Es ist absolut in Ordnung, wenn eine Klausur mal nicht gut läuft, man ein Problem im Lehrbuch nicht auf Anhieb durchdringt oder man an einem Tag schlichtweg keine Lust mehr hat. Diese Phasen durchläuft jeder. Wichtig ist allein, wieder aufzustehen und weiterzumachen. Ein gelungener Einstieg erfordert Euphorie, ein gutes Ende Disziplin.

Weiterbildung und zusätzliche Abschlüsse

von Dr. Daniel Voigt

Der Erwerb von Zusatzqualifikationen ist für eine erfolgreiche berufliche Tätigkeit keine zwingende Voraussetzung. Zusatzqualifikationen können den Berufseinstieg aber erleichtern und die weitere Karriere fördern. Sie können helfen, weniger geglückte Examina aufzuwerten. Zusatzqualifikationen können sich auch in einem höheren (Einstiegs-)Gehalt niederschlagen. Der BFH urteilte, dass z. B. mit einem LL.M. die Chancen auf den erstrebten Arbeitsplatz erheblich verbessert seien.[1]

Angesichts der Vielzahl möglicher Weiterbildungsalternativen stellt sich vielen Absolvent:innen die Frage, nach welchen Kriterien sie eine Zusatzqualifikation auswählen sollen. In erster Linie sollte die Entscheidung von den persönlichen Neigungen und Interessen abhängig gemacht werden. Daneben sind auch die (langfristigen) Karriereziele zu berücksichtigen. Davon kann abhängen, ob – und wenn ja, welche – Weiterqualifizierung sinnvoll ist.

Es bringt Vorteile, sich möglichst frühzeitig mit den verschiedenen Möglichkeiten von Zusatzqualifikationen oder beruflicher Weiterbildung auseinanderzusetzen. Denn viele Zusatzqualifikationen erfordern eine gewisse Vorbereitung. Bei LL.M.-Programmen werden beispielsweise Professorengutachten oder Sprachtests verlangt. Auch wer eine Promotion anstrebt, sollte Vorlaufzeiten für Stipendienbewerbungen oder die Themensuche einkalkulieren. Im Folgenden werden angesichts der Vielzahl der Möglichkeiten nur die von Jurist:innen häufig gewählten Zusatzqualifikationen kursorisch vorgestellt.

Promotion

Die Promotion ist für Jurist:innen noch immer die „klassische" Zusatzqualifikation und erfreut sich anhaltender Beliebtheit[2] – trotz gewisser Reputationsverluste in der Öffentlichkeit durch Titelentzugsverfahren gegen Personen des öffentlichen Lebens. Allein im letzten statistisch erfassten Prüfungsjahr 2021 promovierten laut Statistischem Bundesamt 9.551 junge Jurist:innen[3]. Der BGH meint, dass einer Person mit Doktortitel „in der breiten Öffentlichkeit ein besonderes Vertrauen in [ihre] intellektuellen Fähigkeiten, [ihren] guten Ruf und [ihre] Zuverlässigkeit" entgegengebracht werde.[4]

---

1 BFH, BFH/NV 2004, S. 32 f.

2 Ausführlich zur Beliebtheit und den Effekten einer Promotion: Kilian: *JuS* 2017, S. 187 ff.

3 www.destatis.de/DE/Themen/Gesellschaft-Umwelt/Bildung-Forschung-Kultur/Hochschulen/Publikationen/Downloads-Hochschulen/promovierendenstatistik-5213501217004.pdf?__blob=publicationFile

4 BGH, *NJW* 1970, S. 704.

Eine Promotion besteht grundsätzlich in der Anfertigung einer wissenschaftlichen Arbeit (Dissertation) sowie einer mündlichen Prüfung (Rigorosum oder Disputation). Das Promotionsvorhaben endet mit der Veröffentlichung der Arbeit. Die Promotion steht nicht nur denjenigen offen, die überdurchschnittliche Examensergebnisse erzielt haben. Unter bestimmten Voraussetzungen gestatten die Promotionsordnungen der Universitäten die Zulassung zur Promotion auch, wenn kein Prädikatsexamen erzielt wurde.

Für eine wissenschaftliche Karriere in Deutschland ist eine Promotion wohl nach wie vor unverzichtbar. Daneben wird dem Doktortitel besonders im Öffentlichen Dienst, aber auch in Unternehmen oder Kanzleien eine große Wertschätzung entgegengebracht. In der freien Wirtschaft drückt sie sich oftmals in höheren Einstiegsgehältern aus. Dabei dürfte im Vergleich zu anderen Zusatzqualifikationen besonders im Öffentlichen Dienst und bei konservativen Arbeitgebern die Wertschätzung eines Doktortitels noch höher zu bewerten sein als die für Postgraduiertenabschlüsse wie etwa den LL.M. Bei internationalen Arbeitgebern kann diese Einschätzung allerdings umgekehrt ausfallen. Eine deutsche Promotion wird hier nicht unbedingt mit Internationalität und über den eigenen Rechtskreis hinausgehenden Kenntnissen assoziiert, die jedoch oft für eine Einstellung gefordert werden.

Wer eine Promotion anstrebt, sollte sich zuvor intensiv mit den verschiedenen Facetten dieses Projekts auseinandersetzen. Ratgeber können einen ersten Überblick über die relevanten Aspekte einer Promotion bieten.[5] Für eine Promotion sollte man ein Mindestmaß an Freude am wissenschaftlichen Arbeiten und am gewählten Thema mit- und aufbringen.[6] Im Gegensatz zu anderen Qualifikationsmöglichkeiten steht bei einer Promotion die intensive wissenschaftliche Auseinandersetzung mit einem bestimmten Thema im Vordergrund. Selbstdisziplin und eigenständiges Arbeiten sind unverzichtbare Voraussetzungen. Auch die Dauer des Vorhabens sollte bei der Entscheidung berücksichtigt werden. Selbst wenn einige Promotionsvorhaben in kurzer Zeit durchgeführt werden, so beanspruchen die meisten Vorhaben doch mehrere Jahre.

---

5 Speziell für Jurist:innen der Ratgeber von v. Münch/Mankowski (2013): *Promotion*, Tübingen. Allgemein: Preißner (Hrsg.) (2001): *Promotionsratgeber*, München; Nünning (Hrsg.) (2007): *Handbuch Promotion*, Stuttgart/Weimar; Stock (Hrsg.) (2014): *Erfolgreich promovieren*, Berlin/Heidelberg.

6 Hierzu: Peters (Hrsg.) (2007): *Promotionsgeschichten: ein Lesebuch über die Freude wissenschaftlichen Arbeitens*, Waldkirchen.

LL.M., MBA und Co. – Aufbaustudiengänge für Jurist:innen

Die Teilnahme an einem Postgraduiertenprogramm ist eine ebenfalls von vielen Jurist:innen gewählte Form der Weiterqualifikation. Der Master of Laws (LL.M.) ist der am häufigsten angestrebte Postgraduiertenabschluss für Jurist:innen.

Aber auch andere Postgraduiertenabschlüsse, wie z. B. ein Master of Business Administration (MBA), können eine Option sein. Der MBA vermittelt in der Regel allgemeine Management-Kenntnisse mit starkem Praxisbezug und lehrt Grundkenntnisse der Volks- und Betriebswirtschaft. MBA-Programme dauern etwa ein bis zwei Jahre – abhängig vom Modell (Voll- oder Teilzeit) und vom Standort (MBAs in den USA dauern im Schnitt länger als in Europa). Der MBA ist insbesondere dann für Jurist:innen interessant, wenn eine wirtschaftsnahe rechtliche Tätigkeit oder eine Tätigkeit außerhalb der klassischen Rolle des Anwalts oder der Anwältin angestrebt wird, beispielsweise in Beratungsunternehmen. Dreimal im Jahr organisiert z. B. e-fellows.net einen MBA Day mit renommierten Business Schools aus Europa (und teilweise den USA) – nähere Infos dazu unter www.e-fellows.net/mbaday. Ein Master of Public Administration vermittelt verwaltungswissenschaftliche und ein Master of International Relations politikwissenschaftliche Kenntnisse. Auch diese Abschlüsse können für zukünftige, nicht ausschließlich juristische Tätigkeiten von Interesse sein.

In den letzten Jahren ist ein stetig wachsendes Angebot an Postgraduiertenstudiengängen zu verzeichnen. Dies ist ein Indiz nicht nur für einen steigenden Bedarf an einer zusätzlichen, sondern häufig auch einer internationalen Ausbildung. Es ist auch ein Hinweis auf eine zunehmende Wertschätzung dieser Form der Zusatzqualifikation durch Arbeitgeber. Insbesondere grenzüberschreitend arbeitende Kanzleien und Unternehmen schätzen internationale Erfahrungen und Kenntnisse.

LL.M.-Programme dauern typischerweise ein Jahr. Sie werden vor allem im Ausland, zunehmend aber auch in Deutschland angeboten. Ziel vor allem der ausländischen Programme ist es, den Student:innen die Einführung in einen fremden Rechtskreis zu ermöglichen sowie den Erwerb von Spezialkenntnissen zu fördern. Mittlerweile bieten viele Universitäten speziell ausgerichtete LL.M.-Programme an, z. B. im See-, Energie- oder Baurecht. Der LL.M. dient daneben auch dem Erwerb von Sprachkenntnissen sowie der Erweiterung des persönlichen Horizonts.

Angesichts der Fülle der angebotenen LL.M.-Programme[7] und der mannigfachen Gestaltungsmöglichkeiten ist es für Interessent:innen nicht leicht, das individuell passende LL.M.-Programm auszuwählen. Zentrale Fragen bei der Wahl eines Programms können z. B. die inhaltliche Ausrichtung des Programms, der Zeitpunkt des Studiums, Qualität und Ansehen der Universität, der Studienmodus (Vollzeit, Teilzeit oder Fernstudium) und die Finanzierung sein. Diese und andere Fragen werden aus-

---

[7] Ein guter Überblick über Postgraduiertenprogramme findet sich unter llm-guide.com/schools, study-uk.britishcouncil.org oder www.petersons.com.

führlich in Ratgebern beantwortet.[8] Erfahrungsberichte finden sich in *Der LL.M.* aus der Reihe e-fellows.net wissen sowie in den Ausbildungszeitschriften *JuS*, *Jura* und *JA*. Informationen aus erster Hand und persönlichen Kontakt zu Vertreter:innen renommierter Law Schools bietet der e-fellows.net LL.M. Day (www.e-fellows.net/llm). Wichtig ist es, sich frühzeitig im Studium mit dem Thema LL.M. zu beschäftigen. Gerade wenn ein LL.M.-Abschluss im Ausland angestrebt wird, sind Vorbereitung, Bewerbung und Organisation zeitaufwendig. Idealerweise sollten sich Studierende ein Jahr vor dem möglichen Beginn eines Postgraduiertenstudiums näher mit den sich bietenden Optionen beschäftigen.

Promotion oder LL.M.?
Unabhängig von der Wertschätzung der jeweiligen Abschlüsse wird die Promotion vor dem Hintergrund begrenzter zeitlicher und monetärer Ressourcen meist als Alternative zum LL.M. angesehen. Die häufig gestellte Frage „Promotion oder LL.M.?" lässt sich jedoch nicht eindeutig beantworten. Wer nur einen der beiden Abschlüsse anstrebt, sollte neben seinen persönlichen Präferenzen Folgendes berücksichtigen:

- **Zeitaufwand:** Eine Promotion nimmt in der Regel mehr Zeit in Anspruch als ein LL.M.
- **Fremdsprachenkenntnisse:** Ein im Ausland absolvierter LL.M. vermittelt hingegen nicht nur über den eigenen Rechtskreis hinausgehende Kenntnisse, sondern hilft, den sprachlichen und kulturellen Horizont zu erweitern. Eine Promotion vermittelt solche Kenntnisse in der Regel nicht.
- **finanzieller Aufwand:** Der finanzielle Aufwand ist für eine Doktorarbeit meist geringer, da keine hohen Studiengebühren anfallen. Durch die längere Dauer der Promotion kann man aber häufig erst später eine berufliche Tätigkeit aufnehmen und verdient während der Promotion verglichen mit schon früher ins Berufsleben eingestiegenen LL.M.-Absolvent:innen weniger oder gar nichts. Dieser Verdienstausfall kann bei wirtschaftlicher Betrachtung zu vergleichbaren Kosten von LL.M. und Promotion führen.
- **Bewerbungsaufwand:** Eine Promotion erfordert keine so umfangreiche Bewerbung wie ein LL.M.
- **Abbrecherquote:** Die Abbrecherquote ist bei Promotionen relativ hoch. Die Gefahr, bei einem LL.M. zu scheitern, ist sehr gering.
- **persönliches Umfeld:** Bei einer Promotion bewegen sich der Doktorand:innen in dem ihnen bekannten fachlichen und persönlichen Umfeld. Sie werden nicht wie bei einem LL.M. aus dem vertrauten Recht „herausgerissen", was den Einstieg in das Referendariat erleichtern kann. Bei einer Promotion ist, anders als für einen Vollzeit-LL.M. im Ausland, keine Umstellung der Lebensverhältnisse mit dem damit verbundenen hohen Aufwand nötig.

---

8 Eine allgemeine Einführung zum Thema bietet das Buch *Der LL.M. 2022*, herausgegeben von e-fellows.net. Detailinformationen zu einem LL.M.-Studium in den USA bieten Ackmann/Maengel (2008): *USA-Masterstudium für Juristen*, DAJV.

Promotion und LL.M.?
Eine Kombination von LL.M. und Doktorarbeit erscheint vielen Absolvent:innen reizvoll, da sie sowohl Durchhaltevermögen und fundierte Fachkenntnisse in einem Spezialgebiet als auch Fremdsprachenkenntnisse und den Einblick in ein ausländisches Rechtssystem unter Beweis stellen können. Zudem locken Synergieeffekte, da sich Erkenntnisse aus einem LL.M.-Studium oftmals im Rahmen einer Doktorarbeit verwerten lassen. Die Kombination von LL.M. und Promotion, in Anwaltskreisen spöttisch als „volle Kriegsbemalung" bezeichnet, kostet naturgemäß mehr Zeit und Geld als nur eine Qualifikation. Wer dennoch eine Kombination anstrebt, sollte dabei folgende Aspekte berücksichtigen: Um aus einem LL.M. einen optimalen Nutzen für das Promotionsvorhaben zu ziehen, sollte bereits vor dem Absolvieren des LL.M.-Studiengangs das Thema der Dissertation weitgehend feststehen. Dann kann zielgerichtet im Rahmen des LL.M.-Programms eine entsprechende Vertiefung erfolgen. Das Promotionsthema sollte auch geeignet sein, gewonnene Erkenntnisse z. B. im Rahmen eines rechtsvergleichenden Teils aufzunehmen. Dabei ist allerdings zu berücksichtigen, dass sich LL.M. und Promotion hinsichtlich ihrer Anforderungen deutlich unterscheiden. Typischerweise bedürfen die im Rahmen eines LL.M.-Programms gewonnenen Erkenntnisse einer Überarbeitung und Anpassung auf das (höhere) Niveau einer Promotion. Obwohl die Erzielung solcher Synergieeffekte mittlerweile durchaus üblich ist, sollte diese Vorgehensweise zur Vermeidung von Missverständnissen mit dem Doktorvater oder der Doktormutter abgeklärt werden.

Internationale Rechtsanwaltszulassung

Neben den genannten Zusatzqualifikationen kann auch der Erwerb einer Rechtsanwaltszulassung in einem anderen Land eine interessante Option sein. Gut lässt sie sich mit einem LL.M.-Studium kombinieren, wobei ein LL.M.-Studium keine Voraussetzung für die Zulassung als Rechtsanwalt oder Rechtsanwältin im Ausland ist. Eine weitere Rechtsanwaltszulassung in einem anderen Land bietet vor allem zwei Vorteile: Mit der Zulassung können sich zum einen die Chancen eines Berufseinstiegs in dem betreffenden Land erhöhen, zum anderen wird sie bei einer späteren Tätigkeit in Deutschland vom Arbeitgeber häufig wohlwollend zur Kenntnis genommen. In Deutschland zugelassene Rechtsanwält:innen können sich grundsätzlich in anderen europäischen Ländern niederlassen und umgekehrt.[9] Am häufigsten wird eine Zulassung für die USA oder England angestrebt.

USA
Um den Status eines Attorney at Law zu erwerben, muss man das Bar Exam ablegen. Umfangreiche Informationen hierzu bietet die American Bar Association unter www.americanbar.org/groups/legal_education an. Das Bar Exam wird an zwei Tagen abgelegt. In einigen wichtigen Bundesstaaten, wie z. B. New York und Kalifornien, wird das Bar Exam wie folgt abgehalten: An einem Tag wird das Multistate Bar Exam (MBE) durchgeführt. Geprüft wird das Einheitsrecht der Bundesstaaten. Es besteht aus

---

9   Zur Anerkennung von Hochschuldiplomen vgl. Richtlinie 2005/36/EG vom 07.09.2005 über die Anerkennung von Berufsqualifikationen. Allerdings sind regelmäßig Eignungstests abzulegen. Vgl. hierzu das Gesetz über die Tätigkeit europäischer Rechtsanwält:innen in Deutschland (EuRAG). Zur Zulassung als Avocat in Frankreich: Beckmann: *EuZW* 1994, S. 337 f.

200 Multiple-Choice-Fragen aus den Bereichen Torts, Contracts, Constitutional Law, Criminal Law, Real Property und Evidence. Am anderen Tag wird das einzelstaatliche Recht des jeweiligen Bundesstaats geprüft. Auch dieser Prüfungsteil lässt sich typischerweise in zwei weitere Teile unterteilen. Zum einen sind fünf Essays zu verfassen, zum anderen fünfzig Multiple-Choice-Fragen zu beantworten (www.nybarexam.org).

Die National Conference of Bar Examiners (NCBE) hat im Juli 2011 ein Uniform Bar Exam (UBE) entwickelt. Das UBE besteht aus dem MBE, der Multistate Essay Examination (MEE) und dem Multistate Performance Test (MPT). Dieser Test ist vereinheitlicht und findet zeitgleich in allen Bundesstaaten statt, die das UBE eingeführt haben. Er bietet die Möglichkeit, die Ergebnisse des Bar Exam unter den Bundesstaaten zu vergleichen. Mittlerweile haben 41 Bundesstaaten den UBE eingeführt.[10] Die Zulassungsvoraussetzungen sind von Bundesstaat zu Bundesstaat verschieden.[11] Für ausländische Kandidat:innen sind sie zum Beispiel beim New York Bar besonders günstig. Dort genügen für die Zulassung derzeit ein ausländisches Studium der Rechte sowie ein in den USA erworbener Master of Laws. Der LL.M. muss an einer von der American Bar Association anerkannten Law School absolviert werden und gewissen Anforderungen entsprechen – zum Beispiel müssen mindestens 24 Credit Points pro Semester erbracht werden. In der Regel ist für das Bar Exam eine intensive Vorbereitung von rund zwei Monaten erforderlich.[12] Zur Vorbereitung werden (kostenpflichtige) Bar Review Courses von verschiedenen Anbietern offeriert. Weitere Informationen zu den Kursen finden sich auf den Internetseiten von Anbietern der Vorbereitungskurse (siehe z. B. www.barbri.com). Der Besuch eines LL.M.-Programms kann somit das anschließende Ablegen des Examens ermöglichen und erleichtern, insbesondere wenn inhaltlich gewisse Übereinstimmungen mit den Anforderungen des Bar Exam bestehen.

England

In England und Wales wird im Grundsatz zwischen den Barristers, die die gerichtliche Vertretung übernehmen, und den Solicitors, die anwaltlich beraten, unterschieden.[13] Aufgrund jüngerer Entwicklungen ist es aber auch Solicitors in zunehmendem Maße möglich, Mandanten vor Gericht zu vertreten. Seit dem 1. September 2021 sind neue Regeln für die Zulassung von ausländischen Anwält:innen in Großbritannien über die Solicitor Qualifying Examination (SQE) in Kraft getreten. Ausländische Bewerber:innen müssen für das Ablegen des SQE formal keine Arbeitserfahrung vorweisen. Für diese Prüfung müssen die Bewerber:innen über einen ausländischen Abschluss verfügen, der in England dem für den Legal Practice Course geforderten Abschluss entspricht. Die Voraussetzung ist ein Abschluss des Niveau 6 des Europä-

---

10 Eine ausführliche Übersicht über die Bundesstaaten, die das UBE eingeführt haben, findet sich unter www.ncbex.org/exams/ube/list-ube-jurisdictions.

11 Eine Übersicht findet sich unter reports.ncbex.org/comp-guide.

12 Alle Anforderungen unter www.nybarexam.org/Foreign/ForeignLegalEducation.htm.

13 Zum Berufsrecht in Großbritannien ausführlich Bohlander, AnwBl. 1993, S. 309 ff. (Einleitung), S. 361 ff. (Barristers), S. 594 ff. (Solicitors and Foreign Lawyers); Darstellung bei Wörlen, JA 2006, S. 78 ff.; Hingst, Jura 2004, S. 716 ff. m.w.N. Das Verfahren in Schottland weicht von dem in England und Wales ab.

ischen Qualifikationsrahmens (EQR) oder höher,[14] das deutsche Staatsexamen erfüllt diese aufgrund der Einstufung als Abschluss auf Niveau 7 des EQR.[15] Darüber hinaus müssen sie auch den zweiteiligen Test bestehend aus einem multiple-choice Anteil (SQE 1) und einem Anteil mit starkem Praxisbezug (SQE 2) zum Wissen über englisches Recht bestanden haben und die von der Solicitors Regulation Authority festgelegten Anforderungen an die persönliche Zuverlässigkeit erfüllen. Eine weitere Voraussetzung zur Zulassung als Solicitor ist das Absolvieren einer zweijährigen Qualifying Work Experience (QWE), diese ist nicht zwingend in einem Block abzulegen.[16] Diese Voraussetzung besteht nicht für sogenannte Qualified Lawyers (zugelassene Anwälte mit einem juristischen Abschluss auf Niveau 6 des EQR oder höher).[17] Die Bewerber:innen können für die Vorbereitung der Prüfung zum englischen Recht an speziellen Kursen teilnehmen. Die Solicitors Regulation Authority kann auch Personen als Solicitor zulassen, wenn die Arbeitserfahrungen als Anwält:innen im Ausland sowie die Abschlüsse die Erwartung rechtfertigen, dass die Bewerber:innen bereits über einige oder alle erforderlichen Fähigkeiten verfügen, um Solicitor zu werden.

Anderenfalls führt der Weg zum Solicitor grundsätzlich über ein dreijähriges Studium der Rechte, an das sich für ein Jahr der Legal Practice Course anschließt. Danach muss eine mit dem Referendariat entfernt vergleichbare zweijährige praktische Zeit als Trainee Solicitor in einer Kanzlei absolviert werden. Um den Zugang zum Legal Practice Course zu erhalten, kann man alternativ zum dreijährigen Studium der Rechte auch im Anschluss an ein beliebiges Studium einen einjährigen Kurs besuchen, der mit dem Common Professional Certificate abschließt. Ein LL.M.-Abschluss eröffnet diesen Weg in der Regel nicht.

Fachanwalt/Fachanwältin

von Dr. Christian Reichel

Pro und Contra
Die Ausbildung zum Fachanwalt oder zur Fachanwältin ist in vielen Fällen eine lohnende Investition in das eigene Qualifikationsprofil. Untersuchungen zeigen, dass Rechtsuchende sich eher an Fachanwält:innen wenden und dass Fachanwält:innen im Durchschnitt ein höheres Einkommen erzielen. Die Bundesrechtsanwaltskammer (BRAK) stellt Statistiken zur Entwicklung der Fachanwaltszahlen seit 1960 zusammen. Besonders hohen Zulauf haben die Fachanwält:innen für Arbeitsrecht (2022 in Deutschland über 11.055). In den letzten Jahren wurde eine ganze Reihe von neuen

---

14 Detaillierte Übersicht zu den Voraussetzungen www.lawsociety.org.uk/career-advice/becoming-a-solicitor/qualifying-from-abroad-to-work-in-england-and-wales#degree.

15 Einstufung des BMI: www.dqr.de/dqr/shareddocs/qualifikationen-neu/de/Staatsexamen-Rechtswissenschaften-9-Sem.html?nn=365830.

16 Übersicht zu den Anforderungen an die QWE: www.lawsociety.org.uk/career-advice/becoming-a-solicitor/solicitors-qualifying-examination-sqe/qualifying-work-experience-qwe.

17 Detaillierte Übersicht zu den Voraussetzungen www.lawsociety.org.uk/career-advice/becoming-a-solicitor/qualifying-from-abroad-to-work-in-england-and-wales#degree.

Fachbereichen für den Fachanwaltstitel geöffnet, wie etwa das Handels- und Gesellschaftsrecht, das Verkehrsrecht, das Vergaberecht und das Migrationsrecht. Es ist zu erwarten, dass immer mehr Anwält:innen den Fachanwaltstitel anstreben werden. Für einzelne Anwält:innen bietet die besondere Fortbildung und Ausrichtung auf ein Fachgebiet die Möglichkeit, die Qualität der Beratung zu steigern und gegenüber dem Rechtsuchenden an Profil zu gewinnen. Für viele Anwält:innen ist die Erlangung eines Fachanwaltstitels Teil der eigenen Marketingstrategie. Inwieweit neben der Spezialisierung auch das Werben mit der Fachanwaltsbezeichnung erforderlich ist, um eine eigene anwaltliche Praxis zu entwickeln, hängt von den konkreten Umständen der Tätigkeit und dem regionalen Markt ab. Im Einzelfall kann es sogar schädlich sein – etwa, weil man als Spezialanwalt oder Spezialanwältin wahrgenommen wird und das Fallaufkommen nicht genug für eine umfassende anwaltliche Praxis hergibt. Die Entscheidung, Fachanwalt oder Fachanwältin zu werden, ist zunächst ein erhebliches Investment in die eigene Ausbildung und muss als solches sorgfältig bedacht werden und sich in die eigene Marketingstrategie einfügen.

Zulassungsvoraussetzungen
Wie man Fachanwalt oder Fachanwältin wird, ist in der Fachanwaltsordnung (FAO) geregelt. Voraussetzung zur Erlangung des Titels sind zum einen theoretische Kenntnisse und zum anderen der Nachweis einer bestimmten Fallzahl. Die theoretischen Kenntnisse werden durch die Teilnahme an einem auf die Fachanwaltsbezeichnung vorbereitenden anwaltsspezifischen Lehrgang und jährliche Fortbildungsveranstaltungen erworben. Die besondere praktische Erfahrung ergibt sich aus Tätigkeitsnachweisen im jeweiligen Fachgebiet. Die Anforderungen sind für die einzelnen Fachgebiete sehr unterschiedlich (vgl. §§ 5 und 10 FAO). Nur als Beispiel sei das Arbeitsrecht herausgegriffen, für das 100 Fälle nachgewiesen werden müssen – davon mindestens fünf Fälle aus dem Bereich des Kollektivarbeitsrechts und mindestens die Hälfte der Fälle in Gerichts- oder rechtsförmlichen Verfahren. Zusätzlich ist noch ein Fachgespräch vor dem Fachanwaltsausschuss vorgesehen, von dem jedoch je nach Gesamteindruck der vorgelegten Zeugnisse und schriftlichen Unterlagen abgesehen werden kann.

Praktische Erfahrung und Fortbildung
Der Vorbereitungskurs zur Erlangung der theoretischen Kenntnisse kann jederzeit und auch schon während des Referendariats belegt werden. Die praktische Erfahrung muss jedoch innerhalb der letzten drei Jahre vor Antragstellung im Fachgebiet durch einen Rechtsanwalt oder eine Rechtsanwältin persönlich und weisungsfrei erlangt worden sein. Insoweit kann der Fachanwaltstitel erst drei Jahre nach der Zulassung als Rechtsanwalt oder Rechtsanwältin erworben werden. Es empfiehlt sich, den vorbereitenden Fachanwaltskurs in zeitlichem Zusammenhang mit dem Ablauf dieser drei Jahre oder im Anschluss daran zu absolvieren. Es ist hingegen nicht ratsam, dies zu tun, wenn es zumindest nicht wahrscheinlich ist, dass auch die erforderliche praktische Erfahrung erlangt werden kann. Wird der Antrag auf Erlangung einer Bezeichnung als Fachanwalt oder Fachanwältin nicht im selben Jahr gestellt, in dem auch der Vorbereitungslehrgang endet, ist in den Folgejahren bereits vor Antragstellung eine regelmäßige Fortbildung im Fachgebiet nachzuweisen. Hat man den Fachanwaltstitel einmal erworben, ist die regelmäßige Fortbildung im Fachgebiet Pflicht.

Wirtschaftsprüfer:in

von Ina M. Küchler

Zeitpunkt der Zusatzausbildung

Grundsätzlich gilt für jede Zusatzausbildung: je früher, desto besser. Je tiefer man in einen Beruf eingestiegen ist, desto schwieriger lässt sich die Zeit für eine Zusatzausbildung erübrigen. Die Zusatzausbildung zum Wirtschaftsprüfer oder zur Wirtschaftsprüferin ist ähnlich wie bei Steuerberater:innen keine Vollzeitausbildung wie ein Studium, sondern besteht letztlich aus einer Prüfung, die allerdings – im Gegensatz zum Steuerberaterexamen – in einzelnen Modulen in einem Zeitraum von bis zu sechs Jahren abgelegt werden kann und nicht bestandene Module können innerhalb dieses Zeitraums einzeln wiederholt werden.

Zugangsvoraussetzungen

Die Zulassungsvoraussetzungen für das Wirtschaftsprüferexamen ergeben sich grundsätzlich aus den §§ 5–9 der Wirtschaftsprüferordnung (WPO). Die Zulassung zum Wirtschaftsprüferexamen setzt grundsätzlich den Nachweis einer abgeschlossenen Hochschulausbildung voraus. Ähnlich wie beim Steuerberaterexamen kann diese Voraussetzung durch entsprechend längere Arbeitserfahrung ausgeglichen werden. Wird eine abgeschlossene Hochschulausbildung nachgewiesen, ist eine weitere Voraussetzung für die Zulassung der Nachweis dreijähriger (bei Regelstudienzeit von weniger als acht Semestern vierjähriger) einschlägiger Berufserfahrung. Diese Berufserfahrung muss klassischerweise durch die Tätigkeit bei einem oder einer Berufsangehörigen erworben worden sein. Anerkannt werden hier neben der Tätigkeit bei Wirtschaftsprüfer:innen oder einer Wirtschaftsprüfungsgesellschaft auch Tätigkeiten bei vereidigten Buchprüfer:innen, einer Buchprüfungsgesellschaft, einem genossenschaftlichen Prüfungsverband, der Prüfungsstelle eines Sparkassen- und Giroverbands oder bei einer überörtlichen Prüfungseinrichtung für Körperschaften und Anstalten des öffentlichen Rechts.

In diesen drei bzw. vier Jahren müssen Bewerber:innen mindestens für die Dauer von zwei Jahren überwiegend an Abschlussprüfungen teilgenommen und bei der Abfassung der Prüfungsberichte mitgewirkt haben. Aus dieser Forderung ergibt sich die Notwendigkeit des Nachweises von mindestens 53 Wochen Prüfungstätigkeit in einem Zeitraum von zwei Jahren. Die für die Zulassung geforderte drei- oder vierjährige Berufserfahrung kann für einen Zeitraum von bis zu einem Jahr durch eine verwandte Tätigkeit, beispielsweise eine Revisorentätigkeit in größeren Unternehmen, die Tätigkeit als Steuerberater:in (und nicht bei einem oder einer solchen) oder bedingt sogar durch eine entsprechende Tätigkeit im Ausland erfüllt werden. Grundsätzlich muss die geforderte drei- oder vierjährige Berufspraxis insgesamt nach Abschluss der Hochschulausbildung erworben worden sein. Eine Ausnahme für den Nachweis der Berufserfahrung für die Zulassung gilt für Absolvent:innen des Master-Studiengangs „Wirtschaftsprüfung", die die verkürzte Prüfung nach § 8a WPO ablegen. In dieser Variante kann die Zulassung zur Prüfung bereits früher erfolgen. Eine Bestellung als Wirtschaftsprüfer:in erfolgt allerdings frühestens nach der geforderten Berufstätigkeit. Es ist außerdem möglich, Teile des Examens bereits nach sechsmonatiger einschlägiger Berufserfahrung abzulegen. Liegt keine abgeschlossene Hochschulausbildung vor, muss für die Prüfungszulassung eine Tätigkeit wie oben beschrieben von mindestens zehn Jahren nachgewiesen werden. Alternativ wird auch eine Tätigkeit von fünf Jahren als vereidigter Buchprüfer oder vereidigte Buchprüfer:in oder als Steuerberater:in akzeptiert. Die für die Zulassung geforderte Prüfungstätigkeit kann in diesen Zeiträumen erfolgen. Der Nachweis der Tätigkeit und der Prüfungstätigkeit entfällt für Bewerber:innen, die seit mindestens fünfzehn Jahren – d. h. ohne Unterbrechung – den Beruf als Steuerberater:in oder Buchprüfer:in ausgeübt haben. Über diesen Weg können Anwält:innen und Steuerberater:innen in einer Wirtschaftskanzlei, wenn auch relativ spät im Berufsleben, auch ohne Prüfungstätigkeit zum Wirtschaftsprüferexamen zugelassen werden. Für Informationen zur Prüfungszulassung, der späteren Bestellung zum Wirtschaftsprüfer oder zur Wirtschaftsprüfer:in sowie zur Berufsausübung ist die Webseite der Wirtschaftsprüferkammer eine sehr hilfreiche Quelle (www.wpk.de).

Bei der Berechnung der nachzuweisenden praktischen Tätigkeit muss im Wirtschaftsprüferexamen beachtet werden, dass die Berufserfahrung bis zum Zulassungstermin gesammelt worden sein muss und nicht – wie im Steuerberatungsexamen – bis zum Prüfungstermin. Im Gegensatz zum Steuerberaterexamen führt hier ein Rücktritt nach Ladung zur Prüfung dazu, dass die Prüfung als nicht bestanden gilt. Nur wenn ein triftiger Grund vorliegt, beispielsweise eine schwerwiegende Erkrankung, wird der Prüfungsversuch nicht gezählt. Die Zulassung zur Prüfung erfolgt in der Regel zwei Monate vor dem Termin der schriftlichen Prüfungen. Haben Kandidat:innen das Steuerberaterexamen erfolgreich abgeschlossen oder verfügen sie über anrechenbare fachlich relevante Studienerfahrungen, kann das Examen in verkürzter Form abgelegt werden. Zur Beurteilung hier relevanter Studiengänge empfiehlt sich der Studienführer *Wirtschaftsprüfung* der Wirtschaftsprüferkammer.

Kosten

Die Zulassungs- und Prüfungsgebühren im Wirtschaftsprüferexamen sind wesentlich höher als die im Steuerberaterexamen. So werden zurzeit eine Zulassungsgebühr von 500 Euro und eine Prüfungsgebühr von 500 Euro pro Klausur, für das Vollexamen somit 3.500 Euro erhoben. Abhängig von der individuellen Art der Vorbereitung auf das Examen entstehen zusätzliche Kosten für Lehrbriefe oder die Teilnahme an entsprechenden Vorbereitungskursen. Eine Liste von Anbietern von Lehrgängen zur Vorbereitung auf die Prüfung als Wirtschaftsprüfer:in wird auf der Webseite der Wirtschaftsprüferkammer zur Verfügung gestellt, ohne dass damit eine Wertung oder gar eine Empfehlung verbunden wäre. Ein eventueller Verdienstausfall während der Zeit der Examensvorbereitung muss ebenfalls in die Berechnung der (Opportunitäts-) Kosten einbezogen werden. Bei der Frage der Finanzierungsmöglichkeiten des Examens spielt der Arbeitgeber sicher eine zentrale Rolle. Möglichkeiten des Ansparens von Urlaubstagen, zusätzlicher Freistellung für das Examen oder eventueller direkter Zuschüsse zu den Kosten sollten frühzeitig abgestimmt werden.

Der Titel des Wirtschaftsprüfers oder der Wirtschaftsprüferin ist nach wie vor eine der renommiertesten Berufsbezeichnungen in Deutschland und entsprechend qualifizierte Mitarbeiter:innen sind ein Aushängeschild für jede Kanzlei.

Steuerberater:in

von Jana Fischer

Steuerliche Rechtsberatung oder rechtliche Steuerberatung?
Bei Überlegungen zur strategischen Optimierung eines Unternehmens oder eines Konzerns aber auch bei Problemen mit der Finanzverwaltung ist stets sowohl rechtlicher als auch steuerlicher Rat erforderlich. Der hohe Spezialisierungsgrad von Rechts- und Steuerberatung führt häufig zu Reibungsverlusten zwischen diesen beiden Disziplinen. Den Steuerberater:innen wird es schnell zu juristisch, den Rechtsanwält:innen zu steuerlastig. Rechtsanwält:innen sind zwar grundsätzlich zur unbeschränkten Hilfe in Steuersachen (Steuerberatung) befugt (§ 3 Nr. 1 StBerG). In der Juristenausbildung kommt das Steuerrecht aber häufig zu kurz bzw. wird gar nicht behandelt. Gerade in Rechtsfeldern, bei denen die steuerlichen Folgen eine entscheidende Rolle spielen, sollten Rechtsanwält:innen ohne steuerrechtliche Expertise nicht eigenverantwortlich beraten. Für den (Nur-)Steuerberater ist die Beantwortung von Rechtsfragen hingegen nur erlaubt, wenn es sich um eine Nebenleistung handelt und keine isolierte rechtliche Prüfung des Einzelfalls vorliegt. Fälle echter Rechtsanwendung sind nach der Rechtsprechung des Bundesverfassungsgerichts allein den Rechtsanwält:innen vorbehalten. Die Vertretung in Zivilrechtsverfahren und Strafprozessen (Ausnahme: Steuerstrafverfahren) ist für Steuerberater:innen ebenso unzulässig wie vor Arbeitsgerichten. Erst durch die Vereinigung von vertieften rechtlichen und steuerrechtlichen Kenntnissen ergeben sich fachlich interessante und zugleich lukrative Beratungsmöglichkeiten. Der Titel Fachanwält:in für Steuerrecht wird dabei von Mandanten weniger geschätzt als der Titel Steuerberater:in.

Typische Tätigkeiten von Rechtsanwält:innen mit Steuerberaterqualifikation sind:
- die Gestaltungsberatung bei Unternehmenskäufen und -verkäufen, Reorganisationen oder Sanierungen sowie bei Immobilien- und Kapitalmarkttransaktionen,
- Verhandlungen mit der Finanzverwaltung über die steuerrechtliche Behandlung von geplanten Gestaltungen,
- die Begleitung finanzverwaltungsrechtlicher Verfahren wie Betriebsprüfungen und Einspruchsverfahren,
- die Begleitung finanzgerichtlicher oder steuerstrafrechtlicher Verfahren,
- die steuerrechtliche Beratung und Betreuung von vermögenden Privatkunden im Bereich von Vermögensanlagen.

Zulassungsvoraussetzungen
Die Zulassungsvoraussetzungen für das Steuerberaterexamen ergeben sich aus § 36 StBerG. Die Zulassung setzt grundsätzlich den Nachweis eines abgeschlossenen wirtschafts- oder rechtswissenschaftlichen Hochschulstudiums voraus sowie eine praktische Tätigkeit von mindestens 16 Wochenstunden auf dem Gebiet des Steuerrechts voraus. Die Dauer der praktischen Tätigkeit richtet sich nach der Regelstudienzeit. Wenn diese weniger als vier Jahre beträgt, muss die praktische Tätigkeit über einen Zeitraum von mindestens drei Jahren, sonst mindestens zwei Jahren ausgeübt worden sein. Der Nachweis des abgeschlossenen Hochschulstudiums kann durch entsprechend längere Arbeitserfahrung ausgeglichen werden. Das Steuerberaterexamen gilt als eines der anspruchsvollsten und schwierigsten Prüfungen. Es findet einmal jährlich statt. Laut Statistik der Bundessteuerberaterkammer lag die Bestehensquote

im Jahr 2020/2021 bei 53,1% (davon 46,9% in der schriftlichen Prüfung). Um sich angemessen auf die Prüfung vorbereiten zu können, ist bei nur geringen Kenntnissen im Steuerrecht eine mindestens zwei- bis dreimonatige Freistellung zur Vorbereitung auf die schriftliche Prüfung empfehlenswert.

Kosten
Neben einer Gebühr für die Antragsbearbeitung in Höhe von 200 Euro wird für die Prüfung eine Gebühr in Höhe von 1.000 Euro erhoben. Werden Vorbereitungskurse oder Lehrbriefe zur Vorbereitung verwendet, entstehen entsprechend zusätzliche Kosten. Hinzu kommt ein eventueller Verdienstausfall für die Dauer der Vorbereitung soweit der Arbeitgeber keine bezahlte Freistellung gewährt.

Berufsaussichten
Die Zusatzqualifikation als Steuerberater:in steigert die Berufsaussichten, denn der steuerliche Beratungsbedarf ist nach wie vor hoch und wird in Zukunft nicht zuletzt durch die hohe Komplexität weiter zunehmen. Steuerjurist:innen sind dabei gleichermaßen für Rechtsanwaltsgesellschaften und für Steuerberatungs- und Wirtschaftsprüfungsgesellschaften interessant. Aber auch im Unternehmensbereich werden häufig Steuerjurist:innen gesucht.

Mediator:in

von Prof. Dr. Jörg Risse

Geschäftsfeld mit Zukunft
Wen man als Jurist:in Karriere machen will, kann zwei Strategien verfolgen: Entweder man konzentriert sich auf ein arbeitsintensives Geschäftsfeld mit vielen Konkurrent:innen, gegen die es sich durchzusetzen gilt. Oder aber man fokussiert sich auf ein Geschäftsfeld, das erst im Entstehen begriffen ist und bei dem man darauf hoffen muss, dass es sich dauerhaft etabliert. Wer Mediator:in werden will, setzt auf die zweite Strategie. Von der Ausbildung profitieren wird man dabei immer, weil die erworbenen Kenntnisse vielfältig einsetzbar sind. Mediator:innen sind besonders geschulte Dritte, die Streitparteien dabei helfen, ihren Konflikt in strukturierten Verhandlungen beizulegen. Um die Tätigkeit auszuüben, müssen Mediator:innen Kenntnisse im Bereich der Verhandlungsführung und der Konflikttheorie erwerben. Dagegen sind besondere Vorkenntnisse nicht erforderlich, sodass neben Jurist:innen auch Psycholog:innen und Angehörige anderer Berufsgruppen als Mediator:innen tätig sind. „Mediator:in" ist in Deutschland bislang eine ungeschützte Berufsbezeichnung. Nach den Vorgaben des neuen Mediationsgesetzes muss aber eine qualifizierte Ausbildung durchlaufen, wer sich „zertifizierter Mediator" oder „zwetifizierte Mediator:in" nennen will.

Sinnvoll ist die Zusatzausbildung als Mediator:in für Jurist:innen, die gerne Konflikte betreuen – sei es in Gerichtsprozessen, Schiedsverfahren oder Verfahren außergerichtlicher Streitbeilegung wie der Mediation. Immer stärker verlangen Konfliktparteien, dass ihre Anwäl:innen sie nicht stereotyp auf den Prozessweg verweisen, sondern alternative Streitbeilegungsmöglichkeiten mit ihnen erörtern. In den letzten Jahren hat die Mediation in Deutschland deshalb einen starken Aufschwung genommen. Das liegt unter anderem an mehreren Pilotprojekten deutscher Gerichte, wo (Richter-)Mediator:innen die Mediation als Alternative zum staatlichen Prozess anbieten. Das im Jahr 2012 in Kraft getretene Mediationsgesetz machte das Verfahren weiter bekannt. Die förmliche Anerkennung durch den Gesetzgeber senkt die Hemmschwelle, dieses Streitbeilegungsverfahren auszuprobieren. Für absehbare Zeit wird aber kaum jemand allein über die Mediation seine Brötchen verdienen können. Es gibt in Deutschland immer noch recht wenige privat durchgeführte Mediationen.

Zwei Berufsfelder
In den letzten Jahren haben sich zwei Berufsfelder für Mediator:innen herausgebildet: Einmal ist dies die Familien- oder Scheidungsmediation, bei der Mediator:innen versuchen, eine einvernehmliche Trennung der Eheleute zu ermöglichen. Das ist besonders dann sinnvoll, wenn die Eheleute auch über die Scheidung hinaus noch viele Jahre ein vernünftiges Arbeitsverhältnis zueinander haben müssen, etwa weil es gemeinsame Kinder gibt oder Unterhaltszahlungen über einen langen Zeitraum laufen werden. Das andere, immer wichtiger werdende Berufsfeld ist die Wirtschaftsmediation, in der Unternehmen um Ansprüche streiten. Hier wenden sich die Unternehmen der Mediation zu, weil ihnen (Schieds-)Gerichtsverfahren schlicht zu lange dauern und zu teuer sind. Eine einfache Kontrollüberlegung zeigt, dass Mediation funktioniert: Wenn inzwischen über die Hälfte aller größeren Wirtschaftskonflikte durch einen Vergleich beigelegt werden, meist nach jahrelangem Prozess, hätte diese Streitigkeit bei unveränderter Faktenlage doch auch nach wenigen Wochen beigelegt werden können. Das geschieht schlicht deshalb nicht, weil die Parteien falsch verhandeln. Hier setzt die Mediation an, indem sie Vergleichsverhandlungen optimiert.

Ausbildung
Wer Mediator:in werden möchte, sollte nach Abschluss eines Studiums mit einer entsprechenden Zusatzausbildung beginnen. Ohnehin verlangen die meisten (privaten) Ausbildungsinstitute ein abgeschlossenes Studium oder eine vergleichbare Berufsausbildung. Das Mediationsgesetz gibt über eine nachgelagerte Rechtsverordnung Dauer und Inhalt der Ausbildung vor, die erforderlich ist, um zertifizierte Mediatorin oder zertifizierter Mediator zu werden. Die Rechtsverordnung fordert insoweit 120 Ausbildungsstunden, in denen die theoretischen Inhalte der Mediation vermittelt und mithilfe von Rollenspielen eingeübt werden. Daneben ist der Nachweis von (begrenzten) Praxiserfahrungen erforderlich, um den Titel führen zu dürfen.

Kosten
Als Richtgröße für die entstehenden Ausbildungskosten kann man von einem Betrag zwischen 5.000 und 8.000 Euro ausgehen. Langjährig erfolgreiche Ausbildungsinstitute sind etwa das EUCON-Institut in München (www.eucon-institut.de) oder die Centrale für Mediation in Köln (www.centrale-fuer-mediation.de). Schließlich bietet die Universität Frankfurt/Oder eine renommierte Zusatzausbildung in Mediation an. Wer sich für eine solche Ausbildung entscheidet, sollte künftig sicherstellen, dass diese den gesetzlichen Anforderungen zur Erlangung der Bezeichnung „zertifizierte Mediatorin" oder „zertifizierter Mediator" genügt. Der Schwerpunkt der Ausbildung liegt in der Vermittlung von Soft Skills, also den sogenannten Schlüsselqualifikationen. Als Mediator:in lernt man, professionell zu verhandeln und auch mit emotional aufgeladenen Situationen umzugehen. Das sind Kenntnisse, die man auch unabhängig von einer Mediation im Berufsalltag einsetzen kann. Insofern lohnt die Ausbildung als Mediator:in immer. Wer indes damit seinen Lebensunterhalt verdienen will, braucht einen langen Atem.

Der LL.M.

Jeden März erscheint die neue Auflage unseres Karriereratgebers *Der LL.M.*

Welcher LL.M. ist der richtige? Das Buch hilft bei der Entscheidung und der Suche nach dem geeigneten LL.M.-Programm. Persönliche Erfahrungsberichte und Praxistipps für die Bewerbung an Unis und für Stipendien helfen bei der Planung des Studiums. Namhafte Hochschulen und große Kanzleien stellen ihre Angebote für Jurist:innen vor.

e-fellows.net-Stipendiat:innen können bei Erscheinen des Buchs die Printausgabe kostenlos bestellen. e-fellows.net-Mitglieder ohne Stipendium und Stipendiat:innen können das E-Book dauerhaft kostenlos herunterladen.

www.e-fellows.net/Der-LLM

3. Einstieg und Karriere

166 Karrierewege für Jurist:innen
166   Karrierewege in der Justiz
170   Einstieg und Aufstieg in Wirtschaftskanzleien
174   Wechsel zwischen Wirtschaft und Staatsdienst
177   Von der Wirtschaftskanzlei in die Wirtschaft
180 Vorbereitung auf die Bewerbung
180   Tipps für die Bewerbung
182   Die Bewerbungsunterlagen
187   Vorbereitung auf das Bewerbungsgespräch
192   Musterdokumente
202   Bewerbung bei internationalen Organisationen

Karrierewege für Jurist:innen

Karrierewege in der Justiz

von Dr. Olaf Weber

Einstellungsvoraussetzungen
Weniger als zehn Prozent der Absolvent:innen erreichen die Note „vollbefriedigend" in beiden Examina, welche beste Chancen auf den Job in der Justiz sichert. Aufgrund der sich immer weiter öffnenden Schere zwischen Gehältern in Großkanzleien und beim Staat können aber auch Noten im hohen befriedigenden Bereich genügen, vor allem wenn eine schöne Punktzahl im Zweiten Staatsexamen erzielt wurde. Schlüsselqualifikationen sind fundierte Kenntnisse in den Grunddisziplinen Strafrecht und bürgerliches Recht sowie eine praxisorientierte Arbeitseinstellung. Auch bedarf es der Fähigkeit, sich schnell in neue Gebiete einzuarbeiten, denn bei Gericht gibt es auch Insolvenz-, Vollstreckungs-, Betreuungs- oder WEG-Abteilungen. Daneben werden emotionale Robustheit, Stressresistenz, die Fähigkeit, sich exzellent in Schrift und Wort auszudrücken, Führungs- und Managementqualitäten sowie eine hohe Sozialkompetenz erwartet. Eine Promotion, Auslandspraktika, Fremdsprachen oder sonstige Zusatzqualifikationen gehören nicht zu den zwingenden Anforderungen. Auch Berufserfahrung ist keine Pflicht, aber sehr von Vorteil: Bewerbungen sind direkt nach dem Referendariat möglich. Europarechtlich sind fixe Altershöchstgrenzen für die Einstellung kaum haltbar; bis Mitte/Ende 30 sind die Chancen gerade für Anwält:innen auch in der Praxis realistisch.

Berufsalltag
Referendar:innen können sich bei entsprechendem Interesse eine gute Vorstellung vom Berufsalltag der Richter:innen und Staatsanwält:innen machen. Eine Karriere in der Justiz verspricht kein exorbitant hohes Einkommen und schon gar kein schnelles Vermögen, aber immerhin ein sicheres Einkommen. Quasi ein bar bezahlter Golf mit Vollkasko statt ein geleaster Porsche. Gerade in teuren Großstädten genügt das R1-Gehalt indes allenfalls für mittelgroße Sprünge. Die Justiz bietet nicht das modernste Arbeitsumfeld, sie bleibt aber ein spannendes und teils auch erfüllendes Berufsumfeld. Zwar mag die Justiz nicht glamourös sein, dafür bietet sie hohe persönliche Verantwortung, einen intellektuell fordernden Job auch in der Provinz, und sie ist familienkompatibel. Die Arbeitszeiten sind flexibel, wenn auch die zeitliche Belastung insgesamt nicht niedrig ist. Aufgrund der Sparbemühungen der Länder ist die Tendenz hier eher steigend. Lange Nächte wie in Frankfurter Büros sind bei Gericht die Ausnahme. Wer aber unter der Woche früh heim will, muss eben am Wochenende Urteile schreiben. Problematisch ist dabei, dass der Unterbau durch die Sparbemühungen stetig dünner wird. Fortbildungen werden an den Richterakademien in Trier oder Wustrau und (z. B. über das European Judicial Training Network) sogar international von Barcelona bis Bratislava angeboten. Möglich, aber außergewöhnlich, sind auch internationale Austauschbesuche, Abordnungen nach Karlsruhe, Berlin oder Brüssel und sogar längere Auslandsaufenthalte, z. B. zum Aufbau von Justizsystemen wie etwa im Kosovo.

Bewerbung und Auswahlverfahren

Der Einstieg in die Justiz führt über die Justizministerien der Länder und/oder die jeweiligen Oberlandesgerichte, welche die Absolvent:innen auch über die Bewerbungsmodalitäten informieren. In aller Regel halten sie unabhängig von konkreten Ausschreibungen Listen mit potenziellen Kandidat:innen vor. Viele Länder eröffnen selbst trotz Einstellungsstopps Korridore für besonders geeignete Kandidat:innen. Die Bewerber:innen für die ordentliche Justiz sollten sich – je nach Bundesland – nicht nur auf eine bestimmte Funktion (Richter:in, Staatsanwalt/-anwältin), nicht auf ein bestimmtes Rechtsgebiet (Zivilrecht, Strafrecht, Familienrecht) und nicht für eine bestimmte Stadt bewerben, wenn sie ihre Chancen erhöhen möchten. Die Formulierung von Wünschen ist gleichwohl erlaubt. Mit der Zeit finden sich immer Möglichkeiten, dem eigentlich angestrebten Traumberuf näherzukommen. Erfahrungsgemäß ändern sich solche Wünsche im Laufe einer Karriere. Eine Bewerbung auf eine Gerichtsbarkeit (im Verwaltungs-, Steuer-, Arbeits- oder Sozialrecht) sollte eher separat erfolgen, auch wenn Wechsel von oder zur ordentlichen Gerichtsbarkeit möglich sind. Die Anforderungen hierfür sind teilweise höher. Finanzrichter werden meist aus der Finanzverwaltung rekrutiert.

Im mündlichen Auswahlgespräch erwarten die Bewerber:innen Vertreter:innen des Justizministeriums, des Oberlandesgerichts und der Personalvertretung. Teils werden auch Assessment-Center vorgeschaltet. Typische Fragen reichen vom Werdegang über die persönliche Motivation bis hin zu Fachfragen. Ausgewählte Kandidat:innen müssen ihre Dienstfähigkeit beim Gesundheitsamt attestieren lassen. In den meisten Ländern wird die Auswahl, die teils durch einen Wahlausschuss erfolgt, durch die Exekutive, oft sogar die Regierung, bestätigt. Neue Richter:innen oder Staatsanwält:innen auf Probe werden dann einer Behörde oder einem Gericht zugewiesen, wo sie ihre Ernennungsurkunde erhalten und vereidigt werden.

Arbeitsbelastung

Den Richter:innen und Staatsanwält:innen werden durch den Geschäftsverteilungsplan des Gerichts oder der Staatsanwaltschaft nach jährlich abstrakt vorab bestimmte Fälle zugeordnet. Die zuständigen Präsidien sind dabei um Gleichbehandlung bemüht. Dazu bewerten sie die Verfahren und schauen auf die Zahlen aus dem abgelaufenen Jahr, um die mögliche Anzahl im nächsten Jahr zu prognostizieren. Ein Katalog namens PEBB§Y weist abstrakt jedem erledigten Verfahren einen Wert zu. Daraus errechnen sich die „erforderlichen" Erledigungen pro Monat und die Anzahl neuer Verfahren nach Turnus. Richter:innen müssen zum Beispiel im Jahr etwa 1.300 Owi-Verfahren, 600 Zivilverfahren am Amtsgericht, 120 Zivilverfahren am Landgericht oder 180 Schöffenverfahren bewältigen, um den Bestand ihres Dezernats gleich zu halten. In der Praxis werden Richter:innen jedoch oft mehr Verfahren als nach PEBB§Y berechnet zugewiesen: Belastungszahlen jenseits der 110 Prozent sind keine Seltenheit. Wegen der richterlichen Unabhängigkeit sind diese Pensen nicht bindend, sie können jedoch als Richtmaß bei Beurteilungen gelten. Die Arbeitsbelastung hängt neben den Neueingängen auch stark vom Bestand ab.

Einstieg in die Justiz

Die ersten Monate in der Justiz können sich als Probe darstellen: Probleme bereitet meist die ungewohnte Arbeitsweise (Verfügungstechnik, Prozessrecht und Verhandlungsführung). Nur wenige Stellen gewähren eine Anlernphase, ein reduziertes Pensum oder Mentor:innen. Aber allgemein helfen alle Kolleg:innen gern den Neuen. Tipps zu den Abläufen kann auch die Geschäftsstelle geben. Bestimmte Tätigkeiten dürfen Assessor:innen gar nicht (Vorsitz einer Kammer) oder erst nach dem ersten Dienstjahr (Vorsitz beim Schöffengericht, Unterbringungen) ausüben. Aber ansonsten gibt es für frisch eingestellte Richter:innen kaum Erleichterungen. Neue Staatsanwält:innen stehen in den ersten Monaten unter Aufsicht und Abzeichnungspflicht ihrer Abteilungsleiter:innen.

Beurteilung

Die erste Beurteilung erfolgt meist nach sechs, eine weitere nach 15 Monaten und eine vor der Ernennung auf Lebenszeit. Danach erfolgen die Beurteilungen in Perioden von drei bis fünf Jahren. Bei Bewerbungen auf höhere Ämter sind diese Beurteilungen vorentscheidend, , denn eine sog. Anlassbeurteilung kann nicht radikal von den Vorbeurteilungen abweichen. Bewertet werden neben dem Gesamteindruck Teilbereiche wie Fachwissen, Belastbarkeit und Erledigungszahlen. Beurteilt wird bei der Staatsanwaltschaft durch ihre Leitung, bei größeren Amtsgerichten dessen Präsident:in, bei kleineren Amtsgerichten und beim Landgericht dessen Präsident:in. Präsident:innen des Oberlandesgerichts bzw. Generalstaatsanwält:innen haben ein Kontroll- und Vetorecht, das sie ausüben werden, um einheitliche Standards im Land zu gewährleisten. Die Notenvergabe wird landesrechtlich oft durch eine Beurteilungs-Allgemeinverfügung konkretisiert.

Zur Bewertung sehen die Beurteiler:innen Akten ein. Sie prüfen formelle Kriterien wie Aktenführung, Klarheit, Sinnhaftigkeit und Form der Verfügungen. Im Fokus stehen die „großen" Entscheidungen: Anklagen, Urteile und begründete Beschlüsse. Wegen der richterlichen Unabhängigkeit wird der Inhalt der Entscheidungen nicht bewertet – wohl aber die Frage, ob die Entscheidungen in sich schlüssig, sauber aufgebaut und ausformuliert sowie mit Rechtsprechung und Literatur belegt sind. Zudem wird die Zahl der erledigten Verfahren in die Wertung einfließen. Die mündlichen Leistungen und das Auftreten prüfen die Beurteiler:innen als Zuschauer:innen von Sitzungen. Etikette, Effizienz, Durchsetzungsvermögen, Wortgewandtheit, Sicherheit im Prozessrecht und die Qualität der mündlichen Begründung von Entscheidungen sind hier gefragt. Die Ernennung auf Lebenszeit erfolgt spätestens nach fünf Jahren. In vielen Ländern ist die Assessoren-Regelzeit auf vier Jahre verlängert worden. Nicht-Übernahmen bleiben die Ausnahme. Besondere Leistungen und Zeiten in der Anwaltschaft werden auf Antrag verkürzend angerechnet. Durch die Ernennung wird aus der Dienstbezeichnung „Richter:in" dann „Richter:in am Amtsgericht/Landgericht". Richter:innen dürfen nicht mehr gegen ihren Willen versetzt werden.

Vergütung und Beförderung
Die Bezahlung ist Ländersache. Die Einstiegsstufe R 1 entspricht zunächst etwa der Stufe A 13, also der Gehaltsgruppe von Lehrer:innen am Gymnasium. Die Bezüge steigen in R 1 aber ohne Beförderung deutlich schneller, sodass bei der Endstufe die R 1 eher der A 15 gleichsteht. Zwei Beförderungen sind also automatisch eingepreist. Zwischenzeitlich ist die Eingangsbesoldung für Assessor:innen abgesenkt worden. Das Bundesverfassungsgericht (Urteil vom 5. Mai 2015 – 2 BvL 17/09) hat die Grenzen der amtsangemessenen Besoldung aufgezeigt – zwischenzeitlich wurde die abgesenkte Eingangsbesoldung daher teils wieder revisiert. Die Beförderung in die Gehaltsgruppe R 2, etwa als Richter:in am Oberlandesgericht, Vorsitzende:r einer Kammer beim Landgericht, Amtsgerichtsdirektor:in oder Oberstaatsanwältin oder -anwalt, ist im Laufe der Karriere nicht jedem vergönnt. Regelmäßig setzt die Beförderung eine erfolgreiche Erprobung bei einem Obergericht voraus, sei es am OLG oder als Mitarbeiter:in beim BGH oder BVerfG. Die Details sind in Beförderungs-Allgemeinverfügungen geregelt. Positiv wirken sich vor allem Verwaltungserfahrung (etwa bei einer Abordnung oder als Präsidialrichter:in) und neuerdings Managementkompetenzen aus.

Abordnungen und Wechsel in der Justiz
Abordnungen sind in vielerlei Gestalt möglich. Typisch ist der Ruf an ein Ministerium oder in die Staatskanzlei, zu Obergerichten oder zu Behörden des Bundes. Die Dauer beträgt meist zwei bis drei Jahre. Bei Gerichten arbeiten die Abgeordneten als wissenschaftliche Mitarbeiter:innen einem Richter oder einer Richterin zu. Im BMJ werden Abgeordnete in ein Referat eingegliedert. Diese Abordnungen genießen ein hohes Prestige, sind jedoch mit persönlichem Aufwand verbunden. Exotischer, aber möglich, sind Abordnungen zur EU-Kommission oder zu internationalen Organisationen. Wechsel innerhalb der ordentlichen Justiz (vom Zivilrecht ins Strafrecht, vom Gericht zur Staatsanwaltschaft) sind auf gleicher Besoldungsstufe leicht durchführbar. Zwischen ordentlicher Justiz, Sozial- und Arbeitsgerichtsbarkeit sind sie je nach Bundesland nicht unüblich; ein Wechsel von der und zur Verwaltungs- oder Finanzgerichtsbarkeit bleibt die Ausnahme. In der Assessorenzeit erfolgen Wechsel meist ohne Zutun des Betroffenen; die Ministerien können so Lücken schließen.

Fazit
In der Justiz können sowohl Karrierist:innen als auch Familienmenschen ihre berufliche Heimat finden. Den Jurist:innen steht es zudem frei, eine beschauliche Karriere zu verfolgen oder sich auf Stellen in der Justiz, der Verwaltung und auf Abordnungsstellen im In- und Ausland zu bewerben. Insgesamt ist die Justiz eine gute Karriereentscheidung für Menschen, die Optionen und Sicherheit in Ausgleich bringen wollen und denen das große Geld nicht ganz so wichtig ist.

Einstieg und Aufstieg in Wirtschaftskanzleien

von Dr. Oliver Michael Hübner

Im Folgenden werden die vielfältigen Einstiegsmöglichkeiten, die bestehenden Aufstiegsperspektiven und die zahlreichen Fortbildungsangebote in Wirtschaftskanzleien aufgezeigt. Dabei sind unter Wirtschaftskanzleien im Sinne dieses Kapitels die im Wirtschaftsrecht beratenden Kanzleien mit stark internationaler Ausrichtung zu verstehen, unter anderem die in den üblichen Rankings (z. B. *JUVE, azur* oder *Legal 500*) vertretenen Kanzleien.

Der Einstieg

Die meisten Wirtschaftskanzleien bemühen sich, frühzeitig Kontakt zu ihren zukünftigen Mitarbeiterinnen und Mitarbeitern aufzunehmen. So bieten fast alle großen Wirtschaftskanzleien – zumindest in den Sommersemesterferien – Praktika für Studierende der Rechtswissenschaften an. Diese – meist unbezahlten – Praktika sind üblicherweise jedoch nur in den deutschen Büros der Wirtschaftskanzleien möglich. Solche Praktika bieten neben ersten Einblicken in die alltägliche Berufspraxis vor allem die Chance, einen ersten Kontakt zu einer Wirtschaftskanzlei herzustellen, der dann durch weitere Praktika bzw. die Ableistung einer Referendariatsstation aufrechterhalten werden kann. Als Einstieg eignet sich auch die Tätigkeit als studentische Hilfskraft. Die bezahlten studentischen Hilfskräfte werden von den Wirtschaftskanzleien u. a. für die juristische Recherche, in den Abendsekretariaten oder den Bibliotheken eingesetzt. Auch unterstützen immer mehr Wirtschaftskanzleien unmittelbar die universitäre Ausbildung der Studierenden, z. B. durch ergänzende Lehrveranstaltungen oder praxisnahe Seminare, die von Mitarbeitenden der Wirtschaftskanzleien gehalten werden. Manche Wirtschaftskanzleien fördern sogar die universitäre Lehre durch Stiftungsprofessuren oder die Finanzierung von Fachbereichsbibliotheken.

Die Ableistung einer Referendariatsstation bei einer Wirtschaftskanzlei stellt eine weitere Einstiegsmöglichkeit dar, die von den Wirtschaftskanzleien meist – zusätzlich zum eigentlichen Referendarsgehalt – attraktiv vergütet wird. Als Stationen kommen dabei sowohl die Anwaltsstation als auch die Wahlstation infrage. Viele internationale Wirtschaftskanzleien bieten sogar an, zumindest einen Teil der Referendariatsstation an einem ausländischen Standort zu absolvieren. Im Rahmen der Referendarstätigkeit bekommt man insbesondere die Gelegenheit, unmittelbar im Mandat mitzuarbeiten, was gerade bei größeren Wirtschaftskanzleien meist im Team erfolgt. Nach erfolgreicher Beendigung des juristischen Vorbereitungsdienstes werden die ehemaligen Referendarinnen und Referendare nicht selten fest von den Wirtschaftskanzleien angestellt. Die Ableistung einer Referendariatsstation bei einer Wirtschaftskanzlei kann auch der Impulsgeber sein, eine Promotion zu beginnen und diese durch eine promotionsbegleitende Tätigkeit bei der Wirtschaftskanzlei zu finanzieren.

Die Voraussetzungen für einen beruflichen Einstieg als Rechtsanwalt oder Rechtsanwältin bewegen sich bei den Wirtschaftskanzleien überwiegend im selben Rahmen. Man benötigt überdurchschnittliche Staatsexamina (zumindest „vollbefriedigend") und sehr gute Englischkenntnisse, die bevorzugt durch ausbildungs- bzw. berufsspezifische Auslandsaufenthalte nachgewiesen sein sollten. Weitere Zusatzqualifikationen, wie z. B. eine Promotion oder ein LL.M.-Abschluss, sind gerne gesehen. Diese hohen Einstiegsvoraussetzungen werden von den Wirtschaftskanzleien mit überdurchschnittlich hohen Gehältern vergütet. Daneben sind bei einigen Wirtschaftskanzleien derzeit auch Tendenzen zu erkennen, Diplomjuristinnen und -juristen – jedoch mit beschränkten Karriereperspektiven – als sogenannte Paralegals, Professional Support Lawyers oder Transaction Lawyers einzustellen. Neben dem Einstieg zum Berufsstart finden gerade im Segment der Wirtschaftskanzleien viele Mitarbeiterwechsel nach einige Jahren Berufserfahrung statt. Zu welchem Zeitpunkt ein Wechsel zu empfehlen ist, lässt sich nicht verallgemeinern und ist im Einzelfall zu analysieren.

Der Aufstieg
Grundsätzlich gibt es in Wirtschaftskanzleien vier Karrierestufen: Associate, Senior Associate bzw. Principle Associate, Fixed Share Partner bzw. Salary Partner und Equity Partner. In fast allen Wirtschaftskanzleien ist der Karriereweg auf das Erreichen der Equity Partnerschaft ausgerichtet. Die Kehrseite ist, dass man beim Nichterreichen der nächsten Karriereebene die Kanzlei verlassen muss (sogenanntes Up-or-Out). Manche Wirtschaftskanzleien haben als notwendige Alternative zur Partnerwerdung (sogenannter Partner-Track) auch Positionen wie die des Counsel geschaffen, die eine durchgehende Beschäftigung als angestellte:r Rechtsanwalt oder -anwältin ermöglichen. In den letzten Jahren ist zu beobachten, dass ein nicht unbeachtlicher Anteil der Associates eine Counsel-Position anstrebt, um das unternehmerische Risiko eines Partners zu umgehen. Zu beachten ist, dass sich die vier genannten Karrierestufen bei allen Wirtschaftskanzleien unterscheiden. Dies betrifft nicht nur die Bezeichnungen, sondern auch die üblichen Zeiträume, die zur Erreichung der nächsten Karrierestufe erforderlich sind, sowie die dahinterstehenden Befugnisse und Verpflichtungen. Deshalb sollte beim Einstieg in eine Wirtschaftskanzlei immer genau analysiert werden, wie die einzelnen Karrierestufen definiert werden. Aus diesem Grund kann im Folgenden lediglich eine grobe – dennoch für die meisten Wirtschaftskanzleien gültige – Skizzierung des Karrierewegs erfolgen.

Zum Berufsanfang steigt man als sogenannter Associate ein. Associates sind ein angestellte Rechtsanwältinnen und -anwälte, die unter der Führung von Partnern bei der Bearbeitung von Mandaten beteiligt ist. Nach ca. drei Jahren werden die Associates meist zu sogenannten Senior Associates bzw. Principle Associates, die nun schon mit der Organisation und der teilweise selbstständigen Durchführung von Mandaten – meist unter Hinzuziehung von Associates – betraut werden. Entscheidend ist aber, dass die Associates (zumindest im Außenverhältnis) nur an der Seite eines Partners beraten, was sich schon allein durch die Haftung begründet.

Nach etwa fünf Jahren steht bei den meisten Wirtschaftskanzleien die Ernennung zur ersten Stufe der Partnerschaft an. Die Zeiträume für die Partnerernennung sind jedoch nicht starr, sondern vielmehr Richtwerte. Letztlich sind für die Partnerernennung der aktuelle Beratungsmarkt, die Entwicklung des Tätigkeitsbereichs und der im Jahr der Ernennung tatsächliche Bedarf der Kanzlei an neuen Partnern entscheidend. Dieser Bedarf hängt stark von der Kanzleistruktur ab, d. h. von der Anzahl der Associates im Verhältnis zur Anzahl der Partner (sogenannter Leverage). Eine Übersicht über die verschiedenen Karrierestufen im Segment der Partner und deren Befugnisse und Verpflichtungen ist schwierig, da nahezu jede Wirtschaftskanzlei ein eigenes System hat. So unterscheiden z. B. einige Wirtschaftskanzleien zwischen Fixed Share Partner bzw. Salary Partner und Equity Partner. Kennzeichnend für den Partnerstatus ist, dass die Partner Mitbestimmungsrechte an der Kanzleiführung haben und am Umsatz beteiligt sind. Jedoch sind sie für die Mandatsführung, die Mandatsgenerierung und den organisatorischen Ablauf verantwortlich.

Die Fortbildung
Neben den Aufstiegsperspektiven sind die Fortbildungsmöglichkeiten für die Freude an der beruflichen Tätigkeit und auch die Qualität des Arbeitsplatzes und des Arbeitgebers maßgebend. Außerdem erhöht eine gute und nachhaltige Fortbildung die Karrierechancen in der Kanzlei, in der man beschäftigt ist, aber auch bei einem potenziellen zukünftigen Arbeitgeber. Die meisten Wirtschaftskanzleien bieten eine Vielzahl von Fortbildungsmöglichkeiten an. So existieren in nahezu allen Wirtschaftskanzleien interne fachspezifische Schulungen und Soft-Skills-Kurse (z. B. Verhandlungsmanagement oder Präsentationsführung). Daneben ist bei den meisten Wirtschaftskanzleien der Besuch von externen Fortbildungen obligatorisch. So fördern auch einige Wirtschaftskanzleien – insbesondere in bestimmten Beratungsfeldern (z. B. Arbeitsrecht und Verwaltungsrecht) – den Erwerb des Fachanwaltstitels. Schließlich bieten gerade Wirtschaftskanzleien aufgrund ihrer personellen Stärke und ihres hohen Organisationsgrads die Möglichkeit, individuelle Fortbildungswünsche wie Aufbaustudiengänge zu ermöglichen. Dabei kommt es jedoch immer auf den Einzelfall an. Die Möglichkeit der Absolvierung eines solchen Programms ist umso wahrscheinlicher, je mehr diese Fortbildungsmaßnahme die ausgeübte Beratungspraxis ergänzt, die Mandatsakquisition erleichtert und je größer die langfristigen Vorteile sind, die die Kanzlei sich davon erhofft.

Da die meisten Wirtschaftskanzleien eine Vielzahl von nationalen und ausländischen Standorten haben, besteht meist die Möglichkeit eines sogenannten Secondments. Dies bedeutet, dass die Mitarbeitenden für eine Zeit von meist drei bis sechs Monaten an einen anderen nationalen oder ausländischen Standort der Kanzlei versetzt wird. Diese „Verschickung" bietet nicht nur interessante Einblicke in die Arbeitsweise an einem anderen Standort und gegebenenfalls in einem anderen Rechtsgebiet bzw. einer anderen Jurisdiktion, sondern erleichtert auch langfristig die Kommunikation und die Positionierung innerhalb der Kanzlei. Oft finden solche Secondments auch bei Mandanten der Wirtschaftskanzleien statt, was die Zusammenarbeit zwischen Kanzlei und Mandant langfristig stärken soll. Abschließend ist noch anzumerken, dass insbesondere die großen Wirtschaftskanzleien mehr und mehr bemüht sind, die sich durch die Besonderheiten der Beschäftigung in einer Wirtschaftskanzlei langfristig ergebenden strukturellen Nachteile auszugleichen, mit dem Ziel,

Familie und Beruf in Einklang zu bringen. Derzeit versuchen einige Wirtschaftskanzleien, dieses Ziel z. B. durch flexible Arbeitszeitmodelle, durch die Einführung von obligatorischen Sonderurlauben (sogenannte Sabbaticals), Teilzeitpartnerschaften oder Krippen und Kindergärten für Kinder der Mitarbeitenden zu verwirklichen.

Fazit

Der Einstieg in eine Wirtschaftskanzlei beginnt nicht erst mit dem ersten Job. Diejenigen, die Interesse an der Tätigkeit in einer Wirtschaftskanzlei haben, sollten bereits durch die Ableistung von Praktika bzw. Referendariatsstationen Einblicke in den Berufsalltag von Wirtschaftsanwältinnen und -anwälten suchen und erste Kontakte knüpfen. Auch ist die Mitarbeit in verschiedenen Wirtschaftskanzleien während des Studiums und des juristischen Vorbereitungsdienstes zu empfehlen, um so die unterschiedlichen Kanzleikulturen kennenzulernen. Eine breite juristische Ausbildung und ein hohes Maß an Allgemeinbildung sind jedoch für eine langfristige Tätigkeit in einer Wirtschaftskanzlei unverzichtbar, neben Soft Skills, zu denen unter anderem soziale Kompetenz, Teamfähigkeit und kulturelle Offenheit gehören. Diese Fähigkeiten sind die unerlässliche Basis, um in einer Wirtschaftskanzlei Karriere zu machen. Die Aufstiegschancen in einer Wirtschaftskanzlei sind zwar beschränkt, aber immer noch vorhanden.

Wechsel zwischen Wirtschaft und Staatsdienst

von Dr. Olaf Weber

Ein Wechsel zwischen Wirtschaft und Staatsdienst ist vor allem in Richtung Staat nicht mehr unüblich, doch findet die Durchlässigkeit der Systeme Grenzen in sozialversicherungsrechtlichen Erwägungen und – noch immer – im Alter.

Work-Life-Balance
Kostendruck und Sparmaßnahmen sind an Gerichten und Staatsanwaltschaften nicht spurlos vorbeigegangen. Das vereinigte Deutschland hat heute etwa so viele Richter:innen wie Westdeutschland 1989. Die Verfahrensstatistik ist Maßgröße für richterliche Leistung geworden: Im sogenannten PEBB§Y-System wird jedem Verfahren eine durchschnittliche Soll-Arbeitszeit zugewiesen und auf die etwa 100.000 Arbeitsminuten einer vollen Stelle im Jahr umgelegt. Richter:innen mit voller Arbeitszeit und 100 Prozent Belastung erhalten nach diesem System im Zivilrecht am Amtsgericht ca. 600 und am Landgericht 120 neue Verfahren im Jahr. Die tatsächliche Belastung liegt oft nahe 110 Prozent dieser Zahlen. Anders als in Kanzleien oder der Wirtschaft sind die meisten Dezernate zeitlich flexibel – im Guten wie im Schlechten: Einerseits können eilige Fälle, z. B. einstweilige Verfügungen, oder eine punktuell schlechte Vergleichsquote zu hohen Spitzenbelastungen führen. Umgekehrt ist es meist möglich, Freizeit- und Arbeitsphasen selbstständig zu koordinieren. Abgesehen von den Sitzungstagen gibt es kaum feste Termine. Lediglich in bestimmten Dezernaten wie bei Betreuungs- oder Ermittlungsrichtern ist eine dauerhafte Anwesenheit am Gericht erforderlich. Eine Schonzeit beim Einstieg gibt es nicht. Viele junge Staatsjurist:innen berichten daher von einem nicht unerheblichen Druck. Wegen strengerer Anforderungen an den Bereitschaftsdienst kommt es vermehrt zu Nacht- und Wochenendarbeit.

In der Wirtschaft bestimmen Mandate und Sachzwänge die Dauer der Arbeit und deren Ausgestaltung. In größeren Kanzleien korreliert die hohe Belastung oft mit einem höheren Gehalt; in kleineren Kanzleien ist dem trotz hoher Belastung nicht immer so. In den im Vergleich zu Kanzleien etwas ruhigeren Rechtsabteilungen kann es je nach Branche Spitzen geben. Immer ist der Mikrokosmos – also die Ausgestaltung der betreffenden Abteilung – entscheidend. 70 oder 80 Wochenstunden wie im M&A werden in anderen Bereichen, wie etwa im „grünen" Bereich oder im Kartellrecht, allenfalls in Spitzenzeiten gefordert.

Familien- und Kinderfreundlichkeit
Die meisten Unternehmen und Kanzleien bemühen sich um familienfreundliche Arbeitszeitmodelle. In Kanzleien erfordern Teilzeitarbeit oder Elternzeit einen hohen Einsatz aller Beteiligten, weil es schwierig ist, im Deal des Jahres zum Kindergartenschluss zu gehen oder in großen Verfahren einen Personalwechsel vorzunehmen. In Unternehmen gibt es dagegen oft eine gute soziale Absicherung und teilweise betriebseigene Betreuungsangebote. Im Staatsdienst ist die Vereinbarkeit von Beruf und Familie weitgehend unproblematisch und wird durch Ansprüche auf Teilzeitarbeit, Kinderkrankenscheine für Erziehungsberechtigte, langfristige Urlaubsplanung sowie Ehe- und Kinderzulagen gefördert.

Arbeitsumfeld und Extras

PC-Ausstattung, Personal und Dienstleistungen am Arbeitsplatz sind in den meisten Kanzleien und Unternehmen gut. Die Ausstattung der Justiz variiert. Statt einer eigenen Sekretärin gibt es oft Schreibpools oder sogar den Wunsch des Dienstherrn, per Texterkennung zu diktieren. Auch sind die Mitarbeiter:innen nicht immer gut geschult. Extras wie Dienstfahrzeuge gibt es teilweise in größeren Unternehmen und Kanzleien, nicht aber in der Justiz. Die Kleidung am Arbeitsplatz ist paradigmatisch: Für Anwält:innen und Unternehmensjurist:innen sind Anzug oder Kostüm Pflicht. Zwar sehen auch Gerichtspräsident:innen ihr Personal gerne derart schick gekleidet; in der Praxis fallen Richter:innen und Staatsanwält:innen mit Schlips außerhalb der Sitzungstage in der Kantine aber eher auf.

Vergütung

Finanziell ist die Justiz gehobene Mittelklasse. Die Gehaltsgruppe R 1 entspricht zunächst in etwa der von Gymnasiallehrer:innen (A 13), steigt dann aber schneller an und endet in etwa bei A 15. Beförderungsstellen (R 2) sind rar; noch höhere Posten sind oft nur für Ausnahmetalente und politisch Vernetzte verfügbar. Aus finanziellen Gründen ist ein Wechsel zum Staat allenfalls ob der Planbarkeit des Gehaltseingangs attraktiv, obschon sich die Gehaltsunterschiede nach Steuern und auf Stunden gerechnet relativieren. In der Kanzlei von nebenan oder in kleinen Unternehmen werden jedoch auch keine exorbitanten Gehälter gezahlt. Zudem ist die Bezahlung durch den Staat sicher – auch in Zeiten von Flauten und Stellenabbau. Boni und Zulagen gibt es in der Justiz nicht. Nebentätigkeiten und deren Vergütung sind beschränkt; Pensionen und Sozialleistungen hingegen (noch) gut. Aufgrund von Kürzungen bei diversen Leistungen und weil Gehaltssteigerungen nicht dem Tempo der Wirtschaft folgten, hat das BVerfG schon die Verfassungsgemäßheit der Richtervergütung geprüft; für die meisten Länder dürfte die Bezahlung allerdings den vom BVerfG aufgestellten Kriterien entsprechen. Anwält:innen und teilweise auch Unternehmensjurist:innen profitieren von der Absicherung durch Versorgungswerke. Teils von Unternehmen gewährte Leistungen wie Betriebsrente oder Dienstwagen machen das Paket attraktiv.

Sicherheit

Ein ernannter Richter kann, anders als z. B. eine Staatsanwältin, nicht mehr gegen seinen Willen versetzt werden. Bei beiden ist das Gehalt nicht erfolgsabhängig, und eine Kündigung ist ausgeschlossen. In der Wirtschaft weht ein deutlich schärferer Wind. In größeren Unternehmen und Anwaltsbüros mit mehreren Standorten können Transfers infrage kommen. Auch Kündigungen sind sowohl in Unternehmen als auch in Kanzleien möglich und üblich.

Fortbildung

Kanzleien bieten teils intensive Fortbildungsangebote wie Kanzleiakademie oder Mini-MBA an. Im Unternehmen werden Jurist:innen hausintern in typischen Fragen der Branche ausgebildet und dürfen daneben oft Angebote professioneller Seminaranbieter wahrnehmen. In der Justiz ist jährlich zumindest eine größere Fortbildung vorgesehen. Die einzelnen Länder und die deutsche Richterakademie in Trier und Wustrau bieten ein breites Angebot an Seminaren. Zudem sind Fachrichter:innen oft kostenlos zu Veranstaltungen der Anwaltschaft eingeladen. Inzwischen gibt es auch internationale Fortbildungen und Austauschprogramme.

Zeitpunkt für einen Wechsel
Dank der Vorgaben aus Brüssel sollte die Altersgrenze beim Wechsel in den Staatsdienst keine Rolle mehr spielen. Bis zu einem Alter von 35 Jahren ist ein Wechsel in die Justiz auch praktisch gut, bis 40 noch teilweise möglich. Ältere Semester sollten den direkten Kontakt zur Justizverwaltung suchen. Der Staat ist an anwaltlichen Vorkenntnissen interessiert. Für den umgekehrten Wechsel in die Wirtschaft gibt es formell keine zeitlichen Grenzen. Jedoch werden die meisten Kanzleien oder Unternehmen an älteren Bewerbern nur dann interessiert sein, wenn diese sich z. B. in der Wissenschaft einen Namen gemacht haben oder Spezialkenntnisse mitbringen.

Praktische Details des Wechsels
Bewerber:innen sollten sich Stillschweigen über die Bewerbung ausbedingen. Wer ernsthaft wechseln will, sollte zuvor die Risiken minimieren. Die Kündigungsfrist ist hierbei ein Problem, das man dem neuen Arbeitgeber gegenüber offen ansprechen sollte. Auch ist der Wechsel zum Staat erst dann sicher, wenn man die Urkunde in den Händen hält. Eine Zusage ist nichts mehr wert, wenn der Gesundheitscheck negativ ausfällt. Wer umgekehrt seine Lebenszeitverbeamtung aufgibt, sollte sich vom neuen Arbeitgeber entsprechende finanzielle Garantien geben lassen, insbesondere, was die Altersvorsorge angeht.

Sozialversicherungsrechtliche Fragen sind ernsthafte Hindernisse. In der Krankenversicherung ist ein Wechsel zwischen den allgemeinen Tarifen oder der gesetzlichen Kasse und den Beamtentarifen erforderlich. Da viele private Versicherungsunternehmen beides anbieten, sollte man sich beim Abschluss die Anwartschaft ausbedingen, zu gleichen Bedingungen in die andere Tarifgruppe wechseln zu dürfen. Für Rente oder Pension bringt ein Wechsel Probleme: Wer aus Versorgungswerk oder BfA in die Justiz übertritt, hat vielleicht bereits Versorgungsansprüche erworben. Oft gibt es dann ein Wahlrecht zwischen der Auszahlung der bereits entrichteten Beiträge und der Inanspruchnahme der Leistung (sprich: Rente). Beamtenrechtliche Anrechnungsvorschriften und verlorene, weil solidaritätsgebundene Beitragsteile gefährden die persönliche Absicherung jedoch erheblich. Alle Wechselwilligen sollten sich das zuvor durchrechnen lassen.

Von der Wirtschaftskanzlei in die Wirtschaft

von Dr. Lutz Kniprath

Ein Wechsel von einer Wirtschaftskanzlei in die Wirtschaft kann sinnvoll sein und ist keineswegs unüblich. Die Wechselnden profitieren im Unternehmen von Kanzleierfahrungen, das Unternehmen erhält auch in der Praxis sehr gut ausgebildete Mitarbeitende mit breiter Branchenkenntnis, und die Kanzlei mag sich Hoffnungen auf Fürsprache im Unternehmen machen. Typisches Ziel solcher Wechsel sind Rechtsabteilungen (je nach Vorwissen des Wechselnden und Organisation des Zielunternehmens eine allgemeine oder eine spezialisierte Rechtsabteilung) oder auch das Personalwesen.

Die folgenden Ausführungen gelten tendenziell für den Wechsel von Wirtschaftskanzleien jeder Größe in Rechtsabteilungen jeder Größe. Hier soll exemplarisch der Wechsel von einer Großkanzlei in die Rechtsabteilung eines großen Unternehmens behandelt werden. Der Sprung zurück vom Unternehmen in eine Kanzlei kommt seltener vor und erfordert andere Überlegungen.

Die Arbeit in einer Kanzlei unterscheidet sich – bei allen Gemeinsamkeiten – letztlich doch deutlich von der Arbeit in einer Rechtsabteilung. Manche Unterschiede sind Triebfedern für einen Wechsel, andere halten Jurist:innen eher im Anwaltsleben, je nach persönlichen Prioritäten und Neigungen.

Der Zeitaspekt
Welche Anwält:innen haben nicht schon neidvoll davon gehört, dass der Syndikus oder die Syndika ihres Mandanten abends um sieben die Bürolampe ausknipst? Unterm Strich bieten Rechtsabteilungen in der Tat mehr Chancen auf ein verwertbares Stück Abend außerhalb des Büros als viele große Kanzleien. Hier wie dort gibt es jedoch Unterschiede. Im Unternehmen hängen sie vom Auftrag der Rechtsabteilung im Unternehmen, von den Zielen ihrer Leitung, vom Personalbudget und vielen weiteren Faktoren ab. Und die Arbeitsbelastung schwankt phasenweise – wie in einer Kanzlei. In Spitzenzeiten, etwa auf der Zielgeraden eines M&A-Deals, bieten manche Rechtsabteilungen dem Wechselnden Gelegenheit, sich in die gute alte Kanzleizeit zurückversetzt zu fühlen.

Die materielle Seite
Bot die große Kanzlei viel Geld, aber keine Zeit, um es überlegt auszugeben, so folgen dem Wechsel in eine Rechtsabteilung im Regelfall immer noch ein gut auskömmliches Gehalt und manchmal auch einige erfreuliche Zusatzleistungen wie z. B. Betriebsrente oder Geschäftswagen mit Tankkarte, aber kein Überfluss. Auch reist man gewöhnlich als Industriesyndika oder -syndikus nicht häufig Business Class oder versinkt in den weichen Sesseln der Bahn wie Anwält:innen in der Großkanzlei, und man steigt auch nur eher zufällig einmal in Fünf-Sterne-Herbergen ab. Dieser Verzicht schmerzt indes kaum, denn die Nähe zu den produzierenden Abteilungen und zu der großen Mehrzahl von Kolleg:innen, die ein geringeres Gehalt und schmalere Spesenkonten haben als die Syndizi, helfen dabei, die eigenen Möglichkeiten im rechten Verhältnis zu sehen. Und schließlich bieten auch Rechtsabteilungen Aufstiegsmöglichkeiten, wenn auch gestreckter und mit moderateren Gehaltssprüngen.

Die Mandantenseite

Anwält:innen in Wirtschaftskanzleien beraten wechselnde Mandanten, Syndizi nur einen, ihr Unternehmen. Im Konzern gibt es immerhin zusätzlich Konzerngesellschaften. Die ungleich intensivere Mandantenbeziehung hat eine intime Kenntnis des Mandanten und seiner internen Vorgänge zur Folge – und der Mandant erwartet sie auch. Wenngleich manche Wirtschaftskanzleien etwa über die Bildung mandantenspezifischer Client-Relationship-Teams ihre Vertrautheit mit einzelnen Mandant:innen steigern können, werden sie den Vorteil der ins Unternehmen eingegliederten Inhouse-Jurist:innen nicht aufholen können. So sitzen diese täglich im Unternehmen, sind teils mit Routineaufgaben des Unternehmens befasst, knüpfen persönliche Kontakte mit nicht juristischen Abteilungen und Kolleg:innen, werden in den verschiedensten Alltagsfragen zurate gezogen und sind einfach mittendrin.

Die monopolartige Stellung der Rechtsabteilung im Unternehmen erspart die Akquise. Die Kehrseite dieser komfortablen Position ist allerdings, dass die Mandate aus dem Zuständigkeitsbereich nicht abgelehnt werden können, auch nicht wegen Überlastung oder weil eine Anfrage zu unbedeutend erscheint.

Die Karriereseite

Große Kanzleien haben in jüngerer Zeit vielfältige Karrierestufen und wohlklingende Titel zwischen dem Associate und dem Equity Partner eingeführt. Damit haben sie sich den komplexen Hierarchien angenähert, nach denen viele große Unternehmen strukturiert sind. Die Rechtsabteilung ist in deren Hierarchie eingefügt, nutzt vom gesamten Spektrum jedoch üblicherweise nur zwei bis fünf Hierarchiestufen. Der Aufstieg innerhalb einer Rechtsabteilung hängt stark von verfügbaren Planstellen und Budgetfragen ab und erscheint daher zuweilen zäh. Hingegen reagieren Kanzleien insoweit flexibler auf das aktuelle Mandatsaufkommen. Dies kann zur zügigen Schaffung zusätzlicher Stellen, aber ebenso zur plötzlichen Einschränkung der Aufstiegsmöglichkeiten führen. Anders als bei Kanzleien ist es in Rechtsabteilungen unüblich, bewährten Mitarbeitenden im Stil eines Up-or-Out nach dem Ablauf einer gewissen Zeit den Ausstieg nahezulegen.

Das berufliche Selbstverständnis

Der deutsche Rechtsanwaltsberuf als freier Beruf wandelt sich: In einer großen Wirtschaftskanzlei sind die meisten Anwält:innen nur Angestellte, arbeiten unter verschieden gestalteter Aufsicht, erlangen erst allmählich Zeichnungsbefugnis und sind vielfältig in fachliche und hierarchische Strukturen eingebunden. Von dort ist der Schritt in die Strukturen eines Unternehmens nicht weit. Gleichwohl berührt es das Selbstverständnis von Jurist:innen, ob sie als Rechtsanwält:innen zugelassen sind und wie ihnen ihre Mandant:innen gegenübertreten.

Zulassung

Auch wenn Syndizi zugleich als Rechtsanwält:innen zugelassen werden können, betrifft diese Zulassung nur ihre Nebentätigkeit. Wichtige Privilegien der Rechtsanwält:innen werden Syndizi in Deutschland bislang vorenthalten, etwa das Recht, den Unternehmensmandanten vor staatlichen Gerichten zu vertreten und der Schutz des anwaltlichen Berufsgeheimnisses gegen staatliche Ermittlungen.

Verhältnis zu Mandanten
Mandanten konsultieren Rechtsanwält:innen, die Syndizi schalten sie ein. Umgekehrt müssen Rechtsanwält:innen ihre Mandate akquirieren, Syndizi lassen sie auf sich zukommen. Rechtsanwält:innen haben wechselnde Mandanten, Syndizi sind an den einen gebunden. Rechtsanwält:innen kostet Geld, in vielen großen Kanzleien sogar besonders viel, der Rat von Syndizi ist kostenlos, wenn das Unternehmen kein internes Anrechnungssystem nutzt. Die nach Stunden abrechnenden Rechtsanwält:innen werden häufig erst gerufen, wenn der Zug schon fährt, und im nächsten Bahnhof schleunigst wieder abgesetzt, während Syndizi zusätzlich die Entstehung und Abwicklung von Projekten mitgestalten. Was folgt daraus? Syndizi sind feste Bestandteile eingespielter Teams, während die Anwält:innen auf vielen Spielfeldern unterwegs sind. Wegen ihrer umfassenden Erfahrung sind Anwält:innen respektierte Gäste, während der Syndizi gleichberechtigt zur Mannschaft gehören.

Fazit
Zumeist gilt, dass eine Rechtsabteilung eine Kanzlei eigener Art ist. Sie bietet ebenfalls spannende rechtliche Beschäftigungsfelder, je nach Modell und Größe mit einem „breiten Schreibtisch" oder einer hohen Spezialisierung. Sobald Anwält:innen genügend Erfahrung im Umgang mit Mandant:innen und anwaltlichen Techniken gesammelt haben, kann ein Wechsel sinnvoll sein. In der Regel erweisen sich mindestens zwei Jahre Berufserfahrung in einer guten Kanzlei als sehr nützlich. Die zeitliche Obergrenze liegt dort, wo die anvisierte Rechtsabteilung sie sieht. Einige große Kanzleien bieten Berufseinsteiger:innen ein so hervorragendes Ausbildungsprogramm, wie es bei Unternehmen eher unwahrscheinlich ist. Schon deswegen lohnt sich eine erste Berufsphase in einer guten Kanzlei.

Übrigens: Der Weg wieder zurück in die Anwaltschaft, den der Autor nach dreieinhalb Jahren Intermezzo im Unternehmen gewählt hat, mag steinig sein. Die Erfahrung im Unternehmen ist jedoch ausgesprochen nützlich für den Wieder-Anwalt, sowohl wegen des erworbenen Fachwissens als auch wegen des Perspektivwechsels.

Vorbereitung auf die Bewerbung

von Dr. Florian Stork

Tipps für die Bewerbung

Ein Bewerbungsprozess folgt immer dem gleichen Ablauf, unabhängig davon, ob der Sprung in den (internationalen) Öffentlichen Dienst, die Karriere in Kanzlei oder Unternehmen oder eine Fortbildung (im Ausland) angestrebt wird: Am Anfang steht die Suche, gefolgt vom Versand der Bewerbungsunterlagen und dem Vorstellungsgespräch.

Die Suche – Stellenanzeigen, Messen und die Initiativbewerbung

Der klassische Weg zum ersten Job oder zur Referendarstation führt immer noch über Stellenanzeigen. Juristische Stellen werden in Jobbörsen von großen überregionalen Zeitungen wie der *FAZ* oder der *Süddeutschen Zeitung* angeboten. Akademische Anzeigen wie Ausschreibungen für Professuren sowie Postdoc- und Promotionsstellen werden insbesondere in der *ZEIT*, auf www.academics.de sowie unter www.e-fellows.net/stellenmarkt veröffentlicht. Daneben finden sich Stellenanzeigen auf der e-fellows.net-Website im Bereich „Jobs" sowie in juristischen Fachzeitschriften wie z.B. der *NJW* oder dem *JUVE Rechtsmarkt* und auf großen Internet-Portalen wie www.stepstone.de, www.indeed.com oder www.monster.de.

Abseits der klassischen Stellenanzeige führen auch andere Wege zum Ziel, beispielsweise juristische Kontaktmessen. Dort präsentieren sich vor allem internationale Wirtschaftskanzleien, z.B. auf dem Karriere-Event e-fellows.net Perspektive Wirtschaftskanzlei oder bei den JURAcon-Veranstaltungen.

Ähnlich wie bei der Bewerbung auf einer Jobmesse wendet man sich auch mit einer Initiativbewerbung unaufgefordert an einen Arbeitgeber seiner Wahl. Die Möglichkeit, sich auf diese Art vorzustellen, sollte man nutzen, auch weil man dabei größere Freiheiten als bei bereits ausgeschriebenen Stellen und kaum Mitbewerber:innen hat. Allerdings ist das unaufgeforderte Versenden von Bewerbungsunterlagen erfolgversprechender, wenn man dafür einen Aufhänger nutzt (wie z.B. aktuelle Informationen über den Wunscharbeitgeber aus den Medien oder von der Unternehmenswebsite) und dabei eine Brücke zu seinen eigenen Qualifikationen schlägt.

Als Bewerber:in sollte man auch das eigene Netzwerk, den Freundes-, Bekannten- und Kollegenkreis in die Stellensuche einbeziehen, z.B. über die eigenen Profilseiten in einem sozialen Netzwerk, wie z.B. Xing oder LinkedIn. Dabei gilt: Je konkreter das eigene Netzwerk über das Berufsziel und die eigenen Vorstellungen informiert ist, desto eher kann es helfen.

Exkurs: der Telefonanruf

Oft ist es hilfreich, vor Versand seiner Bewerbungsunterlagen zum Telefon zu greifen – egal, ob man sich initiativ oder auf eine ausgeschriebene Stelle bewirbt. Ein Anruf beim potenziellen Arbeitgeber hat in der Regel mehrere Vorteile: Man kann seine Bewerbung an eine:n konkrete:n Ansprechpartner:in adressieren (z.B. wenn in der Stellenanzeige kein Name genannt ist), weitere Informationen sammeln und nicht zuletzt seine Kommunikationsfähigkeit unter Beweis stellen. Gute Vorbereitung und ein Lächeln während des Gesprächs erleichtern die telefonische Kommunikation übrigens ungemein. Denn auch wenn man sich an verschiedenen Orten aufhält, fühlen Menschen intuitiv, ob sich die Person am anderen Ende der Leitung freut, weil ein Lächeln die Stimm-Melodie, die Atmung und den Sprachrhythmus positiv beeinflusst.

Die Suche – Ausland und Aufbaustudium

Teilzeit- und Vollzeitjobs im englischsprachigen Ausland lassen sich z. B. über sogenannte Legal Staffing Agencies finden. Organisationen wie die Deutsch-Amerikanische oder die Deutsch-Britische Juristenvereinigung können in der Regel bei der Vermittlung von Referendarstellen im jeweiligen Kontaktland helfen. Für internationale Jobs lohnt ein Blick auf die Seiten des Auswärtigen Amts unter www.auswaertiges-amt.de/de/karriere.

Aufbaustudiengänge (mit wirtschaftlichem oder juristischem Schwerpunkt; in Deutschland oder im Ausland) findet man auf den Websites von e-fellows.net oder llm-guide.com sowie über spezifische Kontaktmessen wie den e-fellows.net MBA Day oder LL.M. Day. Entsprechende Stipendien vergibt in erster Linie der DAAD, aber auch hier lohnt eine intensive Recherche, beispielsweise über die Stipendiendatenbank von e-fellows.net unter www.stipendiendatenbank.de.

Versand der Bewerbungsunterlagen

In welcher Form man seine Bewerbung versendet, hängt in erster Linie von den Wünschen des potenziellen Arbeitgebers ab: klassisch auf dem Postweg, per E-Mail oder über ein Online-Formular.

Exkurs: die E-Mail-Bewerbung

Wenn möglich, sollte man auf die E-Mail-Bewerbung setzen. Diese ist für den Arbeitgeber einfach zu bearbeiten und erspart ihm die Rücksendung der Unterlagen. Sie ist zudem kostengünstig für den Bewerber. Im Gegensatz zum Online-Formular lässt sie mehr Freiraum für die eigene Präsentation und muss nicht jedes Mal von Grund auf neu erstellt werden. Selbstverständlich muss eine E-Mail-Bewerbung von einer seriösen Adresse abgeschickt werden. Mit „jurababe@e-mail.de" erfreut man seine Kommiliton:innen, mit „jmusterfrau@e-mail.de" die Personaler:innen.

Den E-Mail-Text selbst sollte man sehr kurz (zwei Zeilen) halten, an eine:n konkrete:n Ansprechpartner:in adressieren und auf die Anlage (Anschreiben, Lebenslauf und Anlagen, alle zusammengefasst in einer Datei) verweisen. Die Anlage sollte im PDF-Format geschickt werden und eindeutig benannt sein, z. B. also nicht „hanna5.doc", sondern „Bewerbung_Johanna Musterfrau.pdf". Falls das Dateivolumen sehr groß ist, empfiehlt es sich, den Anhang in einer ZIP-Datei zu komprimieren.

Achtung: Viele private E-Mail-Anbieter fügen Werbung als Signatur ein, was bei einer Bewerbung nie gut aussieht. Um auch bei der Formatierung auf Nummer sicher zu gehen, sollte man die E-Mail vor dem endgültigen Absenden an sich selbst und eine:n Freund:in mit anderem E-Mail-Provider verschicken, um den Gesamteindruck zu überprüfen.

Alle Bewerbungsformen erfordern ein gleich hohes Maß an Sorgfalt und Präzision. Mögliche Stolpersteine wie Rechtschreib- und Grammatikfehler gilt es daher um jeden Preis zu vermeiden. Fehlerfreiheit und Lesefreundlichkeit sind oberstes Gebot, weil sich die Bearbeiter:innen in der Regel nur ein paar Minuten für die Durchsicht der Unterlagen nehmen wird (in deren Vorbereitung man Bewerber dagegen viele Stunden investiert haben sollte). Und ganz wichtig: Jurist:innen brauchen eine geschliffene Sprache und Ausdrucksweise, um zu überzeugen. Denn wie wird jemand, dessen Bewerbungsunterlagen bereits zahlreiche Tippfehler, Schachtelsätze und Substantivierungen enthalten, später einen klaren und möglichst fehlerfreien Vermerk schreiben? Ein Mittel gegen „Sprach-Diarrhö" halten Michael Schmuck mit seinem Klassiker *Deutsch für Juristen*, Eva Engelken mit ihrem *Klartext für Anwälte* sowie Roland Schimmel mit seinem praktischen Übungsbuch *Juristendeutsch?* bereit. Die Zeit für das Durcharbeiten eines der Bücher ist bestens investiert.

Weiterer Ablauf
Erhält man dann die Einladung zum Vorstellungsgespräch, kann man sich gratulieren: Die Unterlagen haben den potenziellen Arbeitgeber neugierig gemacht und damit ihren Zweck erfüllt. Jetzt kommt der nächste Abschnitt, und auch der bedarf einer sorgfältigen Vorbereitung. Ist eine Kopie der Bewerbungsunterlagen bei den eigenen Akten? Wer frei nach Konrad Adenauers Worten: „Was interessiert mich mein Geschwätz von gestern?" zum Bewerbungsgespräch geht, wirkt nicht nur unvorbereitet.

Eine eventuelle Absage sollte unter keinen Umständen persönlich genommen werden, sondern eher Ansporn sein. Positiv denken, Vorstellung schafft Wirklichkeit! Vielleicht gab es noch 300 andere Bewerber:innen? Wer möchte, kann versuchen, die Gründe für die Absage bzw. die Auswahlkriterien in Erfahrung zu bringen. Davon sollte man sich allerdings nicht zu viel versprechen: Seit Inkrafttreten des Allgemeinen Gleichbehandlungsgesetzes geben Arbeitgeber in der Regel keine oder nur nichtssagende Gründe für ihre Ablehnung an, um Schadensersatzansprüche zu vermeiden.

Die Bewerbungsunterlagen

In die Zusammenstellung der eigenen Bewerbungsunterlagen kann man nicht zu viel Zeit investieren. Dabei ist es wichtig, sich die Erwartungshaltung des Arbeitgebers deutlich zu machen: Die Bewerbung ist die erste Arbeitsprobe der Kandidat:innen. Zwei Aspekte stehen im Vordergrund: Formal müssen Bewerber:innen darstellen, dass sie genau die Voraussetzungen mitbringen, die für die jeweilige Stelle erforderlich sind. Deshalb sieht die Bewerbung für jede Stelle etwas anders aus. Darüber hinaus muss die Bewerbung beim Arbeitgeber die nötige Aufmerksamkeit erwecken, damit dieser zum Vorstellungsgespräch lädt.

„Vollständige", bzw. „aussagekräftige" oder „komplette" Bewerbungsunterlagen umfassen das Anschreiben, den Lebenslauf und die Anlagen. Von einer Kurzbewerbung, die nur aus Lebenslauf und/oder Anschreiben besteht, sollte man absehen. Zu sehr drängt sich der Eindruck eines „Schnellschusses" bzw. eines Bewerber-Rundschreibens auf. Während das Anschreiben im besten Fall nur eine Seite umfasst, soll der Lebenslauf nicht mehr als zwei Seiten beanspruchen (drei, wenn ein Deckblatt beigelegt wird). Für die Unterlagen verwendet man weißes Papier, damit sie auch nach dem Einscannen leserlich bleiben. Ansonsten gilt frei nach Goethe: Erlaubt ist, was gefällt. Man sollte jedoch berücksichtigen, dass die meisten Arbeitgeber aus der Rechtsbranche einen klassisch-konservativen Stil bevorzugen.

Das Anschreiben
Das Anschreiben bietet eine Plattform zur Darstellung der Motivation des Kandidaten. Es ist nicht mit einem bloßen Begleitbrief zu verwechseln. Vielmehr soll es eine Brücke zwischen Lebenslauf und Persönlichkeit auf der einen sowie Anforderungsprofil und Unternehmenswerten auf der anderen Seite schlagen. Gerade die Gestaltung eines knappen (nicht mehr als eine Seite), aber doch umfassenden Anschreibens kostet Zeit. Das sah schon Goethe so, als er schrieb: „Heute schreibe ich Dir einen langen Brief, denn ich habe keine Zeit."

In erster Linie geht es im Anschreiben um die Stärken und um die Motivation. Warum soll es gerade diese Stelle bei gerade diesem Arbeitgeber sein? Die Kunst besteht darin, den richtigen Ton zu treffen. Plattheiten oder übertriebenes Lob wirken so authentisch wie auswendig gelernte Begeisterung. Man sollte deshalb von beidem absehen. Der Arbeitgeber will nicht gebauchpinselt werden, sondern wissen, warum er den Kandidaten oder die Kandidatin braucht und wie diese zum Geschäftserfolg beitragen können. Auch reine Wiederholungen des Lebenslaufs sind nicht angebracht. Es gilt vielmehr, die eigenen Fähigkeiten zum Arbeitgeber bzw. zur Stelle in Beziehung zu setzen. Warum passt gerade diese:r Kandidat:in in das Anforderungsprofil der Stelle? Warum passen gerade diese:r Bewerber:in und der Arbeitgeber so gut zueinander? Dabei können auch aktuelle Meldungen über den Arbeitgeber in das Anschreiben einfließen. Es ist ohne Zweifel schwierig, auf einem Blatt Papier Begeisterung und Motivation zu vermitteln. Aber es geht. Mit kurzen, prägnanten Sätzen, aktiven, dynamischen Formulierungen, bildhafter Sprache und Beispielen, aus denen die persönliche Eignung hervorgeht. Achtung: Die eigenen Fähigkeiten nur beschreiben, nicht bewerten.

Der Lebenslauf
Bewerber:innen sind kein Buchhalter:innen ihrer vergangenen Erfolge, sondern Werber:innen für eine gemeinsame Zukunft. Sie sollen sich „bewerben" und im besten Fall – natürlich meistbietend – „verkaufen". Insbesondere guter Kandidat:innen können es sich leisten, sich kurz zu fassen und brauchen daher für ihren Lebenslauf nur eine, höchstens zwei Seiten. Während eine internationale Wirtschaftskanzlei in der Regel nicht an einem Zertifikat zum Familienrecht interessiert sein wird, kann genau das in einer regional tätigen und einschlägig spezialisierten Kanzlei den Ausschlag geben. Während die Erwähnung im ersten Fall den Lebenslauf überfrachten würde, ist sie im zweiten Fall unbedingt angezeigt. Ein Lebenslauf, der sich über mehr als zwei Seiten (drei mit Deckblatt) erstreckt, ist in der Regel ein Indiz dafür, dass man sich nicht auf das Wesentliche beschränken kann.

Im Lebenslauf geht es nicht wirklich ums Leben, sondern um den berufsbezogenen Werdegang. Es empfiehlt sich, alle persönlichen Daten (Name, Titel, gegebenenfalls Berufsbezeichnung, Anschrift, Telefon, E-Mail, Geburtsdatum und -ort) samt (optionalem) Foto auf ein Deckblatt auszulagern. Das Deckblatt sollte auch den Arbeitgeber und die angestrebte Stelle nennen. Das Wort „Lebenslauf" auf der folgenden Seite ist überflüssig. Es geht vielmehr direkt los mit der umgekehrt chronologischen Darstellung der bisherigen Ausbildung bzw. bisheriger Tätigkeiten. Der umgekehrt chronologische Lebenslauf ist mittlerweile Standard, weil hier der Ausbildungsstand und die letzte Tätigkeit direkt ersichtlich sind. Die Anti-Chronologie muss für jeden Abschnitt konsequent beibehalten werden. Eine Publikationsliste, wenn vorhanden, gehört in die Anlagen.

In Deutschland ist das Beilegen eines Fotos optional. Den Kandidat:innen steht es frei, sich mit oder ohne Foto zu bewerben. Auch wenn das Foto kein ausschlaggebendes Kriterium sein wird, so rundet es doch einen positiven Gesamteindruck vom Bewerber ab und erzeugt gegebenenfalls sogar Sympathie. Jedenfalls vermittelt es neben den Freizeitinteressen einen ersten persönlichen Eindruck. Will man diese Chance für sich nutzen, muss das Foto qualitativ hochwertig und aktuell sein und soll einen mit einem freundlichen Gesichtsausdruck und in angemessener Kleidung zeigen. Tabu sind Ganzkörper-, Party- und Automatenfotos. Schwarz-Weiß-Fotos sind eine Spur konservativer, wirken klassischer und sind oft eleganter.

Ein Arbeitgeber wird in der Regel von sich aus keine Fotos oder bestimmte andere Angaben verlangen, um bereits den Anschein einer Diskriminierung zu vermeiden. Verschiedene Unternehmen, Behörden und Kommunen verwenden sogenannte anonymisierte Bewerbungsverfahren, bei denen auf ein Foto sowie auf die Angabe von Name, Adresse, Geburtsdatum, Alter, Familienstand oder Herkunft verzichtet wurde. Es bleibt abzuwarten, ob sich diese Praxis durchsetzen wird. Im Rahmen eines solchen Bewerbungsverfahrens sind die Vorgaben zur Anonymisierung unbedingt zu beachten, will man sich nicht bereits formal disqualifizieren. Es ist jedoch grundsätzlich davon abzuraten, sich ohne arbeitgeberseitige Aufforderung „anonymisiert" zu bewerben.

Die Nennung von Freizeitinteressen bzw. Hobbys im Lebenslauf ist umstritten. In der Regel ergibt sich durch ihre Erwähnung jedoch ein Gesprächsaufhänger, im besten Fall eine Gemeinsamkeit. Gemeinsamkeiten führen zu Sympathien, Gleich und Gleich gesellt sich eben gern. Man sollte diese Chance daher nutzen, um einen – wenn auch begrenzten – Einblick in seine Interessen und seine Persönlichkeit außerhalb der Arbeitswelt zu geben, insbesondere wenn man den Freizeitinteressen in organisierter Form, z. B. in Vereinen, nachgeht. Die Angabe von Hobbys kann auch dazu dienen, die eigene Team- und Führungsfähigkeit zu unterstreichen, z. B. wenn ein Mannschaftssport ausgeübt und vielleicht noch das Kapitänsamt gehalten wird. Nichtssagende Angaben wie „Lesen" oder „Reisen" entweder weglassen oder präzisieren, z. B. in „klassische Literatur" oder „Rucksackreisen in Südostasien", aber natürlich nur, wenn dies der Wahrheit entspricht.

Die Anlagen
Die Anlagen umfassen insbesondere Fotokopien von Zeugnissen (mindestens letzter Ausbildungsabschluss und Abitur), Referenzschreiben und Fortbildungszertifikate. Liegt das Ergebnis der Ersten Juristischen Prüfung noch nicht vor, reicht – neben dem Abiturzeugnis – auch ein Notenspiegel über die im Studium erbrachten Leistungen.

Die Anlagen sind nach Relevanz zu sortieren. Falls die Anlagen umfangreicher sind, sollte ihnen ein Anlagenverzeichnis vorangestellt werden, in dem die einzelnen Dokumente mit Verweis auf die jeweilige Seite aufgeführt werden. Das erleichtert die Auffindbarkeit einzelner Dokumente enorm.

Falls kein Referenzschreiben vorhanden ist, kann es sich anbieten, den Anlagen eine Seite mit Referenzpersonen beizufügen. Dort nennt man die betreffenden Personen, z. B. Ausbilder:innen, Vorgesetzte oder Professor:innen mit Namen und Kontaktdaten. Zumindest eine Referenzperson sollte aus der Sphäre des bisherigen Arbeitgebers stammen, es sei denn, man bewirbt sich aus einem bestehenden Beschäftigungsverhältnis heraus, und der derzeitige Arbeitgeber weiß nichts von den Wechselabsichten. Insbesondere als Nachwuchsjurist:in bietet es sich an, einen Professor oder eine Professorin als Referenzperson anzugeben. Selbstverständlich muss die Einwilligung der angegebenen Personen vorliegen. Will man keine Referenzen angeben oder hat keine Zeit, die Zustimmung einzuholen, kann man – auch schon im Lebenslauf – darauf verweisen, dass Referenzen auf Anfrage vorgelegt werden.

Bewerben im Ausland
Der Bewerbungsprozess im Ausland folgt dem gleichen Grundmuster wie in Deutschland. Jedoch gibt es länderspezifische Abweichungen, die man kennen muss. Denn jedes Land stellt hinsichtlich der Formalitäten unterschiedliche Anforderungen. Weiterführende Tipps zur internationalen Bewerbung bietet die e-fellows.net-Website im Bereich „Karriere".

Bewerben in Europa: der Europass-Lebenslauf
Die Europäische Union hat einen sogenannten Europass-Lebenslauf sowie weitere Dokumente, darunter einen sogenannten Sprachenpass, entwickelt, um Kandidat:innen bei der Bewerbung im europäischen Ausland zu unterstützen und Arbeitgebern die Beurteilung der jeweiligen Fähigkeiten und Qualifikationen zu erleichtern. Im Vergleich zum deutschen Lebenslauf stehen Sprachen und Soft Skills im Vordergrund. Die Vorlage für den Europass-Lebenslauf ist abrufbar unter: europass.cedefop.europa.eu.

Der Europass-Lebenslauf ist insbesondere praktisch für die Bewerbung in einem anderen EU-Mitgliedstaat, mit dessen Konventionen man nicht vertraut ist. Auch für Bewerbungen bei europäischen Institutionen ist er geeignet, soweit nicht das Ausfüllen eines Online-Formulars verlangt wird.

Bewerben weltweit: USA und Commonwealth
Innerhalb des alten Commonwealth (d. h. Großbritannien, Kanada, Südafrika, Australien und Neuseeland) sind die Anforderungen an einen Lebenslauf grundsätzlich ähnlich.

Die USA nehmen unter den englischsprachigen Ländern eine gewisse Sonderrolle ein. Neben dem aus Deutschland bekannten umgekehrt chronologischen Lebenslauf wird dort insbesondere der Skills-based-Lebenslauf verwendet, bei dem die persönlichen Fähigkeiten und Kenntnisse im Vordergrund stehen. Weiter wird in den USA zwischen einem Resume und einem Curriculum Vitae (CV) unterschieden. Ein Resume (auch: résumé oder resumé) ist ein bis zwei Seiten lang und soll dementsprechend eine Zusammenfassung sein, während ein CV zwei oder mehr Seiten umfassen kann und eine ausführlichere Darstellung der Person enthält. Während die Wirtschaft das kürzere Resume bevorzugt, sollte man sich mit einem CV bewerben, wenn die betreffende Stelle akademischer oder wissenschaftlicher Natur ist bzw. man sich für einen

Master, ein Stipendium o. Ä. bewirbt. Der US-Lebenslauf ist z. T. aggressiver in der Selbstvermarktung als ein Commonwealth-Lebenslauf, auch wenn die Unterschiede im juristischen Bereich geringer ausfallen dürften als in anderen Branchen. Wegen der Unterschiede bei der Formatierung von numerischen Datumsangaben sollte man Daten einfach ausschreiben. Zwischen amerikanischer und englischer Rechtschreibung ist zu unterscheiden. Grundsätzlich darf ein Lebenslauf im angelsächsischen Raum kein Foto enthalten und sollte folgende Abschnitte umfassen:

Kontaktdaten – contact details: Dazu gehören Name, Anschrift, Telefon und E-Mail-Adresse, nicht dagegen Geburtsdatum und -ort sowie Familienstand.

Persönliche Karriereziele – objective, career target, career objective, goal etc.: Dieser Abschnitt ist nicht zwingend, kann aber dazu dienen, dem Arbeitgeber einen schnellen Überblick über die eigenen Ziele und den Grund für dessen Bewerbung zu liefern. Ein solcher Abschnitt ist bei Berufsanfänger:innen oder Karrierewechsler:innen angebracht sowie bei Bewerbungen bei Legal Staffing Agencies.

Fähigkeiten und Kenntnisse – skills and abilities: Hier sind Fähigkeiten, Eigenschaften, Sprachkenntnisse etc. darzustellen. Es darf sich jedoch nicht lediglich um Behauptungen handeln, vielmehr muss man anhand von Beispielen erklären, wieso man zu Recht von sich sagen kann, die jeweiligen Fähigkeiten und Eigenschaften zu haben. Dieser Abschnitt ist für Bewerbungen in der Wirtschaft sehr wichtig. Ein Arbeitgeber im angelsächsischen Raum wird in der Regel viel mehr Gewicht auf die glaubhaft dargestellten Fähigkeiten der Bewerber:innen legen als auf die akademische Ausbildung.

Arbeitserfahrung – work experience, professional experience etc.: Hierhin gehören Arbeitgeber, Dauer und Art der Arbeit. Es ist wichtig – genau wie im deutschen Lebenslauf – konkrete Aufgaben und Leistungen zu nennen.

Ausbildung – education: Dazu gehören z. B. Name und Ort der Bildungseinrichtung, Studiengebiet, Noten, Stipendien etc.

Besondere Erfolge und Leistungen – achievements, accomplishments etc.: In diesen Abschnitt gehören Stipendien, Auszeichnungen und Ehrungen (Publikationen dagegen wiederum in die Anlage) sowie sonstige Informationen, die die eigenen Qualitäten unterstreichen. Hat man nur wenig vorzuweisen, können diese Punkte auch in andere Abschnitte integriert werden.

Interessen – interests, hobbies: Wie bei einem deutschen Lebenslauf sollte man kurz solche Interessen aufführen, die Hinweise auf die Persönlichkeit geben können.

Referenzen – references: In der Regel zwei oder drei Referenzen (Einwilligung einholen) mit Namen und Kontaktdaten nennen. Der zukünftige Arbeitgeber wird sich dann gegebenenfalls an diese Referenzpersonen wenden, um sich gezielt zu informieren.

Vorbereitung auf das Bewerbungsgespräch

Die Einladung zum Bewerbungsgespräch zeigt, dass man Bewerber:innen den Job fachlich zutraut. Nun kommt es neben den Inhalten auch auf die Präsentation an. Sicheres Auftreten, Haltung, Gestik und Tonlage, und damit die Kommunikationsfähigkeit und Ausstrahlung sind ausschlaggebend dafür, wie man vom Gesprächspartner eingeschätzt wird. Die Tipps der Bewerbungsratgeber für diese Situation sind unüberschaubar. Eine Regel ist aber immer gültig: Authentizität. Wer versucht, eine Rolle zu spielen, wird scheitern.

Vorbereitung

Die richtige Vorbereitung auf das Bewerbungsgespräch umfasst zwei Aspekte: zum einen die individuelle Vorbereitung. Dazu gehören die innere Haltung und Einstellung genauso wie das äußere Erscheinungsbild, also Dresscode und Auftreten. Zum anderen gehört dazu die inhaltliche Vorbereitung, d.h., man muss Eckdaten und aktuelle Informationen über den Arbeitgeber und die Branche präsent haben.

Der Arbeitgeber sieht sein Unternehmen bzw. seine Behörde als einzigartig an, ist von seiner Organisationskultur überzeugt und mit der Geschäfts- bzw. Verwaltungstätigkeit vertraut. Man sollte daher alle wichtigen Informationen über den Wunscharbeitgeber kennen. Die Kenntnis aktueller Probleme und Projekte kann im Gespräch hilfreich sein, auch wenn man kritische Punkte in der Regel nicht selbst ansprechen sollte.

Gibt es Schwachstellen im Lebenslauf, wie z.B. Lücken? Zum Glück ist ja noch ein Exemplar der Bewerbungsunterlagen zu Hause (siehe oben, Stichwort „Was interessiert mich mein Geschwätz von gestern?"), das man zur Vorbereitung noch einmal durchgehen sollte, um entsprechende Fragen im Vorstellungsgespräch – so ehrlich wie möglich und so strategisch wie nötig – beantworten zu können. Umgekehrt freut sich auch der Arbeitgeber über kluge Fragen zur angestrebten Stelle bzw. zu Unternehmen, Behörde oder Kanzlei. Jetzt, d.h. vor dem Gespräch, ist die Zeit, diese vorzubereiten. Und schließlich sollte man sich auf das bevorstehende Gespräch freuen. Das ist die Chance! Einstellung schafft Wirklichkeit! Positives Visualisieren kann in diesem Zusammenhang eine sehr hilfreiche Technik für das eigene Selbstbewusstsein sein. Die darin liegende Macht hat bereits Henry Ford schön auf den Punkt gebracht: „Whether you think you can or you can't, you're usually right." Positive Visualisierung bedeutet, dass man das Vorstellungsgespräch vorab detailliert gedanklich durchgeht und sich dabei einen erfolgreichen Verlauf vorstellt. Auch wenn das nicht jedermanns Sache sein mag: Eine positive Grundstimmung ist – neben Authentizität und Selbstvertrauen – enorm wichtig für die eigene Ausstrahlung. Welche Methode man dafür wählt, ist zweitrangig.

Dresscode

Es gibt keinen zweiten ersten Eindruck – und für den hat man gerade einmal ein paar Sekunden. Jeder weiß, dass der Kredit am (Turn-)Schuh scheitern kann und der Job an der Jeans. Kleidung und Frisur haben Signalcharakter, sie sind eine Entscheidungshilfe bei der Einschätzung eines Fremden: An den Federn erkennt man den Vogel.

Richtig kommuniziert man mit einem klassischen, dezenten und gepflegten Kleidungsstil, der weder für einen selbst noch für sein Gegenüber wie eine Verkleidung wirkt. Dunkler Anzug mit wahrnehmbarer Bügelfalte, ein weißes oder blaues Hemd sowie eine elegante Krawatte (keine Experimente mit „lustigen" Mustern/Motiven) sind für Männer ein Muss; Frauen sollten zum Hosenanzug greifen und mit Schmuck und Make-up zurückhaltend umgehen (weniger ist mehr). Während in London der Spruch gilt: „No brown in the city", wird das in Deutschland entspannter gesehen. Wenn man aber ohnehin lieber Anthrazit anzieht, umso besser. Wer als Mann das Haar lang trägt, darf das selbstverständlich auch im Vorstellungsgespräch tun, aber unbedingt gepflegt. Die Garderobe übrigens am besten schon am Abend vorher aussuchen und bereitlegen.

Generell gilt: Finger weg von Fliege und Einstecktüchern, das wirkt übertrieben (Letzteres zumindest, wenn man schon eine Krawatte trägt). Manschettenknöpfe sind Geschmackssache; ihre Verwendung ist von der eigenen Position und der angestrebten Stelle abhängig. Insbesondere als Nachwuchsjurist sollte man sich jedoch von Gold- und XXL-Versionen eindeutig fernhalten. Ein (Dreitage-)Bart ist nicht generell verboten, kann aber schnell ungepflegt wirken und Sympathien kosten.

Auftreten
Wie auch sonst im Leben sollte man im Vorstellungsgespräch versuchen, abseits der Sachebene eine gute Beziehung zum Gesprächspartner aufzubauen. Faktoren auf der Beziehungsebene sind Mimik, Gestik, Blickkontakt, Körpersprache und Humor. Ein beherzter Händedruck am Anfang und ein Lächeln, vielleicht auch mal ein Schuss Selbstironie im Gespräch, machen immer einen guten Eindruck. Augenkontakt und ein Mindestmaß an Körperspannung (aufrecht sitzen!) signalisieren Respekt und Aufmerksamkeit. Wie in allen sozialen Situationen gilt auch im Vorstellungsgespräch der alte Satz von Paul Watzlawick: „Man kann nicht nicht kommunizieren."

Auch Arroganz und prätentiöses Auftreten können helfen – wenn man den Job nicht will. Es ist bekannt, dass arrogantes Verhalten u. a. auch ein untrügliches Zeichen für Unsicherheit ist. Trotzdem provoziert man damit nicht Mitleid, sondern Ablehnung. Um Missverständnissen vorzubeugen: Natürlich darf und soll man selbstbewusst auftreten – ein Bewerbungsgespräch ist nicht der Platz, um allzu bescheiden und ruhig zu erscheinen, schließlich will man sich nicht nur „bewerben", sondern auch „verkaufen".

Typischer Ablauf
Auch im Bewerbungsgespräch gilt: Der erste Eindruck entscheidet und der letzte bleibt. Diese Effekte kann man gezielt für den eigenen Erfolg einsetzen.

Beginnen wir mit einer Selbstverständlichkeit: Der Gesprächstermin ist in zeitlicher Hinsicht unbedingt einzuhalten. Hier sollte man sich unter gar keinen Umständen Verspätungen erlauben. Lieber einen früheren Zug nehmen oder die Wohnung eine halbe Stunde früher verlassen, als den potenziellen Arbeitgeber auch nur fünf Minuten warten zu lassen. Auch ein Anruf, dass man es – natürlich wegen unverschuldeter Umstände – nicht rechtzeitig schafft, ist noch in Ordnung. Sonst liegen die Bewerbungsunterlagen bald wieder im Briefkasten. Kommt man doch einmal zu spät, gilt: „Wenn du in Eile bist, gehe langsam." Zu spät kommt man sowieso, da lohnt es sich nicht, durch Hetze und Eile noch ein weiteres Malheur zu provozieren oder seine Ruhe und Souveränität zu verlieren.

Ein Bewerbungsgespräch beginnt in der Regel mit der Begrüßung und Vorstellung der Beteiligten. Natürlich besteht dabei auf beiden Seiten erhöhte Aufmerksamkeit. Es kommt darauf an, Sicherheit auszustrahlen, lächelnd einen festen Händedruck zu geben und den prüfenden Blicken entspannt standzuhalten. Nach dem Vorgeplänkel folgt dann meist eine Kurzvorstellung des Arbeitgebers. Im Anschluss sollte man darauf vorbereitet sein, den eigenen Lebenslauf in freier Rede kurz darzustellen. Warum will man diesen Job? Wer gelassen und in einfachen Sätzen vorträgt, ohne sich in Details zu verlieren, wirkt selbstsicher.

Den weiteren Dialog bestimmt der potenzielle Arbeitgeber. In der Regel konfrontiert er die Bewerber:innen mit vielerlei Fragen zu Fach und Person. Die üblichen Standardfragen sind in jedem Bewerbungsratgeber oder auf der e-fellows.net-Website im Bereich „Karriere" zu finden, z. B. „Warum wollen Sie gerade zu uns? Haben Sie sich auch auf andere Stellen beworben? Warum sind Sie der Richtige für uns? Was sind Ihre Stärken/Schwächen? Wie gehen Sie mit Kritik/Stress um? Wo sehen Sie sich in fünf Jahren?" „Spontane" Antworten, die so ehrlich wie möglich und so strategisch wie nötig sind, lassen sich so in aller Ruhe planen. Die Antworten sollten, wo möglich, mit Beispielen unterlegt werden.

Während des Gesprächs sollte man die Gelegenheit ergreifen, Fragen zu stellen. Dies zeugt von Interesse an der Stelle und signalisiert Aufmerksamkeit. Besonders geeignet sind Fragen, die für die Entscheidungsfindung wichtig sind und noch nicht im Gespräch geklärt wurden, z. B. mit wem man zusammenarbeiten wird oder wie es um die persönlichen Entwicklungsmöglichkeiten bestellt ist. Sich Notizen zu machen oder Unterlagen dabeizuhaben wirkt übrigens nicht unsicher, sondern professionell.

Das Ende des Gesprächs sollte dazu genutzt werden, sich noch einmal positiv in Szene zu setzen, z. B. durch eine höfliche Verabschiedung und einen festen Händedruck. Denn der letzte Eindruck bleibt, er hallt nach, das Gedächtnis der Interviewer:innen speichert ihn unbewusst ab.

Exkurs: die Videokonferenz
Personaler:innen setzen für ein erstes Bewerbungsgespräch oder für „Junior"-Stellen, wie Praktika oder Referendariatsstationen, zunehmend Videotechnik ein, wie Skype, Teams, Zoom etc. Die Vorteile liegen auf der Hand: Insbesondere spart die Videokonferenz Aufwand und Kosten, während sie für Bewerber:innen auch Fallstricke parat hält.

Vor Beginn der Videokonferenz gilt es, die Infrastruktur vorzubereiten und zu testen. Dies umfasst die Installation der App und die Funktionsprüfung von Meeting-Link, Mikrofon und Akustik. Am besten in der Videokonferenz-App eine Probe-Konferenz anlegen, um zu checken, ob alles technisch funktioniert und die nachfolgenden Punkte umgesetzt sind. Für die gute Tonqualität empfiehlt sich die Verwendung von Kopfhörern. Um einen guten Eindruck zu hinterlassen, gilt es auch, akustische Störquellen im Umfeld (Babygeschrei, Hundegebell, Verkehr etc.) so weit wie möglich zu minimieren und eine räumliche Ausweichmöglichkeit in der Hinterhand zu haben.

Als Hintergrund des Bewerbers kann entweder ein neutraler Bereich der Wohnung verwendet werden, alternativ auch ein in der App bereitgestellter Hintergrund-Weichzeichner oder gleich ein virtueller Hintergrund. Vorzuziehen ist ein echter Hintergrund, um persönliche Nähe und Authentizität zu vermitteln. Welchen Hintergrund man auch verwendet, er sendet Signale aus, z. B. die volle Bücherwand (zu professoral? Messie?), das herumliegende Baby-Spielzeug (überfordert?) oder die Wäsche (unprofessionell).

Der Dresscode ist ebenso zu wählen, wie er im Live-Gespräch ausfallen würde. Seriös wirkt ein Outfit in dunklen, gedeckten Farben mit hellem Shirt oder Hemd darunter. Muster (schmale Streifen, Fischgrat, kleine Karos) und harte Kontraste (schwarzer Anzug vor weißem Hintergrund) gilt es zu vermeiden, die Kleidung von Fernsehmoderatoren gibt gute Anhaltspunkte.

Beim Thema Make-up lesen bitte auch Männer weiter: Videokonferenz-Profis mattieren ihr Gesicht, um glänzende Stellen zu vermeiden, die den Gesprächspartner:innen Aufregung, Stress oder Unsicherheit vermitteln. Dafür gibt es im Handel einfache Pudertücher, die Wunder wirken. Für Frauen ist zudem dezentes Make-up zu empfehlen.

Auch Licht und Kamera helfen dabei, professionell und persönlich zu wirken. Die Kamera sollte unbedingt auf Augenhöhe installiert werden, gegebenenfalls sollten ein paar Bücher unter den Laptop gelegt werden. Sie darf ruhig einen halben Meter vom Körper entfernt sein, damit der sichtbare Ausschnitt größer ist, die Gesprächspartner:innen den ganzen Oberkörper und damit auch die Körpersprache der Bewerber:innen sehen kann. Beim Sprechen schaut man in die Kamera, dadurch entsteht direkter Blickkontakt aus Sicht des Gegenübers. Schaut man dagegen auf die Gesprächspartner:inen auf dem Bildschirm, wirkt dies im Auge der Betrachter:innen so, als schaue man auf dessen Mund oder Hals. Die Kamera sieht übrigens mehr als man denkt, also unbedingt den Sichtbereich bei der Vorbereitung prüfen, damit nicht doch die Wäsche in den Blick des Gegenüber gerät. Das Licht sollte so ausgerichtet sein, dass man weder von oben angestrahlt wird (Augenschatten), noch von hinten (Blendung der Kameralinse). Die frontale Bestrahlung von vorne kann einen Verhöreffekt oder Überbelichtung auslösen. Am besten wählt man einen hellen Raum mit genügend Tageslicht und unterstützt gegebenenfalls mit flächigem Licht von vorne oder von der Seite, z. B. mittels Stehlampe oder ähnlichen Hilfsmitteln. Wie im persönlichen Gespräch auch, gilt es in der Videokonferenz auf den ersten und letzten Eindruck zu achten, zu lächeln, natürliche Gestik einzusetzen und Authentizität zu bewahren. Es ist empfehlenswert, die Technik so weit wie möglich mental auszublenden, bis auf die Kamera, auf die sich der eigene Blick stets fokussieren sollte.

Das Dankesschreiben
Nach einem Bewerbungsgespräch sollte zeitnah ein Dankesschreiben verschickt werden. Das gilt besonders für Bewerbungen im angelsächsischen Raum. Man bedankt sich noch einmal für das Gespräch und das entgegengebrachte Vertrauen. Hüten sollte man sich, wie schon im Anschreiben, vor Plattheiten und übertriebenem Lob. Ein freundliches, knappes Dankschreiben rundet den positiven und professionellen Eindruck aus dem Bewerbungsgespräch ab. Zudem richtet es erneut die Aufmerksamkeit auf die eigene Bewerbung und hebt sie damit von der Konkurrenz ab.

LITERATUR-TIPPS:
Bewerbungsunterlagen
- Hesse, Jürgen/Schrader, Hans Christian (2014): *Die perfekte Bewerbungsmappe: Die 50 besten Beispiele erfolgreicher Kandidaten*, Hallbergmoos.
- Hesse, Jürgen/Schrader, Hans Christian (2015): *Training Schriftliche Bewerbung: Anschreiben – Lebenslauf – E-Mail- und Online-Bewerbung*, Hallbergmoos.
- Püttjer, Christian/Schnierda, Uwe (2011): *Die besten Bewerbungsvorlagen für Hochschulabsolventen: 222 Formulierungshilfen für individuelle Unterlagen. Diplom – Magister – Bachelor – Master – Staatsexamen – Promotion*, Frankfurt am Main.
- Püttjer, Christian/Schnierda, Uwe (2014): *Perfekte Bewerbungsunterlagen für Hochschulabsolventen: Erfolgreich zum Traumjob – auch für Online-Bewerbungen. Bachelor – Master – Diplom – Magister – Staatsexamen – Promotion*, Frankfurt am Main.

Vorstellungsgespräch
- Eßmann, Elke (2015): *111 Arbeitgeberfragen im Vorstellungsgespräch: Absichten erkennen – Pluspunkte sammeln – Stolpersteine vermeiden*, München.
- Heragon, Claus (2012): *Das Vorstellungsgespräch: Bewerbungsfragen in 50 x 2 Minuten* (Lernkarten), Berlin.
- Hesse, Jürgen/Schrader, Hans Christian (2014): *Training Vorstellungsgespräch: Vorbereitung – Fragen und Antworten – Körpersprache und Rhetorik*, Hallbergmoos.
- Püttjer, Christian/Schnierda, Uwe (2013): *Das überzeugende Bewerbungsgespräch für Hochschulabsolventen: Bachelor – Master – Diplom – Magister – Staatsexamen – Promotion*, Frankfurt am Main.

Bewerben auf Englisch
- Neuhaus, Karsta/Neuhaus, Dirk (2013): *Das Bewerbungshandbuch Englisch. Erfolgreiche Jobsuche in aller Welt: Deutsch-englische Sprachbausteine, Musterbriefe und -lebensläufe, Expertentipps für die Arbeitssuche*, Bochum.
- Püttjer, Christian/Schnierda, Uwe/Williams, Steve (2013): *Das überzeugende Vorstellungsgespräch auf Englisch: Die 200 entscheidenden Fragen und die besten Antworten*, Frankfurt am Main.
- Schürmann, Klaus/Mullins, Suzanne (2014): *Die perfekte Bewerbungsmappe auf Englisch: Anschreiben, Lebenslauf und Bewerbungsformular*, Freising.

Musterdokumente

Auf den folgenden Seiten finden sich einige deutsch- und englischsprachige Musterdokumente für die Bewerbung, die Ihnen als Anregung dienen können:
- Beispiel für ein deutschsprachiges Anschreiben
- Beispiel für einen deutschsprachigen Lebenslauf
- Beispiel für ein englischsprachiges Anschreiben
- Beispiel für einen englischsprachigen Lebenslauf (Skills-based CV)
- Beispiel für einen englischsprachigen Lebenslauf (Experience-based CV)
- Beispiel für eine Zeugnisübersetzung

Muster: Anschreiben

Felix Muster
Stud. jur.
Alpenstraße 8
80802 München
Mobil: 01 23 / 45 67 89 10
E-Mail: f.muster@campus.uni-muenchen.de

ABC LLP
Herr Dr. Abis Zeh
Königsallee 17–19
40212 Düsseldorf

8. November 2022

**Bewerbung für ein Sommerpraktikum in der Fachgruppe „M&A Corporate"
der ABC LLP am Standort Düsseldorf**

Unser Treffen auf der Veranstaltung ABC am 04.11.2022

Sehr geehrter Herr Dr. Zeh,

im Anschluss an unser Treffen auf der Veranstaltung ABC in dieser Woche [Anm.: dem Anschreiben sollte im besten Fall ein persönliches Treffen, zumindest aber ein Telefonat vorausgehen] übersende ich Ihnen anbei meinen Lebenslauf samt Anlagen. [Anm.: Bei Messebesuchen sollten Sie stets daran denken, mehrere Exemplare Ihrer Bewerbung dabeizuhaben; das nachträgliche Übersenden ist die zweitbeste Lösung.]

Die ABC LLP bietet fachlich starken und ökonomisch interessierten Studierenden die Gelegenheit zur Mitarbeit im Rahmen eines Sommerpraktikums. Durch den damit verbundenen Einblick in die Tätigkeit einer internationalen Sozietät erhoffe ich mir wichtige Impulse für mein weiteres Studium. [Anm.: Erläutern Sie in knapper und glaubhafter Form Ihre Motivation.]

Ich studiere derzeit im dritten Semester Rechtswissenschaften an der LMU München. Zudem belege ich im laufenden Semester eine Zusatzveranstaltung an der wirtschaftswissenschaftlichen Fakultät. [Anm.: Zeigen Sie, dass Sie fachlich über den Tellerrand blicken.] Meinem Lebenslauf können Sie entnehmen, dass ich mich seit meiner Schulzeit in verschiedenen Initiativen sozial engagiert habe. Entsprechend versuche ich, ganzheitlich zu denken und bei juristischen Fragen die wirtschaftlichen und sozialen Zusammenhänge zu berücksichtigen. [Anm.: Das ist eine starke Aussage, die aber durch die vorhergehenden beiden Sätze belegt wird; machen Sie sich darauf gefasst, dies in einem späteren Vorstellungsgespräch noch einmal erläutern zu müssen.]

Seit meinem Abitur und auch während des Grundstudiums zähle ich kontinuierlich zu den stärksten Kandidat:innen. Die Mehrzahl der bisherigen Lehrveranstaltungen an der LMU habe ich mit Prädikat [Anm.: verwenden Sie positive Schlagworte] abgeschlossen. Während meines neunmonatigen Aufenthalts bei einer Gastfamilie in Knoxville/Tennessee und des damit einhergehenden Besuchs der „Senior Class" einer Highschool habe ich nicht nur verhandlungssichere Englischkenntnisse erworben, sondern auch internationale Erfahrung gesammelt. [Anm.: Verhandlungssichere Englischkenntnisse sind ein wichtiges Pfund, mit dem Sie wuchern sollten.] Flexibilität in zeitlicher und örtlicher Hinsicht ist dementsprechend für mich selbstverständlich.

Einen Ausgleich zu meinen professionellen Aktivitäten finde ich schon seit der Schulzeit in meinen sportlichen Interessen, wie z. B. Skifahren und Schwimmen. [Anm.: Geben Sie auch etwas Persönliches von sich preis, damit Sie nicht als „Juramaschine" erscheinen.]

Über ein persönliches Vorstellungsgespräch und ein damit verbundenes Wiedersehen in Düsseldorf würde ich mich sehr freuen.

Mit freundlichen Grüßen

[Unterschrift]
Felix Muster

Muster: Lebenslauf

Johanna Musterfrau, LL.M. (NYU)
Dipl.-Juristin, Ass. Jur.

Geburtstag und -ort: 19. Oktober 1995, Düsseldorf
Staatsangehörigkeit: deutsch

Am Hügel 9
43211 Düsseldorf
Mobil: 0123/45 67 89 10
E-Mail: jmusterfrau@e-mail.de

BERUFSPRAXIS

Juni 2021 – Aug. 2021 **Black & White LLP (M&A Practice Group), New York**
Aufgaben: Erstellung von Schriftsätzen aus dem Bereich des Handels- und Gesellschaftsrechts, Wahrnehmung von Gerichtsterminen, Teilnahme an Mandantengesprächen; M&A Due Diligence: *sehr gut*

April 2019 – Mai 2021 **Rechtsreferendariat (Düsseldorf/Frankfurt am Main/ Berlin/New York);** 2. Jur. Prüfung: *vollbefriedigend (10,3 Punkte)*

Jan. 2021 – März 2021
Deutsches Generalkonsulat, New York
Aufgaben: Zusammenstellung von Informationen zur deutschen Wirtschaft, Mitarbeit in den Bereichen Kultur sowie Presse- und Öffentlichkeitsarbeit: *sehr gut*

März 2020 – Dez. 2020
Deutsche Börse AG, Frankfurt am Main
Aufgaben: Erstellung von Schriftsätzen aus dem Bereich des Kapital- und Finanzrechts, Beratung zu allg. Vertragsrecht, Kapitalmarkt-Compliance, M&A: *sehr gut*

Dez. 2019 – Feb. 2020
Bundesministerium der Justiz, Berlin
Aufgaben: Analyse nationaler Gesetzgebung; Vorbereitung von und Teilnahme an Konferenzen und Sitzungen von Ministerium, Parlament und Ausschüssen; Erstellung von Länderberichten; Analyse von Urteilen: *sehr gut*

Sept. 2019 – Nov. 2019
StA Kleve (Allg. Dezernat)
Aufgaben: Verfassen von Anklageschriften und Verfügungen; Sitzungsvertretungen vor Strafrichter und Schöffengericht; Durchsuchungen; Beschuldigtenvernehmungen: *gut*

April 2019 – Aug. 2019
LG Wuppertal (IV. Zivilkammer)
Aufgaben: Verfassen von Urteilen, Voten, Beschlüssen sowie Anfertigung von Gutachten für den Vorsitzenden; Begleitung und Durchführung mündlicher Verhandlungen: *gut*

April 2018 – März 2019 **Swift Planck & Partner, Düsseldorf**
Aufgaben: Recherche und Verfassen von Vermerken zum deutschen Gesellschaftsrecht; regelmäßige Präsentation zu aktuellen gesellschaftsrechtlichen Entwicklungen; Unterstützung bei einer Due Diligence: *sehr gut*

Aug. 2014 – Dez. 2014 **Au-pair in Nanterre/Frankreich**
Betreuung und Versorgung von zwei Kleinkindern

AUSBILDUNG

Sept. 2021 – Juni 2022	**Master of Laws** (LL.M., New York University School of Law), Schwerpunkt: Corporation Law; *magna cum laude*
April 2015 – Feb. 2019	**Rechtswissenschaften,** Universität Düsseldorf Schwerpunkt: Gesellschaftsrecht; 1. Jur. Prüfung: *vollbefriedigend (9,6 Punkte)*
Jan. 2018	**Märchen-Moot-Court,** European Law Students Association, Münster
Aug. 2016 – März 2017	**13th Annual Willem C. Vis International Commercial Arbitration Moot Court** mit einem Team der Universität Düsseldorf: *sehr gut*
Sept. 2015	**Universitäts-Moot-Court,** Universität Düsseldorf
Juni 2014	**Abitur** (1,4); **Klassensprecherin** in Oberstufe und 10. Klasse

SPRACHEN

Deutsch:	Muttersprache
Englisch:	verhandlungssicher (u. a. 15 Monate in New York)
Französisch:	gute Kenntnisse (u. a. fünf Monate in Frankreich)

STIPENDIEN & PREISE

Sept. 2021 – Juni 2022	**Fulbright-Stipendium** (LL.M.-Förderung)
April 2018	**Düsseldorfer Universitäts-Preis**
April 2015 – Feb. 2019	**e-fellows.net** (Online-Stipendium und Karrierenetzwerk)

EHRENAMT

April 2016 – Feb. 2019	**European Law Students Association** (ELSA), Düsseldorf; stv. Vorsitzende

SPORT & FREIZEIT

Jogging; SCUBA-Diving; klassische Literatur

[Unterschrift]
Düsseldorf, im Juli 2022   Johanna Musterfrau, LLM. (NYU)

Muster: Cover Letter

JOHANNA MUSTERFRAU
Address Am Huegel 9, 43211 Duesseldorf, Germany | **Telephone** +49 123 456 78 910
E-mail jmusterfrau@e-mail.de | **Visa** Green Card

April 29, 2022

Mr. Jonathan Goodfellow
Head of Human Resources
Black & White LLP
29 Maplewood Avenue
New York, NY 30658

Dear Mr. Goodfellow:

As agreed upon in our telephone call on April 28, 2022, I am writing to express my interest in joining Black & White's M&A practice group in New York in June 2021 for a period of three months before I begin the LL.M. program at New York University School of Law on a Fulbright scholarship.

M&A has been my main area of interest since law school and I also have relevant work experience in this area.

- Following my graduation, I worked at Swift Planck & Partner in Duesseldorf, Germany, for six months. As part of the M&A practice group, I was involved in many cross-border deals for some of Germany's and the world's largest companies.
- I specialized in German company law while at university and also participated in a seminar on US company law, in which I compared the German limited company (GmbH) to the US LLC.

I learned of Black & White while researching which New York law firms combine an excellent international M&A practice with a work environment that fosters both the professional as well as the personal growth of its employees. Black & White came out on top of the list. I believe that a law firm's long-term success depends not only on having professionally excellent people, but also on having a team that enjoys working together and one that clients enjoy working with. I believe that I am perfectly suited to these requirements.

Thank you for your time and the review of my enclosed resume. I very much look forward to hearing from you.

Sincerely yours,

Johanna Musterfrau

Muster: Skills-based CV

JOHANNA MUSTERFRAU
Address Am Huegel 9, 43211 Duesseldorf, Germany | **Telephone** +49 123 456 78 910
E-mail jmusterfrau@e-mail.de | **Visa** Green Card

OBJECTIVE

Join the Black & White LLP M&A practice group in New York in June 2018 for three months before beginning an LL.M. at NYU on a Fulbright scholarship.

SKILLS AND ABILITIES

Communication
Excellent written skills
- Drafted legal memos on German company law while working for Swift Planck & Partner, which were regularly passed on verbatim to clients.
- Wrote three 20 page research papers (time limit: one month) and nine 16 page exams (time limit: three hours) every semester while at university.

Excellent oral presentation skills
- Held a presentation on legal developments every three weeks while at Swift Planck & Partner.
- Tried over 30 criminal law cases while working at the Kleve District Attorney's office.
- Participated in three university-held moot courts.

Hard-working
- Regularly worked up to 70 hours a week while at Swift Planck & Partner during fast-paced projects that needed to be completed before a certain date.

Attention to detail
- Natural eye for detail, which was further trained at university and while working at Swift Planck & Partner.

Interpersonal skills and intercultural awareness
- Successfully worked in multi-national project teams at Swift Planck & Partner.
- Have friends and family from different cultures.

Languages
- Fluent German; very good English; conversational French.

WORK EXPERIENCE

Legal traineeship, Germany April 2020 – May 2022
Legal trainee
- Stages: German Ministry of Justice; Regional Court of Wuppertal; District Attorney of Kleve; German Consulate in New York; Deutsche Boerse (German Stock Exchange) in Frankfurt am Main.
- Final bar exam with 10.3 points (top 10% of class).

Swift Planck & Partner, Duesseldorf, Germany April 2019 – March 2020
Legal support – M&A practice group
- Legal research on German company law – my memos were regularly incorporated into reports for clients, many of which are leading corporations in Germany and worldwide.

EDUCATION

University of Duesseldorf, Germany April 2016 – February 2020
Erstes Juristisches Staatsexamen (LL.B./J.D. equivalent)
- Specialized in company law.
- Received a university scholarship for "outstanding academic achievements".
- Participated in three university-held moot courts.
- Graduation with 9.6 points (top 12% of class).

INTERESTS

- Vice president European Law Students' Association, Duesseldorf chapter.
- Jogging, classical literature and SCUBA diving.

REFERENCES

- Mr. Max Muster, Swift Planck & Partner, Duesseldorf; e-mail: max.muster@spr.de
- Ms. Martina Muster, District Attorney in Kleve; e-mail: m.muster@justiz.nrw.de
- Professor Dr. Michael Mustermann, Chair of Commercial Law, University of Duesseldorf; e-mail: mmustermann@uni-duesseldorf.de

Muster: Experience-based CV

JOHANNA MUSTERFRAU
Address Am Huegel 9, 43211 Duesseldorf, Germany | **Telephone** +49 123 456 78 910
E-mail jmusterfrau@e-mail.de | **Visa** Green Card

WORK EXPERIENCE

Legal traineeship, Germany April 2020 – May 2022
Legal trainee
- Stages: German Ministry of Justice; Regional Court of Wuppertal; District Attorney of Kleve; German Consulate in New York; Deutsche Boerse (German Stock Exchange) in Frankfurt am Main.
- Final bar exam with 10.3 points (top 10% of class).
- Skills gained: Excellent oral presentation skills through trying over 30 criminal law cases while working at the Kleve District Attorney's office.

Swift Planck & Partner, Duesseldorf, Germany April 2019 – March 2020
Legal Support – M&A practice group
- Legal research on German company law – my memos were regularly incorporated into reports for clients, many of which are leading corporations both in Germany and worldwide.
- Regular presentations on legal developments.
- Support on a due diligence operation.
- Skills gained: Excellent team-working skills through working with and supporting a team of lawyers. Memos and research tasks honed my legal writing skills.

EDUCATION & QUALIFICATIONS

2016 – 2020 **University of Duesseldorf**
Erstes Juristisches Staatsexamen (LL.B. equivalent) 9.6 Points (top 12% of class)
- Specialization in company law.
- University scholarship for outstanding academic achievements (selected as one of two top students).
- Participation in three university-held moot courts.

2007 – 2016 **Goethe-Gymnasium Duesseldorf**
Abitur (A-level equivalent) 1.4 GPA (top 2% of class):
Biology (12/15), English (13/15), German (11/15)
- Class representative for four consecutive years.

SKILLS & INTERESTS

- Fluent English and German (native) speaker, conversational French.
- President of the Duesseldorf Chapter of the European Law Students' Association.
- Jogging, classical literature and SCUBA diving.

REFERENCES

Available upon request.

Muster: Zeugnisübersetzung

North Rhine-Westphalia
Ministry of Justice
Federal Examination Office for Lawyers

The legal candidate

Ms/Mr ...,
born on ...,

passed on February 18, 2022,
at the local Federal Examination Office for Lawyers the

State Examination in Law
with the grade
Satisfactory (8.8 points)

and on April 10, 2018
at the University of Duesseldorf the

University Specialization Examination
with the grade
Fully Satisfactory (10.4 points).

The
First Exam
has therefore been passed with the grade
Fully Satisfactory (9.6 points).

(Signature)
Duesseldorf, February 26, 2022
President of the Federal Examination Office for Lawyers in Duesseldorf

Bewerbung bei internationalen Organisationen

von Ditmar Königsfeld

Als Alternative zum traditionellen Anwaltsberuf oder zu einer Tätigkeit bei nationalen staatlichen Institutionen stehen internationale Organisationen bei Absolvent:innen des Studiums der Rechtswissenschaften seit Langem im Fokus der Aufmerksamkeit. Hier konkurrieren die Jurist:innen mit international ausgebildeten und ausgerichteten Absolvent:innen vornehmlich aus den Bereichen der Wirtschafts- und Sozialwissenschaften, aber auch aus den Naturwissenschaften um die begehrten Positionen.

Bei welchen internationalen Organisationen können sich Jurist:innen bewerben?
Bereits im Rahmen des Rechtsreferendariats können angehende Jurist:innen eine Verwaltungs- oder Wahlstation bei einer internationalen Organisation ableisten. Grundsätzlich können sich erfolgreiche Absolvent:innen eines rechtswissenschaftlichen Studiums bei nahezu allen internationalen Organisationen um eine Mitarbeit bemühen. Natürlich gab und gibt es internationale Organisationen, die aufgrund ihrer Ziele und Aufgaben als „Hochburgen" für juristisch ausgebildetes Personal gelten. Zu nennen sind hier vor allem die verschiedenen internationalen Gerichtshöfe (Internationaler Gerichtshof, Internationaler Strafgerichtshof und die Sonderstrafgerichtshöfe für das ehemalige Jugoslawien und für Ruanda, der Internationale Seegerichtshof, der Europäische Gerichtshof, der Europäische Gerichtshof für Menschenrechte), Institute wie UNIDROIT, das sich mit der Vereinheitlichung des Privatrechts beschäftigt, die Welthandelsorganisation WTO, die Weltorganisation für geistiges Eigentum WIPO, die Kommission der Vereinten Nationen für internationales Handelsrecht UNCITRAL, der Europarat und die EU-Agentur für Grundrechte, wenn es um Menschenrechte geht. In internationalen Friedensmissionen werden häufig erfahrene Richter:innen und Staatsanwält:innen zur Unterstützung beim Aufbau nationaler Justizsysteme gebraucht. Die EU-Kommission führt Auswahlverfahren (Concours) für Jurist:innen durch. Darüber hinaus verfügt jedoch nahezu jede internationale Organisation aufgrund ihrer Organisationsstruktur über Arbeitsbereiche, in denen Jurist:innen traditionell einen interessanten Wirkungskreis finden. Dies gilt insbesondere für die Rechtsabteilung, die allgemeine Verwaltung, die Personalabteilung und die interne Korruptionsbekämpfung. Der Internationale Stellenpool des Auswärtiges Amtes (www.jobs-io.de) bietet einen sehr guten Überblick über aktuelle Ausschreibungen der internationalen Organisationen.

Fachliche Voraussetzungen
Entscheidend für eine auch langfristig erfolgreiche Positionierung im System der internationalen Organisationen ist für Jurist:innen zunächst, dass sie zum Zeitpunkt des Einstiegs im Rahmen ihrer juristischen Ausbildung und ersten berufspraktischen Erfahrung (Referendariat) fachliche Schwerpunkte gesetzt haben, die sich in den Zielsetzungen und Aufgaben der internationalen Organisation wiederfinden. Der fachlichen Ausdifferenzierung sind hier nahezu keine Grenzen gesetzt, wie gerade auch das große Angebot an LL.M.-Programmen zeigt. Juristische Fachkenntnisse sind in den Bereichen Menschenrechte, nachhaltige Entwicklung, humanitäre Hilfe, Migrations- und Flüchtlingshilfe ebenso unerlässlich wie beispielsweise Spezialkenntnisse im Recht internationaler Organisationen, im internationalen Patentrecht oder dem Weltraumrecht – die Liste ließe sich beliebig fortsetzen.

Sprachen und mehr

Zu den Mindestanforderungen zählen sehr gute Fremdsprachenkenntnisse von in der Regel zwei offiziellen VN-Sprachen (diese sind: Englisch, Französisch, Spanisch, Russisch, Chinesisch und Arabisch). Fließende Englischkenntnisse sind fast immer ein absolutes Muss. Hinzu kommt, dass die Arbeit in einem interkulturellen Umfeld ohne ein hohes Maß an sozialer Kompetenz nicht erfolgreich zu gestalten ist. Die Bereitschaft, gerade auch in Regionen abseits der großen Standorte von internationalen Organisationen zu arbeiten, rundet ein internationales Profil ab, das auf diesem kleinen aber feinen Arbeitsmarkt (Größenordnung dieses Arbeitsmarktsegments: ca. 90.000 Mitarbeiter:innen in dem höheren Dienst vergleichbaren Positionen) eher die Regel als die Ausnahme bildet.

Wie laufen Bewerbungsverfahren ab?
Nachwuchsprogramme der internationalen Organisationen

Aufgrund der Vielzahl an Aufgaben und Arbeitsgebieten gibt es kein einheitliches Rekrutierungs- und Bewerbungsverfahren, das bei allen internationalen Organisationen Anwendung findet. Grundsätzlich ist festzuhalten, dass der Bewerbungsprozess ebenso wie die Veröffentlichung der Stellen – von wenigen Ausnahmen abgesehen – unabhängig von den Hierarchieebenen auf elektronischem Wege abläuft. Die Bewerbung erfolgt in der Regel immer konkret auf ein individuelles Programm einer internationalen Organisation bzw. auf eine konkrete Vakanz. Dies bedeutet im Umkehrschluss, dass Initiativbewerbungen bei den meisten internationalen Organisationen nicht von Erfolg gekrönt sind.

Klar umrissen sind die Bewerbungsvoraussetzungen und das Bewerbungsprozedere insbesondere bei standardisierten Auswahlverfahren. Hier ist vor allem das Young Professional Programme (YPP) des Sekretariats der Vereinten Nationen zu nennen. Da am YPP nur Angehörige aus unterrepräsentierten Mitgliedsstaaten teilnehmen können, empfiehlt es sich, jeweils im Frühjahr auf der Website des VN-Sekretariats zu prüfen, ob Deutschland am Verfahren teilnehmen wird. Die europäischen Institutionen Kommission, Ratssekretariat und Parlament rekrutieren ihr Personal in der Regel durch spezielle Auswahlverfahren. Die EU hat die Organisation und Durchführung dieser Verfahren zentral dem Europäischen Institut für Personalauswahl übertragen. Eine Reform der Wettbewerbe (Concours) hat dazu geführt, dass die Verfahren verkürzt werden, regelmäßig stattfinden und stärker fähigkeitsorientiert sind. Das mehrstufige Auswahlverfahren der EU ist ebenso wie das YPP durch besondere Bewerbungsabläufe gekennzeichnet, über die die entsprechenden Websites detailliert informieren. Eine andere interessante Alternative für Jurist:innen sind die Führungsnachwuchsprogramme einzelner internationaler Organisationen wie des IWF, der OECD, UNICEF oder auch der UNIDO.

Grundsätzlich gilt für diese standardisierten Programme, dass ohne eine gezielte Vorbereitung sowohl auf die schriftlichen Tests als auch auf die Assessments die Aussichten, einen der begehrten Plätze zu erhalten, nicht sehr groß sind. Und noch etwas muss man beachten: Die Verfahren selbst sowie die nachfolgenden Entscheidungsabläufe der internationalen Organisationen erfordern nicht selten ein hohes Maß an Geduld. Bis man als erfolgreiche:r Absolvent:in eines solchen Auswahlverfahrens auf eine entsprechende Position in der Organisation berufen wird, können durchaus ein bis zwei Jahre vergehen.

Noch ein wichtiger Hinweis: Mit dem Carlo-Schmid-Programm und dem Mercator Kolleg für internationale Aufgaben gibt es für Studierende und Absolvent:innen der Rechtswissenschaften zwei hervorragende Programme, die deutschen Bewerber:innen im Rahmen der Förderung eines Praktikums bzw. im Zuge eines Trainee-Programms die Gelegenheit geben, internationale Organisationen auf dem Weg eines Internship näher kennenzulernen.

Bewerbung auf Einzelausschreibungen
Immer wieder bieten internationale Organisationen auch für Hochschulabsolvent:innen mit in der Regel zwei- bis dreijähriger relevanter Berufserfahrung Vakanzen im Einsteigerbereich (P1-/P2-Level im System der VN bzw. AD 7 im Bereich der EU) an. Die Konkurrenz in diesem Nachwuchssegment ist sehr hoch, da sich auf solche Einzelausschreibungen in der Regel weltweit eine Vielzahl von hoch qualifizierten Interessent:innen bewirbt. Zuweilen sind die Stellenausschreibungen im Hinblick auf die geforderten fachlichen Qualifikationen oder auch spezifischen Regionalkenntnisse sehr detailliert. Diese Angaben sollten die Bewerber:innen ernst nehmen – die einzelnen Anforderungspunkte der jeweiligen Vakanz sind nicht verhandelbar, und aufgrund des qualifizierten Bewerberangebots besteht aufseiten der internationalen Organisationen keine Notwendigkeit, hier irgendwelche Abstriche – beispielsweise im Bereich Fremdsprachenkenntnisse – zu machen.

Wie sieht eine Bewerbung bei einer internationalen Organisation aus?
Das Anschreiben (Cover Letter)
Im Zuge des elektronischen Rekrutierungsverfahrens bedienen sich die meisten internationalen Organisationen eines im Internet auszufüllenden Bewerbungsformulars. Abgerufen wird dieses Formular entweder auf der Website der Organisation oder auch schon als Supplement einer Vakanz. Die Ausgestaltung eines solchen elektronischen Formulars variiert je nach Organisation. Wichtig ist, dass zu allen Fragen dieses Formulars präzise Stellung genommen wird. Bei den Ausbildungsstationen werden die gängigen internationalen Bezeichnungen verwandt (etwa Admission to the Bar). Bevor dieses elektronische Bewerbungsformular die Personal- bzw. Fachabteilung der jeweiligen Organisation erreicht, hat oft bereits ein sogenanntes elektronisches Prescreening stattgefunden. Hierbei wird die Bewerbung auf relevante Schlüsselbegriffe durchforstet. Um nicht bereits in diesem Stadium der Bewerbung auf die Verliererseite zu geraten, empfiehlt es sich deshalb, die zentralen Begriffe der Stellenausschreibung in das Bewerbungsformular bzw. in die Beschreibung der Tätigkeiten und der akademischen Ausbildung mit einzubeziehen.

Vielfach haben Bewerber:innen die Gelegenheit, der elektronischen Bewerbung ein Bewerbungsschreiben (Cover Letter, Motivation Letter) beizufügen. Hier müssen auf engstem Raum das Interesse an der Position dokumentiert und die besonderen Alleinstellungsmerkmale als Jurist:in prägnant hervorgehoben werden. Das Anschreiben sollte nicht mehr als eine Seite umfassen und überzeugend darstellen, weshalb die zukünftige Beschäftigung für die Organisation einen nachweislichen Mehrwert erbringt.

Der Lebenslauf (CV)

In vielen Fällen besteht bei Bewerbungen bei internationalen Organisationen auch die Möglichkeit, einen Lebenslauf bzw. ein Curriculum Vitae (CV) beizufügen. Um sicherzustellen, dass das beigefügte CV in formaler und inhaltlicher Hinsicht den Anforderungen der betreffenden internationalen Organisation genügt, sind einige wesentliche Dinge zu beachten. Ein aussagekräftiger Lebenslauf beantwortet kurz und prägnant die entscheidenden Fragen: „Was wurde wann, in welcher Funktion, durchaus auch mit welchem Erfolg und wo (in welchen Bereichen) geleistet?" Die Erwartungen der internationalen Organisationen in puncto CV werden durch folgenden Aufbau gut bedient:

- Angabe der persönlichen Kontakt- und Adressdaten
- prägnante Zusammenfassung der Qualifikationen und Erfolge
- Beschreibung der akademischen Ausbildung und Berufserfahrung
- Nennung relevanter Qualifikationen
- Angaben zu Sprachkenntnissen und IT-Kompetenzen

Bei der Aufzählung der akademischen Qualifikationen gilt – ebenso wie bei der Nennung der Berufserfahrung – das Prinzip der umgekehrten chronologischen Reihenfolge. Internationale Organisationen sind bei der Lektüre der CVs daran interessiert zu erfahren, welche beruflichen Tätigkeiten mit welchem Erfolg (Zielerreichung) ausgeübt wurden und wie sich der Verantwortungsbereich (z. B. für Projekte, Personal oder Budget) entwickelt hat. Hier helfen in der Regel konkrete Beispiele zur Beschreibung des individuellen Profils.

Die heiße Phase der Bewerbung: schriftliche Tests und Auswahlgespräche

Viele internationale Organisationen sind dazu übergegangen, vor den eigentlichen Bewerbungsgesprächen schriftliche Prüfungen durchzuführen. Dies gilt insbesondere für die Nachwuchsprogramme bei der EU und den Vereinten Nationen. Aber auch für zahlreiche Führungspositionen ist es mittlerweile Usus, unter Nutzung des Internets Bewerber:innen einer schriftlichen Vorprüfung zu unterziehen. Üblicherweise stehen Fach- und Sprachkenntnisse sowie logisches Denken und Abstraktionsvermögen im Vordergrund.

Internationale Organisationen möchten mit solchen Testverfahren klare Aussagen über die Fähigkeit von Bewerber:innen erhalten, unter Zeitdruck Problemlösungen in angemessener Form zu entwickeln. Erste Hinweise auf mögliche Themen des schriftlichen Verfahrens lassen sich sowohl aus Aufgaben und Zielsetzung der jeweiligen internationalen Organisation als auch insbesondere aus der konkreten Stellenausschreibung herauslesen. Auch hier gilt: Eine gründliche Vorbereitung ist für das erfolgreiche Bestehen des schriftlichen Tests unerlässlich. Im Internet sowie im Printbereich gibt es eine Vielzahl von Publikationen, die als Hilfsmittel für eine sinnvolle Vorbereitung dienen können. Insbesondere Fragenkataloge aus früheren Auswahlverfahren bieten Bewerber:innen einen wichtigen Anhaltspunkt dafür, was in der schriftlichen Auswahlrunde zu erwarten ist.

Das Erreichen dieser letzten Etappe des Bewerbungsprozesses ist zunächst einmal ein großer Erfolg. Internationale Organisationen laden nur jene Bewerber:innen ein, die es erfolgreich auf die sogenannte Shortlist geschafft haben. Bedenkt man die große Zahl der Bewerbungen auf eine Vakanz, stellt das Erreichen dieser Shortlist schon einmal einen bemerkenswerten Erfolg dar. Und unabhängig vom Ausgang des Verfahrens bleibt den Bewerber:innen auf jeden Fall die Gewissheit, dass ihre Biografie im Kontext des Beschäftigungsfeldes internationale Organisationen marktfähig ist – kein schlechtes Zwischenergebnis.

Das entscheidende Auswahlgespräch kann aufgrund der zuweilen großen Distanzen und zur Vermeidung von Reisekosten häufig im Rahmen einer Telefon- oder Videokonferenz stattfinden. Für viele Bewerber:innen ist dies ein eher unbekanntes und ungewohntes Verfahren, weshalb es sich empfiehlt, eine solche Situation im Vorfeld einmal zu üben. Es ist sicherzustellen, dass zum vereinbarten Zeitpunkt das Gespräch störungsfrei durchgeführt werden kann und die technischen Voraussetzungen auch aufseiten der Bewerber:innen eine optimale Gesprächsdurchführung gestatten.

Das Panel, also die Auswahlkommission, besteht bei Telefon- und Videointerviews ebenso wie bei persönlichen Interviews aus mehreren Personen. Die Interviewer:innen kommen in der Regel aus der relevanten Fachabteilung und werden fast immer von einem Vertreter oder einer Vertreterin der Personalabteilung begleitet. Der Zeitrahmen für das Auswahlgespräch ist vorgegeben, die Dauer kann je nach Organisation erheblich variieren. Von den Bewerber:innnn wird erwartet, dass sie den Mitgliedern der Auswahlkommission ihren akademischen und beruflichen Werdegang präzise und in der gebotenen Kürze vorstellen können. Häufig steht dieser Themenkomplex am Beginn des Auswahlgesprächs. Ebenso wichtig ist, dass sich Bewerber:innen bereits im Vorfeld intensiv mit der Organisation und der individuellen Aufgabenbeschreibung der in Rede stehenden Vakanz auseinandergesetzt haben.

Die Liste der möglichen Gesprächsthemen in einem Auswahlgespräch bei internationalen Organisationen ist sehr breit gefächert, deshalb folgt an dieser Stelle nur eine kurze Auswahl:
- fachliche Fragen zu der konkreten Vakanz der internationalen Organisation
- Fragen zur Führungs- und Teamfähigkeit, die häufig nicht direkt getestet, sondern vielmehr im Rahmen von Szenarien überprüft werden. Hier empfiehlt es sich, konkret erlebte Situationen aus dem eigenen beruflichen und privaten Umfeld parat zu haben.
- Fragen zur gegenwärtigen Tätigkeit bzw. zu früheren Funktionen
- Fragen zur Motivation und Qualifikation im Hinblick auf die konkrete Bewerbung

Da die Mitglieder der Auswahlkommission die Bewerbungsunterlagen in der Regel vorab intensiv studiert haben, werden sie nicht zögern, gegebenenfalls während des Interviews in die im CV angegebenen Fremdsprachen zu wechseln. Spätestens hier würden sich zu optimistische Angaben hinsichtlich der Fremdsprachenkenntnisse als nachteilig herausstellen. Deshalb sei an dieser Stelle der an sich selbstverständliche Hinweis erlaubt: Alle Angaben, die man im Rahmen des Bewerbungsprozesses macht, sollten jederzeit einer substanziellen Überprüfung standhalten.

An dieser Stelle soll auch auf die in der Regel geforderten Referenzen eingegangen werden. Diese Referenzen werden von internationalen Organisationen meist geprüft, deshalb versteht es sich von selbst, dass nicht nur das Einverständnis der Referenzgeber eingeholt, sondern auch die entsprechende Person über den aktuellen Fortgang der jeweilige Bewerbung informiert werden sollte. Wichtig ist, dass die Referenzgeber:innen aussagekräftige Hinweise geben können. Dies betrifft sowohl berufliche Tätigkeiten als auch persönliche Eigenschaften.

**Ein besonderer Weg in internationale Organisationen:
das Programm Beigeordnete Sachverständige**
Beigeordnete Sachverständige (BS) sind international bekannt unter der Bezeichnung Junior Professional Officer (JPO), Associate Expert (AE) oder Associate Professional Officer (APO). Die Bundesregierung hat mit mehr als 30 internationalen Organisationen Abkommen über die Förderung von Beigeordneten Sachverständigen abgeschlossen. Die Federführung des Programms liegt beim Bundesministerium für wirtschaftliche Zusammenarbeit und Entwicklung (BMZ). Hochschulabsolvent:innen mit erster Berufserfahrung, die im Besitz der deutschen Staatsangehörigkeit sind, bietet sich mit dem JPO-Programm eine einzigartige Möglichkeit, um das Beschäftigungsfeld internationale Organisationen bereits zu einem frühen Zeitpunkt intensiv kennenzulernen. Tätigkeiten als JPO/Beigeordnete Sachverständige finden entweder am Sitz der jeweiligen Organisation oder in den Regional- und Feldbüros in Afrika, Asien, Lateinamerika oder Europa statt. Die Tätigkeitsgebiete decken alle wesentlichen Bereiche der multilateralen Entwicklungszusammenarbeit ab: Armutsbekämpfung, Demokratie und Menschenrechte, Flüchtlingshilfe und Krisenprävention, Umweltschutz, Gesundheitsvorsorge, Arbeitsschutz, Beschäftigungs- und Wirtschaftsförderung, Bildung sowie ländliche Entwicklung und Ernährungssicherung.

Das Programm richtet sich an Bewerber:innen mit erster Berufserfahrung nach einem Hochschulstudium. Vorteilhaft sind hier insbesondere sowohl akademische als auch berufspraktische Erfahrungen, die während oder nach dem Studium im Ausland erworben wurden. In sprachlicher Hinsicht müssen die Bewerber:innen neben fließendem Englisch eine weitere offizielle VN-Sprache sicher beherrschen. Gerade auch für Absolvent:innen der Rechtswissenschaften bieten sich innerhalb des JPO-Programms kontinuierlich interessante Einsatzmöglichkeiten in den unterschiedlichsten Rechtsgebieten und Politikbereichen. Zu Anfang eines jeden Jahres werden die von der Bundesregierung zur Besetzung ausgewählten Positionen im Rahmen des JPO-Programms auf der Website des BFIO (Büro Führungskräfte zu Internationalen Organisationen) veröffentlicht.

Auf Grundlage der schriftlichen Bewerbung entscheidet das BFIO gemeinsam mit dem BMZ und den übrigen Ressorts der Bundesregierung, welche Bewerber:innen zum Auswahlverfahren nach Bonn eingeladen werden. Im Anschluss an dieses Auswahlverfahren auf deutscher Seite schlägt das BFIO den internationalen Organisationen mehrere Kandidat:innen pro Position vor (Shortlist). Die abschließende Entscheidung liegt bei den internationalen Organisationen selbst. Während ihres Einsatzes sind die JPOs/Beigeordneten Sachverständigen Bedienstete der internationalen Organisationen. Sie werden gleichwohl von deutscher Seite auf ihren Einsatz vorbereitet und während der Tätigkeit begleitet. Für deutsche Nachwuchsführungskräfte bietet das JPO-Programm eine hervorragende Gelegenheit, den ersten erfolgreichen Schritt zu einer langfristigen Positionierung im System der internationalen Organisationen zu tun.

4. Erfahrungsberichte und Fallstudien

210 Von der Journalistin zur Rechtsanwältin
212 Von einem, der loszog, um zu suchen – und fündig wurde!
214 Klein, aber fein – Karrierestart in einer Anwaltsboutique
216 Schnittstelle von Recht und Politik: Working „beyond the law"
218 Die Rolle meines Lebens: Anwalt in der öffentlich-rechtlichen Boutique
220 Be Yourself, No Matter What They Say
222 Von Tijuana bis Feuerland …
224 Cyber, Privacy and Data Innovation?
226 Hauptsache Frankreich!
228 Fallstudie: Verkauf von Verlustbringern

Von der Journalistin zur Rechtsanwältin

Dr. Nastasia Achilles

Senior Associate

Dentons Europe (Germany) GmbH & Co. KG

Mit Beginn meines Studiums hatte ich einen Plan: Ich wollte Journalistin werden. Schon während meiner Schulzeit schrieb ich für verschiedene Zeitungen, wie die Berliner Zeitung und die Berliner Morgenpost. Diese Zeitungen hatten eigene Redaktionen für Berliner Schüler:innen, die über Themen für junge Menschen, insbesondere zu Lifestyle, Kultur und Politik, schrieben und die von Journalist:innen der jeweiligen Zeitungen angeleitet und ausgebildet wurden. Ich fand es spannend, mich in aktuelle Sachverhalte einzuarbeiten, interessante und teilweise auch prominente Leute zu treffen, zu interviewen, über meine Erfahrungen und Erkenntnisse zu berichten, zu erklären, zu kommentieren.

Als das Abitur – und damit auch die Berufswahl – näher rückte, war ich mir daher sicher: Ich möchte das Hobby zum Beruf machen und Journalistin werden. Doch was dafür studieren? Kommunikationswissenschaften? Germanistik? Oder eine der renommierten Journalistenschulen besuchen? Die Redaktionen rieten mir, ich solle etwas studieren, worüber ich auch schreiben könne. Denn schreiben könne im Zweifel jeder. Beim Fachwissen sehe es anders aus. Zudem sei die Zeit zum Einarbeiten im journalistischen Alltag immer knapp bemessen. Naturwissenschaften, Politik oder Jura seien daher ideal. Ich ging nach dem Ausschlussprinzip vor. Jura blieb übrig. Ich schrieb mich an der Humboldt-Universität zu Berlin ein.

Das Studium der Rechtswissenschaften: Mittel zum Zweck

Schon am ersten Tag meines Studiums wurde mir klar: Das wird ein langer und steiniger Weg. Die Professor:innen begrüßten uns mit dem berühmten Hinweis: „Schauen Sie einmal rechts und einmal links von sich. Diese Kommiliton:innen werden sie bald nicht mehr wiedersehen." Die Abbrecherquote war hoch, die Durchfallquote ebenso. Ältere Semester erklärten uns, eine mit vier Punkten bewertete Klausur könnten wir mit einem Lottogewinn vergleichen. Ich dachte nur: „Dieses Studium schaffst du nie."

Es kam anders. Getrieben von den schlimmsten Befürchtungen stürzte ich mich ins Studium, in der Hoffnung, schnell durch zu sein und dabei in den Klausuren zumindest vier Punkte zu erreichen. Mehr brauchte es schließlich nicht für den Journalismus. Zu meiner großen Überraschung schnitt ich dann besser ab. Ich erfüllte sogar die hohen Anforderungen, um meinen Schwerpunkt im Englischen und Europäischen Recht am King's College in London absolvieren zu können. Und schließlich klappte es auch mit beiden Staatsexamina, zudem sogar noch mit einer Promotion an der Freien Universität Berlin im Verbraucherprivatrecht. Nun sollte der Weg endlich frei sein: Journalismus, ich komme!

Planänderung: Ich werde Rechtsanwältin

Doch: Ich wollte nicht mehr. Es hatte sich in der Zeit des Studiums, des Referendariats und der Promotion etwas in mir getan. Gesetze und Rechtsprechung zu verstehen, komplexe Sachverhalte zu prüfen, das Knobeln und Suchen nach einer kreativen Lösung für ein juristisches Problem, mehr noch: der Moment, in dem ich die zündende Idee für eine Lösung finde – nur das machte mir nun wahre Freude. Ich wollte mein Wissen jetzt an realen Fällen anwenden, mich ausprobieren, nicht nur beobachten und erklären, sondern auch aktiv gestalten, anderen Menschen und Unternehmen in ihren Anliegen helfen. Der Beruf als Rechtsanwältin kam mir dafür ideal vor. Und mit der Kombination IP/IT/Commercial blieb ich auch dem Metier des Journalismus sowie meinem Dissertationsthema treu. Ich wurde nicht enttäuscht.

Berufsalltag: Journalistin vs. Rechtsanwältin
Denn: Der Berufsalltag einer Rechtsanwältin ähnelt sogar dem einer Journalistin. In beiden Branchen komme ich schließlich mit interessanten Menschen zusammen, muss mich in neue, aktuelle Themenbereiche einarbeiten, diese ansprechend, kurz und bündig erklären, Texte verfassen, die sich lesen lassen, kurzweilig und überzeugend sind. Dabei ist es gleich, ob der Adressatenkreis nun aus Mandant:innen oder Leser:innen besteht – im Zweifel sind beide Laien. Es ist auch egal, ob ein Schriftsatz oder ein Artikel zu verfassen ist. Die Regeln sind dieselben: keine Substantivierungen, keine langen Nebensätze, kein Passiv. Zudem ist die Presse häufig nicht uninteressiert an einer anwaltlichen Expertise bzw. Meinung. So schreibe ich auch als Rechtsanwältin Artikel.

Und dafür ist der Rechtsbereich IP/IT/Commercial prädestiniert: Man denke nur an Themen wie Künstliche Intelligenz, Digitalisierung, E-Commerce, Uploadfilter oder die Reglementierung von Plattformbetreibern, insbesondere mit Blick auf die Unterbindung von Irreführungen und Hatespeech. Dafür interessieren sich Leser:innen einer Zeitung ebenso wie private und unternehmerische Mandant:innen. Diese Themen prägen daher stark meinen Arbeitsalltag. Zudem bietet mir Dentons ein international eng verwobenes Kanzleinetzwerk. So erfahre ich durch den Austausch mit Kolleg:innen anderer Staaten, wie andere Rechtssysteme und Kolleg:innen aus anderer Nationen mit diesen Themen umgehen – das ist nicht nur beruflich, sondern auch persönlich eine Inspiration.

Gemeinsamkeiten gibt es auch beim Lifestyle: Kurze Arbeitstage haben beide Berufsgruppen nicht. Angesichts der Schnelllebigkeit von Informationen stehen Journalist:innen noch mehr vor der Herausforderung, sofort abrufbereit zu sein und Informationen schnellstmöglich liefern zu können. Einzelbüros gibt es in Redaktionen und Newsrooms meist nicht – ein Privileg, das sich Rechtsanwält:innen überwiegend noch gönnen. Homeoffice und Zoom-Meetings sind dafür bei beiden Berufsgruppen (mittlerweile) gängige Praxis.

Etwas anders sieht es bei der Zielsetzung und dem damit verbundenen Feedback aus. Denn: Wer schlechte Nachrichten überbringt – und leider dominieren oftmals Krisen und Missstände die Schlagzeilen –, macht sich selten Freunde. Als Rechtsanwältin kämpfe ich hingegen um jede gute Nachricht. Das positive und oftmals sehr herzliche Feedback der Mandant:innen bleibt dann oft nicht aus. Auch dies gibt mir die Bestätigung: Gut, dass ich mich für den Rechtsanwaltsberuf entschieden habe!

Nick Aghanassir

Syndikusrechtsanwalt

KfW

Von einem, der loszog, um zu suchen – und fündig wurde!

Als Syndikusrechtsanwalt bei der KfW beginnt mein Arbeitsalltag wie bei sicherlich vielen Jurist:innen: mit dem Starten des Laptops und dem Öffnen meines E-Mail-Postfachs. Was mich dabei Tag für Tag aufs Neue begeistert und motiviert, ist die enge Verquickung von juristischem Handwerkszeug und wirtschaftlichen Sachverhalten. Diese Kombination ist für mich die maßgebliche Besonderheit an der Rolle des Syndikusrechtsanwalts, also eines Unternehmensjuristen.

Wirtschaft oder Jura? Beides!

Bereits bei der Wahl meines Studienfachs stellte sich mir die Frage, ob ich eine wirtschafts- oder eine rechtswissenschaftliche Ausbildung durchlaufen wollte. Das Mannheimer Modell eines Kombinationsstudiengangs, welcher die Inhalte der juristischen Ausbildung von Anfang an in einen wirtschaftlichen Kontext setzt, sprach mich daher sofort an. So fiel meine Wahl auf den Studiengang „Unternehmensjurist:in (LL.B./Staatsexamen)" an der Universität Mannheim.

Während meiner Ausbildung war ich allerdings noch keineswegs entschieden, eines Tages tatsächlich als Unternehmensjurist tätig zu sein. Im Gegenteil: Während ich im Zuge der Ausbildung zahlreiche Einblicke in den Arbeitsalltag von Rechtsanwält:innen in unterschiedlichen Rechtsgebieten nehmen konnte (durch Gastdozent:innen, Vorträge, Praktika und die Tätigkeit als wissenschaftlicher Mitarbeiter), war mir das Berufsbild von Unternehmensjurist:innen lange Zeit weitgehend unbekannt. Zu Beginn meines Referendariats nahm ich mir deswegen vor, mir anlässlich der Wahlstation einen Einblick in dieses Berufsbild zu schaffen.

Bei der Suche nach dem passenden Unternehmen waren hier in Frankfurt am Main die Banken offensichtlich naheliegend. Aus deren Kreis stach die KfW hervor, weil sie als Förderbank einen besonderen Zweck verfolgt und aufgrund ihrer einzigartigen Rolle in besonderem Maße am Puls der Zeit ist. Dieser Eindruck bestätigte sich im Rahmen meiner Station im Sommer 2019, während der ich – neben vielen anderen Themen – zahlreiche Finanzierungen aus dem Bereich der erneuerbaren Energien, verteilt über weite Teile unseres Globus, mitverfolgen durfte.

Berufseinstieg, quo vadis?

Doch auch im Anschluss an die spannende und lehrreiche Zeit meiner Wahlstation bei der KfW war ich mir über meinen weiteren Berufsweg noch immer nicht im Klaren. Nach zahlreichen Gesprächen – mit möglichen Arbeitgebern, befreundeten Praktiker:innen, Freund:innen aus Studium und Schule sowie nicht zuletzt mit meiner Familie – entschied ich mich am Ende einer intensiven Suche für den Einstieg als Associate in einer Großkanzlei im Bereich Dispute Resolution. Die forensische Tätigkeit hatte mir während der Ausbildung ebenso große Freude bereitet wie die intensive Ausarbeitung von Schriftsätzen und der dahinterstehenden Strategie, um das (Schieds-)Gericht – und vielleicht ja sogar die Gegenseite – von meinem Ergebnis zu überzeugen.

Die Tätigkeit als Dispute Associate in einer großen Wirtschaftskanzlei erfüllte die meisten meiner Hoffnungen und Erwartungen, die ich an meinem ersten Tag mit in die Kanzlei brachte. Namhafte Mandanten aus der Wirtschaft vertrauten uns ihre Fälle an; jeder Fall nahm mich mit in eine andere Branche und einen anderen Kontext: Vom Deep Dive in technische Einzelheiten und deren Hintergründe über knifflige Fragen aus den (Un-)Tiefen des Prozessrechts bis hin zu Auslegungsfragen im Kontext des allgemeinen Schuldrechts war alles geboten. Doch eines fehlte mir, wie ich im Laufe der Zeit immer stärker merkte: Ich fühlte mich zu weit weg von den Fragestellungen, die das Handeln der Mandanten bestimmten.

Von der Kunst, wirtschaftliche Fragestellungen juristisch einzuordnen und juristische Fragestellungen wirtschaftlich zu betrachten
Nachdem die Diagnose nunmehr klar war, lag die richtige Kur nahe: Um näher an die Entscheidungen des Mandanten heranzukommen, musste ich zu den Mandanten gehen. Selbstverständlich blicken auch Rechtsanwält:innen über den Tellerrand der reinen Rechtsberatung hinaus und berücksichtigen im Sinne einer umfassenden Beratung des Mandanteninteresses auch weitere Gesichtspunkte. Doch die Sicht als Syndikusrechtsanwalt ist (noch) globaler; sie berücksichtigt neben einer Vielzahl externer zugleich auch eine Unmenge interner Faktoren des Unternehmens. Der enge Austausch mit den unterschiedlichen Fachbereichen und ihren jeweiligen Interessen erfordert zudem in besonderem Maße die Bereitschaft, andere Blickwinkel ein- und anzunehmen, um das bestmögliche Unternehmensinteresse zu identifizieren und zu verfolgen. Juristische Frage- und Problemstellungen, oftmals von hoher Komplexität, müssen Nichtjurist:innen zugänglich und für sie praktisch handhabbar gemacht werden. Wirtschaftliche Gesichtspunkte und Zielsetzungen müssen juristisch eingeordnet und gegebenenfalls für die weitergehende Bearbeitung durch externe Rechtsanwält:innen aufbereitet werden.

Doch nicht nur inhaltlich unterscheidet sich die Tätigkeit von Rechtsanwält:innen in einer Großkanzlei von der von Unternehmensjurist:innen; auch das „Wie" der täglichen Arbeit ist ein anderes. Als Syndikusrechtsanwalt trägt man bereits sehr früh eigenständig Verantwortung. Zudem ist der eigene Schreibtisch – selbst in großen Rechtsabteilungen, die sich intern in bestimmte Fachbereiche gliedern – zumeist „bunter" als der in einer Kanzlei. Weiterhin wird dieser nicht nur durch fachliche Themen bestimmt: Eine Rechtsabteilung ist immer auch Teil eines großen Organismus, nämlich des Unternehmens, zu dem sie gehört. In diesem Zusammenhang stellen sich zahlreiche Fragen rund um die Rechtsabteilung selbst, aber auch bezüglich ihrer Rolle als Teil des Großen und Ganzen.

Für mich persönlich steht an dieser Stelle meines Wegs fest: Der Beruf des Syndikusrechtsanwalts, also des Unternehmensjuristen, verbindet in idealer Weise juristisches Handwerkszeug mit wirtschaftlichen Sachverhalten.

Klein, aber fein – Karrierestart in einer Anwaltsboutique

Dr. Erika Eder

Rechtsanwältin/
Senior Associate

EGO HUMRICH
WYEN

Neulich auf einer Konferenz fragte mich ein Kollege, wo ich denn arbeiten würde. Auf meine Antwort, ich sei Rechtsanwältin bei EGO HUMRICH WYEN, freute er sich offenbar, eine österreichische Kollegin getroffen zu haben, und versuchte, mich in ein Gespräch über Wien zu verwickeln. Im Stimmengewirr der Konferenz war ich offenbar missverstanden worden. Nach meiner Richtigstellung, dass ich nicht aus Wien sei, sondern einer der Namenspartner der Kanzlei Wyen heiße und ich in München arbeiten würde, schlug mir zunächst betretenes Schweigen entgegen. Mein Gegenüber hatte offenbar noch nie von der Kanzlei gehört.

So wie es dem Kollegen erging, geht es vermutlich auch vielen Berufsanfänger:innen. Anwaltsboutiquen verfügen schon aufgrund ihrer Größe naturgemäß nicht über dieselbe Bekanntheit wie internationale Wirtschaftskanzleien. Auch die Spezialisierung von Anwaltsboutiquen bedingt, dass man über den eigenen Tätigkeitsschwerpunkt hinaus bei jungen Kolleg:innen kaum bekannt ist. Hieran scheint sich auch durch sehr spannende und durchaus prominente Mandate in Boutiquen (noch) nicht so viel geändert zu haben. Dass ich selbst von EHW hörte und meine Tätigkeit als Anwältin dort begann, war letztlich einem glücklichen Zufall geschuldet: Mein Mann hatte bei einem Praktikum einen der Gründungspartner der Kanzlei kennengelernt und mitbekommen, dass dieser sich mit zwei Kollegen selbstständig gemacht hatte. Wieso ich spannend fand, mir diese Kanzlei näher anzusehen? Wahrscheinlich vor allem, weil mich zu diesem Zeitpunkt weder das Konzept einer breit aufgestellten Einzelanwältin noch das einer Großkanzlei überzeugt hatten und ich nach einer Alternative suchte.

Vom Einzelanwalt über die Großkanzlei zur Anwaltsboutique

Mein erstes Praktikum absolvierte ich als Schülerin in der 10. Klasse bei einem Einzelanwalt in meinem Heimatort in Baden-Württemberg. Ich nahm an Besprechungen mit Mandanten sowie Gerichtsterminen teil und merkte schnell, dass mir diese Mischung aus „Schreibtischarbeit" und dem Auftritt vor Gericht gefiel. In München schnupperte ich während des Studiums dann in die Welt internationaler und deutscher Großkanzleien hinein. Diese Erfahrungen bestärkten mich darin, Rechtsanwältin zu werden. In einer Großkanzlei sah ich mich jedoch nicht. Die Arbeit dort war zwar anspruchsvoll, die Ausbildung sehr gut und die Mandate spannend. Auch in den Teams, in denen ich mitarbeiten durfte, habe ich mich wohlgefühlt. Ich hatte jedoch Sorge davor, dass sich die schon im ersten Semester beschworene Ellbogenmentalität unter Jurist:innen als Anwältin doch noch bemerkbar machen würde und dies insbesondere bedeuten würde, lange Abende am Schreibtisch im Büro verbringen zu müssen. Für mich persönlich kam hinzu, dass ich gerne im Bereich Dispute Resolution/Litigation tätig sein wollte; Anwält:innen in Großkanzleien schienen mir für meinen Geschmack zu selten vor Gericht zu sein.

Mir stellte sich daher die Frage, ob es die goldene Mitte zwischen Generalist:innen sowie Einzelanwält:innen und einer Großkanzlei gibt. Einen Ort, an dem ich mich als individuelle Anwaltspersönlichkeit entwickeln und selbstbestimmt arbeiten könnte, eine gute juristische Ausbildung erfahren würde, während ich an spannenden Mandaten arbeitete und halbwegs realistische Aussichten auf eine Partnerschaft hätte, gleichzeitig aber nicht unter dem Druck und der Arbeitsbelastung einer Großkanzlei leiden würde. Klingt nach der Quadratur des Kreises? Vielleicht. Mit dem Einstieg in eine Anwaltsboutique bin ich dieser Idealvorstellung aus meiner Sicht aber immerhin sehr nahegekommen.

Anwaltsboutiquen entstehen nicht selten als Ausgründung aus Großkanzleien (sogenanntes Spin-off) und erheben den Anspruch, rechtlich auf demselben Niveau zu beraten wie eine Großkanzlei – so auch bei EHW. Hiermit schien für mich bei meinem Einstieg sichergestellt, dass ich jedenfalls keine schlechtere Ausbildung als in einer Großkanzlei bekommen würde. Bei meinem Vorstellungsgespräch zeigte sich zudem sehr schnell, dass in der Kanzlei eine gute Stimmung herrschte und die Kanzleigründer offenbar meinen Humor teilten. Spätestens zu diesem Zeitpunkt war mir klar, dass diese Anwaltsboutique das Richtige für mich war.

Vier Jahre später: „Ideale sind edlere Irrtümer." (Harald Schmid)
Nach nunmehr knapp vier Jahren als Rechtsanwältin bei EHW ist mir die Quadratur des Kreises erstaunlich weitgehend gelungen. Ich bin derzeit als Senior Associate vor allem im Bereich Corporate Litigation tätig. Schwerpunktmäßig berate ich Geschäftsleiter:innen und Aufsichtsräte bei Organhaftungsklagen sowie sonstigen gesellschaftsrechtlichen Fragestellungen; zudem vertrete ich Gesellschafter in gesellschaftsrechtlichen Auseinandersetzungen sowohl gerichtlich als auch außergerichtlich. Von meinen Kolleg:innen habe ich schon eine Menge gelernt und tue es natürlich noch immer täglich. Ich darf nicht nur außergerichtliche Schreiben, Gutachten und Schriftsätze vorbereiten. Vielmehr werde ich vollumfänglich in die Mandatsarbeit eingebunden: Angefangen bei der Anbahnung eines Mandats, über die Prüfung etwaiger Handlungsalternativen des Mandanten, der strategischen Beratung des Mandanten bis hin zur Abrechnung der erbrachten Beratungsleistungen habe ich schon vieles miterleben dürfen.

Meine Arbeitszeiten und meinen Arbeitsalltag kann ich dabei eigenverantwortlich strukturieren. Die Arbeitsaufträge geben natürlich grob vor, wann und wie lange ich im Zweifel am Schreibtisch sitze. Unterschätzt habe ich ein wenig, welcher Zeitaufwand mit einem derart hohen Anspruch an die Arbeitsprodukte einhergeht. Einen Nine-to-Five-Job hat man auch in einer Anwaltsboutique nicht. Dies ist aber nicht dem Umstand geschuldet, dass irgendwelche Billable-Hours-Vorgaben bestehen würden oder Präsenzarbeitszeiten mir vorgeben, wie lange ich im Büro sitze. Vielmehr erfordern die Bedürfnisse unserer Mandanten manchmal einen Einsatz, der über übliche Arbeitszeiten hinausgeht. Für mich persönlich macht dies im täglichen Arbeiten einen großen Unterschied: Verspreche ich den Mandant:innen persönlich im Gespräch, dass ich bis zu einem bestimmten Zeitpunkt ein Arbeitsprodukt abliefere, motiviert mich dieses Versprechen und die Erwartung der Mandant:innen, dass ich dieses Versprechen einhalte, mehr, als es Vorgaben zu abrechenbaren Stunden je tun könnten.

Mein persönlicher Eindruck nach vier Jahren als Rechtsanwältin: Das Studium legt idealerweise ein gutes Fundament juristischer Kenntnisse. Um als Anwältin oder Anwalt erfolgreich zu werden, müssen aber viele andere Fähigkeiten erlernt werden. Zudem muss jeder für sich herausfinden, welcher „Typ" Anwältin oder Anwalt er sein möchte. Dabei helfen Kolleg:innen, die als Vorbilder fungieren und an denen man sich gerne orientieren möchte. Ich bin daher überzeugt davon, dass man sich all diese Fähigkeiten in einer Anwaltsboutique mindestens genauso gut aneignen kann wie in einer Großkanzlei – wenn nicht sogar besser!

Friederike Gräfin von und zu Egloffstein

LL.M. (Bristol)

Wissenschaftliche Referentin

Deutscher Bundestag, Büro Otto Fricke MdB

Schnittstelle von Recht und Politik: Working „beyond the law"

Die meisten juristischen Berufe – wie auch das Studium – sind auf Rechtsanwendung ausgelegt. Dabei wird gerne vergessen, wo und wie dieses Recht überhaupt entsteht. Jenseits der staatsorganisationsrechtlichen Regeln durchläuft ein Gesetz von seiner Initiierung über die Fachreferate der Ministerien bis ins parlamentarische Verfahren verschiedenste Diskurs- und Anpassungsebenen. Als rechtspolitische Referentin eines Bundestagsabgeordneten begleite und bearbeite ich Gesetzesentwürfe auf allen diesen Stufen, bereite Informationen auf, Debatten vor und habe dabei auch Einfluss auf die finalen Regelungen im jeweiligen Gesetz. Seit Herbst 2022 betreue ich im Berliner Abgeordnetenbüro von Otto Fricke dessen politische Arbeit im Rechtsausschuss. Zuvor hatte ich dieselbe Aufgabe bereits bei einem anderen (ehemaligen) Abgeordneten, Prof. Dr. Heribert Hirte (stellvertretender und zuletzt kommissarischer Vorsitzender des Ausschusses für Recht und Verbraucherschutz).

Wie sieht mein Arbeitsalltag aus?

Dieser Job bedeutet so viel mehr als nur wissenschaftliche Mitarbeit. Die meisten Abgeordnetenbüros haben zwischen zwei und neun Mitarbeiter:innen. Die Atmosphäre variiert von Chef:in zu Chef:in und natürlich auch mit den dort arbeitenden Menschen. Ich habe sie in beiden Büros als freundschaftlich, fast schon familiär, erlebt. Kolleg:innen und Abgeordnete sind per du, Arbeitszeiten (und Homeoffice) in gewissem Rahmen flexibel planbar, die Mentalität ist eigenverantwortlich und hands-on. Die Vergütung erfolgt in Anlehnung an den TVöD, es besteht also ein gewisser Verhandlungsspielraum. Das Aufgabenspektrum ist so unterschiedlich wie die Politiker, für die man arbeitet.

Als rechtspolitische Referentin verstehe ich mich als eine Art zweites Paar Augen, Ohren und Gehirn meines Chefs. Ich behalte die Einwicklungen in den von ihm als Berichterstatter betreuten Rechtsgebieten und Gesetzesvorhaben im Auge, recherchiere und bereite Informationen auf. Auch Networking ist wichtig: Der Austausch mit Kolleg:innen aus anderen MdB-Büros und Ministerien, mit Verbändevertretern, Gremien und Fachöffentlichkeit ist der Schlüssel für frühzeitige und ausgewogene Informationen. Ich organisiere Fachgespräche mit, entwerfe Positions- und Orientierungspapiere und durfte auch schon mitveröffentlichen. Insgesamt sorge ich dafür, dass mein Chef stets umfassend informiert ist und für seine rechtspolitischen Termine alle Informationen und Argumente hat, die er braucht. Zu manchen Terminen darf ich ihn begleiten – oft höre ich dann nur zu und schreibe mit, je nach Format ist aber auch mein Wortbeitrag gefragt. Ich besuche juristische Tagungen sowie parlamentarische Abende und verfolge die Rechtsausschuss-Sitzungen entweder online oder von der Tribüne aus. Auch auf Fraktionsebene gibt es unterschiedlichste Treffen und Arbeitsgemeinschaften, an denen die wissenschaftlichen Mitarbeiter:innen teilnehmen. Das tägliche Aufgabenpensum ist zum einen davon abhängig, wie viele Vorhaben im eigenen Zuständigkeitsbereich gerade anliegen. Zum anderen gliedert sich die Arbeitszeit und auch die Art der Aufgaben nach Sitzungswochen und Nicht-Sitzungswochen. Letztere sind in der Regel wesentlich entspannter. In den Sitzungswochen selber sind Überstunden und manchmal auch lange Abende oder gar Nächte nicht ungewöhnlich.

Das erste Gesetzesvorhaben, an dem ich mitarbeiten durfte, war das ARUG II, die Umsetzung der zweiten EU-Aktionärsrechterichtlinie, bei dem es intensive koalitionsinterne Verhandlungen gab. Am Ende – und das ist das Spannende an dieser Arbeit – geht es selten um juristisch-wissenschaftliche Feinheiten, sondern vor allem um politische Zielrichtungen, die Abwägung unterschiedlicher Interessen und Mehrheiten. Das vernünftigste Argument gewinnt im politischen Diskurs keinen Blumentopf, wenn man es nicht versteht, die Mehrheit dahinter zu versammeln; ein Gedanke, der neben der Sachebene die politische Arbeit maßgeblich prägt. Mit meinem vorher völker- und europarechtlichen Schwerpunkt war das ein Kaltstart in die Tiefen des Gesellschaftsrechts und der Corporate Governance. Dergleichen begegnet einem aber ständig. Nach dem Aktionärsrecht kam das ESEF, also Bilanzrecht. Dazwischen begleitet mich durchgängig die Frage nach der Restitution von NS-Raubkunst, in letzter Zeit neben der Konzeption einer neuen Gesellschaftsrechtsform für Verantwortungseigentum vor allem das anwaltliche Berufsrecht. Es sind also vor allem Neugierde und der Spaß an der Einarbeitung in neue Themengebiete gefragt. Ein Großteil meiner Arbeit besteht aus dem Zusammenstellen von Informationen und Argumenten, wobei mir die (Fach-)Presse, juristische Datenbanken und Verbändestellungnahmen eine große Hilfe sind. Dabei geht es immer um Tendenzen und Interessenabwägungen sowie politische Richtungsgebung: das „juristische Hochreck", die Due Diligence, übernimmt in der Regel das jeweilige Fachreferat im Ministerium.

Was mich dabei antreibt, ist vor allem, dass man einen Unterschied machen kann, auch wenn er auf kleine Bereiche beschränkt bleibt. So konnte ich zum Beispiel Impulse für die Regelung der Berechtigung für das Teilzeitreferendariat im DRiG und die derzeitige Ausgestaltung der Bemessung der Versicherungssummen für Anwält:innen setzen. Am Ende entscheiden natürlich die Abgeordneten selbst. Die Idee für die Ausgestaltung im Detail entsteht aber nicht selten in der Vorbereitung der Stationen im parlamentarischen Verfahren – der Kernaufgabe der wissenschaftlichen Mitarbeiter:innen.

Der Weg in den Bundestag
Entgegen einem verbreiteten Irrtum: Parteimitglied muss man für diesen Beruf nicht sein. Eine gewisse Affinität zur Politik an sich und – spätestens mit der Zeit – ein gewisses politisches Gespür sind dennoch notwendig. Auch Strategie, Empathie und Freude an neuen Themen und juristischem Denken sind von Vorteil. „Meine" erste Stellenausschreibung wurde mir über Bekannte während des LLM-Studiums zugeleitet, ich habe dort parallel zur Master-Arbeit in Teilzeit angefangen. Die Erfahrungen aus meinem hochschulpolitischen Engagement und weitgefächerte Interessen auch außerhalb der Studieninhalte sind mir dabei stets besonders zugutegekommen. Interessent:innen können aber auch auf den Webseiten der Fraktionen, der jeweiligen Abgeordneten oder sogar auf bund.de fündig werden. Grundsätzlich gilt: Jurist:innen sind im politischen Bereich immer gefragt, unabhängig von der Anzahl der Staatsexamina und den darin erzielten Noten. Studierenden kann ich aus eigener Erfahrung ein Praktikum sehr empfehlen.

Die Rolle meines Lebens:
Anwalt in der öffentlich-rechtlichen Boutique

Simon Kase

Rechtsanwalt/
Senior Associate

BBG und Partner
Partnerschaftsgesellschaft mbB

Theater spielen – das war eigentlich mein Plan. Inzwischen bin ich Anwalt. Unmittelbar nach dem Zivildienst habe ich eine vierjährige Schauspielausbildung absolviert und anschließend einige Jahre als Theaterschauspieler gearbeitet, hauptsächlich in Boulevardkomödien. Als dann ein größeres Stück ins Wasser fiel, entschied ich mich spontan und eher zufällig, Jura zu studieren. Zunächst lief das Studium „nebenbei" und ich konzentrierte mich auf den Beruf. Erst später wurde mir klar, dass die Theaterwelt nicht wirklich familientauglich ist. Ehrlich, das war für mich ganz schön hart, denn ich habe das freie Künstlerleben so richtig genossen. Aber ich wollte noch mehr – für mich und meine familiäre Zukunft. So stürzte ich mich in die Examensvorbereitung. Ich hatte in beiden Examina ein ziemlich glückliches Händchen und stand vor der Qual der Wahl, wo ich zukünftig arbeiten wollte.

Einerseits waren mir Karriere und wirtschaftlicher Erfolg wichtig. Andererseits wurde zu Beginn des Refs mein erstes Kind geboren und auf die gemeinsame Zeit würde ich für kein Geld der Welt verzichten. Und am liebsten wollte ich auch noch sinnstiftende Arbeit und einen positiven gesellschaftlichen Beitrag leisten. Ganz bescheiden: eine eierlegende Wollmilchsau. Die habe ich natürlich nicht gefunden, aber ich kann als Rechtsanwalt in einer öffentlich-rechtlichen Boutique diesen Spagat trotzdem gut meistern. Zu meinem Arbeitgeber BBG und Partner bin ich im Ref gekommen. Ich wollte die Anwaltsstation in Bremen verbringen. BBG wurde von allen Fachmagazinen als hochspezialisierter Marktführer sehr gelobt. Beim Vorstellungsgespräch hat alles gepasst. So bin ich gleich geblieben.

Was macht eigentlich ein Anwalt in einer Boutique für öffentliche Mobilität?
Mein Team berät im Bereich der öffentlichen Mobilität: öffentlicher Personennahverkehr, Shared Mobility, Mobilitätsplattformen, Deutschlandticket und alles andere, was Menschen bewegt. Wir unterstützen unsere Mandanten dabei, die Verkehrswende umzusetzen. Das ist angewandter Klimaschutz und verbessert die Lebensbedingungen der Menschen konkret. Wir helfen, klimafreundliche Verkehrsmittel zu pushen, die Digitalisierung voranzutreiben und Städte und ländliche Räume durch neue Mobilitätsangebote lebenswerter zu machen.

Unsere Mandanten sind meist Bundes- und Landesministerien, Kommunen und (kommunale) Unternehmen. Die Arbeit ist manchmal fast schon wissenschaftlich. Denn das Gebiet ist europa-, bundes- und landesrechtlich hochgradig reguliert. Viele Rechtsfragen sind noch ungeklärt. Dabei ist stets Praxisbezug gegeben, denn die Erkenntnisse müssen in Verträge, Gesetzes- und Satzungsentwürfe oder Vergabeunterlagen „übersetzt" werden. Oft geht es um komplexe Großprojekte, Verträge mit langjähriger Laufzeit und erheblicher wirtschaftlicher Bedeutung oder neue Technologien. Deshalb arbeiten wir häufig in interdisziplinären Teams mit Verkehrs-, Unternehmens- und Steuerberater:innen zusammen.

Mein typischer Arbeitstag beginnt um 8 Uhr. Ich will früh nach Hause, um noch Zeit für die Kinder zu haben, also starte ich früher als die meisten Kolleg:innen (oder arbeite gleich im Homeoffice). Ich beantworte Mails, checke anstehende Termine, lese Branchennewsletter und Fachzeitschriften und plane den Tag. Meine Chefin kommt jeden Morgen zur Lagebesprechung vorbei. An den meisten Tagen habe ich ein, zwei Videokonferenzen mit Mandant:innen. Zwischen den Terminen mache ich die klassisch juristische Arbeit: Vertragsentwürfe, Schriftsätze, Gutachten, Vermerke. Wir arbeiten oft im Team, deshalb gibt es viele Besprechungen und gemeinsame Arbeitssitzungen. Eine ausgedehnte Mittagspause verkneife ich mir – die Kinder warten ja zuhause. Aber ich versuche, mir immer wieder Zeit für unseren regelmäßigen Junganwält:innen-Stammtisch zu nehmen. Um 17 Uhr verlasse ich pünktlich die Kanzlei, schnappe mir mein Fahrrad aus der Tiefgarage (hier kommen fast alle mit dem Rad oder den Öffis) und radele zur S-Bahn. Bei gutem Wetter gönne ich mir die ganzen 20 Kilometer auf dem Rad – eine wunderschöne Strecke durch das Hafengebiet und das beschauliche Bremen-Nord. Dann ist Familienzeit und Feierabend!

Einige Male im Monat bin ich auch vor Ort bei Mandant:innen oder auch mal vor Gericht. Das ist dann oft mit Hotelübernachtung verbunden, weil wir in ganz Deutschland tätig sind. Die Termine sind abwechslungsreich: Ich leite Workshops, halte Vorträge, führe Verhandlungsgespräche (gerne auch mal mit Anwält:innen von internationalen Konzernen auf der Gegenseite) oder stelle Vorhaben im Kreistag vor. Man wird da bei uns – wenn man will – sehr schnell ins kalte Wasser geworfen. Aber mir als „Rampensau" gefällt das richtig gut.

Vereinbarkeit von Karriere und Familie – mehr als nur Werbesprech?
Ich will Partner werden. Den ersten Schritt zum Senior Associate habe ich schon nach gut zwei Jahren geschafft. Jetzt betreue ich viele Mandate weitgehend eigenverantwortlich und bekomme einen umsatzabhängigen Bonus. Ich habe eine Zielvereinbarung abgeschlossen und weiß deshalb ganz genau, was ich für den nächsten Schritt erreichen muss. Und falls ich merken sollte, dass mir pures Jura doch mehr liegt als unternehmerische Verantwortung, kann ich auch später noch vom Partner-Track zum Expert-Track wechseln.

Kann man erfolgreiche Anwaltstätigkeit mit glücklicher Familienzeit verbinden? Ehrlich gesagt: Es ist und bleibt ein Kompromiss. Der Job ist eben zeitintensiv. Aber die Kanzlei unterstützt mich. Die beratungs- und gestaltungsbetonte Arbeit hat selten harte Fristen oder Situationen, die eine sofortige Reaktion erfordern. Ich kann fast jederzeit ins Homeoffice und auch mal spontan meine Arbeit ein paar Stunden verschieben, um Zeit für die Kinder zu haben. Auswärtstermine werden in Absprache mit mir festgelegt. Das ist auch extrem wichtig, denn meine Frau ist selbstständig und kann und will deshalb auch nicht beliebig einspringen. Trotzdem erfordert es große Disziplin und viel Koordinierungsaufwand zwischen meiner Frau, mir und der Kanzlei.

Fazit: Ich bereue nichts!
Für mich ist die Arbeit in der „ÖffRecht-Boutique" ideal! Es ist eine gute Mischung aus Karriere, Purpose und Familie. Ich bin froh, BBG entdeckt zu haben. Meine Empfehlung an alle Berufsanfänger:innen: Augen auf für die „Hidden Champions" unter den Kanzleien.

Lars S. Otto

LLM (LSE)

Rechtsanwalt (Senior Manager)

Ernst & Young Law GmbH Rechtsanwaltsgesellschaft Steuerberatungsgesellschaft (EY Law)

Be Yourself, No Matter What They Say

Nie war die Situation besser als gerade jetzt, um sich beruflich zu verwirklichen und sich vor allem als Persönlichkeit zu entwickeln: Der juristische Arbeitsmarkt – auch der anwaltliche – sucht intensiv nach qualifiziertem Nachwuchs. Ich möchte daher mit diesem Beitrag versuchen, Mut zum eigenen beruflichen Lebensweg zu machen. Denn immer wieder fragen mich Studierende, was dann „richtig" ist: Welcher Schwerpunkt macht sich am besten im Lebenslauf? Soll man einen LL.M. machen, um ein Nicht-VB-Examen auszugleichen? Ist das Zweite Staatsexamen wirklich nötig?

Meine Empfehlung: Jede:r sollte sich nur für das entscheiden, was sich nach der eigenen Motivation richtig anfühlt. Zweckerwägungen tragen oft nicht – weil keine:r weiß, was die Zukunft bringt, welche Menschen und Themen einem im Studium, beim LL.M.-Programm, bei Praktika, im Referendariat oder bei der Arbeit als Anwältin oder Anwalt begegnen. Wer z. B. einen LL.M. nur deswegen macht, um Sprachkompetenzen zu erwerben, und später als Rechtsanwältin oder Rechtsanwalt für deutschsprachige Mandanten aus der Region arbeitet, dem mag der LL.M. leicht als verlorenes Jahr vorkommen. Wer hingegen einen LL.M. macht, weil er Lust darauf hat, bereut die Zeit auch dann nicht, wenn sie sich für den aktuellen Beruf nicht direkt gelohnt hat.

In der Spannbreite des öffentlichen Rechts

Ich arbeite als Rechtsanwalt im öffentlichen (Wirtschafts-)Recht. Zu meinem juristischen Werdegang: Mich hat das öffentliche Recht in seiner Spannbreite schon immer interessiert. Nach meinem Studium an der Humboldt-Universität zu Berlin (Schwerpunkt: Rechtsgestaltung und Rechtspolitik), Århus Universitet (Erasmus) und der London School of Economics and Political Science (LLM) war ich mehrere Jahre lang wissenschaftlicher Mitarbeiter an der Juristischen Fakultät der Humboldt-Universität zu Berlin, bevor ich im Referendariat (Kammergericht) insbesondere Verfassungsschwerpunkte gesetzt habe (Verwaltungsstation bei einem Verfassungsreferat im Bundesministerium des Innern, Wahlstation beim Bundesverfassungsgericht bei Prof. Dr. Gabriele Britz).

Danach hat mich immer mehr interessiert, wie das öffentliche Recht tatsächlich wirkt und ich bin in die Praxis gegangen. Allerdings (und zum Glück) ist das öffentliche Recht auch in der Praxis stark von Dogmatik, Auslegung und Argumentation geprägt. Wem also das Wissenschaftliche am Studium des öffentlichen Rechts gefällt, der erleidet als Anwältin oder Anwalt im öffentlichen Recht keinen Paradigmenwechsel.

Meinen Berufseinstieg als Rechtsanwalt hatte ich am Berliner Standort einer international tätigen US-Großkanzlei. Zu meinem Aufgabenbereich haben insbesondere Mandate aus dem Bereich der „Public Policy" gezählt, also die Begleitung von Mandanten durch laufende Rechtssetzungsverfahren – etwas, das für Umweltschutzorganisationen ebenso nötig ist wie für Wirtschaftsunternehmen oder Sozialverbände.

Zurzeit arbeite ich in einer Big-Four-Kanzlei. Zum Netzwerk der vier weltweit größten Wirtschaftsprüfungsgesellschaften (EY, Deloitte, KPMG und PwC) gehören nämlich auch Kanzleien. Viele meiner Mandate sind normale öffentlich-rechtliche Fragestellungen: die Vertretung bei presserechtlichen Auskunftsansprüchen vor Verwaltungsgerichten, außenwirtschaftsrechtliche Beratungen, Gutachten für die öffentliche Hand im Zusammenhang mit Gesetzgebungsvorhaben (Gebäudeenergie-, Haushalts-, Finanzverfassungsrecht) oder bauplanungsrechtliche Due-Diligence-Bewertungen (welche bauplanungsrechtlichen Folgen sich also bei einem Unternehmenskauf ergeben).

In einer Big-Four-Kanzlei können allerdings auch die juristischen mit anderen Kompetenzen kombiniert werden. Die Gesellschaft und mit ihr die Wirtschaft stehen bekanntlich vor riesigen Transformationsherausforderungen. ESG (Environmental, Social und Governance) ist *das* Thema unserer Zeit und umfasst die Umstellung von Kraftwerken auf neue Brennstoffe (fuel switch) ebenso wie die Verantwortung von Unternehmen für Menschenrechtsanforderungen von Lieferketten auch außerhalb Deutschlands. Entsprechende Mandate erfordern oft die Zusammenarbeit ganz verschiedener Disziplinen.

Rechtsanwalt im öffentlichen Recht: eine Pro- und Contra-Liste
Anwaltliche Arbeit allgemein erfordert viel Flexibilität, mit allen Vor- und Nachteilen. Man ist Dienstleister:in. Eine Beratungsleistung kann sehr kurzfristig nötig sein – auch wenn das dann den Arbeitsplan durcheinanderwirft. Regelmäßig laufen Projekte auch in Wellen (Klageschrift – Warten auf die Klageerwiderung – Replik – Warten auf die Duplik usw.). Und gerade bei fristgebundener Tätigkeit wird es am Ende regelmäßig und unvermeidbar hektisch. Ein gerüttelt Maß an Eigenorganisation und Stresstoleranz ist daher unerlässlich. Umgekehrt bietet die Arbeit als Rechtsanwältin bzw. Rechtsanwalt (ein freier Beruf) große Freiheiten (die in Kanzleien auch tatsächlich gelebt wird): Wer einen Arzttermin mitten am Tag hat oder sein Kind von der Kita abholen muss, kann das regelmäßig tun und arbeitet danach weiter. Und wenn gerade weniger Mandatsarbeit anfällt, geht man eben früher nach Hause – genauso, wie man unter anderen Umständen länger bleibt.

Öffentliches Recht ist mittlerweile recht spezialisiert (Planungs- und Umweltrecht, Beihilfe- und Vergaberecht, Telekommunikationsrecht, Health, u. v. m.). Viele Mandate erfordern zudem die Bearbeitung von juristischem Neuland. Beides muss man für das Berufsbild berücksichtigen. Um nur einige Beispiele zu nennen, mit denen ich mich gerade befasse: Wie kann eine staatsorganisationsrechtskonforme Zusammenarbeit von Bund und Ländern bei einer Datenbank aussehen? Ist es mit der Warenverkehrsfreiheit vereinbar, wenn Biogas aus dem EU-Ausland nach Deutschland importiert wird und dann rechtlich benachteiligt wird? Wie geht man mit Abstandserlassen um, die – historisch nicht beabsichtigt – Wasserstoff-Elektrolyseure erfassen und dadurch den Wasserstoffhochlauf berühren?

Empfehlungen
Meine Empfehlung: möglichst viele und möglichst verschiedene Praktika machen und herausfinden, was einem Spaß macht! Weder Erfahrungsberichte von Kommiliton:innen noch die Websites von Kanzleien bringen einen wirklich weiter. Und: von Ablehnungen nicht entmutigen lassen. Ist ganz normal und passiert jedem. Dabei sollte man nicht vergessen, dass öffentliches Recht ein relativ kleiner Rechtsbereich ist, verglichen mit anderen Beratungsfeldern wie M&A, Gesellschaftsrecht oder Arbeitsrecht. Aus reinen Karrieregründen sollte man sich daher nicht für das öffentliche Recht entscheiden – man muss dafür schon brennen. Zusammengefasst: Übernehmt die Verantwortung für euer Berufsleben. Das ist anstrengend, kann euch aber ohnehin keiner abnehmen. Ach ja, und: Ö-Recht rules!

Hartmut Rank
LL.M., MBA
Leiter des Rechtsstaatsprogramms Lateinamerika
Konrad-Adenauer-Stiftung e. V.

Von Tijuana bis Feuerland …

… reicht das Einsatzgebiet des regionalen Sektorprogramms „Rechtsstaatsprogramm Lateinamerika" der Konrad-Adenauer-Stiftung e. V. (KAS). Als einzige der deutschen politischen Stiftungen ist die KAS mit inzwischen sechs Rechtsstaatsprogrammen weltweit tätig und verfolgt damit einen globalen Ansatz. Denn rechtsstaatliche Arbeit – von Region zu Region zu unterschiedlichen Themen – sowie juristische Expertise aus Deutschland im Ausland stärker gefragt, als man daheim manchmal glauben mag.

Berufseinstieg bei einer politischen Stiftung

Ich war bereits einige Jahre im Ausland als Jurist tätig, als ich auf eine Ausschreibung der KAS aufmerksam wurde. Die Stiftung suchte damals für Rumänien eine neue Leiterin bzw. einen neuen Leiter für eines ihrer Regionalprogramme. Im Vorstellungsgespräch kam – für mich unerwartet – die Frage, ob ich mir vorstellen könnte, im Ausland als Botschafter christdemokratischer Werte wahrgenommen zu werden. Ohne Frage war es für meinen Quereinstieg als Büroleiter hilfreich, dass ich bereits vorher einschlägige Arbeitserfahrung gesammelt hatte. Denn eine Stelle als Auslandsmitarbeiter:in ist herausfordernd, da man schnell Entscheidungen treffen können muss, ohne sich ständig bei einer oder einem Vorgesetzten rückzuversichern. Die KAS bietet unterschiedliche Wege für den Berufseinstieg, auch für Juristinnen und Juristen: Neben Praktikum oder einer (Wahl-)Station im Referendariat ist der wohl klassische Weg, um mit Stiftungen in Berührung zu kommen, über ein Stipendium während des Studiums oder der Promotion. Darüber hinaus bietet die KAS ein zweieinhalbjähriges Traineeprogramm an: Nach sechs Monaten in der Stiftungszentrale in Berlin, während derer man verschiedene Abteilungen kennenlernt, folgen 24 Monate Einsatz in einem Auslandsbüro, etwa in Israel, Südafrika, Brasilien, Indien oder im Südkaukasus. Auch in Deutschland kann man seine Karriere bei der KAS beginnen, z. B. auf einer der zahlreichen Referentenstellen zu Themen wie Völkerrecht, Agenda 2030 oder Cybersicherheit.

Routine?

In einem vier Zeitzonen umspannenden Regionalprogramm, das gut ein Dutzend Länder umfasst, geht der Tag zeitig los. Nicht nur beim monatlichen Jour fixe mit den anderen KAS-Rechtsstaatsprogrammen zur Koordinierung unserer globalen Arbeit. Doch dank kolumbianischen Kaffees ist man auch um 6:30 Uhr schon hellwach. Eine auf Vertrauen basierende Zusammenarbeit mit unseren Partnern aus der Justiz und der Zivilgesellschaft erfordert eine regelmäßige Präsenz in den unterschiedlichen Ländern. Eine gewisse Reisetätigkeit ist unabdingbar, und so kommt man jährlich rasch auf mehr als 100 Tage Abwesenheit vom eigentlichen Bürostandort (in meinem Fall der kolumbianischen Hauptstadt Bogotá). Eine hohe Mobilität ist daher Grundvoraussetzung, möchte man dauerhaft nicht nur gute Leistungen erbringen, sondern dabei auch nach wie vor Freude an der Tätigkeit verspüren. Man sollte außerdem immer wieder auf Unwägbarkeiten vorbereitet sein. Wenn zum Beispiel der Anschlussflug von Guatemala-Stadt nach Quetzaltenango ersatzlos ausfällt und man nach einem mehrstündigen Flug nachts einige Stunden im Auto verbringen muss, um den Veranstaltungsort doch noch zu erreichen.

Mein längster Tag bislang war der Tag der Ausreise aus Deutschland und hatte wegen der siebenstündigen Zeitverschiebung 31 Stunden. Damit ist ein weiteres Grundproblem angerissen: Man ist nicht nur physisch weit weg, sondern die Kommunikation mit deutschen Partnerinstitutionen ist auch durch die Zeitzonen sehr beschränkt. In Berlin neigt sich der Arbeitstag bereits seinem Ende entgegen, wenn dieser in Kolumbien beginnt.

Neue juristische Horizonte
Die KAS arbeitet wertebasiert und setzt sich für rechtsstaatliche Prinzipien, wie das der Trennung der Staatsgewalten, ein. Für uns vermeintliche Selbstverständlichkeiten gelten dabei in einigen Ländern nur eingeschränkt. Gleichzeitig ist es aber auch spannend, dass ich als deutscher Jurist auch einen Einblick in unterschiedliche Rechtssysteme bekomme und sich bestimmte Erkenntnisse aus den Einsatzländern auch zurück nach Deutschland übertragen lassen. Denn in mancher Hinsicht sind lateinamerikanische Staaten Impulsgeber, etwa was die Frage der Rechtssubjektivität von Flüssen oder Wäldern betrifft. Auch aktuelle technische Entwicklungen finden bisweilen anders Eingang in die Justiz als in Deutschland: In Kolumbien hat die Justiz in den letzten Monaten erste Erfahrungen mit dem Einsatz von ChatGPT in der Vorbereitung von Urteilen oder etwa auch dem Versuch, für Verhandlungen das „Metaverse" einzusetzen, gesammelt. Insofern ist der Einsatz als Mittler zwischen verschiedenen Rechtskreisen keine Einbahnstraße, da man auch Erfahrungen aus dem Ausland nach Deutschland zurückspiegeln kann. Als deutschem Volljuristen waren insbesondere die für mich neuen Themen von Interesse, mit denen ich vorher weder in Theorie noch in meiner anwaltlichen Praxis Berührung hatte. Eine Besonderheit in Lateinamerika ist das Spannungsfeld zwischen der ordentlichen, staatlichen Justiz und verschiedenen Systemen indigener Stämme und Völker zur Konfliktlösung. Meine größte Herausforderung war die Organisation einer Großveranstaltung, an der auch der Präsident des Bundesverfassungsgerichts nach Lateinamerika kam. Besonders ist mir aber die verfassungsgebende Versammlung 2022 in Chile in Erinnerung geblieben. Diese konnte ich live bei ihrer Arbeit erleben, während draußen vor dem Gebäude verschiedene Gruppierungen demonstrierten. Sprechchöre und Trommeln waren so laut, dass man in den Sitzungssälen der Ausschüsse kaum sein eigenes Wort verstand.

Anders als in Deutschland …
Neugier ist wahrscheinlich ein zentraler Faktor, der mich und meine Familie nun schon einige Zeit im Ausland leben und nach wie vor Freude daran empfinden lässt, Fremdes zu entdecken. Nicht alles gelingt jedoch im Ausland auf Anhieb, gerade auch weil, kulturell bedingt, viele Länder anders ticken. Die bisweilen schroffe (mittel-) europäische Art, dem Gesprächspartner ein „Nein" entgegenzuschleudern, hat zumindest den Vorzug, dass man rasch weiß, woran man ist. Viel schwerer ist es hingegen, den Unwillen des Gegenübers zu verstehen, wenn man von ihm immer wieder ein keineswegs so gemeintes „Ja, natürlich" zu hören bekommt. Um im Ausland länger arbeiten und leben zu können, muss man außerdem auf bestimmte Dinge verzichten können. Für mich entfällt nun einige Jahre lang der Winter (und damit auch jeglicher Skiurlaub). Auch ist es immer wieder eine Herausforderung im Alltag, in Ländern mit galoppierender Inflation und verschiedenen Währungswechselkursen zu rechnen. Nicht zuletzt erfordert das Thema Sicherheit (in welche Stadtteile, in welche Regionen kann ich mich problemlos bewegen?) Anpassung und Einschränkung.

Schließlich braucht es die Bereitschaft, die Sprache des Gastlands zu erlernen. Und in dieser Hinsicht ist gerade Kolumbien ein dankbarer Einsatzort, mit seinem gut verständlichen Spanisch und der bewundernswerten Geduld sowie Toleranz vieler Kolumbianerinnen und Kolumbianer für Sprachenlernende.

Cyber, Privacy and Data Innovation?

Tobias Stephan

Rechtsanwalt/
Associate

Orrick, Herrington &
Sutcliffe LLP

Hätte mir vor zwei Jahren jemand gesagt, dass ich meinen Berufseinstieg im IT- und Datenschutzrecht in einer US-amerikanischen Großkanzlei machen würde, hätte ich vermutlich lachen müssen. Trotzdem habe ich nicht nur genau dies gemacht, sondern bin sogar so zufrieden, dass ich meinen Beruf hier vorstellen möchte.

Wie das kam? Digitale Themen haben mich schon immer zu einem gewissen Grad interessiert. Das bedeutet nicht, dass ich programmieren könnte. Vielmehr fasziniert es mich, wenn es technische Lösungen für umständliche Probleme gibt. Ich schloss mich einer studentischen Legal-Tech-Initiative an und landete so schnell beim IT-Recht. Im Referendariat war ich bereits im IT-Recht und letztlich auch im Datenschutzrecht tätig. Ich merkte, dass dies ein spannendes Gebiet ist, weil es jeden Tag etwas Neues gibt und man hier aktiv an der Rechtsentwicklung mitwirken kann. Nach dem Zweiten Examen habe ich mich dann bei Orrick beworben, da sie aus dem Silicon Valley stammen und viele der größten Tech-Unternehmen als Mandanten haben. Beste Voraussetzungen also für den Einstieg in das IT- und Datenschutzrecht. Auch auf persönlicher Ebene stimmte es – ich durfte bereits im Bewerbungsverfahren das Team aus Deutschland sowie Partner:innen aus den USA und Frankreich kennenlernen. Nachdem klar war, dass wir uns gut verstehen, fing ich kurze Zeit später an.

Was machst du denn genau?

In meinem Team beraten wir unsere Mandanten zu allen möglichen Themen des Datenschutz- und IT-Rechts, wobei ein Schwerpunkt in der Beratung international tätiger Mandanten liegt. Das Aufgabenspektrum ist dabei sehr breit: Wir machen Compliance-Projekte in unterschiedlichen Größenordnungen, vom Erklären der Grundlagen bis hin zu internationalen Datenschutzverträgen mit einer Vielzahl an Vertragsparteien. Wir helfen Mandanten in der Produktentwicklung dabei, die rechtlichen Grenzen von Technologie zu verstehen und die rechtlichen Vorgaben möglichst pragmatisch einzuhalten. Wir evaluieren bei Unternehmenskäufen, ob das Kaufobjekt die gesetzlichen Vorschriften einhält oder sonstige Risiken bestehen bzw. helfen dem Verkäufer, die Dokumente zusammenzustellen, die erforderlich sind, um dem Kaufinteressenten die Datenschutz- und/oder IT-Compliance darzulegen. Wir unterstützen bei Rechtsanalysen und koordinieren dabei auch internationale Projekte. Wir beraten Unternehmen bei der rechtlichen Einordnung komplexer, teils internationaler Sachverhalte. Und wir helfen, wenn es brennt, also bei Verfahren vor Aufsichtsbehörden, Schadensersatzklagen, Cyber-Angriffen und sonstigen „Datenpannen".

Wie das in der Praxis aussieht? Bei der Verteilung der Arbeitszeiten sind wir flexibel, insofern startet keiner von uns morgens zur exakt gleichen Zeit. Da wir viele Mandanten aus den USA haben, bekommen wir häufig über Nacht neue Informationen und Fragen. Zweimal die Woche haben wir einen Jour fixe im Team, bei dem wir uns zu unseren aktuellen Projekten austauschen und, wo nötig, auch Arbeitsaufträge umschichten. Aber auch sonst stehen unsere Türen immer offen und wir helfen uns viel gegenseitig aus. Reine Zuarbeit macht man als Associate bei uns übrigens nicht, sondern man bekommt schnell eigene Projekte und wird aktiv in Calls eingebunden. Beides ist gerade am Anfang etwas einschüchternd, aber man lernt so schnell dazu und die Kolleg:innen unterstützen einen immer. Nach der gemeinsamen Mittagspause (oder dem gemeinsamen Sportprogramm) beginnen gegen Nachmittag – aufgrund der Zeitverschiebung – die internationalen Calls. Nicht erst seit Corona arbeiten wir viel über Videocalls, und können uns so eng mit Mandanten und den internationalen Kolleg:innen abstimmen. Was ich auch erst lernen musste: Internationale Mandanten haben manchmal eine andere Herangehensweise an juristische Fragestellungen. Insbesondere US-Mandanten haben häufig einen ökonomischen Blick auf rechtliche Themen. Unsere Beratung erschöpft sich daher nicht mit dem Aufzeigen des rechtlichen Rahmens, sondern es geht darum lösungsorientiert unterschiedliche Wege und deren Vor- und Nachteile aufzuzeigen. Abends ist man wieder flexibel, die eine arbeitet gerne länger am Stück, der andere geht zur Familie nach Hause und wählt sich später nochmal aus dem Homeoffice ein. Inhaltlich gibt es immer etwas Neues, selten sind zwei Tage gleich.

Auch wenn ich an vielen spannenden Mandaten mitarbeite, hier nur ein kleines Beispiel: Aktuell helfen wir einem Mandanten in einem internationalen Gutachten, die Anforderungen an Testfahrten in unterschiedlichsten Ländern einzuhalten. Dabei darf ich eine ganze Anzahl an internen und externen Anwält:innen aus den unterschiedlichsten Ländern koordinieren. Eine besondere Herausforderung liegt hier auch darin, den jeweiligen Fachabteilungen die häufig recht komplexen rechtlichen Optionen verständlich zu machen.

Wo Licht ist, fällt auch Schatten
Wer bis hierhin gelesen hat, gehört vermutlich nicht dazu, aber: Es gibt durchaus einen gewissen Anteil an Menschen, die Datenschutz nur als lästig empfinden. Entsprechend hält sich der Enthusiasmus für unsere Aufgaben manchmal in Grenzen. Wir versuchen daher immer, mandantengerechte Lösungen zu erarbeiten, statt Verarbeitungsvorgänge per se zu verbieten, indem wir etwa Anpassungsvorschläge unterbreiten. Das ist nicht immer einfach – wenn es funktioniert, aber umso befriedigender. Außerdem erklären wir, wie ein guter Umgang mit personenbezogenen Daten vertrauensfördernd die Reputation des Unternehmens stärkt. Und zur Not hilft ein wenig Humor. Die meisten schwierigen Gespräche lassen sich so einfangen.

Ich bin froh, dass ich diesen Weg eingeschlagen habe und gehe morgens gerne zur Arbeit. Besonders gefällt mir dabei, dass ich jeden Tag, sogar international, neue Aufgaben bearbeite und immer wieder mit neuen Gesetzen arbeiten darf. Unsere Mandanten arbeiten teilweise mit neuen Technologien, an die bei der Erstellung der Gesetze niemand denken konnte. Es ist ein großartiges Gefühl, mit ein wenig Kreativität schwierige Regularien zu durchdringen und praktikabel anzuwenden. Dabei wirkt man auch tatsächlich aktiv an der Gestaltung des Rechts mit. Denn oft gibt es zu den Problemen, die sich uns stellen, (noch) keine Rechtsprechung und Literaturmeinungen. Dadurch macht die Arbeit Spaß und ich lerne juristisch, technisch und menschlich eine ganze Menge dazu.

Hauptsache Frankreich!

Sina Viergutz

Maître en droit

Rechtsanwältin

BRL – Boege Rohde Luebbehuesen

Schon immer konnte ich mich für Fremdsprachen begeistern. Frankreich und die französische Sprache hatten es mir dabei besonders angetan. Lange wusste ich allerdings nicht, welchen Beruf ich einmal ergreifen würde. Eines war mir aber klar: Es musste etwas mit Frankreich sein. Nur durch Zufall habe ich davon erfahren, dass verschiedene Universitäten in Deutschland den Studiengang Rechtswissenschaften als „Doppelstudiengang" in Kooperation mit französischen Universitäten anbieten. Nun gut, dann sollte es Jura sein – immerhin etwas Solides. Hauptsache Frankreich!

Vorab kann ich schon mal sagen, dass sich die zugegebenermaßen etwas blinde Studienwahl als genau richtig herausgestellt hat. Seit Anfang 2021 bin ich als Rechtsanwältin im Bereich Corporate/M&A in der Kanzlei BRL – Boege Rohde Luebbehuesen in Berlin tätig. Das Motto „Hauptsache Frankreich!" ist dabei keinesfalls in Vergessenheit geraten. Als eine der wenigen Kanzleien in Berlin hat BRL für den Bereich Corporate/M&A einen „French Desk", in dessen Mittelpunkt die Beratung französischsprachiger Mandantschaft steht.

Mein akademischer Werdegang

In freudiger Erwartung, so schnell wie möglich ein Auslandssemester in Frankreich zu absolvieren, begann ich mein Studium an der Humboldt-Universität in Berlin. Diese bietet zusammen mit der LMU in München und der Université Panthéon-Assas (Paris II) das Programm „BerMüPa" an. Im Zuge dessen habe ich drei Semester des Jurastudiums an der Université Panthéon-Assas in Paris absolviert und mit der Licence und dem Master I (Maîtrise) zwei französische Universitätsabschlüsse erworben. Der größte Vorteil ist jedoch der Zugewinn an Sprachkenntnissen. Nichtsdestotrotz empfand ich das Studium in Frankreich als äußerst arbeitsintensiv. Nach meinem Ersten Staatsexamen arbeitete ich anderthalb Jahre als wissenschaftliche Mitarbeiterin in einer deutschen Großkanzlei im Bereich Corporate/M&A. Inhaltlich gefiel mir die Tätigkeit sehr gut. Insbesondere die Begleitung von Unternehmenskäufen ist ein sehr spannendes Feld. Von einer Minute auf die andere kann sich eine Transaktion komplett neu entwickeln und eine andere Dynamik entfalten. Das kann die Arbeit besonders reizvoll, abwechslungsreich und doch gleichzeitig sehr stressig gestalten. Mit Corporate/M&A hatte ich zwar einen Bereich gefunden, den ich damals wie heute sehr spannend finde und der sehr international ausgerichtet sein kann. Mir fehlte dennoch der besondere Bezug zu Frankreich.

Mein Berufseinstieg als Rechtsanwältin bei BRL – Boege Rohde Luebbehuesen

Die Kanzlei BRL durfte ich bereits im Rahmen meiner Wahlstation des Referendariats kennenlernen. Ausgehend von meiner vorherigen Erfahrung suchte ich für die Wahlstation explizit eine Kanzlei, die sowohl im Gesellschaftsrecht aufgestellt ist und bei der die Betreuung französischsprachiger Mandantschaft im Vordergrund steht. Mit BRL bin ich schließlich fündig geworden und für den Berufseinstieg geblieben. BRL ist eine Kanzlei mit mehreren Standorten in Deutschland, wobei sich die größten Standorte in Hamburg und Berlin befinden. Der „French Desk" deckt dabei in erster Linie die Bereiche Corporate/M&A und Tax ab.

Die Tätigkeit im Rahmen des „French Desk"

Die Mandantenstruktur des „French Desk" ist überwiegend mittelständisch geprägt. Wir erhalten vor allem Anfragen von in Frankreich ansässigen Unternehmen unterschiedlichster Branchen. Von Herstellern von Brandschutztechnik über Unternehmen aus dem Tourismus- oder Medizintechnikbereich bis hin zu namhaften Schuhherstellern ist vieles dabei. Dabei sind nicht nur die Industriezweige, in die man Einblicke erhält, besonders vielfältig, sondern auch meine Aufgaben an sich. Oft geht es darum, dass die Unternehmen beabsichtigen, ihr Geschäft nach Deutschland auszuweiten. Entweder berate ich sie sodann bei der Unternehmensgründung oder aber bei der Übernahme deutscher Gesellschaften. Da ich lediglich in Deutschland als Anwältin zugelassen bin, erfolgt die Beratung ausschließlich zum deutschen Recht. Kenntnisse der Grundzüge des französischen Gesellschaftsrecht können hilfreich sein, um den Mandanten Unterschiede zwischen den Rechtssystemen zu erläutern. Vorausgesetzt werden solche Kenntnisse aber weder von BRL noch von den Mandanten.

Ich habe die Erfahrung gemacht, dass Mandanten sich natürlich an uns wenden, weil sie Beratung zum deutschen Recht benötigen, aber insbesondere die sprachliche Expertise ein entscheidender Faktor ist. Speziell bei französischen Mandanten habe ich das Gefühl, dass die Sprache nahezu der wichtigste Schlüssel für ein vertrauensvolles Verhältnis ist. Beispielsweise haben wir Mandanten aus Frankreich, die bereits über deutsche Tochtergesellschaften verfügen. Wir übernehmen die rechtliche Beratung der deutschen Tochter. Gleichzeitig fungieren wir als kommunikatives Bindeglied zwischen der deutschen Geschäftsführung und dem französischen Mutterkonzern. Wir beobachten häufig ein gewisses Klima des Misstrauens, welches aufgrund der Sprachbarriere zwischen französischer Konzernführung und deutscher Geschäftsführung besteht.

Kommunikation auf verschiedenen Sprachen ist somit gleichzeitig ein wichtiger und herausfordernder Teil meiner Arbeit. Ich erinnere mich beispielsweise an Vertragsverhandlungen zu einer grenzüberschreitenden Transaktion, wobei unsere französische Mandantin beabsichtigte, ein deutsches Unternehmen zu erwerben. Verhandlungssprache zwischen den Parteien war grundsätzlich Englisch. Für Zwischenbesprechungen mit der Mandantin oder einzelne Erläuterungen wechselten wir auf allerdings auf Französisch. Nach einem ganzen Verhandlungstag und dem ständigen Wechsel zwischen Deutsch, Englisch und Französisch rauchte mir ziemlich der Kopf. Das ist jedoch die Transferleistung, die BRL und die Mandant:innen von den im „French Desk" tätigen Berufsträger:innen erwarten. Gleichzeitig erfahre ich viel Wertschätzung dafür, dass man neben Englisch noch eine weitere Sprache verhandlungssicher beherrscht. Natürlich erwartet keiner der Mandanten ein absolut perfektes und akzentfreies Französisch von mir. Entscheidend ist allein, dass sie erkennen, dass ich mich auf sie einstelle und ihnen entgegenkomme.

Letztlich ist man als Rechtsanwältin vor allem Dienstleisterin für die Mandantschaft. Absolvent:innen, die sich für den Anwaltsberuf entscheiden, sollten daher ein gewisses Maß an Flexibilität mitbringen. Jeder noch so gut geplante Arbeitstag kann schnell mal durch eine E-Mail der Mandanten durcheinandergewirbelt werden. Da BRL aber eine mittelständisch geprägte Kanzlei ist, sind die Arbeitszeiten in der Regel planbar. Dies ist mir bei der Auswahl für den Berufseinstieg besonders wichtig gewesen. Mein längster Arbeitstag ging einmal bis nach Mitternacht. Dies ist bisher aber eine absolute Ausnahme gewesen. Ein besonderer und für mich entscheidender Vorteil meiner Arbeit besteht auch darin, in regelmäßigen Abständen nach Paris reisen zu können, um dort Mandant:innen und französische Anwaltskolleg:innen aus Partnerkanzleien zu treffen und sich mit ihnen auszutauschen.

Dr. Frank Burmeister
Partner
Hengeler Mueller

Fallstudie: Verkauf von Verlustbringern

Der Zusammenschluss oder der Kauf von Unternehmen – neudeutsch M&A (Mergers & Acquisitions) – wird häufig als Königsdisziplin der wirtschaftsrechtlichen Beratung bezeichnet. Berufseinsteiger:innen verbinden damit in der Regel große Transaktionen wie jüngst den grenzüberschreitenden Zusammenschluss von Linde mit Praxair oder die Übernahme von innogy durch E.ON. M&A-Anwält:innen sind aber häufig auch mit der Veräußerung von weniger erfolgreichen Unternehmen befasst, was dennoch rechtlich herausfordernd und daher spannend sein kann und für den Mandanten oft von großer ökonomischer Bedeutung ist. Einer dieser Fälle aus der Praxis von Hengeler Mueller ist die Veräußerung einer verlustbringenden Tochtergesellschaft eines internationalen Konzerns, bei der nicht nur die Transaktionsexpertise der M&A-Anwält:innen gefragt war, sondern auch vertiefte Kenntnisse des Finanzierungs- und Insolvenzrechts. Die Firmennamen in dieser Fallstudie sind fiktiv.

Dr. Martin Tasma
Partner
Hengeler Mueller

Liquidation oder Verkauf

Die Mandantin war die Konzernspitze einer global diversifizierten Unternehmensgruppe, der TotalReturn-Gruppe. Eine ihrer deutschen Tochtergesellschaften, die Paperworks GmbH, produzierte und vertrieb Kartonagen der Premiumqualität in einer Fabrik mit ca. 600 Angestellten. Die Mandantin hatte die Paperworks GmbH rund zehn Jahre zuvor erworben, bereute den Kauf aber mittlerweile, weil sie den Wettbewerbsdruck innerhalb der Papierbranche sowie den damit einhergehenden Preisverfall unterschätzt hatte. Hinzu kamen hausgemachte Probleme wie eine zu große Mitarbeiterzahl und sehr hohe Pensionslasten. Die Folge war, dass die Konzernmutter die Verluste der Paperworks GmbH über Jahre ausgleichen musste und das Management vor der Frage stand, die Tochter zu verkaufen oder abzuwickeln. Die Umsetzung des von externen Unternehmensberater:innen ausgearbeiteten Sanierungskonzeptes, das die Sanierung der Paperworks GmbH im Verbund der TotalReturn-Gruppe vorsah, brachte nicht den von der Beratung prognostizierten Erfolg. Da man davon ausging, dass eine Insolvenz der Paperworks GmbH auf die TotalReturn-Gruppe zurückfallen und deren Reputation bei Kunden und Geschäftspartnern belasten würde, kam es nicht in Betracht, die Paperworks GmbH in die Insolvenz fallen zu lassen.

Im Zuge der Analyse der zur Verfügung stehenden Optionen stellte sich dann aber rasch heraus, dass die Abwicklung der Paperworks GmbH im Verbund der Total-Return-Gruppe sehr teuer geworden wäre: Die Pensionsansprüche hätten zu hohen Kosten ausgegliedert werden müssen, und die Abfindungskosten für die aktiven Arbeitnehmer:innen wären ebenfalls signifikant gewesen. Damit blieb der Mandantin nur noch die Veräußerung der Paperworks GmbH an einen Wettbewerber oder an einen Finanzinvestor. Diese Lösung hatte zudem den Vorteil, zeitlich kalkulierbar zu sein und im besten Fall mit einem klaren Schnitt zugunsten der Mandantin zu enden. Voraussetzung hierfür war allerdings, dass es der Mandantin mithilfe ihrer Anwält:innen gelang, im Unternehmenskaufvertrag einen nicht zu umfassenden Gewährleistungskatalog, geringe Haftungshöchstgrenzen und kurze Verjährungsfristen zu vereinbaren. Als Gegenleistung musste die Mandantin allerdings einen „negativen Kaufpreis" akzeptieren, d. h. sie musste dem Käufer einen Geldbetrag zahlen. Hierzu war die Mandantin auch deshalb bereit, weil ihr zum Schutze ihrer eigenen Reputation daran gelegen war, die Überlebensfähigkeit der Paperworks GmbH zu sichern. Der Verkauf der Handy-Sparte von Siemens an BenQ, der mit der Insolvenz der verkauften Sparte endete, war zum Verkaufszeitpunkt noch in schlechter Erinnerung.

Verkäufer von Verlustbringern sind daher oftmals bereit, im Interesse erhöhter Sanierungschancen auf eine Optimierung des (negativen) Kaufpreises zu verzichten.

Risiko aus verkauften Gesellschafterdarlehen
Vor dem Verkauf waren jedoch noch einige rechtliche Hürden zu überwinden, da die Paperworks GmbH vor der Veräußerung in erheblichem Umfang von finanziellen Zuwendungen der Konzernmutter abhängig war. Diese waren in Form von Gesellschafterdarlehen erfolgt, die der Tochter von einer anderen Gesellschaft der TotalReturn-Gruppe gewährt worden waren. Diese Finanzierungsform barg für die Mandantin ein beträchtliches Risiko, wenn es dem Käufer nicht gelingen sollte, die Paperworks GmbH profitabel zu machen, und diese innerhalb eines Jahres Insolvenz anmelden müsste: Im Fall der Insolvenz der Tochtergesellschaft hat der Insolvenzverwalter das Recht und die Pflicht, im Vorfeld der Insolvenz erfolgte Zahlungen oder Lieferungen der Tochter an die Mutter bzw. andere Konzerngesellschaften anzufechten. Die Rechtsfolgen der Insolvenzanfechtung sind gravierend: Der Anfechtungsgegner muss die erhaltenen Zahlungen oder Leistungen zur Insolvenzmasse zurückgewähren, erhält im Gegenzug aber nur eine einfache Insolvenzforderung, d. h. er wird nur in Höhe der Insolvenzquote befriedigt. Diese ist in der Praxis in der Regel sehr gering.

Von besonderer Relevanz ist das Risiko der Insolvenzanfechtung bei Gesellschafterdarlehen: Selbst wenn das Gesellschafterdarlehen – was die Regel ist – im Unternehmenskaufvertrag an den Käufer mitveräußert wird, besteht nach einem vielbeachteten Urteil des Bundesgerichtshofs (BGH) aus dem Jahr 2013 das Risiko einer gesamtschuldnerischen Mithaftung des Verkäufers auf Rückerstattung von Zahlungen auf das Gesellschafterdarlehen zur Insolvenzmasse, wenn sich der Käufer das Darlehen innerhalb eines Jahres nach Vollzug der Transaktion zurückzahlen lässt und in diesem Zeitraum ein Insolvenzantrag gestellt wird. Obwohl der Verkäufer in diesem Fall gar nicht in den Genuss der Darlehensrückzahlung kommt, kann er vom Insolvenzverwalter auf Erstattung der Rückzahlung in Anspruch genommen werden. Wenngleich in dem vom BGH entschiedenen Fall nur das Gesellschafterdarlehen veräußert worden war und der als Gesamtschuldner herangezogene Veräußerer seine Gesellschafterstellung aufrechterhalten hatte, wird die Entscheidung gemeinhin so gelesen, dass der Verkäufer auch dann mithaftet, wenn er zusammen mit den Gesellschafterdarlehen auch seine Beteiligung an der darlehensnehmenden Gesellschaft veräußert. Die Mandantin stand deshalb vor der Frage, wie dieses Risiko ausgeschlossen bzw. vermindert werden konnte.

Zum Schutz des Verkäufers hat die Praxis verschiedene Transaktionsstrukturen entwickelt, die jedoch stets Nachteile für Käufer oder Verkäufer bergen: Die in technischer Hinsicht einfachste Lösung ist, dass sich der Käufer im Unternehmenskaufvertrag verpflichtet, das Gesellschafterdarlehen mindestens ein Jahr nach dem Vollzug der Transaktion stehenzulassen. Ob diese Konstruktion den Verkäufer tatsächlich nachhaltig schützt, hängt von der Bonität des Käufers ab: Handelt es sich hierbei nur um ein Akquisitionsvehikel (Special Purpose Vehicle) ohne robuste Bilanz, führt ein Verstoß gegen die vertragliche Verpflichtung bei einer Inanspruchnahme des Verkäufers durch den Insolvenzverwalter zu einem Freistellungsanspruch des Verkäufers gegen den Käufer, der nicht werthaltig ist und den Verkäufer daher schutzlos lässt. Besser – aber technisch aufwendiger – kann sich der Verkäufer schützen, indem er den Rückzahlungsanspruch aus dem Gesellschafterdarlehen vor Vollzug des Unternehmensverkaufs in die Kapitalrücklage der Tochtergesellschaft einbringt. Diese bewirkt das

Erlöschen der Ansprüche aus dem Gesellschafterdarlehen. Dabei gilt es jedoch zu beachten, dass die Einbringung auf Ebene der Tochtergesellschaft grundsätzlich einen steuerbaren außerordentlichen Ertrag in Höhe des nicht werthaltigen Teils des Gesellschafterdarlehens auslöst. Das ist bei unprofitablen Tochtergesellschaften problematisch, weil Ansprüche aus Gesellschafterdarlehen gegen eine sich in Schieflage befindende Gesellschaft regelmäßig nicht vollwertig sind. Sofern in dieser Situation keine Verlustvorträge genutzt werden können, um einen infolge der Forderungseinbringung ansonsten entstehenden außerordentlichen Ertrag zu absorbieren, scheidet die Einbringung häufig aus – denn weder der Verkäufer noch der Käufer werden in dieser Situation bereit sein, für die mit einer Forderungseinbringung einhergehenden Steuerverbindlichkeiten aufzukommen. Im vorliegenden Fall handelte es sich bei dem Käufer nicht um ein Akquisitionsvehikel, sondern um eine operative und profitable Gesellschaft, sodass die Mandantin die einfache Lösung wählen konnte. D.h. der Käufer verpflichtete sich, dafür zu sorgen, dass das mitverkaufte Gesellschafterdarlehen innerhalb eines Jahres nach Vollzug des Kaufvertrages nicht zurückgezahlt wurde.

„Ringfencing" des negativen Kaufpreises

Im Hinblick auf die Mechanik der Zahlung des negativen Kaufpreises war zum Schutz der Mandantin noch zu verhindern, dass sich der Käufer mit dem Kaufpreis aus dem Staub macht und die Paperworks GmbH in die Insolvenz abrutschen lässt. Dieses Szenario wurde dadurch vermieden, dass der Verkäufer den negativen Kaufpreis in Ratenzahlungen erbracht hat, die an das Erreichen bestimmter Zwischenziele auf dem Weg zur endgültigen Sanierung (sogenannte „Milestones") geknüpft waren. Zudem musste sich der Käufer verpflichten, bestimmte Maßnahmen wie z. B. Ausschüttungen von Dividenden oder Rücklagen nicht vor Erreichen der Profitabilitätsschwelle durchzuführen. Ursprünglich war noch daran gedacht worden, diese Verpflichtungen stärker abzusichern, indem die Mandantin auch nach dem Vollzug noch mit einer Restbeteiligung an der Paperworks GmbH beteiligt bleibt und die Verpflichtungen des Käufers Eingang in die Satzung der Paperworks GmbH finden. Der Käufer wollte sich hierauf jedoch nicht einlassen, und letztlich war die Mandantin dann auch daran interessiert, sämtliche Bande zu ihrer ehemaligen Tochtergesellschaft abzuschneiden.

Fazit

Es sind nicht immer nur die großen M&A-Transaktionen, die rechtlich spannend und herausfordernd sind. Für Konzerne werterhöhend kann auch der Verkauf von Verlustbringern sein, werden dadurch doch Ressourcen für Investitionen freigesetzt. Als rechtliche:r Berater:in ist es jedoch wichtig, bei einem Verkauf nicht nur die üblichen Transaktionsthemen im Auge zu behalten, sondern auch über den M&A-Tellerrand zu schauen und sich mit den einschlägigen, nicht selten komplexen und daher hoch spannenden Finanzierungs- und Insolvenzthemen zu befassen.

Diese Fallstudie wird dir präsentiert von

Hengeler Mueller

Hengeler Mueller Bockenheimer Landstraße 24   Nina Kübler
              60323 Frankfurt am Main   Referentin HR Legal
              www.hengeler.com/karriere   nina.kuebler@hengeler.com

EXCELLENCE STARTS WITH YOU

HENGELER MUELLER

5. Unternehmensporträts

234 Baker McKenzie
238 CMS Deutschland
242 DLA Piper
246 Gibson, Dunn & Crutcher LLP
250 Gleiss Lutz
254 Hengeler Mueller
258 Heuking Kühn Lüer Wojtek
262 Kirkland & Ellis International LLP
266 Linklaters LLP
270 Milbank LLP
274 Morgan, Lewis & Bockius LLP
278 Noerr Part GmbB
282 Sidley Austin (CE) LLP
286 White & Case LLP
290 YPOG

Baker McKenzie Rechtsanwaltsgesellschaft mbH von Rechtsanwälten und Steuerberatern

Standorte in Deutschland: Berlin, Düsseldorf, Frankfurt am Main, München

Standorte weltweit: 74 Büros in 45 Ländern

Spezialisierungen: Wir beraten in- und ausländische Unternehmen und Institutionen in allen Fragen des internationalen Wirtschafts- und Steuerrechts.

Berufsträger:innen in Deutschland: >200

Berufsträger:innen weltweit: ca. 6.700

Geplante Neueinstellungen 2024:
Volljurist:innen: 70–80
Wirtschaftsjurist:innen: 5–10
Volljurist:innen auf Projektbasis: 5–10
Referendar:innen: 85
wissenschaftliche Mitarbeiter:innen: 90
Praktikant:innen: 140

Als eine der führenden deutschen Anwaltskanzleien berät Baker McKenzie nationale und internationale Unternehmen und Institutionen auf allen Gebieten des Wirtschaftsrechts. In Deutschland vertreten über 200 Berufsträger:innen an den Standorten Berlin, Düsseldorf, Frankfurt/Main und München mit ausgewiesener fachlicher Expertise und internationaler Erfahrung die Interessen ihrer Mandanten. Weltweit arbeiten wir in mehr als 70 Büros zusammen mit unseren Mandanten an praxisnahen Lösungen.

Bethmannstraße 50–54
60311 Frankfurt am Main
karriere.bakermckenzie.com

Caroline Wösthoff
Manager Employer Branding & Recruiting
+49 69 29908-383
caroline.woesthoff@bakermckenzie.com

Was macht Ihre Kanzlei aus? In unserer globalen Großkanzlei verbinden wir komplexe, internationale Transaktionen in länderübergreifenden Teams mit einer angenehmen Arbeitsatmosphäre. Mandantenkontakt von Tag eins an, flache Hierarchien und hohe Eigenverantwortung machen unseren Arbeitsalltag aus. Mit Entwicklungsprogrammen wie den Mobility Programmen können Sie in unseren Büros rund um den Globus arbeiten, von zwei Wochen bis zu zwei Jahren. Und auch kurzfristige Besuche unserer europäischen Büros – tageweise und bis zu zwei Wochen – sind möglich. In den Seminaren unserer Inhouse University bieten wir ein breites Angebot zu Themen wie Persönlichkeitsentwicklung, Bilanzanalyse, Führungskompetenz und auch Innovation & Legal Tech. Neben der Theorie lernen Sie, selbst eigene Tools zu entwickeln, die in der Praxis zum Einsatz kommen.

Welche Karrieremöglichkeiten bieten Sie? Mit dem Career Track bieten wir auch flexible Modelle wie den Associate Alternative Track. Wie auf dem Partner Track, arbeiten Sie auf dem Alternative Track auf anspruchsvollen, komplexen Mandaten bei gleichzeitig geringeren Stundenanforderungen und weniger Business Development-Aktivitäten. Dieser Track steht Voll- und Wirtschaftsjurist:innen sowie Ökonom:innen offen. Je nach Lebensphase und Präferenzen bleibt man auf dem Alternative Track oder wechselt in den Counsel-Status – als Volljurist:in oder Steuerberater:in auch auf den Partner Track. Der Track ist sehr flexibel: Auch ein Wechsel vom Partner Track auf den Associate Alternative Track ist jederzeit möglich.

Welche Möglichkeiten zur Aus- und Weiterbildung bieten Sie? Entwicklungsprogramme von Beginn an: Mit dem Development Framework bieten wir Ihnen einen Rahmen für Ihren Werdegang in unserer Kanzlei. Wir fördern Sie Schritt für Schritt, angepasst an Seniorität und Entwicklung und unterstützen Sie mit regelmäßigem Feedback und maßgeschneiderten Ausbildungsprogrammen (vom Ausbildungsplan über die Inhouse University bis hin zu speziellen Kursangeboten).

Sind Beruf und Familie wirklich vereinbar? Unsere Kanzlei legt großen Wert auf Vereinbarkeit von Beruf und Familie. Unsere Initiative „bAgile" ermöglicht Ihnen, Arbeitsplatz und Arbeitszeit flexibel zu gestalten. Mit Teilzeitmodellen, Arbeiten von unterwegs oder von zu Hause, dem Alternative Track sowie unserem „2+2+1"-Modell bieten wir Ihnen Freiräume und Flexibilität. Auch Elternzeit gehört selbstverständlich dazu. Hinter der Formel „2+2+1" steht der Ansatz, an zwei Tagen im Büro zu arbeiten, an zwei Tagen mobil und einen Tag in Absprache mit den Mentor:innen bzw. Vorgesetzten, ob man aus dem Büro oder mobil tätig ist.

Wie sieht Diversity bei Ihnen aus? Unser Anspruch ist es, Ihnen ein sicheres Arbeitsumfeld zu bieten, in dem sie sich bestmöglich und ohne Ansehen von u. a. Geschlecht, sexueller Orientierung, kultureller oder ethnischer Herkunft, unterschiedlicher Erfahrungen und Ansichten im Rahmen unserer Kanzleistrategie bestmöglich entfalten können. Deshalb engagieren wir uns extern und intern in verschiedenen Projekten – gemeinsam mit unserem Inclusion Diversity & Equity (ID&E) Committee. Für unsere Juristinnen bieten wir spezielle Workshops, Trainings und Entwicklungsprogramme für einzelne Karrierestufen an: das Sponsorship Program, RISE und LIFT. Hier geht es darum, Juristinnen gezielt zu fördern, ihnen einen 1:1-Austausch zu Karrierethemen zu bieten und sie an Best-Practice-Erfahrungen partizipieren zu lassen.

Baker McKenzie

Stipendium für mehr Chancengleichheit

Dr. Janet Butler
Counsel (Public Law)

Im Herbst 2022 hob Baker McKenzie das „Stipendium für mehr Chancengleichheit" aus der Taufe, in dessen Rahmen ich selbst Mentorin bin. Ich war bereits Mentorin des „Career Mentorship Program" unserer Kanzlei und freue mich, meine Mentorenrolle in unserem neuen Programm auszuüben. Das Stipendium richtet sich gezielt an Jurastudierende, die wegen kultureller, finanzieller oder familiärer Gründe einen erschwerten Zugang zum Juralernen haben. Unseren ersten Jahrgang von Stipendiat:innen bilden zwanzig Studierende, die unsere Kanzlei ein Jahr lang begleitet und gezielt fördert.

Unsere Stipendiat:innen – talentierte und engagierte Persönlichkeiten
Während der Kick-Off-Veranstaltung im Februar 2023 kamen Mentor:innen und Stipendiat:innen erstmals zusammen. Ich war davon begeistert, wie unterschiedlich unsere Stipendiat:innen mit ihren ganz persönlichen Hintergründen sind. Sie haben in der Vergangenheit viele Hürden meistern müssen und es ist bemerkenswert, welch talentierte und engagierte Persönlichkeiten unseren ersten Jahrgang bilden. Die Stipendiat:innen sind in unserem Programm mit ihren Anliegen und Bedürfnissen nicht alleine, sondern sind im regelmäßigen Austausch – besonders im Zuge des Herzstücks unseres Stipendiums, der „Mentoring Circles". Das sind kleine Gruppen von Stipendiat:innen und Mentor:innen, die sich regelmäßig austauschen. Wir als Mentor:innen stehen mit Rat und Tat zur Seite, geben Antworten auf persönliche Fragen zum Karriere- und Lebensweg, unterstützen beim Networking und sind Ansprechpartner:innen, auch wenn es darum geht, mögliche Zweifel auszuräumen.

Keine Einbahnstraße: Für Stipendiat:innen und Mentor:innen ein Gewinn
Wir als Mentor:innen diskutieren mit unseren Stipendiat:innen die Themen, die sie besonders beschäftigen, und auch wir als Mentor:innen profitieren sehr von den Denkanstößen, die die Stipendiat:innen uns geben. Auch wir Mentor:innen lernen Neues durch den gemeinsamen Austausch, zum Beispiel über Erfahrungen mit Produktivitäts-Apps. Auch insoweit stärken die Mentoring Circles unsere Mentees, denn sie sehen, dass sie mit ihren Fragen und mitunter auch Unsicherheiten nicht alleine sind, sondern voneinander lernen und sich gegenseitig ermutigen können.

Ein aufeinander abgestimmtes Programm
Weitere Bausteine des Stipendiums sind u.a. eine monatliche Studienberatungshotline, monatliche Impulsvorträge, ein garantierter Praxiseinsatz in einem unserer deutschen Büros und ggf. ein Praxiseinsatz in einem unserer ausländischen Büros inklusive finanzieller Unterstützung der Kanzlei, ein kostenloser Zugang zur Jurafuchs Lern-App und ein soziales Projekt. Nach einem Jahr treffen die aktuellen Stipendiat:innen auf die „Next Generation" und übergeben an diese den Stab.

So sein dürfen, wie man ist
Das „Stipendium für mehr Chancengleichheit" ist ein weiterer wichtiger Schritt im Rahmen unserer vielfältigen Inclusion Diversity & Equity (ID&E) Initiativen, die Vielfalt zu fördern. Als Kanzlei und Arbeitgeber haben wir eine soziale und gesellschaftliche Verantwortung. Jeder sollte die Möglichkeit haben, die eigenen Ziele in die Wirklichkeit umsetzen zu können, ganz gleich, welcher Herkunft man ist, auf welche finanziellen Mittel man zurückgreifen kann oder wo man geboren ist.

Baker McKenzie

Baker McKenzie Stipendium für mehr Chancengleichheit
Werde Teil der Class 2024

War es schon immer Dein Traum, (Wirtschafts-) Jura zu studieren oder hast Du es sogar bereits gewagt? Ist aufgrund kultureller oder familiärer Hintergründe, fehlender finanzieller Mittel oder anderer Aspekte dieser Traum noch in weiter Ferne? Hier setzen wir an. Wir möchten Dich ein Stück auf Deinem Weg begleiten und durch unsere Erfahrung, unsere eigenen Geschichten, Werdegänge und den Austausch mit Gleichgesinnten unterstützen:

- Kostenloser Zugang zur Jurafuchs Lern-App
- Vierteljährlicher Mentoring Circle mit erfahrenen Anwälten und HR
- Projekt "NextGeneration": Sei selbst Mentor und eröffne Schülern Chancen
- Monatliche Studienberatungshotline
- Garantierter Praxiseinsatz in einem unserer deutschen Büros
- Ggf. Praxiseinsatz in einem unserer ausländischen Büros mit finanzieller Unterstützung
- Kick-Off Veranstaltung und Hand-Over an die nächste Generation
- Monatliche Impulsvorträge und interkulturelle Weiterbildung

Wir freuen uns auf die Zusendung Deiner Bewerbung für die Class of 2024 bis spätestens 31. Oktober 2023.

www.bakermckenzie.com

Baker McKenzie Rechtsanwaltsgesellschaft mbH von Rechtsanwälten und Steuerberatern
Bethmannstraße 50-54, 60311 Frankfurt am Main,
Linda Sterk
+49 69 2 99 08 680
linda.sterk@bakermckenzie.com

Baker McKenzie ist ein Arbeitgeber, der sich für Chancengleichheit, Vielfalt und Integration am Arbeitsplatz einsetzt. Wir unterbinden Diskriminierung und Belästigung jeglicher Art aufgrund von Geschlecht, Hautfarbe, Religion, sexueller Orientierung, Herkunft, Behinderung, geschlechtlicher Identität oder anderen geschützten Merkmalen.

*Sämtliche Bezeichnungen richten sich an alle Geschlechter.

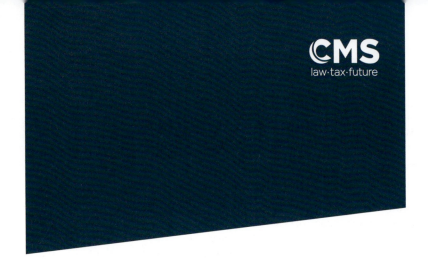

CMS Deutschland

Standorte in Deutschland: Berlin, Düsseldorf, Frankfurt am Main, Hamburg, Köln, Leipzig, München, Stuttgart

Standorte weltweit: Brüssel, Hongkong, Peking und Shanghai sowie mehr als 70 internationale Büros innerhalb des CMS-Netzwerks

Spezialisierungen: CMS in Deutschland berät mittelständische und Großunternehmen in allen Fragen des Wirtschaftsrechts – von Arbeitsrecht über Banking & Finance, Corporate/M&A, Dispute Resolution, Gewerblicher Rechtsschutz bis hin zu Kartellrecht, Real Estate & Public, Steuerrecht, TMC – Technology, Media & Communications u. v. m.

Berufsträger:innen in Deutschland: ca. 700

Berufsträger:innen weltweit: ca. 5.000

Geplante Neueinstellungen 2024: 80–90

Die Rechtswelt stellt sich einem tiefgreifenden Wandel – wird immer komplexer, umfassender, muss schneller reagieren. Wir glauben: Wer diese Welt gestalten will, muss etwas wagen. Um neue Lösungen zu entwickeln für unerwartete Fragestellungen. Um weiter zu gehen als jemals zuvor. Die neuen Herausforderungen verlangen mutige, unabhängig denkende Persönlichkeiten, die in der Gemeinschaft so vielfältig sind wie die Problemstellungen unserer Mandant:innen. Während sich die Welt neu erfindet, bringen wir uns ein. Wir formen sie mit – gemeinsam mit Ihnen.

Lennéstraße 7
10785 Berlin
career.cms-hs.com

Olga Guskow
Recruiting & Employer Branding
+49 30 20360-1225
olga.guskow@cms-hs.com

Warum sollten Absolvent:innen gerade bei Ihnen einsteigen? Bei CMS in Deutschland profitieren Sie von Anfang an vom direkten Kontakt zu Mandant:innen und vom Mentoring erfahrener Anwältinnen und Anwälte. Ob als Praktikant:in, Referendar:in oder Associate: Sie werden von Beginn an umfassend in die anwaltliche Tätigkeit einbezogen. Dabei stehen Ihnen alle unsere Geschäftsbereiche offen. Uns ist wichtig, dass Sie in unserer starken Gemeinschaft Ihre individuellen Stärken einbringen können.

Kann man bei Ihnen auch schon während des Studiums Erfahrungen sammeln? Wir legen Wert darauf, dass Sie auch schon während Ihres Studiums die Möglichkeit haben, CMS kennenzulernen. Sie können an allen unseren Standorten ein Praktikum absolvieren, um unsere Sozietät und damit auch die anwaltliche Arbeit kennenzulernen. Meist ist auch eine Tätigkeit als wissenschaftliche:r Mitarbeiter:in möglich.

Welchen Abschluss sollten Bewerber:innen haben? Grundsätzlich zählt bei uns das „Gesamtpaket". Wir vertreten die Philosophie, dass ein Prädikatsexamen allein keine Topjurist:innen ausmacht. Insbesondere bei Referendar:innen ist die erprobte Zusammenarbeit für uns wichtiger als ihre Endnote. Praktika in anderen Kanzleien, ein LL.M. oder eine Promotion sind uns willkommen, aber keine Voraussetzung.

Welche Möglichkeiten zur Weiterqualifizierung bieten Sie? Die CMS Academy bietet maßgeschneiderte, qualitativ hochwertige Weiterbildung – vom Einstiegsprogramm für Associates bis zu spezialisierten Trainings für unsere erfahrenen Anwältinnen und Anwälte. Dabei können Sie sich sowohl fachlich weiterqualifizieren als auch Ihre persönlichen Kompetenzen durch u. a. Präsentations- oder Verhandlungstrainings stärken. Bei unseren Onboarding- und Karrieretagen erhalten Sie genau das Training, das zu Ihnen passt. Zusätzlich bieten wir für Referendar:innen in Zusammenarbeit mit den Kaiserseminaren die Möglichkeit, an Seminaren zur Vorbereitung auf das Zweite Staatsexamen teilzunehmen sowie einen umfangreichen Klausurenkurs zu schreiben.

Haben Sie Insider-Tipps für die Bewerbung? Eine Bewerbung ist wie ein erstes Kennenlernen, daher lohnt es sich, etwas Zeit und Mühe zu investieren. Insbesondere Ihr Lebenslauf sollte klar strukturiert sein und alle relevanten Daten enthalten – von den Kontaktdaten bis zu Ihren Stationen im Referendariat. Lassen Sie zugunsten der Übersichtlichkeit weniger Wichtiges weg. Im Anschreiben können Sie deutlich machen, warum die ausgeschriebene Stelle Sie interessiert und warum Sie dazu passen. Für das Interview informieren Sie sich am besten über Ihre Gesprächspartner:innen und den Geschäftsbereich, so können Sie gezielte Fragen stellen. Sollten die Interviewfragen einmal knifflig werden: Einmal tief durchatmen und sich nicht aus der Ruhe bringen lassen, dann fällt Ihnen sicher eine gute Antwort ein. Je natürlicher Sie bleiben, desto schneller wissen Sie und auch Ihr Gegenüber, ob die Stelle zu Ihnen passt.

Was zeichnet Ihre Unternehmenskultur aus? Wir sind First Mover und Innovationstreiber im Rechtsmarkt und gestalten die Zukunft aktiv mit. Dieser Ansatz spiegelt sich auch in unserem Handeln als Arbeitgeber wider. Mit mobilem Arbeiten, flexiblen Arbeitszeitmodellen und attraktiven Karriereperspektiven geben wir bei CMS allen Mitarbeitenden die nötige Flexibilität, die es für ein modernes und arbeitnehmerfreundliches Arbeitsumfeld benötigt. Das mobile und flexible Arbeiten ist fester Bestandteil unserer Unternehmenskultur und Zeichen gegenseitigen Vertrauens.

CMS Deutschland

Dr. Maximilian Haffner

Jahrgang 1987

Associate, Dispute Resolution

Vom Referendariat in den Arbeitsalltag als Rechtsanwalt

Der erste Kontakt zu CMS

Den ersten Kontakt zu CMS hatte ich im Referendariat. Die Anwaltsstation I bot mir den perfekten Zeitpunkt, um die Sozietät kennenzulernen und zu erfahren, ob mir die Arbeit in einer Großkanzlei gefällt. Ich wusste zu diesem Zeitpunkt bereits, dass ich meine Station bei CMS in Stuttgart absolvieren wollte. Besondere Vorkenntnisse im favorisierten Geschäftsbereich erwartet CMS dabei nicht. Wichtig sind hervorragende juristische Fähigkeiten, die in der täglichen Stationsarbeit eine gute Grundlage bieten. Natürlich sollte man ein besonderes Interesse für den Geschäftsbereich mitbringen, und Vorkenntnisse helfen dabei, sich schneller zurechtzufinden. Die Aufgabenstellungen sind aber meist so speziell, dass eine gründliche Recherche ohnehin unumgänglich ist. Aus diesem Grund ist es bei CMS auch möglich, verschiedene Bereiche kennenzulernen, um für einen selbst das Richtige zu finden.

Das bietet CMS im Referendariat

Schon vor Beginn der Anwaltsstation zeigte mir CMS deutlich, dass es keinesfalls nur darum ging, was ich CMS bieten kann. Bereits wenige Monate nach meinem Bewerbungsgespräch – also noch vor Stationsbeginn – erhielt ich die erste Einladung zu den Kaiserseminaren, die ich zur Vorbereitung auf mein Zweites Staatsexamen besuchen durfte. Diese Inhouse-Kurse fanden in allen wichtigen Rechtsgebieten statt. Zur Ergänzung erhielt ich von CMS die einschlägigen Kaiserskripte und konnte mein Wissen im Kaiser-Klausurenkurs auf die Probe stellen. Auch während der Station stand für CMS meine Ausbildung stets im Vordergrund. Meine Anwesenheitstage konnte ich flexibel gestalten und auch spontan verschieben, wenn der Referendarsunterricht dies erforderte. Die Vergütung meiner Tätigkeit war selbstverständlich.

Die tägliche Stationsarbeit als Referendar

Die Stationsarbeit und Ausbildung bei CMS war sehr abwechslungsreich und stets fordernd. Allein gelassen oder überfordert wurde ich dabei nie. Die Associates waren immer hilfsbereit, aber auch der Partner nahm sich Zeit, um meine Arbeit mit mir zu besprechen und mich auszubilden. Dabei hat mich CMS keinesfalls versteckt, sondern mich alle Facetten der Tätigkeit als Rechtsanwalt kennenlernen lassen. Dies ging von der Recherche über erste Entwürfe für Gutachten und Schriftsätze bis hin zur Teilnahme an Mandantengesprächen und Telefonkonferenzen. Auf diese Weise lernte ich nicht nur, wie CMS arbeitet, sondern auch, dass mir die Arbeit sehr viel Freude bereitet und ich ein Teil von CMS werden wollte.

Angekommen: Die Arbeit als Rechtsanwalt im Bereich Dispute Resolution

Nach Absolvierung sowohl der Anwalts- als auch der Wahlstation bei CMS wusste ich: Ich will ein Teil von CMS sein. Daher bewarb ich mich direkt im Anschluss an die mündliche Prüfung für das Stuttgarter Büro. Die Arbeit im Bereich Dispute Resolution bietet ein vielfältiges Tätigkeitsfeld, das sowohl Materiellrechtliches als auch Zivilprozessuales in ganz unterschiedlichen Sachverhalten verknüpft und auch den Mandantenkontakt nicht zu kurz kommen lässt. Auch hier durfte ich von Anfang an in Kontakt mit den Mandant:innen treten und selbstständig als Teil des Teams mitwirken. Neben der juristischen Arbeit bietet die Kanzlei viele Gelegenheiten für den kollegialen Austausch und die Stärkung des Gemeinschaftsgefühls.

CMS Deutschland

DLA Piper

Standorte in Deutschland: Frankfurt am Main, Hamburg, Köln, München

Standorte weltweit: mehr als 90 Büros in über 40 Ländern

Spezialisierungen: Arbeitsrecht, Bank- und Finanzierungsrecht, Betriebliche Altersversorgung, Compliance, Gesellschaftsrecht/M&A, Gewerblicher Rechtsschutz, Handels- und Vertriebsrecht, Immobilienwirtschaftsrecht, Informationstechnologie und Telekommunikation, Insolvenzrecht und Restrukturierung, Kartellrecht, Medien- und Urheberrecht, Öffentliches Wirtschaftsrecht/EU-Recht, Outsourcing, PPP/Privatisierung, Private Equity und Venture Capital, Prozessführung und Schiedsverfahren, Regulatory und Government Affairs, Steuerrecht, Vergaberecht, Versicherungs- und Rückversicherungsrecht, Wirtschaftsstrafrecht

Berufsträger:innen in Deutschland: > 250

Berufsträger:innen weltweit: ca. 5.000

Geplante Neueinstellungen 2024: 65–80 Volljurist:innen

Bei DLA Piper verstehen wir Erfolg als das Ergebnis echter Zusammenarbeit von charismatischen Menschen mit den höchsten Ansprüchen an ihr Arbeitsumfeld und an sich selbst. Sei ein bedeutender Teil unseres starken globalen Netzwerks, das von gegenseitiger Wertschätzung und dem Mut lebt, gemeinsam neue Horizonte zu überschreiten.

Neue Mainzer Straße 6–10
60311 Frankfurt am Main
www.dlapipercareers.de

Leonie Hoffmann
Manager Recruitment Germany
+49 221 277277-846
leonie.hoffmann@dlapiper.com

Was zeichnet Ihre Unternehmenskultur aus? Unsere Werte werden bei uns wirklich gelebt und prägen unser tägliches Handeln. Wir sind stolz auf die Vielfalt und die unterschiedlichen Persönlichkeiten unserer Kolleg:innen. Alle unsere Mitarbeiter:innen haben besondere Stärken und Talente, die bei DLA Piper eingebracht werden können. Unser weltweites Engagement gegen Diskriminierung jeglicher Art ist ein zentraler Teil unserer Kultur. Eines zeichnet uns ganz besonders aus: Arbeiten in einem internationalen Kontext. Grenzüberschreitende Zusammenarbeit ist bei DLA Piper nicht nur Anspruch, sondern gelebte Realität. Wir kombinieren eine nationale Fokussierung mit einer globalen Vision.

Welche Möglichkeiten zur Weiterqualifizierung bieten Sie? Unsere internationale Mandatsstruktur ermöglicht frühzeitig globales Arbeiten und Netzwerken mit Anwältinnen und Anwälten aus anderen DLA Piper-Büros. Unser Weiterbildungsprogramm Build Your Career bereitet u. a. mit Themen wie Aufbau des eigenen Business Case, Kommunikation und Führung auf den nächsten Karriereschritt vor. Dies wird ergänzt durch internationale Managementprogramme, die neben der Vorbereitung auf die Counsel- oder Partnerlaufbahn auch Möglichkeiten zum Netzwerken mit internationalen Kolleginnen und Kollegen bieten. Unser On-demand-Angebot mit Inhalten unserer internationalen Academy sowie IT- oder Englisch-Trainings inkl. 1:1-Coaching ermöglichen flexibles Lernen. Außerdem bieten wir persönliche Beratung, Coaching, Mentoring und die Förderung weiterer Qualifikationen an. Unseren juristischen Nachwuchs entwickeln wir im Rahmen des Programmes „Define Your Future". Ein zentraler Bestandteil davon ist die Examensvorbereitung in Kooperation mit Kaiserseminare und Hemmer sowie ein Intensivtraining zum Aktenvortrag. Darüber hinaus sorgen wir für die persönliche Einbindung unserer Trainees durch unsere Trainee Champions und regelmäßige Stammtische. On-demand-learning inkl. unbegrenztem Vollzugriff zu den drei größten juristischen Datenbanken, Englisch und IT ist ebenso Bestandteil des Programms wie ein wechselndes Seminarangebot und persönliche Beratung.

Wie sind die Verdienstmöglichkeiten in Ihrem Unternehmen? Trainees können bei DLA Piper im Rahmen unterschiedlicher Anstellungsformen tätig werden – hier legen wir besonderen Wert auf faire und transparente Vergütung. Studierende Mitarbeiter:innen können bei uns schon vor ihrem Ersten Staatsexamen Großkanzleierfahrungen sammeln und dabei 650 Euro pro Wochenarbeitstag verdienen. Wissenschaftliche Mitarbeiter:innen mit Erstem Staatsexamen und Referendar:innen erhalten 1.000 Euro pro Wochenarbeitstag (sofern die jeweils geltenden Regelungen des Bundeslands dies ermöglichen). Jurist:innen mit zwei abgeschlossenen Staatsexamina, die z. B. neben ihrer Promotion arbeiten möchten, werden bei DLA Piper als wissenschaftliche Referent:innen beschäftigt. Diese Tätigkeit vergüten wir mit 1.400 Euro pro Wochenarbeitstag. Wer bei uns als Anwältin oder Anwalt einsteigt, erhält ein Jahresgehalt von mindestens 110.000 Euro. Qualifikationen wie ein LL.M. oder eine Promotion werden zusätzlich vergütet, sodass das Einstiegsgehalt auf bis zu 125.000 Euro ansteigen kann. Zudem winkt bei guter Leistung schon ab dem ersten Berufsjahr ein Bonus, der bei 15.000 Euro beginnt und nicht gedeckelt ist. So kommen mitunter noch einmal 50 Prozent des Jahresgehalts on top. Akquiseerfolge und außergewöhnliches Engagement werden zusätzlich mit einem freiwilligen Bonus honoriert.

DLA Piper

Be one of us – be more of you

Marina Lee

LL.M.

Associate,
Finance, Projects &
Restructuring

Warum DLA Piper?

Ich habe vor einem Jahr bei DLA Piper angefangen und sehr schnell gemerkt, dass es in dieser Kanzlei nicht nur spannende, internationale Mandate gibt, sondern auch, dass „Solidarität" und „Toleranz" tatsächlich gelebt werden. Für mich, die in schwierigen Verhältnissen aufgewachsen ist, sind das Werte, die schon immer wichtig waren.

DLA Piper ist bunt – hier findet man Menschen unterschiedlicher Herkunft, Religionszugehörigkeit und sexueller Orientierung. Diese Diversität wird von der Kanzlei aktiv unterstützt und gefördert. So gibt es zum Beispiel unterschiedliche Initiativen wie das DLA Piper-interne LGBTQ+ Netzwerk Iris oder die Kampagne zum Weltfrauentag #BreakTheBias. Zudem ist DLA Piper sehr international aufgestellt – die Kanzlei ist in mehr als 40 Ländern vertreten. Viele Mandate sind länderübergreifend.

Die Zusammenarbeit und der Austausch mit Kolleg:innen und Mandant:innen unterschiedlichster Herkunft und Kulturen ist ein wesentlicher Teil unserer täglichen Arbeit. Ich empfinde das als enorm bereichernd und ist nicht zuletzt einer der Gründe, die den Arbeitsalltag hier besonders abwechslungsreich und spannend machen. Dieser internationale Austausch wird von der Kanzlei zudem besonders gefördert: Verschiedene Veranstaltungen tragen dazu bei, das internationale Netzwerk auszubauen und ermöglichen es, viele Kolleg:innen und Mandant:innen aus anderen Ländern persönlich kennenzulernen. Abseits der „eigentlichen Mandatsarbeit" ermöglicht es mir DLA Piper außerdem, an Pro-Bono-Projekten mitzuwirken. Die Kanzlei engagiert sich etwa bei der rechtlichen Beratung von finanziell benachteiligten Personen und unterstützt gemeinnützige Organisationen, indem kostenlose Rechtsberatung zur Verfügung gestellt wird.

Mein Arbeitsalltag

Ich bin Teil des Restrukturierungs-Teams am Standort Frankfurt. In unserer täglichen Arbeit beraten und begleiten wir in Schieflage geratene Unternehmen. Wir erarbeiten Lösungskonzepte, die deren Neuaufstellung ermöglichen und – im besten Fall – für das Unternehmen einen Wendepunkt markieren. Neben Schuldnern zählen aber auch Investoren und Gläubiger zu unseren Mandanten, die wir im Zusammenhang mit laufenden Insolvenzverfahren oder Unternehmenskäufen beraten.

An dem Bereich Restrukturierung/Insolvenzrecht begeistert mich besonders, dass es nahezu in jedem Fall Schnittstellen zu anderen Rechtsgebieten gibt und wir immer wieder mit unseren Kolleg:innen aus anderen Fachbereichen zusammenarbeiten dürfen – etwa aus den Bereiche Real Estate, Finance, Steuerrecht aber auch aus dem Strafrecht und Energierecht. Darüber hinaus erfordert die Arbeit ein besonderes wirtschaftliches Interesse und Verständnis, weil man in der Restrukturierung niemals nur durch die rechtliche Brille blickt, sondern vor allem auch unternehmerische Aspekte eine Rolle spielen.

Der Bereich Restrukturierung ist nicht zuletzt deshalb interessant, weil man hier für den Mandanten wirklich etwas bewegen kann. Besonders stolz macht es mich, wenn wir es gemeinsam mit unseren Mandanten geschafft haben, eine Krise abzuwenden oder Lösungen gefunden haben, die den Blick nach vorne ermöglichen.

DLA Piper

Be one of *us.*
Be more of *you.*

Crossing new horizons together.

Bei DLA Piper verstehen wir Erfolg als das Ergebnis echter Zusammenarbeit von charismatischen Menschen mit den höchsten Ansprüchen an ihr Arbeitsumfeld und an sich selbst.
Sei ein bedeutender Teil unseres starken globalen Netzwerks, das von gegenseitiger Wertschätzung und dem Mut lebt, gemeinsam neue Horizonte zu überschreiten.

 DLA PIPER

dlapipercareers.de

Make a Difference

GIBSON DUNN

Gibson, Dunn & Crutcher LLP

Standorte in Deutschland:
Frankfurt am Main, München

Standorte weltweit: Abu Dhabi, Brüssel, Century City, Dallas, Denver, Dubai, Hongkong, Houston, London, Los Angeles, New York, Orange County, Palo Alto, Paris, Peking, San Francisco, Singapur, Washington D.C.

Spezialisierungen: Antitrust, Banking & Finance, Compliance/White Collar, Corporate/M&A/Private Equity, Data Protection, Insolvency & Restructuring, Labor & Employment, Litigation & Arbitration, Technolgy & IP

Berufsträger:innen in Deutschland: 50–60

Berufsträger:innen weltweit: >1.800

Geplante Neueinstellungen 2024: 10

Gibson Dunn gehört zu den führenden internationalen Kanzleien mit über 1.800 Anwältinnen und Anwälten an 20 Standorten in neun Ländern. Die Schwerpunkte unserer Beratung liegen in den Bereichen M&A und Private Equity, Gesellschaftsrecht, Prozessführung und Schiedsgerichtsbarkeit, Compliance sowie Kartellrecht. Daneben decken wir die Bereiche Arbeitsrecht, Datenschutzrecht, Technology & IP sowie Finanzierungen und Restrukturierungen ab. Wir betreuen vorwiegend nationale und internationale Blue-Chip-Konzerne, Private Equity-Gesellschaften, mittelständische Unternehmen sowie Finanzinstitute.

GIBSON DUNN

Taunustor 1, 60310 Frankfurt am Main
Marstallstraße 11, 80539 München
www.gibsondunn.com

Dr. Wilhelm Reinhardt, Frankfurt am Main
Dr. Markus Nauheim, LL.M. (Duke), München
bewerbungen@gibsondunn.com

Was bietet Ihre Kanzlei? Wir bieten von Anfang an die Einbindung in anspruchsvolle Mandate in einem internationalen Umfeld sowie individuelle Entwicklungsmöglichkeiten in einem hochkarätigen Team. Eine offene und partnerschaftliche Kultur und flache Hierarchien bieten eine hervorragende Plattform zur beruflichen und persönlichen Entfaltung. Wir bieten unseren Associates sehr gute Aufstiegschancen und begleiten sie auf ihrem Karriereweg mit regelmäßigem Feedback, bieten interne und externe Fortbildungsmaßnahmen und fördern nicht nur die fachliche Entwicklung, sondern auch die Beraterpersönlichkeit. Berufsanfänger:innen erhalten bei uns im ersten Jahr ein Einstiegsgehalt von 165.000 Euro mit einer marktüblichen Gehaltsentwicklung in den folgenden Jahren sowie einen leistungsbezogenen Bonus.

Was ist das Besondere an Gibson Dunn? Unsere Unternehmenskultur ist geprägt von gegenseitigem Respekt, Kollegialität und Enthusiasmus. Das ist jeden Tag in der Zusammenarbeit mit den Kolleg:innen spürbar. Uns ist eine ausgezeichnete Arbeitsatmosphäre sehr wichtig, die man nur erreicht, wenn auch die Zusammenarbeit zwischen Partner:innen und Associates reibungslos funktioniert und jeder stets bereit ist, den anderen – auch über Büro- und Ländergrenzen hinweg – zu unterstützen. Besonders an Gibson Dunn ist der Wert den wir auf Pro Bono Beratung legen. Es zeichnet unsere Kultur aus, dass wir jedes Jahr eine Vielzahl bedürftiger Mandanten auf Pro Bono-Basis beraten. Ein weiteres zentrales Element unserer Kultur ist Diversity. Gelebte Vielfalt ist für uns essentiell und wird durch zahlreiche dezidierte Förder- und Mentoringprogramme unterstützt.

Wie fördern Sie Berufsanfänger:innen? In Ihrem ersten Berufsjahr nehmen Sie an unserer New Lawyers Academy in den USA teil. Zudem werden Sie von Anfang an in die Mandatsarbeit integriert. Dabei arbeiten Sie nicht nur an komplexen und spannenden Mandaten mit, sondern haben auch direkten Mandantenkontakt. Wir haben ein strukturiertes vierjähriges Ausbildungsprogramm für Berufsanfänger in Kooperation mit der TU München (TUM) ins Leben gerufen. Das Programm steht auch für Referendar:innen, wissenschaftliche Mitarbeiter:innen und Praktikant:innen offen. Des Weiteren unterstützen wir unsere Anwält:innen von Beginn an beim Aufbau eines eigenen beruflichen Netzwerks durch die Bereitstellung entsprechender Budgets.

Wen suchen Sie? Wir suchen hochmotivierte Persönlichkeiten als Praktikant:innen, Referendar:innen, wissenschaftliche Mitarbeiter:innen und Berufsanfänger:innen, die neben ihren überdurchschnittlichen juristischen Qualifikationen sowie hervorragenden Englischkenntnissen auch Interesse an wirtschaftlichen Zusammenhängen und der Arbeit in einem internationalen Umfeld mitbringen – und die gut zu unserer Kultur und in unser Team passen.

Wie sehen die Karriereaussichten/Langzeitperspektiven bei Ihnen aus? Wir begleiten Sie auf Ihrem Karriereweg mit regelmäßigem Feedback. Mittels eines eingehenden Review-Prozesses gewährleisten wir für jeden Einzelnen die Einschätzung der eigenen Leistungen und Entwicklungsmöglichkeiten. Durch diesen ständigen und international einheitlichen Dialog erreichen wir eine hohe Transparenz über den individuellen Leistungsprozess. Neben der juristischen Mandatsarbeit führen wir Sie frühzeitig auch an Themen wie Business und Client Development heran. Nach ca. acht Jahren können Associates Partner:in oder Counsel werden.

Gibson, Dunn & Crutcher

Was tun Sie für die Work-Life-Balance? Uns ist es sehr wichtig, dass genug Zeit für Privatleben, Familie und gesellschaftliches Engagement verbleibt. Hierzu gehört neben dem Angebot individueller Arbeitszeitlösungen auch ein klares Bekenntnis unserer Kanzleiführung zum Home Office. Die Kanzlei stellt hierfür das technische Equipment zur Verfügung und fördert eigenverantwortliches flexibles Arbeiten in enger Abstimmung mit dem jeweiligen Team.

Wie sieht es bei Ihnen mit Karrierechancen speziell für Frauen aus? Gibson Dunn hat sich in besonderem Maße dem Thema Diversity verpflichtet. Unsere Kolleginnen werden von Anfang an durch spezielle Weiterbildungs- und Mentoringprogramme begleitet und gefördert. Seit 2021 steht eine Frau als CEO an der Spitze unserer Kanzlei. Die gezielte Förderung von Frauen zeigt sich auch in der Besetzung von wesentlichen Kanzleipositionen: als (Co-)Leiterinnen zahlreicher Büros wie z. B. London, New York, Paris, Peking, Singapur und Washington, D.C. sowie als globale Praxisgruppenleiterinnen. Weiterhin hat Gibson Dunn einen bemerkenswert hohen Anteil an erfolgreichen Anwältinnen, die regelmäßig von internationalen Publikationen ausgezeichnet werden.

Welche Rolle spielen Pro-bono-Mandate für Sie? Seit jeher fühlen wir uns auch speziell der Pro-bono-Arbeit verpflichtet und unterstützen eine Vielzahl von gemeinnützigen Organisationen und hilfsbedürftigen Einzelpersonen bei der Durchsetzung ihrer Interessen. Von Law360 wurde Gibson Dunn als eine der 20 Top-Pro-bono-Kanzleien des Jahres ausgezeichnet. In Deutschland unterstützen wir u. a. die Plant-for-the-Planet Initiative e. V. bei unterschiedlichen rechtlichen Fragestellungen. Es gibt aber auch die Möglichkeit, an internationalen Projekten, z. B. für Lawyers without Borders, mitzuarbeiten und so Kolleg:innen aus anderen Büros kennenzulernen. Arbeitszeit auf Pro Bono Mandaten ist innerhalb der Kanzlei der Arbeitszeit auf regulären Mandaten gleichgestellt.

Wie sieht der Bewerbungsprozess aus? Bewerbungen erreichen uns in der Regel per E-Mail (bewerbungen@gibsondunn.com). Nach Sichtung der Unterlagen melden wir uns kurzfristig und vereinbaren mit den Bewerber:innen einen oder zwei Termine für Gespräche mit unseren Anwältinnen und Anwälten zum gegenseitigen Kennenlernen. Alles Weitere ergibt sich dann meist sehr schnell.

Warum sollte man sich für Sie entscheiden? Gibson Dunn ist nicht nur eine internationale Anwaltskanzlei, die für erstklassige Qualität steht und weltweit von Mandanten geschätzt und für ihre Arbeit ausgezeichnet wird. Wir bieten mit unserer Kultur auch eine hervorragende Arbeitsatmosphäre und mit dem weiteren Ausbau der deutschen Praxis sehr gute Entwicklungschancen.

Gibson, Dunn & Crutcher

GIBSON DUNN

We want you to

MAKE A DIFFERENCE

We are a premier U.S. law firm with distinguished German practices – and we are still growing!

You will be relied upon to make a difference.

Abu Dhabi
Beijing
Brussels
Century City
Dallas
Denver
Dubai
Frankfurt
Hong Kong
Houston
London
Los Angeles
Munich
New York
Orange County
Palo Alto
Paris
San Francisco
Singapore
Washington, D.C.

Frankfurt Office
TaunusTurm, Taunustor 1
60310 Frankfurt am Main
Germany

Munich Office
Hofgarten Palais, Marstallstrasse 11
80539 Munich
Germany

We are looking forward to receiving your application at bewerbungen@gibsondunn.com

gibsondunn.com

Gleiss Lutz

Standorte in Deutschland: Berlin, Düsseldorf, Frankfurt am Main, Hamburg, München, Stuttgart

Standorte weltweit: Brüssel, London, Metaverse

Spezialisierungen: Arbeitsrecht, Bank- und Finanzrecht, Commercial, Compliance & Investigations, Gesellschaftsrecht/M&A, Immobilienrecht, Informationstechnologie, Kapitalmarktrecht, Kartellrecht, Konfliktberatung, Prozessführung und Schiedsverfahren, Lebensmittelrecht, Markenrecht, Nachfolge/Vermögen/Stiftungen, Öffentliches Recht, Patentrecht, Private Equity, Produkthaftung/-sicherheit, Restrukturierung, Steuerrecht, Subventionen und Beihilfen, Umweltrecht, Venture Capital, Vergaberecht, Wettbewerbsrecht, Wirtschaftsstrafrecht

Berufsträger:innen in Deutschland: > 350

Berufsträger:innen weltweit: > 350

Geplante Neueinstellungen 2024: ca. 50

Gleiss Lutz ist eine der erfolgreichsten international tätigen Kanzleien in Deutschland. Als Full-Service-Kanzlei mit über 350 Anwältinnen und Anwälten an neun Standorten deckt Gleiss Lutz sämtliche Gebiete des Wirtschaftsrechts ab. Sie erhalten bei uns eine Top-Ausbildung sowie schnell große Expertise in ihrem Beruf durch die enge Zusammenarbeit mit den Partnerinnen und Partnern. Wir legen großen Wert auf ein kollegiales Miteinander und schätzen den schnellen und flexiblen Austausch untereinander.

Gleiss Lutz

Taunusanlage 11
60329 Frankfurt am Main
www.gleisslutz.com

Central Recruiting
+49 69 95514-631
karriere@gleisslutz.com

Warum sollten Absolvent:innen gerade bei Ihnen anfangen? Qualität, Leidenschaft und Teamwork – das ist Gleiss Lutz. Wenn Sie zudem alle Vorteile einer Großkanzlei für sich beanspruchen wollen, ohne Ihre Individualität, Ihre ganz persönlichen Stärken und Vorstellungen einzubüßen, sind wir die richtige Kanzlei für Sie. Bei uns arbeiten Sie in kleinen Teams auf höchstem juristischen Niveau. Zudem legen wir größten Wert auf Ihre Ausbildung, Fortbildung und Entwicklung.

Was bieten Sie Referendar:innen und Praktikant:innen? Neben einem Praktikantenprogramm bieten wir kanzleiweit auch unser umfangreiches One Step Ahead Programm für Referendarinnen und Referendare sowie für wissenschaftliche Mitarbeiterinnen und Mitarbeiter an. Dieses beinhaltet examensrelevante Fachvorträge, einen wöchentlichen Englischkurs, Trainings zu Recherche, Vertragsgestaltung und Aktenvortrag, Klausurenkurse in Kooperation mit Kaiserseminare und Hemmer, ergänzend dazu ein Klausurencoaching, sowie regelmäßige After-Work-Veranstaltungen. Darüber hinaus können sich alle im Examan die Gleiss Lutz Examensliteratur über unsere Bibliotheken ausleihen.

Welche Karrierechancen bieten Sie? Ihre Karriere folgt einem klaren Verlauf und ist transparent. Nach einem Jahr erfolgt die Aufnahme auf unseren Briefkopf, nach dreieinhalb Jahren die Entscheidung über die assoziierte Partnerschaft und nach sieben Jahren über die Vollpartnerschaft. Ist die Partnerschaft nicht Ihr Ziel, können Sie als Counsel dauerhaft auf juristisch höchstem Niveau tätig sein und Ihre eigene Mandatsarbeit aufbauen.

Welchen Menschentyp suchen Sie? Seien Sie engagiert. Seien Sie überzeugend. Seien Sie zielstrebig. Denn als Anwältin oder Anwalt bei Gleiss Lutz müssen Sie mehr als nur vertrauensvoll und partnerschaftlich mit Mandantinnen und Mandanten, Kolleginnen und Kollegen sowie Mitarbeiterinnen und Mitarbeitern zusammenarbeiten: Sie müssen eine Unternehmerpersönlichkeit sein. Dazu gehören für uns persönliche Integrität, eine stark ausgeprägte Kommunikations- und Teamfähigkeit sowie große Leidenschaft für das, was Sie tun.

Welche internationalen Einsatzmöglichkeiten bieten Sie? Als eine der größten unabhängigen und international tätigen Full-Service-Kanzleien in Deutschland baut Gleiss Lutz auf ein flexibles und erprobtes internationales Netzwerk zu Kanzleien, die in ihren Ländern führend sind. Bereits Referendarinnen und Referendaren wird bei Interesse und vorhandener Kapazität eine Wahlstation bei einer befreundeten Kanzlei im Ausland oder in einem unserer Büros im Ausland ermöglicht. Dabei werden sie auch finanziell unterstützt.

Daneben wächst die Bedeutung von Secondments im internationalen Umfeld. So repräsentieren Anwältinnen und Anwälte die Kanzlei im Ausland als Botschafter und etablieren ein persönliches Netzwerk, das sowohl ihnen als auch der Kanzlei zugutekommt. Die Secondments reichen z. B. von drei Monaten in England, sechs Monaten oder einem Jahr in den USA bis hin zu zwei Jahren in Japan.

Gleiss Lutz

Vom Referendariat zum Berufseinstieg bei Gleiss Lutz

Dr. Till J. Trouvain
Jahrgang 1992
Rechtsanwalt/Associate

Während meines LL.M.-Studiums in Chicago habe ich mich das erste Mal mit Compliance-Strukturen von Unternehmen auseinandergesetzt. Nach einem Seminar bei dem damaligen Chief Compliance Officer von Abercrombie & Fitch war mir schnell klar, dass ich auch die anwaltliche Beratungspraxis in diesem Bereich näher kennenlernen will. Die Entscheidung für die Anwaltsstation meines Referendariats fiel dann auf das Compliance & Investigations Team von Gleiss Lutz – in dem ich auch heute als Anwalt arbeite.

Gleiss Lutz – One Firm, One Team

Gleiss Lutz berät eine Vielzahl unterschiedlicher Mandanten, von Familienunternehmen über multinationale Konzerne bis hin zur öffentlichen Hand. Kein Mandat ist wie das andere, und ebenso vielfältig sind auch die Tätigkeiten eines Associates bei Gleiss Lutz. Bereits früh durfte ich ein hohes Maß an Verantwortung übernehmen und nah am Mandanten arbeiten. Dadurch war die Lernkurve extrem steil. Doch mindestens genauso wichtig für den persönlichen Erfolg ist es, ein großes Netzwerk hinter sich zu wissen. Aus diesem Grund gibt es bei Gleiss Lutz offene Türen und kurze Wege. Selbst über die Standorte verteilt sind alle Anwältinnen und Anwälte eng miteinander verbunden.

Wirtschaftsskandale und Co. – die Arbeit als juristischer Tatortreiniger

Wer im Bereich Compliance & Investigations beraten will, muss sich jeden Tag auf etwas Neues einstellen. Die Unterstützung einer Bank bei der Einhaltung geldwäscherechtlicher Vorschriften oder die Überprüfung des Compliance-Systems eines großen Industrieunternehmens erfordern neben juristischen Fähigkeiten auch die Kenntnis der Best Practices im Markt. Bei einer internen Untersuchung – etwa aufgrund möglicher Korruption im Ausland – werden dann besonders forensische Skills bei der Durchführung von Interviews und sonstigen Untersuchungsmaßnahmen gefordert. Steht ein Deal mit einer Straf- oder Aufsichtsbehörde an, ist Verhandlungsgeschick gefragt. Bei der gerichtlichen Durchsetzung von Ansprüchen eines Unternehmens, etwa im Rahmen einer Organhaftungsklage gegen ein ehemaliges Vorstandsmitglied, gilt es dagegen, die komplexen Fälle für das Gericht zugänglich und dennoch juristisch präzise in einem Schriftsatz darzustellen. Gerade in Krisensituationen muss es oftmals schnell gehen. Dann kann es natürlich auch mal intensive Tage für das Team geben und man merkt schnell, dass längere Bürosessions nicht ganz so spektakulär sind, wie es die Anwaltsserien auf Netflix anmuten lassen. Trotzdem macht es einfach unglaublich Spaß, mit einem Team von motivierten und fachlich beeindruckenden Kolleginnen und Kollegen ein gemeinsames Projekt auf höchstem juristischem Niveau voranzutreiben – solch ein Arbeitsumfeld findet man selten.

Die Qual der Wahl – jede Erfahrung mitnehmen

Am Ende der juristischen Ausbildung bieten sich einem viele Optionen. Deshalb ist es wichtig, frühzeitig unterschiedlichste Erfahrungen zu sammeln. Hierfür bieten die Praktika, das Referendariat oder eine wissenschaftliche Mitarbeit bei Gleiss Lutz eine hervorragende Gelegenheit, die Arbeitsweise einer der führenden Wirtschaftskanzleien in Deutschland kennenzulernen. So betreue ich noch heute als Anwalt Mandate, die ich bereits damals als Referendar begleitet habe.

Gleiss Lutz

Hengeler Mueller

Standorte in Deutschland: Berlin, Düsseldorf, Frankfurt am Main, München

Standorte weltweit: Brüssel, London

Spezialisierungen: Arbeitsrecht, Bank- und Kapitalmarktrecht, Bankaufsicht, Compliance/Internal Investigations, Dispute Resolution, Finanzierung, Gesellschaftsrecht, Gewerblicher Rechtsschutz, Immobilienrecht, IT, Kartellrecht, Fusionskontrolle, Mergers & Acquisitions, Öffentliches Wirtschaftsrecht, Regulierung, Restrukturierung/Insolvenz, Steuerrecht, Wirtschaftsstrafrecht

Berufsträger:innen in Deutschland: ca. 360

Berufsträger:innen weltweit: ca. 380

Geplante Neueinstellungen 2024: Wir suchen immer qualifizierte Berufsanfänger:innen für alle Tätigkeitsgebiete und Standorte. Erfahrungsgemäß stellen wir jährlich 50 bis 70 Jurist:innen ein.

Wir sind Anwältinnen und Anwälte aus Leidenschaft. Uns verbindet die Begeisterung für spannende Fragestellungen, ein hoher Anspruch an die Qualität unserer Arbeit und die Freude, diesen in einem starken, engagierten und kollegialen Team zu verfolgen. Uns geht es um die Sache, nicht um Hierarchien. So entsteht eine Verbindung von persönlichem Stil, engagierter Dienstleistung und verantwortlichem Handeln. Das macht Hengeler Mueller aus.

Hengeler Mueller

Bockenheimer Landstraße 24
60323 Frankfurt am Main
www.hengeler.com/karriere

Nina Kübler
Referentin HR Legal
nina.kuebler@hengeler.com

Worin besteht der Tätigkeitsschwerpunkt Ihrer Kanzlei? Hengeler Mueller berät umfassend in allen Bereichen des Wirtschaftsrechts in einer großen Bandbreite von Branchen. Schwerpunkte unserer Tätigkeit sind Mergers & Acquisitions, Private Equity, Gesellschaftsrecht, Restrukturierung sowie Bank-, Finanz- und Kapitalmarktrecht ebenso wie Fragen des Kartellrechts, Steuerrechts, Arbeitsrechts, Öffentlichen Wirtschaftsrechts, Compliance und des Gewerblichen Rechtsschutzes. Das Führen von Prozessen und Schiedsverfahren, insbesondere mit internationalem Bezug, ist ebenfalls einer unserer Schwerpunkte. Wir begleiten unsere Mandanten bei grenzüberschreitenden Transaktionen und arbeiten in integrierten Teams mit führenden Anwaltssozietäten zusammen. An vier Standorten in Deutschland sowie in Brüssel und London sind heute ca. 380 Rechtsanwälte und Rechtsanwältinnen beschäftigt. In den letzten Jahren waren wir in über 70 Ländern tätig.

Was zeichnet Ihre Kultur aus? Im Mittelpunkt stehen die Werte Partnerschaftlichkeit, Loyalität und Verantwortung. Sie erklären Haltung und Handeln unserer Kolleginnen und Kollegen ebenso wie Stellenwert und Strukturen unserer Personalentwicklung. Wir verstehen uns als echte Partnerschaft. Teamarbeit sehen wir als Schlüssel zum Erfolg, und große Kollegialität und Hilfsbereitschaft sind häufig das, was neue Kolleginnen und Kollegen bei Hengeler Mueller am meisten beeindruckt. Gleichzeitig bedeutet es uns viel, Freiräume für Individualität zu schaffen und zu bewahren.

Warum sollten Absolvent:innen gerade bei Ihnen einsteigen? Wir bieten einen professionellen und verlässlichen Rahmen, der Freiraum für individuelle Entwicklung lässt. Wir fördern unterschiedliche Persönlichkeiten, Interessen und Arbeitsstile. Die Vielfalt verschiedener Anwaltspersönlichkeiten und deren partnerschaftlicher Umgang miteinander machen die Stärke unserer Sozietät aus. Hengeler Mueller verspricht eine erstklassige Ausbildung, einen transparenten Karriereweg, Internationalität, ein hohes Maß an Kollegialität, Zusammenarbeit und Spaß im Team, Freiraum für Flexibilität und Balance sowie Wertschätzung von Vielfalt.

Wodurch zeichnet sich eine Referendariatsstation bei Ihnen aus? Mit „Hengeler Mueller Young Talents" bieten wir ein strukturiertes Programm speziell für das Referendariat und die wissenschaftliche Mitarbeit. Dieses besteht aus den vier Elementen „Ausbildung und Mitarbeit", „Internationale Erfahrung", „Weiterbildung" und „Netzwerk" und kann nach den eigenen Interessen mitgestaltet werden. Unser Anspruch ist es, dadurch einen realistischen Einblick in die Tätigkeit als Wirtschaftsanwalt bzw. -anwältin sowie die Kanzleikultur zu vermitteln. So ist es möglich, einzuschätzen, ob das, was wir tun, eine berufliche Perspektive ist – und wir lernen unsere Young Talents ebenfalls gut kennen. Oft ergibt sich daraus mehr: rund zwei Drittel unserer Associates waren bereits im Referendariat oder im Rahmen einer wissenschaftlichen Mitarbeit bei uns tätig. Weitere Informationen unter: www.hengeler.com/young-talents

Kann man bei Ihnen auch schon während des Studiums Erfahrungen sammeln? Zweimal im Jahr bieten wir im Rahmen des Frühjahrs- und Sommerpraktikums fortgeschrittenen Studierenden die Gelegenheit, die Atmosphäre und den Arbeitsalltag bei Hengeler Mueller kennenzulernen. Unsere Praktikanten und Praktikantinnen werden direkt in die Mandatsarbeit eingebunden, arbeiten intensiv mit den Teams zusammen und haben über die konkrete Mandatsarbeit hinaus viel Gelegenheit zum Austausch. Unser Ziel ist es, im Praktikum einen authentischen Eindruck von der Tätigkeit in einer Wirtschaftskanzlei und der Kultur bei Hengeler Mueller zu vermitteln.

Hengeler Mueller

Meine ersten 100 Tage bei Hengeler Mueller

Sjard Seeger
Associate

Sjard Seeger absolvierte bereits seine Anwaltsstation bei Hengeler Mueller. Mittlerweile arbeitet er als Rechtsanwalt im Berliner Büro der Sozietät und berät Unternehmen und Investoren zu gesellschaftsrechtlichen Fragen und im Kapitalmarktrecht.

Wie war der Einstieg als Associate?
Hengeler Mueller zeichnet vor allem eines aus: ausgeprägter Teamgeist! Als Berufseinsteiger ist naturgemäß vieles im Kanzleialltag und in der Mandatsbearbeitung neu und manchmal auch sehr fordernd. Daher hilft es ungemein, dass auf dem Büroflur hinter jeder Tür nicht nur ein brillanter Kopf, sondern vor allem eine nette und hilfsbereite Person sitzt, bei der man auf jede Frage eine Antwort erhält. Das kollegiale Miteinander besteht dabei über Senioritätsstufen und Standortgrenzen hinweg. So kam ich schon innerhalb der ersten Wochen mit Kolleginnen und Kollegen aus allen vier deutschen Hengeler-Standorten in Kontakt und war positiv überrascht, wie nahtlos die Zusammenarbeit funktioniert. Regelmäßige Treffen wie Anwaltsabende, der Rookie-Stammtisch oder das jährliche Frühlingsfest stärken die Vernetzung auch außerhalb der Arbeit und sorgen so dafür, dass man sehr schnell Anschluss findet und sich von Beginn an gut aufgehoben fühlt.

Welche Aufgaben übernehmen Sie als Associate?
Inhaltlich wurde ich von Tag eins unmittelbar in die Mandatsarbeit eingebunden und durfte schon nach kurzer Zeit als direkter Ansprechpartner in einem transaktionsbezogenen Mandat in der ersten Reihe Verantwortung übernehmen. Die Arbeit im Bereich M&A und Venture Capital gestaltet sich dabei sehr abwechslungsreich und beinhaltet neben klassischen anwaltlichen Aufgaben wie der Vertragsgestaltung und -verhandlung auch viel Koordinationsarbeit. Dies stellt gerade am Anfang eine besondere Herausforderung dar. Die Anbindungspartnerinnen und -partner stehen einem dabei aber jederzeit mit Rat und Tat zur Seite.

Welche Tipps können Sie Berufseinsteigerinnen und -einsteigern mit auf den Weg geben?
Mein Tipp für den Berufseinstieg wäre: ruhig Blut bewahren, sich Dinge zutrauen und keine Scheu haben, Fragen zu stellen. Dann macht die Arbeit richtig Spaß.

Hengeler Mueller

EXCELLENCE STARTS WITH YOU

HENGELER MUELLER

Persönlichkeiten gesucht

Heuking Kühn Lüer Wojtek

Standorte in Deutschland: Berlin, Chemnitz, Düsseldorf, Frankfurt am Main, Hamburg, Köln, München, Stuttgart

Spezialisierungen: alle Bereiche des nationalen und internationalen Wirtschaftsrechts

Berufsträger:innen in Deutschland: > 400

Berufsträger:innen weltweit: > 400

Geplante Neueinstellungen 2024: 35–45

Heuking Kühn Lüer Wojtek ist eine der großen wirtschaftsberatenden deutschen Sozietäten mit nationalem und internationalem Mandatsgeschäft. Wir fördern Persönlichkeiten, die sich bei uns weiterentwickeln und mit uns gemeinsam wachsen wollen. Sie treffen bei uns auf flache Hierarchien, ein vielfältiges Umfeld und ein kollegiales Miteinander. Unsere Kanzlei erkennt die individuellen Fähigkeiten unseres juristischen Nachwuchses und bietet beste Voraussetzungen für die berufliche Entwicklung mit einer reellen Chance auf eine Partnerschaft. Gestalten Sie Ihre Karriere gemeinsam mit uns!

Georg-Glock-Straße 4
40474 Düsseldorf
www.heuking.de

Recruiting Team
Human Resources
+49 211 60055-511
karriere@heuking.de

Was zeichnet Ihre Unternehmenskultur aus? Im Fokus unserer Kanzleikultur stehen die Individualität eines und einer jeden Einzelnen und die Freiheiten, die sie als Berufsträger:innen ausleben können und auch sollen. Flache Hierarchien und ein kollegiales Umfeld machen dies möglich. Wir födern Ihren Unternehmergeist und die stetige Weiterentwicklung Ihrer Persönlichkeit.

Welche Karrieremöglichkeiten bieten Sie? Wir bieten Ihnen Einstiegsmöglichkeiten im Rahmen eines Praktikums, einer wissenschaftlichen Mitarbeit (gerne auch promotionsbegleitend) und im Referendariat. Zudem suchen wir stetig qualifizierte Volljurist:innen, die bereit sind, Verantwortung zu übernehmen und den Wunsch haben, in einem internationalen Umfeld tätig zu sein. Als große Wirtschaftssozietät decken wir die gesamte Bandbreite von A wie Aktienrecht bis Z wie Zivilprozessrecht ab und ermöglichen Ihnen den Einblick in eine Vielzahl von Rechtsgebieten. Sie profitieren von der großen Erfahrung unserer Partner:innen, die Ihnen stets als Ansprechpartner:innen zur Seite stehen. Sie werden aktiv in nationale und internationale Mandate eingebunden und stehen direkt in Kontakt mit den Mandant:innen.

Welche Möglichkeiten zur Weiterqualifizierung bieten Sie? Wir wollen täglich gemeinsam besser werden. Darauf ist unser Weiterbildungsangebot der Heuking Academy ausgerichtet. Sie richtet sich an alle unsere Mitarbeitenden und ist auf die Zielgruppe zugeschnitten, im Fokus stehen aktuelle Themen und es gibt einen direkten Praxisbezug. Das attraktive Seminarangebot wird stetig ausgebaut und bietet die Möglichkeit Fach- und Sozialkompetenzen zu vertiefen. In unseren (Online-)Seminaren, den Repetitorien von Kaiserseminare und der Akademie Kraatz sowie den Klausurenkursen der Kaiserseminare vermitteln wir Ihnen u. a. Verhandlungskompetenzen, rhetorische Fähigkeiten und bereiten Sie optimal auf Ihr Examen vor.

Wodurch zeichnet sich Ihre Arbeitsatmosphäre aus? Mandantenorientiertes Rechtsmanagement fordert Spitzenleistung von jedem und jeder Einzelnen sowie Servicebereitschaft im Team. Kreativität und unternehmerischer Spirit sind nicht nur erlaubt, sondern explizit gewünscht. Ein sympathisch-kollegiales Umfeld wartet auf Sie. Partner:innen sind an den Meinungen und Ideen der Associates interessiert, dafür bieten wir interne Austauschplattformen an. Ergänzt wird der Austausch zwischen den Mitarbeiter:innen in Form von Social Events, z. B. Associatetreffen, Referendarlunch, „The Heuking Club"-Event – dies stärkt das Arbeitsklima und den Zusammenhalt der Kanzlei.

Wie läuft das Bewerbungsverfahren in Ihrer Kanzlei ab? Der erste Eindruck zählt. Im ersten persönlichen oder virtuellen Gespräch lernen Sie die Vorgesetzten und das Team kennen. Damit Sie einen umfassenden Einblick in Ihr zukünftiges Arbeitsumfeld erlangen, folgen in der Regel weitere Gespräche mit Ihren zukünftigen Kolleginnen und Kollegen von dem jeweiligen Standort. Wir geben Ihnen die Möglichkeit, vor Ihrem Eintritt Ihren Arbeitsplatz kennenzulernen.

Sind Beruf und Familie wirklich vereinbar? Die Verbindung Ihres anspruchsvollen Berufs mit dem Privatleben ist Ihnen wichtig? Wir eröffnen Ihnen die Möglichkeit dazu. Üben Sie Ihren Beruf in Teilzeit aus – egal, ob längerfristig oder nur für eine bestimmte Zeit. Flexibilität ist für uns nicht nur ein Wort, sondern gelebte Praxis. Heuking Kühn Lüer Wojtek schätzt familiäre Verpflichtungen genauso wie berufliches Engagement.

Heuking Kühn
Lüer Wojtek

Digitalisierung schafft Chancen: Erfolgreich durchstarten mit Krypto

Digital Assets etablieren sich zunehmend auf den Finanzmärkten. Hierfür ist eine hochspezialisierte Rechtsberatung erforderlich. Diese fußt auf dem Finanzaufsichts- und dem Kapitalmarktrecht.

Insbesondere für den Nachwuchs verspricht die rechtliche Krypto-Beratung gute Karrierechancen und eine hervorragende Möglichkeit, sich mit neuen Geschäftsmodellen und neuen technischen Entwicklungen auseinanderzusetzen. Aufgrund der Aktualität gibt es nur wenig Rechtsprechung und Literatur. Daher kann man nah am Gesetz arbeiten und daneben sein juristisches Potenzial kreativ entfalten.

Ich habe diese Karrieremöglichkeit vor ca. fünf Jahren für mich entdeckt und bis heute nicht bereut. Die Arbeit an Digitalisierungsthemen bringt jeden Tag viele neue Herausforderungen mit sich und verspricht aufgrund der hohen Mandantennachfrage beste Aufstiegs- und Karrierechancen.

Werdegang

Seit Januar 2023 bin ich am Frankfurter Standort von Heuking Kühn Lüer Wojtek als Equity Partner tätig. Mein Beratungsschwerpunkt liegt im Kapitalmarkt- und Finanzaufsichtsrecht, mit speziellem Fokus auf den Krypto-Bereich. Daneben gehören auch compliance-relevante Rechtsfragen insbesondere bei größeren grenzüberschreitenden Transaktionen zu meinen Beratungsschwerpunkten.

Meine Anwaltskarriere startete ich im Jahr 2016 bei GSK Stockmann ebenfalls in Frankfurt. Dort war ich bis zu meinem Wechsel zu Ernst & Young Law Anfang 2020 tätig. Unter anderem begleitete ich dort ab 2018 die erste blockchainbasierte Wertpapiertransaktion zwischen Continental, Siemens und der Commerzbank. Aktuell betreue ich verschiedene Banken in unterschiedlichen Krypto-Projekten. Insbesondere die enge Zusammenarbeit mit den Mandanten und die Arbeit in größeren Teams machen mir dabei besonders viel Spaß.

Neben meiner anwaltlichen Tätigkeit bin ich als Lehrbeauftragter an der EBS Law School in Wiesbaden in den Bereichen Compliance, Bankrecht und Transnational and European Securities Law tätig. Außerdem unterrichte ich an der Hochschule Fulda Unternehmens- und Kapitalmarktrecht sowie an der Hochschule Fresenius Corporate Governance und Compliance. An der Frankfurt School of Finance engagiere ich mich im Law-Modul im englischsprachigen Masterstudiengang „Blockchain and Digital Assets". Daneben beteilige ich mich als Experte beim Bundesministerium der Justiz, beim Bundesministerium der Finanzen und der FDP-Bundestagsfraktion in verschiedenen Anhörungen zu neuen Gesetzesvorhaben rund um Digital Assets. Es bereitet mir viel Freude, der nachfolgenden Generation die Möglichkeiten rund um das Thema Digitalisierung im Finanzmarkt näherzubringen.

Dr. Dr. Johannes Blassl

Jahrgang 1985

Equity Partner

Heuking Kühn Lüer Wojtek

1A vorbereitet

Mit der **Heuking Academy** bieten wir unseren Mitarbeitern vielseitige Qualifizierungsprogramme, die sie kontinuierlich fördern, das Profil schärfen und sie nach vorne bringen.

Unser Seminar- und Workshopangebot für Referendare w/m/d und wissenschaftliche Mitarbeiter w/m/d:

- **Kooperation mit „Kaiserseminare" und „Akademie Kraatz"**
  - Live-Online-Repetitorien
  - Klausurenkurse

- **Interne Young Talents AG**
  Klausurvorbereitung mit Anwältinnen von Heuking

- **Mentoring-Programme**

- **Teilnahme an Praxisgruppenseminaren**
  z.B. Corporate Training, Arbeitsrecht, Prozessrecht

- **Speed Reading –**
  „Schneller und klüger lesen"

- **Imagetraining –**
  „Der erste Eindruck zählt"

- **Legal English Course**

- **Heuking Mediathek**
  - Erfahrungsberichte von Partnern zu Akquise und Karriere
  - Kurse zu Mental Health und Mindset

Wir wollen täglich besser werden.

Kirkland & Ellis International LLP

Standort in Deutschland: München

Standorte weltweit: Austin, Bay Area (Palo Alto, San Fransisco), Boston, Brüssel, Chicago, Dallas, Hongkong, Houston, London, Los Angeles, Miami, New York, Paris, Peking, Salt Lake City, Shanghai, Washington D.C.

Spezialisierungen: Private Equity/M&A, Corporate/Capital Markets, Restructuring, Debt Finance, Tax

Berufsträger:innen in Deutschland: ca. 45
davon mit LL.M.: 13
davon mit Promotion: 26

Berufsträger:innen weltweit: ca. 3.500

Geplante Neueinstellungen 2024: 8–10

Wir sind ein globales Powerhouse und eine der erfolgreichsten Wirtschaftskanzleien weltweit. Mit rund 3.500 Jurist:innen an 19 verschiedenen Standorten in Nordamerika, Asien und Europa.

Bei uns bekommst du die Chance, dich voll einzubringen und deine Karriere auf das nächste Level zu heben – egal, ob du als Associate, Referendar:in, wissenschaftliche:r Mitarbeiter:in/Law Assessor:in, Praktikant:in oder studentische:r Mitarbeiter:in bei uns einsteigst.

Bei Kirkland erwarten dich spannende Mandate, höchste Expertise und eine Kultur, die dich fordert und fördert. Bist du bereit? Dann schicke uns deine Bewerbung und lass uns über dich reden!

KIRKLAND & ELLIS

Maximilianstraße 11
80539 München
karriere.kirkland.com

Katharina Commes
Manager Legal Recruiting
+49 89 203060-89
karriere@kirkland.com

Wo liegen die Schwerpunkte unserer Arbeit? Im Münchner Kirkland Büro arbeiten rund 45 Anwält:innen verteilt auf fünf Praxisgruppen: Private Equity/M&A, Corporate/Capital Markets, Restructuring, Debt Finance und Tax. Wir beraten komplexe Projekte für große, internationale Mandant:innen in meist fach- und standortübergreifenden Teams.

Um für unsere Mandant:innen das beste Ergebnis zu erzielen, geben wir alles. Das ist, was uns antreibt – und was dich bei Kirkland erwartet!

Wie arbeiten wir? Bei uns in München erwarten dich flache Hierarchien und eine Kultur des Miteinanders. Du bist Teil eines kleinen, dynamischen Teams, mit dem du eng zusammenarbeitest. Ihr helft euch gegenseitig, lernt voneinander und erreicht gemeinsam eure Ziele. Dabei wird es dir nie langweilig. Deine Mandate sind spannend und abwechslungsreich, in der Regel fachübergreifend – und fast immer international. Bei Kirkland begegnest du unterschiedlichsten Persönlichkeiten. Das macht uns aus. Was uns vereint, ist unser hoher Qualitätsanspruch. In enger Zusammenarbeit mit deinen Kolleg:innen gibst du dein Bestes und feierst Erfolge gemeinsam im Team. Zum Beispiel beim entspannten Get-Together am Freitagabend in der Kanzlei.

Welche internationalen Einsatzmöglichkeiten gibt es? Auch wenn es in München am schönsten ist – nichts geht über Auslandserfahrungen: Die Möglichkeit für ein Secondment in einem unserer internationalen Büros ist für dich als Associate nach drei Jahren möglich und kann auch bei einer:m unserer Mandant:innen erfolgen. Nach erfolgreich absolvierter Anwaltsstation hast du bei uns grundsätzlich die Möglichkeit, vor dem Einstieg die Wahlstation anzuschließen – auch im Ausland. Hier wirst du intensiv in die Praxisgruppen eingebunden und kannst an lokalen Trainingsprogrammen teilnehmen – optimale Entwicklungsmöglichkeiten sind dir sicher!

Welche Möglichkeiten zur Weiterqualifizierung bieten wir? Bei Kirkland wächst du fachlich und persönlich. Du übernimmst früh Verantwortung und hast Kontakt zu unseren Mandant:innen. Manches wird für dich neu sein. Doch unsere offene Förder- und Feedback-Kultur garantiert dir als Berufseinsteiger:in eine steile Lernkurve. Persönliche Mentor:innen stehen dir bei Fragen mit Rat und Tat zu Seite.

Darüber hinaus kannst du an unserem internen Weiterbildungsprogramm teilnehmen. Das Kirkland Institute ist ein Trainingsprogramm bestehend aus drei Modulen. Die ersten zwei Module behandeln fachliche Themen (praxisgruppenspezifische sowie fachübergreifende Fortbildung). Das dritte Modul widmet sich dem Ausbau deiner persönlichen Fähigkeiten und Soft Skills (u. a. individuelles Coaching mit Expert:innen).

Warum du zu uns passt? Du möchtest mit Kirkland durchstarten. Willst Verantwortung übernehmen und deine Talente als Teamplayer:in voll einbringen. Mit deinem wirtschaftlichen Verständnis überzeugst du Kolleg:innen und Mandant:innen gleichermaßen. Wenn du zudem über sehr gute Englischkenntnisse und zwei exzellente Examen verfügst, müssen wir unbedingt über dich reden!

Kirkland & Ellis

Meine Zeit als Referendarin bei Kirkland & Ellis in London

Kirstin Kemper

Associate
(Debt Finance)

Mit großer Vorfreude beginnt mein erster Arbeitstag gegen 9 Uhr. Ich befinde mich im 22. Stock des 180 Meter hohen Wolkenkratzers in der Lobby von Kirkland & Ellis in der 30 St Mary Axe – der Welt eher unter dem Namen „The Gherkin" bekannt. Vor vielen Jahren stand ich bereits als Kind mit meinen Eltern in den Sommerferien vor diesem Bauwerk. Hier einmal arbeiten zu dürfen, hätte ich mir damals nicht erträumen können.

Nach meinem ersten Staatsexamen habe ich als wissenschaftliche Mitarbeiterin bei Kirkland & Ellis im Münchner Büro gearbeitet und auch anschließend Kontakt zu der Kanzlei gehalten. Das Angebot die Wahlstation meines Referendariats bei Kirkland in London im Bereich Restructuring zu absolvieren, habe ich dann nur zu gern angenommen.

In UK ist es Usus, dass sich die Legal Trainees ein Büro mit einem:r Partner:in teilen. Auf diese Weise haben die „Neuen" jederzeit eine:n kompetente:n Ansprechpartner:in an der Seite und erhalten außerdem möglichst umfangreiche Einblicke in die tägliche Anwaltspraxis. Mit anderen Worten: Ich wurde ab Tag eins intensiv in die Mandatsarbeit eingebunden. Ich war bei Darlehnsfinanzierungen, Pitches für Mandate aus aller Welt und der Umstrukturierung von Anleihen einer internationalen Gesellschaft involviert. Ich durfte an einer Gerichtsverhandlung vor dem High Court teilnehmen und die Unterschiede zwischen der deutschen und englischen juristischen Arbeitskultur kennenlernen. Besonders spannend wurde es für mich, als bei einem „englischen" Mandat deutschrechtliche Fragen des Zwangsvollstreckungsrechts eine Rolle spielten. Hier konnte ich Gelerntes aus dem Referendariat direkt praxisnah innerhalb eines internationalen Mandats anwenden. Dies gab mir einen guten Eindruck, mit welchen spannenden Fragen sich die Anwält:innen bei Kirkland tagtäglich beschäftigen.

In London wurde ich als vollwertiges Teammitglied behandelt und durfte an spannenden Kanzleievents teilnehmen. Die Award Ceremony in den wunderschönen Räumlichkeiten des Natural History Museums wird mir dabei in besonderer Erinnerung bleiben. Auch die entspannten Get-Togethers mit Kolleg:innen in den legendären Pubs oder im berühmten, über tausend Jahre alten Leaden Hall Market – wichtig für Harry-Potter-Fans: ein Drehort der Winkelgasse – zum Feierabendbier werde ich nie vergessen.

Die Wahlstation bei Kirkland in London war das persönliche Highlight meines Referendariats. Die vielen neuen Einblicke und Herausforderungen machten diese Zeit zu einer äußerst lehrreichen und wertvollen Erfahrung. Ich bin an keinem Tag nach Hause gegangen, ohne etwas dazugelernt zu haben. Dabei konnte ich nicht nur mein Englisch verbessern, sondern nebenbei auch mein berufliches Netzwerk erweitern, wertvolle Freundschaften knüpfen und mich darin bestärken, nach Abschluss des Zweiten Staatsexamens in einem internationalen Umfeld tätig zu sein.

Wer Lust auf eine spannende und lehrreiche Zeit in einer der aufregendsten Städte Europas hat, dem kann ich nur wärmstens empfehlen, über eine Bewerbung für die Wahlstation bei Kirkland in London nachzudenken.

Kirkland & Ellis

Great change is here.
Linklaters

Bist Du bereit?

Linklaters LLP

Standorte in Deutschland: Berlin, Düsseldorf, Frankfurt am Main, Hamburg, München

Standorte weltweit: Abu Dhabi, Amsterdam, Antwerpen, Bangkok, Brüssel, Dubai, Dublin, Hongkong, Lissabon, London, Luxemburg, Madrid, Mailand, New York, Paris, Peking, Rom, São Paulo, Shanghai, Seoul, Singapur, Stockholm, Tokio, Warschau, Washington D.C.

Spezialisierungen: Arbeitsrecht, Aufsichtsrecht, Banking, Litigation, Arbitration & Investigations, Energiewirtschaftsrecht, Gesellschaftsrecht/M&A, Gewerblicher Rechtsschutz, Immobilienwirtschaftsrecht, Investmentfonds, Kapitalmarktrecht, Kartellrecht & Investitionskontrolle, Öffentliches Wirtschaftsrecht, Restrukturierung & Insolvenz, Steuerrecht, Technologie, Medien & Telekommunikation

Berufsträger:innen in Deutschland: ca. 315

Berufsträger:innen weltweit: ca. 2.300

Geplante Neueinstellungen 2024:
Praktikant:innen: 140
Referendar:innen: 150
Anwält:innen: 60

Linklaters LLP ist eine international führende Wirtschaftskanzlei mit rund 5.000 Mitarbeiter:innen in 30 Büros weltweit. In Deutschland beraten wir mit unseren rund 315 Anwält:innen namhafte Unternehmen und Finanzinstitute zu komplexen Fragen im Wirtschafts-, Bank- und Steuerrecht. Gemeinsam leben wir eine Kultur des Miteinanders und der neuen Ideen. Als Teil unseres Teams erwarten Sie spannende Herausforderungen, hervorragende Entwicklungsperspektiven und Raum für individuelle Wege.

Linklaters

Taunusanlage 8
60329 Frankfurt am Main
www.linklaters.de
career.linklaters.de

Janina Willmann
Recruitment Germany
+49 69 71003-495
recruitment.germany@linklaters.com

Ihr Einstieg als Stipendiat:in: Mit dem Stipendienprogramm „Gipfelstürmer" von Linklaters werden Sie Teil der Linklaters Talent Community, mit der wir engagierte Nachwuchsjurist:innen fördern und auf ihrem Weg zum Ziel begleiten wollen. Neben persönlichen Mentor:innen, die Sie bei Fragen zu Studium, Karriere und anderen Ihnen wichtigen Anliegen beraten, erhalten Sie regelmäßig Newsletter zu spannenden Themen sowie exklusive Einladungen zu Workshops, Infoveranstaltungen und Stipendiatentreffen. Mit einem Büchergutschein für Fachliteratur und der Möglichkeit, die Lern-App „Jurafuchs" zu nutzen, unterstützen wir Sie zusätzlich in der Vorbereitung auf das Erste Staatsexamen.

Ihr Einstieg als Praktikant:in: Wir möchten Ihnen frühzeitig die Möglichkeit geben, Einblicke in die Tätigkeit und Arbeitsatmosphäre einer internationalen Sozietät zu erhalten. Dafür haben wir für die Semesterferien unser sechswöchiges Praktikantenprogramm „Experience@Linklaters" entwickelt. Neben der täglichen Arbeit in Ihrem Fachbereich bieten wir Ihnen die Möglichkeit, durch Vorträge, Workshops und Social-Skills-Trainings über den juristischen Tellerrand zu blicken und zu erfahren, wie wir in anderen Fachbereichen beraten. „Experience@Linklaters" wird durch ein attraktives Rahmenprogramm begleitet.

Ihr Einstieg als Referendar:in: Haben Sie bereits die erste große Etappe in Ihrer juristischen Ausbildung erreicht, bieten wir Ihnen mit unserem Programm „Colleagues of Tomorrow" eine exzellente Einstiegsmöglichkeit. Sie erwarten ähnlich anspruchsvolle Aufgaben wie die unserer Associates, denn genau das bedeutet für uns Training-on-the-Job. Wichtigste Ansprechpartner:innen sind dabei neben den Leitpartner:innen die persönlichen Mentor:innen, erfahrene Associates, die Sie u. a. durch regelmäßiges Feedback dabei unterstützen, die Arbeitswelt von Linklaters kennenzulernen sowie die täglichen Herausforderungen zu meistern. Während der gesamten Zeit haben Sie zusätzlich die Möglichkeit, an Fachvorträgen, Workshops, verschiedenen Examensvorbereitungskursen und Networking-Veranstaltungen teilzunehmen. Darüber hinaus haben Referendar:innen die Chance, ihre Wahlstation in einem der internationalen Büros zu absolvieren.

Ihr Einstieg als Associate: Ihr Berufseinstieg ist der nächste große Schritt, vor dem Sie möglicherweise noch weitere interessante Erfahrungen im Rahmen eines LL.M.-Studiums oder einer Promotion gesammelt haben. Ein:e Leitpartner:in begleitet Sie dabei von Anfang an und fördert Ihre fachliche und persönliche Entwicklung. Unterstützt wird diese durch maßgeschneiderte Weiterentwicklungsangebote der Linklaters Law & Business School, bei denen wir Sie auf jeder Karrierestufe individuell weiterentwickeln und Sie auch auf zukünftige Positionen vorbereiten, ob als Associate, Managing Associate oder Partner:in. Rotationen und Secondments bieten Ihnen darüber hinaus die Chance, Einblicke in andere Beratungsfelder und andere nationale sowie internationale Linklaters-Büros zu gewinnen.

YourLink – das alternative Karrieremodell: YourLink richtet sich an ausgebildete Jurist:innen, die sich die sich aus unterschiedlichsten Beweggründen planbare Arbeitszeiten innerhalb des anspruchsvollen Arbeitsfelds einer Wirtschaftskanzlei wünschen. YourLink ermöglicht eine neue Form der Work-Life-Balance: Arbeit an den Mandaten einer Top-Kanzlei bei planbaren Arbeitszeiten.

Linklaters

Kristina Willmes

Jahrgang 1990

Managing Associate

Teamplayer gesucht!

Der Schritt in die Großkanzlei
Seit Beginn meines Studiums trieb mich der Wunsch an, in einem internationalen Umfeld zu arbeiten. So ging ich zunächst für ein Auslandsjahr nach Südamerika und absolvierte später einen LL.M. in den USA. Meine zukünftige Tätigkeit sollte jedoch nicht nur international, sondern auch abwechslungsreich sein. Welchen Beruf ich mit diesen Vorstellungen am besten ergreifen sollte, war mir lange nicht klar. Auf Großkanzleien bin ich dann während meines Studiums ganz klassisch und langweilig im Rahmen einer Karrieremesse aufmerksam geworden. Nach einigen positiv verlaufenden Messegesprächen habe ich als wissenschaftliche Mitarbeiterin im Gesellschaftsrecht angefangen und war schnell begeistert. Teamarbeit statt Einzelkampf am Schreibtisch und Memos, Schriftsätze sowie die Vorbereitung notarieller Beurkundungen statt immer gleich aussehende Klausurskizzen. Wenig überraschend fand ich mich nicht nur im Referendariat in der Großkanzlei wieder, sondern kehrte schließlich auch als Anwältin dorthin zurück.

Der Sprung ins kalte Wasser
Obwohl ich die Tätigkeit in der Großkanzlei schon vor meinem Berufseinstieg kannte, kam ab dem ersten Tag als Anwältin doch unerwartet viel Neues hinzu. Insbesondere die organisatorischen Tätigkeiten wie Mandatsanlage und Abrechnung waren fordernd, kommen sie doch in der juristischen Ausbildung so gut wie nie vor. Die großartige Aufnahme ins Team machte mir den Einstieg jedoch leicht und die Arbeit gestaltete sich trotz mancher scheinbar unlösbaren Aufgabe als angenehm. Ich durfte mich vom ersten Tag an ausprobieren, konnte selbst Lösungen für den Mandanten erarbeiten und hatte dennoch nie das Gefühl, bei etwaigen Fragen oder Problemen alleingelassen zu werden.

Der alltägliche Trott?
Mein Arbeitsalltag hat sich seit dem Berufseinstieg nicht grundlegend geändert. Nachdem ich im ersten halben Jahr langsam Boden unter den Füßen gefunden hatte und erste Routinen in den Arbeitsabläufen entwickeln konnte, lerne ich nun jeden Tag etwas Neues dazu. So arbeite ich mit vielen Kolleg:innen aus anderen Fachbereichen und/oder anderen Ländern zusammen und muss als M&A-Anwältin stets den Überblick über die verschiedenen Facetten einer Transaktion behalten. Das ist nach wie vor herausfordernd, aber gleichzeitig sehr lehrreich und nie langweilig. Ich weiß morgens selten, was nachmittags passiert und sehe mich häufig mit einer Bandbreite verschiedenster Fragestellungen konfrontiert. Dabei werde ich nicht nur von tollen Kolleg:innen weltweit unterstützt, sondern kann mich darüber hinaus im Rahmen von internen Workshops und Seminaren weiterbilden und auf diese Weise auch neben der Mandatsarbeit viel dazulernen. Das Wichtigste für mich ist und bleibt jedoch der persönliche Austausch, sei es innerhalb der Kanzlei oder aber außerhalb mit den Mandanten und der Gegenseite: So erhält man immer wieder neue Impulse und bleibt gedanklich flexibel – die Grundvoraussetzung für jede individuelle Fortentwicklung!

Linklaters

Great change is here.
Linklaters

COLLEAGUES OF TOMORROW

Bist Du bereit?

Im Referendariat erhalten Sie eine gezielte Ausbildung und Förderung, individuelle Betreuung und die Möglichkeit zur persönlichen Entfaltung. Bei uns sind Sie vom ersten Tag in die Teamarbeit eingebunden und an nationalen wie internationalen Mandaten beteiligt. Auch im Bereich wissenschaftliche oder juristische Mitarbeit profitieren Sie von den Vorteilen unseres Programms. Sammeln Sie wertvolle Praxiserfahrung – den Umfang der Tätigkeit bestimmen Sie. So unterstützen wir beispielsweise unsere Referendar*innen dabei, die Wahlstation in einem unserer internationalen Büros zu absolvieren und dort wertvolle internationale Erfahrungen zu sammeln.

Bewerben Sie sich als Referendar*in oder wissenschaftliche*r Mitarbeiter*in.

Linklaters LLP / Sarah Leipert
Recruitment Germany
+49 69 71003 360
recruitment.germany@linklaters.com

Mehr Informationen finden Sie hier:

Unbore your life. **Milbank**

9 PUNKTE REICHEN NICHT IMMER.

milbank.com/**charakter**

Milbank LLP

Standorte in Deutschland:
Frankfurt am Main, München

Standorte weltweit: Hongkong, London, Los Angeles, New York, Peking, Singapur, São Paulo, Seoul, Tokio, Washington D.C.

Spezialisierungen: Bank- und Finanzrecht, Compliance, Gesellschaftsrecht/M&A, Kartellrecht, Private Equity, Steuerrecht, Restrukturierung

Berufsträger:innen in Deutschland: ca. 60

Berufsträger:innen weltweit: ca. 800

Geplante Neueinstellungen 2024: 10–12

Milbank LLP wurde 1866 als eine der ersten Wall-Street-Kanzleien in New York City gegründet und zählt heute zu den führenden international tätigen Wirtschaftskanzleien. Mit zwölf Standorten in Europa, den USA, Lateinamerika und Asien sind wir an den wichtigsten Finanz- und Wirtschaftszentren der Welt präsent. Wir haben den Anspruch, nur bestqualifizierte Anwält:innen einzustellen und ihnen als Associates außergewöhnliche Erfahrungen, erstklassige Aus- und Weiterbildungsmöglichkeiten und eine angenehme Atmosphäre zu bieten.

Milbank

Dr. Leopold Riedl
Neue Mainzer Straße 74
60311 Frankfurt am Main
+49 69 71914-3443

Dr. Steffen Oppenländer
Maximilianstraße 15
80539 München
+49 89 25559-3716

www.milbank.com/karriere

Wodurch unterscheiden Sie sich von anderen Anwaltssozietäten? Natürlich ergibt sich im Vergleich mit vielen anderen Sozietäten ein grundlegender Unterschied bereits aus unserem Tätigkeitsfeld: Anders als sogenannte Full-Service-Kanzleien haben wir uns auf wirtschaftsrechtliche Transaktionen (M&A, Private Equity) und High-End-Beratung von Unternehmen in den Gebieten Gesellschafts-, Steuer-, Finanz- und Kartellrecht spezialisiert. Kennzeichnend für die Tätigkeit unserer Sozietät sind die enge Verzahnung und die integrierte Beratung in unseren Kernkompetenzen sowie die enge Vernetzung unserer Standorte weltweit. Daneben sind die bei uns tätigen Anwält:innen und Anwälte durchwegs hervorragend juristisch qualifiziert, hoch motiviert und kreativ. Sie arbeiten in kleinen Teams an spannenden Mandaten für entsprechend hochkarätige Mandanten – dies selbstverständlich bei entsprechender Vergütung. Zudem bieten wir unter anderem mit Milbank@Harvard ein einzigartiges Fortbildungsprogramm in Kooperation mit der Harvard University.

Wie viele Anwält:innen und Referendar:innen stellen Sie pro Jahr ein? In unseren deutschen Büros – Frankfurt am Main und München – stellen wir pro Jahr zehn bis zwölf Rechtsanwält:innen und ca. 30 Referendar:innen (im Rahmen einer regulären Station oder Nebentätigkeit) ein.

Kann man bei Ihnen auch schon während des Studiums Erfahrungen sammeln? Interessierte Studierende haben die Möglichkeit, uns während unseres Gruppenpraktikums „Summer@Milbank", das jedes Jahr im September an unseren Standorten in Frankfurt und München durchgeführt wird, kennenzulernen. Mit einer vielseitigen Kombination aus Praxisvorträgen und Einbindung in das Alltagsgeschäft geben wir Jurastudierenden damit bereits nach der Zwischenprüfung einen umfassenden Einblick. Ein intensives Programm bringt Themen aus unseren Fachbereichen Finanzrecht, M&A, Gesellschaftsrecht, Private Equity, Kartellrecht und Steuerrecht nahe. Zwei zuständige Mentor:innen pro Praktikant:in, die nach zwei Wochen wechseln, sorgen dafür, dass die Praktikant:innen persönlich und fachlich in unser Team eingebunden werden. Sie geben Einblick in ihre Arbeit, übertragen eigene Aufgaben und integrieren die Praktikant:innen in Meetings mit Kolleg:innen und Mandanten. Gemeinsame Veranstaltungen, u. a. auch ein Besuch im Unternehmen eines Mandanten, runden das Praktikum ab.

Wie läuft das Bewerbungsverfahren ab? Sie können sich bevorzugt per E-Mail mit einem Anschreiben, Ihrem Lebenslauf und Zeugniskopien direkt bei einem der beiden genannten Partner in Frankfurt am Main oder München bewerben.

Und wen laden Sie ein? Schauen Sie nur auf die Examensnoten, oder gibt es noch andere Kriterien, die Ihnen wichtig(er) sind? Wir legen allergrößten Wert darauf, dass Bewerber ihr juristisches Handwerkszeug beherrschen, und das wird nach unserer Erfahrung mit den Examensnoten in aller Regel zutreffend belegt. Deshalb sind zwei mit mindestens vollbefriedigend bestandene Examina für uns wichtig, ebenso wie möglichst Promotion und im Ausland erworbene Englischkenntnisse. Für deren Erwerb ist ein LL.M.-Studium eine hervorragende Gelegenheit. Darüber hinaus sollten Sie Spaß an der Arbeit mit wirtschaftlichen Sachverhalten haben und hierfür Verständnis und ein gutes Judiz mitbringen, am besten gepaart mit Humor und einer optimistischen Grundeinstellung.

Milbank LLP

Wie entscheiden Sie, welche Bewerber:innen zu Ihnen passen? Im Rahmen einer Gesprächsrunde, die durchaus mehr als einen halben Tag dauern kann, haben Sie – gleich ob Sie als Referendar:in oder Berufseinsteiger:in zu uns kommen möchten – Gelegenheit, möglichst viele Anwält:innen eines Büros und unsere Arbeit kennenzulernen. Am Ende dieses Tages sollten Sie ein Gefühl dafür entwickelt haben, ob die Chemie stimmt und Sie sich vorstellen können, künftig in unserem Team mitzuarbeiten. Und genauso entscheiden auch wir – und zwar alle Anwält:innen, die Sie im Laufe des Tages gesehen haben – anhand des vermuteten „Fit" ohne weitere formale Kriterien: Es passt, oder es passt nicht. So sollten auch Sie Ihre Entscheidung fällen.

Welche Tipps können Sie Nachwuchsjurist:innen für ihre Ausbildung geben? Natürlich stehen die Examensprüfungen immer im Vordergrund – bei hervorragenden Ergebnissen stehen Ihnen ja in der Regel alle Möglichkeiten offen. Mit einem guten Ersten Staatsexamen können Sie während des Referendariats schon Erfahrungen in renommierten Kanzleien sammeln, Referendarsstationen im Ausland absolvieren, nebenher promovieren und/oder ein LL.M.-Studium in Angriff nehmen.

Und welche Aus- und Weiterbildungsmöglichkeiten gibt es bei Ihnen? Unser Aus- und Weiterbildungsprogramm besteht aus verschiedenen Komponenten. Sein Herzstück ist sicherlich Milbank@Harvard, eine von der Harvard Business School und der Harvard Law School exklusiv für uns ausgearbeitete und gehaltene Fortbildungsveranstaltung zu wirtschaftlichen und unternehmerischen Themen. Diese findet in drei jeweils einwöchigen Veranstaltungsblocks auf dem Campus der Harvard University statt und wird von allen unseren Associates ab dem dritten Berufsjahr besucht. Darüber hinaus bieten wir – neben dem unseres Erachtens enorm wichtigen Training-on-the-Job – ein umfassendes Programm an maßgeschneiderten internen Aus- und Weiterbildungsveranstaltungen mit großer Praxisnähe an, das um den regelmäßigen Besuch externer Seminare ergänzt wird. Zu nennen sind hier zum einen unsere Ausbildungsserie „Die 20 Grundelemente", eine Präsentations- und Workshop-Reihe für unsere jüngeren Associates, bei der praxisnahe Themen erarbeitet werden, die man auf dem Weg zur Wirtschaftsanwältin oder zum Wirtschaftsanwalt beherrschen sollte. Zum anderen findet halbjährlich – meist am Starnberger See – unsere intern entwickelte Tax Academy statt, eine Blockveranstaltung, die allen unseren Associates sowie in der Regel auch unseren Referendar:innen einen auf die Bedürfnisse unserer Beratungspraxis zugeschnittenen Überblick zum Steuerrecht und ein Problembewusstsein in diesem wichtigen Rechtsgebiet vermittelt.

Milbank LLP

Unbore your life.

EIGENER KOPF.
GEMEINSAMER ERFOLG.

Hier werden die besten Absolventen zu Top-Anwälten (m/w/d).
In kompakten, hochqualifizierten Teams,
die wissen, dass jeder neue Gedanke neue Chancen birgt.
Für unsere Mandanten und für Sie.
milbank.com/karriere

Milbank

Morgan Lewis

OUR PEOPLE MAKE ALL THE DIFFERENCE IN OUR SUCCESS

Morgan, Lewis & Bockius LLP

Standorte in Deutschland:
Frankfurt am Main, München

Standorte weltweit: Abu Dhabi, Almaty, Astana, Boston, Brüssel, Century City, Chicago, Dallas, Dubai, Hartford, Hong Kong, Houston, London Los Angeles, Miami, New York, Orange County, Paris, Peking, Philadelphia, Pittsburgh, Princeton, San Francisco, Seattle, Shanghai, Silicon Valley, Singapore, Tokyo, Washington DC, Wilmington

Spezialisierungen: Mergers & Acquisitions, Private Equity, Gesellschaftsrecht, Finanzierungen, Restrukturierungen, Aufsichtsrecht, Steuerrecht, Kartellrecht/Wettbewerbsrecht, Litigation/Compliance, Arbeitsrecht

Berufsträger:innen in Deutschland: ca. 35

Berufsträger:innen weltweit: ca. 2.200

Geplante Neueinstellungen 2024:
Berufseinsteiger:innen: ca. 5–8
Referendar:innen: ca. 10–12
Praktikant:innen: ca. 6–8

Morgan Lewis ist eine der führenden internationalen Anwaltssozietäten, die mit derzeit rund 2.200 Anwält:innen in 31 Büros ihre Mandant:innen weltweit auf dem Gebiet des Wirtschaftsrechts berät. Die Morgan-Lewis-Teams in Europa, USA, Asien und dem mittleren Osten sind eng miteinander verflochten und bilden eine weltweite Gemeinschaft, die interdisziplinär zusammenarbeitet. Das Frankfurter und Münchner Team arbeiten an hochkarätigen Mandaten, darunter auch Beratungen für DAX-Unternehmen.

Morgan Lewis

Königinstraße 9
80539 München
www.morganlewis.com/careers

Human Resources
+49 69 71400-761
+49 89 18951-6090
join-us@morganlewis.com

Wodurch zeichnet sich die Arbeitsatmosphäre in Ihrer Kanzlei aus? Wir sind zwar eine Großkanzlei, aber unsere Anwält:innen und Mitarbeitenden arbeiten in eng zusammengeschweißten und lokal familiären Teams. Damit leben wir das Beste aus zwei Welten. Unser einzigartiges kooperatives Arbeitsumfeld für Kolleg:innen, die sich wirklich umeinander kümmern, lebt eine Kultur der Zusammenarbeit, nicht des Wettbewerbs. In unseren Büros wird die „Open-Door-Policy" gelebt. Durch wöchentliche Officemeetings und regelmäßige Events wird der Teamspirit noch mehr gefördert.

Was bieten wir Associates? Wir bieten all unseren Berufseinsteiger:innen vom ersten Tag eine umfangreiche und praxisnahe Ausbildung in einem professionellen und sehr kollegialem Arbeitsumfeld. Ihre fachliche Ausbildung wird von drei Mentor:innen bzw. Buddys begleitet. Diese bestehen immer aus einem Partner oder einer Partnerin und einer/m Associate der jeweiligen Praxisgruppe sowie einem Buddy (Associate) einer anderen Praxisgruppe, die unter anderem die unmittelbare Einbeziehung in unsere laufenden Mandate und den Kontakt zu Mandant:innen sicherstellen. Die individuelle Förderung und regelmäßige Qualifizierung unserer Mitarbeitenden sind wesentliche Bestandteile unserer Unternehmensphilosophie. Neben der persönlichen Betreuung und der Förderung on-the-Job bieten wir ihnen ein umfangreiches Fortbildungsangebot an: Mit unserer internen Associate Academy haben wir für Anwält:innen ein lokales Weiterbildungsprogramm ins Leben gerufen, welches ein erfolgreicher Baustein der Personalentwicklung bei Morgan Lewis ist. Daher bieten wir regelmäßig nationale Workshops, Präsentationen oder Vorträge zu verschiedenen Fach- und Softskillthemen an. Diese beinhalten Themenschwerpunkte aktueller Entwicklungen und Gerichtsentscheidungen, Kenntnisse in speziellen Rechtgebieten sowie Rhetorik, Präsentations- oder Verhandlungsmethodik. Weiterhin findet ein jährliches Evaluationsgespräch statt, in dem berufliche Perspektiven und Entwicklungsmöglichkeiten besprochen werden (Evaluation Core Competencies Model: Excellence, Drive, Engagement & Collaboration).

Was bieten wir Referendar:innen? Bei Morgan Lewis werden Sie bereits vom ersten Tag an in die laufenden Mandate einbezogen. Somit garantieren wir Ihnen eine umfangreiche und praxisnahe Ausbildung. Wir bieten ein sehr intensives Mentoringprogramm, bei dem Sie regelmäßig ausführliches Feedback erhalten und sowohl in die fachlichen Projekte als auch in das Team fest eingebunden werden. Hierbei werden Sie von drei verschiedenen Mentor:innen (Partner:in, Associate und Buddy) betreut, die Ihnen jederzeit für fachliche und persönliche Fragen zur Verfügung stehen. Daneben unterstützen wir Sie in Ihrer Vorbereitung auf das Zweite Staatsexamen durch ein frei verfügbares Budget für die Teilnahme an Klausurenkursen oder Wochenendseminaren. Zusätzlich nehmen Sie, zusammen mit unseren Associates, an großen Teilen unseres umfangreichen Weiterbildungsprogramms und einem Legal-English-Kurs speziell für Referendar:innen teil. Nach Ihrer Anwaltsstation in Deutschland besteht die Möglichkeit, internationale Erfahrung an einem unserer ausländischen Standorte während Ihrer Wahlstation zu sammeln.

Was bieten wir Praktikant:innen? Wir bieten im Frühjahr eines jeden Jahres ein fünfwöchiges Praktikantenprogramm an. Als Student:in mit bestandener Zwischenprüfung haben Sie die Möglichkeit, daran teilzunehmen und einen ersten authentischen Einblick in den Beruf von Wirtschaftsanwält:innen zu erhalten. Neben verschiedensten Fachvorträgen planen wir wöchentliche Abendaktivitäten, die den fachlichen und persönlichen Austausch stärken.

Morgan Lewis & Bockius

Sven Oppermann
Associate

Mein Berufsalltag im M&A

Wie jeden Vormittag starten wir mit unserem M&A Team-Meeting, in dem wir uns über unsere aktuellen Projekte austauschen. Zuletzt standen mehrere Due-Diligence-Prozesse an. Hierbei werden Unternehmensdokumente geprüft, um potenzielle Risiken aufzudecken und dem Mandanten ein Feedback zukommen zu lassen. Zusätzlich hält uns unser Partner über womöglich anlaufende Projekte auf dem Laufenden. Aber nicht immer läuft alles unproblematisch. Bei einer meiner Transaktionen heißt es derzeit abwarten. Es geht um eine Eigenkapital-Finanzierungsrunde für ein junges deutsches Unternehmen, an dem sich unser Mandant (ein renommiertes US-Unternehmen) beteiligen möchte. Unklar ist, ob das Angebot unseres Mandanten angenommen wird und die Transaktion somit für uns weitergeht. Ende der Woche steht ein lang ersehnter Transaktionsabschluss an, auf den alle hinfiebern. Bereits seit zehn Monaten arbeiten wir an diesem Projekt und freuen uns darüber, dass das ersehnte Closing bevorsteht. Ein Erfolg, auf den wir alle stolz sind und den wir gemeinsam feiern werden. Teamwork ist bei uns ein essenzieller Bestandteil unseres Berufsalltags. Formloser spontaner Austausch unter den Kolleg:innen und gegenseitige Unterstützung werden täglich gelebt. Den Tag abschließend bereite ich mich abends zusammen mit unserem Partner auf ein bevorstehendes Mandantentelefonat vor. Es geht um die Beratung eines neuen Mandanten betreffend einer grenzüberschreitenden M&A Transaktion. Eine Kollegin hatte den Kontakt hergestellt und das Telefonat soll dem Kennenlernen dienen. Basierend hierauf wird der Mandant voraussichtlich entscheiden, welche Kanzlei er mandatieren möchte.

Leonhard Seifert
Associate

Morgan Lewis & Bockius

Mein Weg in die Großkanzlei

Sobald man sich nach dem Zweiten Staatsexamen für den Einstieg bei einer Großkanzlei entschieden hat, gilt es, sich in einem neuen Umfeld schnell zurecht zu finden. Selbst wenn man bereits als wissenschaftliche:r Mitarbeiter:in oder Referendar:in Einblicke gewinnen konnte, unterscheiden sich die Erwartungen, die an junge Associates gestellt werden, doch grundlegend von den bisher bekannten Tätigkeiten. Dennoch sollte man nie vergessen: Formal hat sich erstmal nur die Berufsbezeichnung geändert – und das allein führt nicht automatisch zu einer Wissens- bzw. Erfahrungserweiterung. Vielmehr gilt es, sich diese durch eine gute Aus- und Weiterbildung und praxisnahes Lernen über die kommenden Jahre anzueignen. Das sollte man auch bei der Bewältigung neuer, fremder Aufgaben berücksichtigen. Während des Studiums und des Referendariats hat man gelernt, möglichst viele Tools im juristischen Werkzeugkoffer zu bedienen. Darauf sollte man sich stets besinnen, wenn man einem unbekannten Sachverhalt gegenübersteht. Genau diese Herangehensweise wird von jungen Associates erwartet und diese Denkweise hat mir sehr geholfen. Der Großkanzlei-Werkzeugkoffer füllt sich dann zusätzlich durch die Erfahrungen on-the-Job. Damit das schnell geht, benötigt man dennoch das entsprechende Interesse für das jeweilige Tätigkeitsfeld, und man sollte sich Zeit nehmen, nicht nur Wirtschaftsnachrichten, sondern auch juristische Fachpresse zu lesen. Die schiere Menge an Publikationen ist dabei Fluch und Segen zugleich: Man kann nicht alles lesen und kennen. Der Berufseinstieg fordert einen bereits sehr. Um das Interesse an der Arbeit zu erhalten, sollte man daher die Neugierde nicht verlieren und sich immer besinnen, dass die Arbeit mit unbekannten Sachverhalten keine ungewohnte Situation ist.

Noerr Part GmbB

Standorte in Deutschland: Berlin, Düsseldorf, Dresden, Frankfurt am Main, Hamburg, München

Standorte weltweit: Alicante, Bratislava, Brüssel, Budapest, Bukarest, London, New York, Prag, Warschau

Spezialisierungen: alle Bereiche des nationalen und internationalen Wirtschaftsrechts: Gesellschaftsrecht, M&A, Finanzierungen, Bank- und Kapitalmarktrecht, Private Equity/Venture Capital, Restrukturierungen, Insolvenzrecht, IP-, IT- und Medienrecht, Urheber- und Wettbewerbsrecht, Regulierte Industrien, Kartellrecht, Vergaberecht, Öffentliches Recht, Bau- und Immobilienrecht, Vertriebsrecht, Arbeitsrecht, Produkthaftungsrecht, Litigation, Dispute Resolution, Steuerrecht, Stiftungsrecht

Berufsträger:innen in Deutschland: 520 Professionals

Berufsträger:innen weltweit: 620 Professionals

Geplante Neueinstellungen 2024: 70

Joint Impact. Individual Growth.

Talenten, die gemeinsam mit anderen viel bewegen wollen, geben wir den Raum, ihre Ideen einzubringen und Neues zu gestalten. Erfolgreiches Teamplaying fordert und fördert Lernen und persönliche Weiterentwicklung. Wir unterstützen dabei, neue Herausforderungen anzunehmen, an ihnen zu wachsen und sie zu meistern. Alle, die in einer Kultur kollaborativer Exzellenz ihr Potenzial entfalten wollen, finden bei uns ihr Winning Team. Wachse über Dich hinaus.

||| NOERR

Brienner Straße 28
80333 München
www.noerr.com/en/career

Bianca Hübel
Human Resources
+49 89 28628591
bianca.huebel@noerr.com

Was zeichnet Ihre Unternehmenskultur aus? Weltweit vernetzt und zu Hause in der ganzen Breite und Tiefe des Wirtschaftsrechts sind wir Qualitätsführer, juristische Vordenker und Wegbereiter in einer sich rasant wandelnden Welt. Rechtsberatung begreifen und gestalten wir proaktiv und mit ganzheitlicher Perspektive. Für unsere Mandanten antizipieren wir Entwicklungen, verwandeln Veränderung in Vorteil und öffnen Pfade in die Zukunft. Dabei verbinden wir Können mit Haltung, mit persönlicher Integrität, leidenschaftlichem Teamplaying, kreativem Mut und visionärem Denken. Als agile Partner:innen unserer Mandanten tragen wir entscheidend zu ihrem Erfolg bei, bringen Dinge in Bewegung und Fortschritt in die Welt: Wir sind Thought Leader und Innovationstreiber:innen unserer Branche, damit unsere Mandanten es in ihren sind.

Worin unterscheiden Sie sich von Ihren Wettbewerbern? Wir wollen für dich die beste Kanzlei und der beste Arbeitgeber, das beste Umfeld für gesundes Wachstum und nachhaltigen Erfolg sein. Und wir haben gute Gründe dafür, dass wir das sind und leisten. Warum liegt auf der Hand: Nur da, wo jede und jeder sich optimal entfalten, sich einbringen und im Team über sich hinauswachsen kann, wachsen wir auch als Kanzlei über uns hinaus. Und damit sind wir schon beim ersten Grund: eine leidenschaftlich gelebte Kultur kollaborativer Exzellenz, die auch in unserer Employer Value Proposition, dem Nutzenversprechen für unsere Mitarbeitenden zum Ausdruck kommt. „Wir sind immer noch eine Kanzlei, die angreift, die das Ziel hat weiterzukommen."

Wie sieht die Work-Life-Balance bei Ihnen aus? Nur da, wo jede und jeder den individuellen Freiraum hat, sich und seine Potenziale frei zu entfalten, können wir gemeinsam als Kanzlei wachsen. Eine gesunde Work-Life Balance sehen wir als einen der wichtigsten Beiträge dazu. Sie wirkt sich auf Arbeitnehmer- und Arbeitgeberseite gleichermaßen aus – sozusagen eine Win-Win-Situation. Soziale Kontakte, Selbstverwirklichung, Gesundheit, Karriere und Erfolg gehen bei uns Hand in Hand und bieten dir ein gesundes Gleichgewicht zwischen Arbeit und Privatleben. Deshalb bieten wir alle Stellen in Voll- und Teilzeit an. Darüber hinaus ist Wochenendarbeit, bis auf unvermeidbare Ausnahmen tabu und auch Urlaub soll genommen werden. Im Ernst: Wir geben dir genauso viel Flexibilität wie wir auch von dir verlangen.

Welche Möglichkeiten zur Weiterqualifizierung bieten Sie? Wenn du bei uns beginnst, ist das der Anfang einer stetig aufwärts führenden Entwicklung hin zu fachlicher Brillanz und zur rundum ausgereiften Beraterpersönlichkeit. Denn beides bedingt einander und beides begleiten wir so, dass es dein persönliches und professionelles Vorankommen ideal unterstützt. Das heißt, du bekommst zu jedem Zeitpunkt genau das, was du brauchst, um mit deinen Aufgaben zu wachsen, deine Kompetenzen sukzessive auszubauen und sie in der täglichen Praxis gewinnbringend einzusetzen. Route, Rüstzeug und Rahmen für diese Lernpfade gibt das Programm Rise vor. Rise geht als ganzheitliches Programm weit über Fragen der Aus- und Fortbildung hinaus und fördert Aspekte unserer Unternehmenskultur, die uns besonders am Herzen liegen: Das Augenmerk auf Frauenförderung, die Bedeutung des individuellen Wohlbefindens aller Mitarbeitenden sowie besonders gute Bedingungen für Einsteiger und junge Talente. All das findet in den Angeboten von Rise bereits breite Berücksichtigung und hat entsprechende Schnittmengen, die spezifischen Initiativen und Programme zu diesen Themen jedoch sind weit umfassender und bieten mehr als Trainings und Schulungen.

Noerr

Kann man bei Ihnen auch schon während des Studiums Erfahrungen sammeln?
Noch in der Ausbildung, aber schon Interesse an Noerr? Sehr gut, wir jedenfalls sind jetzt schon neugierig auf dich. Und wer weiß, vielleicht springt der Funke ja schon beim Praktikum über und wir können dich direkt für ein bestimmtes Rechtsgebiet begeistern. Ganz egal, ob als Praktikantin, Referendar oder in der wissenschaftlichen Mitarbeit – wir finden es sehr wertvoll, dich bereits in einer frühen Phase deines juristischen Werdegangs kennenzulernen und hoffentlich für die Kultur von Noerr gewinnen zu dürfen. Gelegenheiten dazu gibt es reichlich:
- vier- bis sechswöchiges Praktikum während deines Studiums (in Berlin, Düsseldorf und Frankfurt bieten wir dieses als Sommerakademie an)
- wissenschaftliche Mitarbeit zwischen Erstem Staatsexamen und Referendariat
- anwaltsstation Wahlstation
- wissenschaftliche Mitarbeit nach dem Zweiten Staatsexamen

Stellen für wissenschaftliche Mitarbeit und Referendariat bieten wir auch in Brüssel, London und New York an.

Why us? Warum sollten Bewerber:innen gerade bei Ihnen einsteigen?
Außergewöhnliche Mandate: Wirtschaftsrecht ist vielschichtig und spannend. Aber manche Mandate sind spannender. Die findest du bei uns. Und du dich ihnen – ab dem ersten Tag. Als führende Wirtschaftskanzlei in Europa bearbeiten und beherrschen wir die gesamte Breite und Tiefe des internationalen Wirtschaftsrechts. Und bewegen uns darin zugleich an der Spitze: mit außergewöhnlichen Mandaten, in denen zentrale Fragen unserer Zeit auf prominenter Bühne verhandelt werden.

Weltweite Möglichkeiten: Bei uns arbeitest du nicht nur grenzüberschreitend, sondern rund um die Welt. Denn Internationalität ist für uns so wichtig wie Interdisziplinarität. Und dank unserer globalen Aufstellung für dich von Anfang an eine Option, wertvolle Auslandserfahrungen zu sammeln, Kontakte zu knüpfen und ein starkes Standing aufzubauen. Für dich als aufstrebendes Anwaltstalent bedeutet das die Chance, unmittelbar in internationalen Teams zu arbeiten und Auslandserfahrung zu sammeln. Gut ein Viertel unserer Associates nutzt darüber hinaus die Gelegenheit, uns im Rahmen eines mehrmonatigen Secondments an einem unserer ausländischen Standorte, in einer Top-Kanzlei an einem internationalen Hotspot oder bei einem Mandanten zu vertreten. In anderen Worten: Bei uns steht dir die Welt offen.

New Work: Für uns als führende unabhängige europäische Wirtschaftskanzlei sind die Entfaltung individueller Potenziale, die Anpassung an sich wandelnde Lebenssituationen und private Anforderungen, die individuelle Gestaltung von Arbeitszeiten und Einsatzorten sowie generell die Teilhabe an Entscheidungen elementar für unser Selbstverständnis. Wir brauchen deine ganze Flexibilität und wir kommen dir maximal flexibel entgegen. Denn bei uns bist du nicht Rad im Getriebe, sondern Treiber der Entwicklung. Und dafür schaffen wir optimale Voraussetzungen.

Einzigartige Förderung: Wir lieben Lernkurven. Und egal wie steil, sie hören nicht auf. Deshalb lernen und entwickeln wir uns unentwegt weiter: ganzheitlich und gemeinsam, vom Einsteiger bis zur Partnerin und unterstützt durch ein branchenweit einzigartiges Bildungsprogramm Rise mit 500+ wertvollen Trainingsstunden.

Noerr

||||NOERR

Meisterleistung fällt nicht vom Himmel.
Und nicht in den Schoß.

Talent, Energie und Biss hast du im Studium und beim Examen bereits bewiesen. Jetzt kannst du sie praktisch entfalten. In einer Kultur der kollaborativen Exzellenz, die umso heller strahlt, je mehr der oder die Einzelne im Team brilliert. Wenn du persönlich und substanziell beitragen willst und kannst, bist du von Anfang an mit dabei, direkt im Mandat, unmittelbar an der Mandantschaft und auch bei Multimilliarden-Mergern.

Joint Impact. Individual Growth.

noerr.com

Sidley Austin (CE) LLP

Standort in Deutschland: München

Standorte weltweit: Boston, Brüssel, Century City, Chicago, Dallas, Genf, Hongkong, Houston, London, Los Angeles, Miami, New York, Palo Alto, Peking, San Francisco, Shanghai, Singapur, Sydney, Tokio, Washington D.C.

Spezialisierungen: Corporate, Private Equity, M&A, Finance, Restructuring, Tax, Financial Regulations, Life Sciences

Rechtsanwält:innen in Deutschland: ca. 33

Rechtsanwält:innen weltweit: >2.300

Geplante Neueinstellungen 2024: ca. 4–6

2016 hat Sidley Austin, eine der führenden international wirtschaftsrechtlich beratenden Anwaltssozietäten, ein Büro in München eröffnet. Dieses zeichnet sich durch ein kleines, fachlich höchst kompetentes und dynamisches Team aus. Damit verbindet das Münchner Sidley Büro die Vorteile einer weltweit führenden Anwaltssozietät mit der ungezwungenen Atmosphäre einer modernen Boutique-Kanzlei.

SIDLEY

Maximilianstraße 35
80539 München
www.generationsidley.com

Friederike Nusko, Kristina Thiel
Legal Recruiting
welcome@generationsidley.com

Welche internationalen Einsatzmöglichkeiten bieten Sie? Als weltweit agierende Wirtschaftskanzlei mit Büros in den USA, Asien, Europa und Australien ist Sidleys Geschäft stark international ausgerichtet. Cross-Border-Transaktionen stehen an der Tagesordnung, d. h. wir arbeiten größtenteils mit internationalen Mandanten an grenzüberschreitenden Projekten. Ab dem vierten Jahr bieten wir unseren Associates auch die Gelegenheit, ein Secondment in einem unserer internationalen Büros abzuleisten.

Mitgliedern des Legal Research Teams, die uns sowohl fachlich als auch persönlich überzeugt haben und die vor einem Berufseinstieg bei uns als Associate stehen, ermöglichen wir, die Wahlstation an einem unserer internationalen Standorte zu absolvieren. In diesem Zusammenhang bieten wir: Vermittlung und unmittelbare Kostenübernahme einer Unterkunft in direkter Umgebung des jeweiligen Büros vor Ort, Übernahme der Flugkosten für Hin- und Rückreise, Organisation und Bezahlung des Visums, Zahlung der vollen Referendarsvergütung wie bei einer Tätigkeit im Münchner Büro, Zuweisung eines lokalen Partners oder einer lokalen Partnerin als Mentor:in sowie Einblicke in die internationale Mandatsarbeit und die weltweite Sidley Kanzleikultur.

Was sind die Herausforderungen in diesem Beruf? Es liegt in der Natur des Transaktionsgeschäfts, dass sich meist kurzfristig entscheidet, wie viel Arbeit anfällt. Bei Cross-Border-Transaktionen muss man sich des Öfteren der Zeitverschiebung anpassen. Unsere Anwältinnen und Anwälte sind alle bereit, bei Bedarf die „Extra Mile" zu gehen, um die Transaktion damit erfolgreich über die Ziellinie zu bringen – auch wenn dies im Einzelfall bedeutet, dass sich die Arbeitszeit in den Abend oder in die Nacht verlagert. Als Ausgleich legen wir großen Wert darauf, dass unsere Associates während ruhigerer Phasen frühzeitig das Büro verlassen und morgens auch später zur Arbeit erscheinen können.

Was erwarten Sie in fachlicher und persönlicher Hinsicht? Wir erwarten von unseren Associates die Motivation, juristisch auf höchstem Niveau und in einem internationalen Umfeld arbeiten zu wollen. Dieser Ehrgeiz bildet sich bei Absolvent:innen durch herausragende Examina ab, auf welche wir bei der Einstellung achten. Neben der Papierform entscheidet letztlich aber die Persönlichkeit, da wir großen Wert darauf legen, dass die Atmosphäre stimmt und alle auf einer Wellenlänge liegen. Somit geht auch bei Spitzenbelastungen die positive Stimmung nicht verloren. Sidley sucht starke Persönlichkeiten, die zudem Interesse für wirtschaftliche Zusammenhänge im internationalen Kontext mitbringen und sich durch Teamfähigkeit, geistige Flexibilität und Kreativität auszeichnen.

Was sind drei Dinge, die Sie von Ihren Konkurrenten abheben? Als Teil des Sidley-Teams hat man unbegrenzte Möglichkeiten, sich persönlich und fachlich zu entwickeln und mit einigen der besten juristischen Köpfe der Welt zusammenzuarbeiten. Überdurchschnittliche Gehälter, zahlreiche Zusatzleistungen und erstklassige Weiterbildungsaktivitäten für engagierte Mitarbeiter:innen sind Teil unseres Selbstverständnisses. Zudem ist die Stimmung in unserem Münchner Büro geprägt von einem kommunikativen Miteinander: Jede:r kann sich unabhängig von der Seniorität einbringen – die beste Idee zählt. Es gibt keine festgefahrenen Strukturen, sondern flache Hierarchien. So zeichnet uns neben den attraktiven Mandaten vor allem unsere lockere, für eine Großkanzlei wohl einzigartige Kanzleikultur aus.

Sidley Austin

Alissia Opitz
Associate –
Global Finance

„Wege entstehen dadurch, dass man sie geht." – Franz Kafka

Mein Weg führte mich schon während der juristischen Ausbildung zu Sidley. Angefangen hat alles mit meiner Anwaltsstation im Münchner Büro. In dieser Zeit gewann ich Einblicke in den Arbeitsalltag bei Sidley, der sich für mich als sehr vielversprechend darstellte. Ich durfte an spannenden Mandaten mitarbeiten, wobei sich die Kolleg:innen viel Zeit nahmen, um mir komplexe Zusammenhänge zu erklären und Fragen zu beantworten. Auch die Kanzleikultur stimmte mit den Erwartungen, die ich an meinen zukünftigen Arbeitgeber hatte, überein: Ein kleines, junges und motiviertes Team, flache Hierarchien und ein informeller Dresscode tragen zu einer lockeren Atmosphäre bei.

Begeistert von meiner Anwaltsstation entschloss ich mich, ebenfalls die Wahlstation bei Sidley zu absolvieren. Trotz der durch die Covid-19-Pandemie bestehenden Einschränkungen wurde mir ermöglicht, die Station im New Yorker Büro zu verbringen. Die Organisation wurde von Sidley-Kolleg:innen übernommen, sodass ich mich vollumfänglich der Vorbereitung auf das Zweite Juristische Staatsexamen widmen konnte. Nachdem ich mich in den beiden Stationen davon überzeugen konnte, dass Sidley eine Kanzlei ist, bei der mich intellektuelle Herausforderungen innerhalb eines lockeren und kollegialen Arbeitsumfelds erwarten, arbeite ich nun als Associate im Global Finance Team.

Gefordert und gefördert

Einer der vielen Aspekte, die den Arbeitsalltag bei Sidley so abwechslungsreich gestalten, ist der enge Mandantenkontakt – und das von Anfang an. Die Nervosität ist zunächst sicherlich höher, wenn man eine E-Mail direkt an den Mandanten versendet, andererseits steigert man so die eigene Lernkurve enorm. Im Übrigen zeugt diese direkte Einbindung auch von dem Vertrauen, welches die erfahreneren Kolleg:innen den jüngeren entgegenbringen. Sidley ist es zudem ein Anliegen, die Anwält:innen in ihrer Entwicklung zu fördern, sei es in wirtschaftlichen und rechtlichen Themen oder der Entwicklung von Soft Skills. Eine Möglichkeit ist, je nach Senioritätsstufe, in London oder den USA an internationalen Fortbildungen in Kooperation mit renommierten Universitäten teilzunehmen.

Well-being am Arbeitsplatz

Das „Well-being" der Mitarbeiter:innen wird bei Sidley groß geschrieben. So bietet die Kanzlei allen Mitarbeiter:innen ein umfangreiches Sportangebot, wie z. B. einen kostenlosen Zugang zum Sportstudio im Erdgeschoss des Bürogebäudes sowie eine vergünstigte Mitgliedschaft bei Urban Sports Club. Was für mich das Wohlbefinden am Arbeitsplatz aber am stärksten beeinflusst, sind meine Kolleg:innen. Da wir noch ein relativ kleines Team sind, wird neben der fachlichen Qualifikation der Bewerber:innen insbesondere auch darauf geachtet, ob man menschlich gut miteinander auskommt – und das wirkt sich sehr positiv auf die Arbeitsatmosphäre aus. Wenn man zusammen lachen kann und sich gut versteht, fällt es auch in Peak-Zeiten deutlich leichter, ein hohes Arbeitspensum zu bewältigen.

White & Case LLP

Standorte in Deutschland: Berlin, Düsseldorf, Frankfurt am Main, Hamburg

Standorte weltweit: Abu Dhabi, Astana, Boston, Bratislava, Brüssel, Chicago, Doha, Dubai, Genf, Helsinki, Hongkong, Houston, Istanbul, Jakarta, Johannesburg, Kairo, London, Los Angeles, Luxemburg, Madrid, Mailand, Maskat, Melbourne, Mexiko-Stadt, Miami, New York, Paris, Peking, Prag, Riad, São Paulo, Shanghai, Seoul, Silicon Valley, Singapur, Stockholm, Sydney, Taschkent, Tokio, Warschau, Washington D.C.

Spezialisierungen: Wir beraten in allen Fragen des nationalen und internationalen Wirtschaftsrechts.

Berufsträger:innen in Deutschland: >250

Geplante Neueinstellungen 2024: 60–65

Bei White & Case öffnen sich dir Türen zu einem globalen Netzwerk, in dem du internationale Erfahrungen und interkulturelle Kompetenzen sammeln und deine persönliche Karriere vorantreiben kannst.

WHITE & CASE

Bockenheimer Landstraße 20
60323 Frankfurt am Main
www.whitecase.com/karriere

Germany Legal Recruiting
+49 69 29994-0
germanylegalrecruiting@whitecase.com

Was zeichnet Ihre Unternehmenskultur aus? Als eine der größten Kanzleien in Deutschland sind wir Teil des weltweiten White & Case Netzwerks. Unsere internationale Präsenz ist nahezu einzigartig. Bei White & Case arbeiten wir in einem der stärksten Kanzleinetzwerke über Länder und Kontinente hinweg: Paris und London gehören dabei ebenso dazu wie unsere Standorte in New York, Sydney oder Tokio. Was uns besonders macht, ist unsere Kanzleikultur: Wir fordern und fördern unsere Mitarbeiter:innen. Dazu zählen Offenheit und kollegiales Miteinander ebenso wie Freiraum für persönliche Stärken und individuelle Entfaltung. Wir stehen für Innovationsstärke: Mit Engagement, Kreativität und Persönlichkeit entwickeln unsere Associates und Partner:innen Ideen und innovative Lösungen für unsere Mandant:innen.

Was bieten Sie Referendar:innen und Praktikant:innen? Unsere Nachwuchskräfte integrieren wir bereits frühzeitig in unsere Mandatsarbeit und führen sie durch persönliches Mentoring an die Tätigkeiten von Wirtschaftsanwält:innen heran. Neben der praxisorientierten Ausbildung bieten wir in monatlichen Fachvorträgen Einblicke in die Arbeitsweisen verschiedener Rechtsbereiche. Referendar:innen unterstützen wir bei der examensrelevanten Vorbereitung durch maßgeschneiderte Angebote wie KAISER-Repetitorien sowie Alpmann-Schmidt-Online-Klausurenkurse. In Kooperation mit JurCase erhalten sie einen exklusiven JurCase-Koffer, welcher die aktuellsten Kommentare des jeweiligen Bundeslandes enthält. In Zusammenarbeit mit Expert:innen bieten wir zudem Vorträge zu Rhetorik-und Präsentationstechniken sowie ein Aktenvortragstraining an. Ergänzt werden unsere fachlichen Angebote durch eine Reihe von Social Events. Die internationale Ausbildung fördern wir durch das „Referendar Mobility Program", das die Möglichkeit bietet, die Wahlstation in einem unserer weltweiten Büros zu absolvieren. Für das Programm können sich alle unsere wissenschaftlichen Mitarbeiter:innen und Referendar:innen bewerben. Die Auswahl erfolgt nach Eignung und Leistung.

Wodurch zeichnet sich die Arbeitsatmosphäre bei Ihnen aus? Unsere Mitarbeiter:innen sind für uns Mitdenker:innen, Mitmacher:innen und Mitstreiter:innen. Uns ist es wichtig, dass unsere jungen Anwält:innen zu Anwaltspersönlichkeiten heranwachsen. Kennzeichnend für unsere Arbeitsatmosphäre ist, dass unsere Partner:innen stets ein offenes Ohr für ihre Mitarbeiter:innen und deren Anregungen haben – unsere flache Hierarchie erlaubt uns eine Politik der offenen Tür. Lösungen, die wir im offenen Dialog gemeinsam erarbeiten, setzen wir auch gemeinsam um.

Wen suchen Sie? Wir betreuen weltweit erstklassige und anspruchsvolle Mandate. Unsere Ansprechpartner:innen sind Führungspersönlichkeiten: Expert:innen in Unternehmen, Verwaltung und Justiz – auf europäischem und internationalem Top-Level. Der hohe Qualitätsstandard unserer Arbeit basiert auf dem Können unserer Mitarbeiter:innen. Deshalb sind gute Noten und exzellentes Englisch für uns wichtig. Eine Promotion, ein LL.M. und Auslandserfahrung unterstreichen zudem eine besondere Qualifikation. Als Mitarbeiter:in passt man zu uns, wenn man nicht nur fachlich, sondern auch von Mensch zu Mensch überzeugt. Anwält:innen bei White & Case sind Unternehmer:innen, deshalb suchen wir Persönlichkeiten mit Unternehmergeist: Wir binden unsere Mitarbeiter:innen von Anfang an in große und spannende Mandate ein. Denn wir wollen gemeinsam etwas bewegen. Dazu brauchen wir kreative Köpfe mit Tatkraft, Verantwortungsgefühl und unternehmerischem Ehrgeiz. Kurzum: Wir suchen Mitarbeiter:innen, die mit fachlicher Exzellenz und Leidenschaft im Team große Dinge voranbringen.

White & Case

Mergers & Acquisitions und White & Case? Für mich eine perfekte Kombination!

Agmal Bahrami
Associate

Nicht selten kommt der Abschluss des Referendariats früher als erwartet, und plötzlich stehen viele Absolvent:innen vor der Frage, wie der eigene Berufseinstieg aussehen soll. Auch wenn diese entscheidende Frage aufgrund der Vielzahl an möglichen Karrierewegen nicht einfach zu beantworten ist, sollten sich angehende Jurist:innen hierzu frühzeitig Gedanken machen. Dieser Kurzbeitrag soll etwas Abhilfe schaffen und M&A bei White & Case als attraktive Option für den Berufseinstieg darstellen. Denn wir setzen unser Wachstum fort und sind stets auf der Suche nach fachlich hervorragenden und motivierten Berufseinsteiger:innen, die sich idealerweise bereits im Studium oder Referendariat bei uns bewährt haben. Wir freuen uns deshalb insbesondere über Bewerbungen von Studierenden und Referendar:innen.

Warum M&A?
M&A-Transaktionen können sehr komplex und herausfordernd sein, was die Arbeit in diesem Bereich aufregend und intellektuell anspruchsvoll macht. Sie ist abwechslungsreich und erfordert eine Kombination aus juristischem Fachwissen, Kreativität und strategischem Denken. Viele dieser Fähigkeiten kann man sich „on the job" aneignen. M&A-Anwält:innen arbeiten eng mit Expert:innen aus anderen Bereichen, wie Investmentbanker:innen, Steuerberater:innen, Wirtschaftsprüfer:innen und Unternehmensberater:innen, zusammen. Dies bietet die Möglichkeit, das eigene Fachwissen zu erweitern und zu vertiefen und gleichzeitig Einblicke in andere Bereiche zu gewinnen. Ferner trägt diese enge Zusammenarbeit dazu bei, ein eigenes effektives Netzwerk aufzubauen, das dabei helfen kann, potentielle Mandate zu finden und neue Geschäftsmöglichkeiten zu identifizieren.

Warum White & Case?
White & Case ist eine international tätige Wirtschaftskanzlei mit 44 Büros in 30 Ländern. Als Teil des Teams haben Anwält:innen bei uns die Möglichkeit, an grenzüberschreitenden M&A-Transaktionen zu arbeiten und wertvolle internationale Erfahrungen zu sammeln. Die Beratung einer breiten Palette von Mandanten, darunter internationale Unternehmen, Start-ups, PE-Fonds und Finanzinstitute, bietet die Chance, an verschiedenen Arten von M&A-Transaktionen und in verschiedenen Branchen zu arbeiten.

White & Case legt darüber hinaus großen Wert auf die Unterstützung und Weiterbildung ihrer Anwält:innen und bietet ein umfangreiches Ausbildungsprogramm, um die Fähigkeiten und Kenntnisse der Anwält:innen zu erweitern und zu verbessern. Regelmäßiges und direktes Feedback sind bei White & Case selbstverständlich. Dadurch können insbesondere Berufseinsteiger:innen ihre Stärken und Schwächen besser verstehen und haben die Möglichkeit, ihre Leistung zu optimieren.

Fazit
In Verbindung mit einem fixen Einstiegsgehalt von 145.000 Euro und einem zusätzlichen Bonus bereits ab dem ersten Berufsjahr stellt ein Einstieg im M&A-Bereich bei White & Case eine attraktive Option für Jurist:innen dar, die sich für diesen Bereich interessieren und eine Karriere (und nicht nur einen Beruf) in einer weltweit führenden internationalen Wirtschaftskanzlei anstreben.

White & Case

Partners of Gamechangers

🌐 ypog.law

YPOG

Standorte in Deutschland:
Berlin, Hamburg, Köln

Spezialisierungen: Tax, Funds, Transactions, Corporate, Litigation, Notary Services, IP/IT, Banking und Financial Service, Fintech und DLT

Berufsträger:innen in Deutschland:
ca. 120

Geplante Neueinstellungen 2024: ca. 40

Wir sind eine agil gemanagte, im Team arbeitende und von „digital first" überzeugte Kanzlei, die so maximale Wertschöpfung erreicht. In einem Umfeld von gegenseitiger Wertschätzung, fachlicher Exzellenz und lockerem Umgang bieten wir Rechts- und Steuerberatung auf höchstem Niveau für Start-ups, mittelständische Unternehmen und Global Player. Wer in unseren Bereichen mit den Besten der Branche zusammenarbeiten und intelligente fachliche und technische Lösungen jenseits tradierter Muster finden möchte, ist bei YPOG richtig. Wir sind YPOG – Partners of Gamechangers.

Kurfürstendamm 12
10719 Berlin
www.ypog.law

Maja Gärtner
People + Culture
+49 30 7675975-96
maja.gaertner@ypog.law

Warum es sich lohnt, bei YPOG einzusteigen: Damit du dein volles Talent entfalten kannst, binden wir dich vom ersten Tag an in die Mandatsarbeit ein. Auf jeder Etappe deiner Karriere wirst du von unseren Expert:innen gefordert. Dafür steht dir neben persönlichen Mentor:innen das gesamte Team zur Seite. Besonders wichtig ist uns, dass du nicht nur Teilaspekte eines Mandats bearbeitest, sondern das große Ganze zu verstehen lernst. Bei YPOG erhältst du nicht nur die Wertschätzung, die du verdienst, sondern auch ein Gehalt auf dem Niveau einer Großkanzlei. Wenn du dich bei YPOG zur Partnerin oder zum Partner entwickeln möchtest, unterstützen wir dich gern bei der Erreichung dieses Ziels.

Warum die Arbeit bei YPOG Freude macht: Bei uns trifft die Expertise einer großen Wirtschaftskanzlei auf den Geist junger Gründer:innen. Erfolg heißt für uns, nicht nur individuell erstklassige Berater:innen zu sein, sondern vor allem auch ein starkes Team. Deshalb legen wir großen Wert auf eine wertschätzende und motivierende Unternehmenskultur sowie eine inspirierende und moderne Arbeitsatmosphäre, in der alle ihr Bestes geben können. Gemeinsam lösen wir komplexeste Fälle und schaffen für unsere Mandant:innen innovative und nachhaltige Lösungen. Weil wir stets fair und offen miteinander umgehen, brauchen wir keine Hierarchien.

Warum beste Beratung ein erfülltes Privatleben braucht: Die Arbeit an anspruchsvollen Mandaten ist in der Regel kein Nine-to-Five-Job. Dennoch kannst du dich darauf verlassen, dass wir dir ausreichend Freiraum für Freizeit und Familie einräumen. Wir möchten, dass du dich auch privat ganz nach deinen Vorstellungen verwirklichen und neue Inspiration schöpfen kannst. Unsere Überzeugung: Wer exzellent beraten will, muss nicht nur fachlich überzeugend, sondern ein wacher, zufriedener und ausgeglichener Mensch sein.

Warum wir uns auf dich freuen: Wir suchen nach klugen Köpfen, die uns auf persönlicher und fachlicher Ebene begeistern. Ebenso wichtig ist es uns, dass du dich in unserer Unternehmenskultur wiederfindest. Das heißt auch, dass wir unsere Erfolge am liebsten alle gemeinsam feiern. Ob per E-Mail, bei LinkedIn oder telefonisch: Sprich uns gern an! Wir freuen uns darauf, dich persönlich kennenzulernen.

YPOG

Mittendrin statt nur dabei

Dr. Ferdinand Cadmus
Senior Associate

Warum hast du dich für YPOG entschieden?
An YPOG reizt mich die moderne Kanzleikultur. Digitales Arbeiten wird großgeschrieben und ermöglicht problemlos ein standortübergreifendes Zusammenarbeiten. Mein Leitpartner sitzt zum Beispiel in Berlin, während ich mit meiner Familie in Hamburg wohne und überwiegend aus unserem Hamburger Büro arbeite. YPOG ist es wichtig, sich auszuprobieren und nah am Zeitgeist zu entwickeln. Das bringt auch für mich viel Raum für meine fachliche und persönliche Entfaltung mit. Die Flexibilität und Freiheit im Berufsalltag werden durch fantastische und fachlich exzellente Kolleg:innen abgerundet, mit denen ich an eng an spannenden Mandaten zusammenarbeite.

Was war ein schöner Moment in der Zusammenarbeit mit deinem Team oder einem:einer Mandant:in?
Ich bin bei YPOG im Bereich M&A und Venture Capital tätig. Da die von uns beratenen Unternehmen in der Regel kleiner sind als der typische Mandant einer Großkanzlei, ist man im Bereich Venture Capital vom ersten Tag Ansprechpartner der Mandant:innen. Das geht einerseits mit einer hohen Verantwortung einher, führt aber andererseits auch dazu, dass man schon früh ein starkes Vertrauensverhältnis zu den Mandant:innen entwickelt. Daneben ist jeder Abschluss einer Transaktion für beide Seiten ein schöner Moment und ich finde es toll, dass unsere Mandant:innen uns daran regelmäßig teilhaben lassen. Sei es schlicht durch ein Dankeschön in einer E-Mail, Fotos vom Signing oder einer Einladung zum Closing Lunch/Dinner. Neben der damit verbundenen Wertschätzung gibt es mir das Gefühl, mittendrin zu sein.

Du bist seit mehr als einem Jahr ein YPOGee.
Was sind deine drei wichtigsten Erkenntnisse aus dieser Zeit?
Die erste Erkenntnis findet sich in dem Grund wieder, warum ich mich für einen Wechsel zu YPOG entschieden habe. Die Kanzlei bietet eine großartige Plattform, sich persönlich und fachlich zu entwickeln und unternehmerisch tätig zu werden. Ein kurzer Blick in die Praxis: Schon nach wenigen Monaten bei YPOG hatte ich die Gelegenheit, einen Vortrag vor einer internationalen Gruppe von Anwält:innen über meine Erfahrungen aus verschiedenen Transaktionen bei YPOG zu halten. Meine zweite Erkenntnis ist, dass YPOG von der Anzahl der Mitarbeitenden und der Professionalität das Stadium einer Großkanzlei erreicht, jedoch den Charakter einer Boutique-Kanzlei bewahrt hat. Und drittens habe ich bei YPOG das perfekte Setup für einen Venture-Capital-Anwalt außerhalb Berlins gefunden. Aufgrund der engen Vernetzung der Standorte in Berlin, Hamburg und Köln und der flexiblen Arbeitsweise kann ich problemlos von jedem Standort arbeiten und gleichzeitig viel Zeit mit meiner Familie in Hamburg verbringen.

YPOG

Change the Game with us

Gemeinsam mit unseren Mandant:innen machen wir aus visionären Ideen echte Veränderungen. Dabei hast du Expert:innen an deiner Seite, auf die du dich jederzeit verlassen kannst. Werde Teil unseres Teams und gestalte mit uns die Zukunft – und deine Karriere. Mit spannenden Entwicklungsmöglichkeiten in den Bereichen Tax, Funds, Transactions, Corporate, Litigation, Notary Services, IP/ IT und Financial Services.
Wir sind YPOG. Partners of Gamechangers.

**Berlin
Hamburg
Köln**

Weitere Titel der **Reihe e-fellows.net wissen**

Der LL.M.

Aktuelle Ausgabe: Der LL.M. 2023
ISBN (Print): 978-3-946706-90-8
ISBN (E-Book): 978-3-946706-91-5

Zielgruppe: Studierende, Doktorand:innen und Referendar:innen der Rechtswissenschaften
Inhalt: Ist der LL.M. die richtige Wahl? Das Buch hilft bei der Entscheidung und der Suche nach dem geeigneten LL.M.-Studium. Erfahrungsberichte und Praxistipps für die Bewerbung an Unis und für Stipendien helfen bei der Planung des Studiums. Namhafte Hochschulen und Kanzleien stellen ihre Angebote für Jurist:innen vor.
Nächster Erscheinungstermin: März 2024

Perspektive Unternehmensberatung

Aktuelle Ausgabe: Perspektive Unternehmensberatung 2024
ISBN (Print): 978-3-946706-93-9
ISBN (E-Book): 978-3-946706-94-6

Zielgruppe: Studierende aller Fachrichtungen
Inhalt: Das Expertenbuch liefert Antworten auf wichtige Fragen rund um den Beruf als Unternehmensberater:in. Wie gestaltet sich die Work-Life-Balance, welche Arten von Beratungen gibt es, und vor allem: Wie absolviert man Bewerbungsgespräche und Fallstudien erfolgreich? Studierende und Consultants berichten von ihren Erfahrungen, und Beratungen stellen sich als Arbeitgeber vor.
Nächster Erscheinungstermin: September 2024

Traumjob IT

Aktuelle Ausgabe: Traumjob IT 2021
ISBN (Print): 978-3-946706-64-9
ISBN (E-Book): 978-3-946706-65-6

Zielgruppe: Informatiker:innen, Mathematiker:innen und IT-Affine
Inhalt: Das IT-Studium ist abgeschlossen, die Jobmöglichkeiten sind nahezu unbegrenzt, doch wie geht es jetzt weiter? Dieses Buch liefert praxisnahe Antworten: Informatiker:innen aus verschiedenen Branchen schildern ihren Arbeitsalltag und stellen Projekte vor, die für ihren Beruf typisch sind. Alumni von e-fellows.net berichten von ihrem beruflichen Werdegang, und Expert:innen geben Tipps zu Einstieg und Bewerbung.

Weiblich, erfolgreich, MINT

Aktuelle Ausgabe: Weiblich, erfolgreich, MINT 2021
ISBN (Print): 978-3-946706-68-7
ISBN (E-Book): 978-3-946706-69-4

Zielgruppe: Studentinnen und Absolventinnen von MINT-Fächern
Inhalt: Absolventinnen von MINT-Fächern werden in jeder Branche gesucht. Dieses Buch hilft bei der Entscheidung für den persönlichen Traumjob: Praktikerinnen aus verschiedenen Wirtschaftszweigen erklären, was ihre Branche speziell für Frauen zu bieten hat. Außerdem gibt es viele Tipps zu Einstieg, Bewerbung und Vereinbarkeit von Beruf und Familie sowie Erfahrungsberichte von e-fellows.net-Alumnae.

Startschuss Abi

Aktuelle Ausgabe: Startschuss Abi 2020/2021
ISBN (Print): 978-3-946706-59-5
ISBN (E-Book): 978-3-946706-60-1

Zielgruppe: Oberstufenschüler:innen und Abiturient:innen
Inhalt: Das Buch bietet Informationen zur Wahl des richtigen Studienfachs und der passenden Hochschule ebenso wie zu Studienfinanzierung, Praktika und Auslandsaufenthalten. Hochschulen, Unternehmen und Stipendiat:innen von e-fellows.net stellen wirtschaftswissenschaftliche, technische und juristische Studiengänge vor und informieren über Anforderungen, Bewerbungsprozedere und Studienaufbau.

Perspektive Trainee

Aktuelle Ausgabe: Perspektive Trainee 2018
ISBN (Print): 978-3-946706-13-7
ISBN (E-Book): 978-3-946706-14-4

Zielgruppe: Studierende aller Fachrichtungen
Inhalt: Das Buch liefert einen Überblick über Trainee-Programme als attraktive Alternative zum Direkteinstieg: Welche Programme gibt es, was sollten sie bieten, und welche Karriereperspektiven bestehen danach? Darüber hinaus geben (ehemalige) Trainees ihre persönlichen Eindrücke wieder, und Unternehmen präsentieren ihre Programme.